仗天杵

第一部之 开天辟地

余耕 ◎ 著

云南出版集团
云南美术出版社

图书在版编目（CIP）数据

仗天杵之开天辟地 / 余耕著. — 昆明：云南美术出版社，2019.6

ISBN 978-7-5489-3597-1

Ⅰ. ①仗… Ⅱ. ①余… Ⅲ. ①长篇小说－中国－当代 Ⅳ. ①I247.5

中国版本图书馆CIP数据核字（2019）第080768号

出 版 人：李　维　刘大伟
责任编辑：师　俊
责任校对：温德辉
策划编辑：刘　君
装帧设计：八　牛

仗天杵之开天辟地
余耕　著

出版发行：云南出版集团
云南美术出版社（昆明市环城西路609号）
制版印刷：北京天恒嘉业印刷有限公司
开　　本：710mm × 1000mm　1/16
印　　张：20
版　　次：2019年6月第1版
印　　次：2019年6月第1次印刷
书　　号：ISBN 978-7-5489-3597-1
定　　价：39.80元

目　录

导 读

名称

1. 仗天杵名称：天地乾坤、水火金风、云闪雷鸣。
2. 根据仗天杵，十二生灵依次命名：地鼠、火牛、乾虎、闪兔、天龙、水蛇、坤马、云羊、金猴、鸣鸡、雷狗、风猪。
3. 盘古十二兄弟自创图腾符号之后的名字：子地鼠、丑火牛、寅乾虎、卯闪兔、辰天龙、巳水蛇、午坤马、未云羊、申金猴、酉鸣鸡、戌雷狗、亥风猪。
4. “珠不离身，身不离杵”。
5. 盘古遗训：（仗天杵）天下有祸，就让它为苍生挡祸；天下太平，就让它为苍生造福。
6. 盘古六德：信、诚、勇、仁、德、和。
7. 天地一杵，日月同辉；乾坤一杵，日月同归。
8. 天龙族：天龙、地鼠、火牛、雷狗、水蛇、云羊；坤马族：坤马、金猴、乾虎、鸣鸡、闪兔、风猪。

附属人物

1. 华胥氏的首领华颜。
2. 赤山氏的首领台。
3. 碧目氏的首领鲁夫。
4. 大巢氏的首领鸟人。
5. 括郎是蚩尤手下的谋臣。

第一章

女娲恨，混沌杀戮血成河

1

宇宙初始，混沌勾连。天地不分，日月无光。

浊气尘埃中，有一先天混元之元灵，历尽数万年，渐成人形、渐具神智。一日，元灵游游荡荡竟然闯进了西昆仑，得到宇宙之初的造化神器，又经过不知几世修行，元灵在造化神器熏染辅助下，功德圆满，道法得成，谓之创始元灵。

后来，创始元灵在无涯仙境利用造化神器的无上灵力，创造出两个灵窍初具的生灵，这就是人类的始祖——鸿钧和女娲。在创始元灵的引导下，鸿钧和女娲学会了吐纳玄修。因为世间乌烟瘴气浑浊不堪，数步之外就目不及物，创始元灵便让鸿钧专修玄清之气，让女娲专修玄明之气，以便将来开拓一个豁朗清明的世界。

在无涯仙境中，创始元灵和两个弟子潜心修炼各自法门，日复一日，年复一年，倒也过得逍遥自在。转眼又过了数万年，鸿钧和女娲的法门修炼日益精妙，功法圆满。闲暇的时间一多，寂寞的感觉就越发明显。

某日，创始元灵宣布要闭关万年，修炼天罡正气。并叮嘱两个徒弟加紧修炼，不要为无谓之事分神。两个徒弟应诺，各归神山闭门清修。

创始元灵自西昆仑归来时，带来了一些色彩斑斓的五彩石，深得女娲喜爱。寂寞闲暇时，女娲便用五彩石雕刻了一个模样颇似鸿钧师兄的石人，取名为“盘古”。望着五彩石人盘古，眉眼鼻口竟也活灵活现。于是，女娲接下来又凭想象雕刻出来十二个怪模怪样的东西，分别将其命名为：龙、蛇、虎、兔、鸡、猪、狗、羊、猴、鼠、马、牛。看着眼前十三个五彩石雕，女娲禁不住突发奇想：如果他们都是活物的话，日子就不会像现在这般寂寞了。想到此，女娲决定尝试一下。

女娲毕生修炼玄明之气，此时已经出神入化，这一天，女娲想看看自己的功力到底怎样。她把五彩石雕的盘古托在手掌之上，自己凝神聚气，让一口玄明之气在体内循环游走，等到与体内的混元真气融合之后，便运转到喉咙处，她轻启朱唇，将一口混元真气吹到了五彩石雕上……

混元真气缭绕之处，五彩石雕的盘古竟然真的活动起来了，先是眼睛眨动，然后四肢开始伸展，最后居然开口说话了。女娲惊喜之余，便将剩下的十二个怪模怪样的五彩石雕分别托在手中，催动体内的混元真气，使其一个个都“活”了过来。每次催动体内的混元真气，女娲的精气神就会耗掉一分，等到第十三个生灵活过来的时候，女娲感觉身体几近虚脱。

女娲沉沉地睡了一觉，等她醒来之时，发现十三个生灵竟然长大了许多，而且都乖乖地伏卧在自己的周围，这让女娲不由得心花怒放，她决定再造一些生灵出来。可是，仅靠自己的混元真气，绝不可能造出众多生灵来。何况，刻一个五彩石雕更是耗时费力，得想一个更省事的办法才行。

女娲一边想着创造生灵的事儿，一边随手捡起一根柳枝敲打着地面上的一泓泥水……突然间，女娲发现迸溅出去的泥点，居然瞬间化成一个个人形、牛形、马形、鼠形、鸡形、狗形、虎形……

因为是泥点变成的活物，这些人和动物比起女娲用五彩石雕刻而成的那十三个生灵，要粗陋得多。初看上去，除了难看一点、木讷一些之外，似乎别的地方并没有什么大的分别。其实，这其中的区别非常之大。先前的十三个生灵不仅是脱胎自西昆仑的五彩灵石，而且还得到了女娲的混元真气，只要他们保有一口混元真气，就能成为千秋万代的不死之身。而那些由女娲用柳枝甩打出来的泥点幻化成的人和动物，则只有一世生死，谓之凡胎俗物。

2

女娲生性爽朗，不耐寂寞，而且造物成癖，只要有闲暇工夫，她便手执柳枝甩打个不停，弄得无涯仙境里马嘶狗咬、人声鼎沸，大大影响了师兄鸿钧的清修冥练。一干生灵中，尤其是以五彩石雕幻化而成的十二个牲畜最为顽劣，它们各率一帮同类占山霸水，常常纠缠厮打，闹得不可开交。

万年已过，创始元灵已经练成天罡正气，出关之日，却发现无涯仙境竟然变得狗叫虎啸、喧嚣不堪。创始元灵一气之下，迁怒于女娲，让她将生灵们赶出无涯仙境。女娲无奈，只得将盘古和另外十二个五彩石胎灵物留下，把其余的凡胎俗子、鸟兽鱼虫，全部放置到了混沌未开的天地间。

创始元灵对女娲大加斥责，说："让你修炼玄明气，就是为了将来造化天下万物，可如今天地混沌，你自作主张造出来的人畜生灵，必将遭受千万煎熬。"

女娲甚是后悔，询问创始元灵补救之法。创始元灵摇头叹息道："此乃天地玄机，万年才会有一个天赋使命的奇人，他能够融会贯通诸般神力，开混天，辟沌地，布天罡正气于天地间，方能拯救世间的万千生灵。”

日月穿梭，无涯仙境中又过了千年。

鸿钧和女娲二人法力渐渐了得，创始元灵觉察时机已到，准许他们各自收徒，查验天赋使命之奇人。

此后不久，冥宇间飞来一枚顽石，破天而入之后，撞倒了不周山，使得天地倾斜开来。创始元灵命女娲和自己座下神鳌，前往西昆仑取五彩石以补天，修不周山以正地。女娲领命前往，催动混元真气，熔五彩石为液，灌注破天之处。历经五百年艰辛，幸亏神鳌往返西昆仑运来无数五彩石，女娲终于补上了苍天。补天已经将女娲的混元真气几乎耗尽，她已经无力再去修复不周山，只能坐在山下垂泪望苍天。神鳌蹒跚着爬到女娲的身边，说：“斩去我的四肢吧，可以代替不周山，支撑起苍天。”

女娲含泪摇头，说：“你助我补苍天，我还无以为谢，岂能再斩你四肢！”

神鳌淡然一笑，说道：“创始元灵的一言一行，身边的一草一木，都是为了拯天救地，断我四肢又何足道哉！”

于是，女娲挥滂沱剑斩掉神鳌四条巨足，终于撑起了混沌之天。好在神鳌是天生神物，虽然四肢尽失，但仍能驭水识途，驮着女娲返回了无涯仙境。

回到无涯仙境，女娲才发现自己用五彩石雕琢的十三个生灵全都没了踪影。

创始元灵告诉女娲，说盘古做了鸿钧老祖的徒弟，期待他能成就一番开天辟地的伟业。至于龙、蛇、虎、兔、鸡、猪、狗、羊、猴、鼠、马、牛十二个畜生，早在五百年前就偷逃出了无涯仙境，混迹于天地间为非作歹。

话说无涯仙境之中，自从得了创始元灵收徒传艺的旨意之后，大师兄鸿钧老祖便看好一个人，就是当初女娲按照他的模样雕刻出来的五彩石人——盘古。这时候，盘古已经出落成一个威武健壮的巨人。鸿钧老祖暗中观察盘古很久，发现他不但心地善良，而且天资过人。得了创始元灵允许收徒弟的旨意，鸿钧老祖马上将盘古纳到门下，悉心传授本门功法玄清气。盘古感念师父器重，无论昼夜，从不间歇，把玄清气修得是出神入化。鸿钧老祖心喜，倾其毕生所学尽数授与盘古。

得了鸿钧老祖真传之后，盘古神力大增，不但能嘘风吐火，鸣雷放电，还能开目为昼，闭目为夜。鸿钧老祖看到盘古羽翼渐渐丰满，便想查验其是否是万年一出的天赋使命之人。于是，他就准备让盘古离开无涯仙境。

这一天，鸿钧老祖把盘古叫到跟前，对他说："你修炼已成，师父不能再留你了。"

"师父，您是嫌弃我了，要赶我出师门吗？"闻听师父此言，盘古大惊失色。从跟着师父修炼之时起，他就认定无涯仙境是自己的家，从没想过有一天要离开师父。

"哈哈哈哈！"鸿钧老祖朗声大笑。"不是我要赶你走，是要你到天地间走一趟。因为为师已经倾其所能，至于你能否承担开混天、辟沌地的使命，就要看你的真本事了。"

"师父，何谓开混天、辟沌地？我不想要什么高深法力，我只想留在师父的身边。"对于盘古来说，师父就是他的整个世界，他想象不出没有师父的日子该如何度过。

"盘古，有些人注定要承担更大的责任，这是他与生俱来的使命。为师资质有限，难当此重任，我和我的师父、师妹都把希望寄托于你了。"鸿钧老祖神色凝重起来。

"师父，我愿意替您和师祖做任何事，但是我想知道要我担当什么大任？"盘古说。

"玄机不可泄露，有些事情全凭自己领悟，这就是我让你出世的目的。"老祖不无怜爱地看着盘古，这是他最得意、最不舍的爱徒。

3

混沌世界的夜晚。

死一般的沉静。

静得所有生灵都听得见自己的心跳声。

突然，森林里一只栖息的飞鸟似乎被什么东西惊动了，"扑啦啦"扇动翅膀的声音显得惊天动地。一只趁着夜色觅食的松鼠被吓得毛骨悚然，它本能地掉转过头，发疯般地逃窜而去。

森林的夜晚重新归于平静。远处，十几个绿幽幽的光点飘了过来，越飘越近，越近越绿，紧张急促的喘息声终于盖过了胸腔里的心跳声。片刻过后，远处飘过来的绿幽幽的光点越来越多、越来越密，声音也混合成了同一个节奏的喘息声：“呼——呼——呼——”

突然间，一声尖利刺耳的啸声划破了森林之夜，“呼啦啦”的声音又盖过了“呼呼呼”的喘息声。绿幽幽的光点不再是轻轻地飘移了，而是迅速地四处跳动。紧接着，利爪撕开皮肉的嗞嗞声、恐惧到灵魂的惨叫声……最终盖过了混沌世界里的所有声音。

混沌的天空渐渐有了一抹亮色，随着几只肚破肠流的犬狼闭上了眼睛，绿幽幽的光点也消失得无影无踪。森林的地面上，随处可见散落的羽毛，有始祖鸟的，有雉鸡的，也有一些似乎是苍鹰的褐色羽毛。一只受伤的始祖鸟飞奔过去，带起了地上的一堆漂亮的雉鸡羽毛，飘上空中的羽毛飞舞着落下，再次遮住了地面上一条犬狼的尸体。树干后面，另一条犬狼跌跌撞撞走了过来，直到脑袋撞上了树干，它才转过身子朝着另外一个方向走去。仔细看才发现，犬狼的双眼已经被锋利的爪子撕烂，两个黑乎乎的眼眶里流出了黑乎乎的两行液体。犬狼步履蹒跚，一直走到一处悬崖峭壁上，没有任何生灵关心它的生死，直到悬崖深处传来犬狼一声撕心裂肺的惨叫声……

天，似乎是亮了，但是混沌世界里的白天和黑夜，区分起来不是太明显，仅仅是生灵们能够看清彼此的形体而已。一阵慌乱的骚动过后，一群始祖鸟、雉鸡以及其他不知名的鸟禽迅速安静下来。远处，一只器宇不凡的雄鸡走了过来，所有的鸟禽低头肃立，甚是恭敬。健壮的雄鸡跳上一块巨石，很有威严地扫视了一圈自己部署的杀场，一副志得意满的样子，说道：“犬狼们不知高低，竟敢跟我争夺断魂谷！我们就是要用锋利的爪子告诉它们，断魂谷永远属于雄鸡的领地！”

雄鸡高亢嘹亮的狠话刚刚落地，突然从它站立的巨石上方的悬崖上，传来一阵可怕的吼声：“呜——呜！”

雄鸡和属下被这阵吼声惊得有些不知所措，因为它们太熟悉这种惊魂夺魄的吼声了。果然，鸟禽们抬头望上去的时候，发现一群剑齿虎和斑斓虎早已在悬崖上守候多时了。斑斓虎首领盘卧在悬崖上，对雄鸡首领说：“许久不见了，你还是一副气宇轩昂的样子，真是难得啊！”

雄鸡首领抖了抖了一身金黄色的翎羽，笑道：“你不也是老样子吗！依仗着女娲把你造得又大又威猛，就四处要横吃白食！”

“这就是天生造化，没办法！”斑斓虎首领得意地长啸两声，“我今天到断魂谷还是来吃白食的，哈哈！”

“既然你们也要学那些不长进的犬狼，那我们就只好奉陪到底了！”雄鸡首领左右扫了一眼属下。

一只始祖鸟往前走了两步，悄声对雄鸡说：“我们刚才的伤亡不算太大，它们只来了十几只虎，谁伤谁死还说不准呢！”

“我们斑斓虎、剑齿虎、豹虎都有一身华丽的皮毛，因此，我们可不想与雄鸡的爪子为敌。”斑斓虎首领指了指身旁属下，“所以，我跟你商量一下，那些被杀死的犬狼和鸟禽放在断魂谷只能等着腐烂变臭，何不让我们帮着你打扫一下战场呢？我保证，我们吃完了就走，绝不在你的断魂谷耽搁。”

雄鸡首领凝思了一会儿，觉得斑斓虎说的也有道理。再说了，只要不是因为争夺生存的地盘，谁又愿意舍命搏杀呢！于是，雄鸡首领对斑斓虎首领说：“好！我答应你，但你必须遵从我的三个条件。”

“你说来听听！”

“第一，只能吃那些犬狼，不能吃战死的鸟禽，我们会将其埋葬的；第二，吃完了犬狼的尸体，立刻离开断魂谷，不得以任何借口逗留；第三，在此期间，如果犬狼们前来报复，你们必须与我们并肩作战！”

“没有问题，成交！”斑斓虎首领爽快地答应了。

4

路途之上，时不时就会遇见一堆堆白骨，看得盘古心惊肉跳，神情愈发萎靡不振。盘古感觉自已像是被师父逐出师门的，或者是生生被推出无涯仙境的，他整日里默不作声、毫无目的地游荡着。渴了喝一口山泉水，饿了摘几个野果充饥，盘古风餐露宿已经步出无涯仙境数日。

这一天，盘古正百无聊赖地躺在草场中的一块巨石上睡觉，忽然被一阵急促的踢踏声吵醒。盘古感觉恍惚如梦，因为自打出了无涯仙境，他还没有遇到过任何其他生灵。直到踢踏之声渐近耳边，盘古才慌忙坐起身来，发现草场之上，左侧是牛群，右侧是马群，双方排开了阵势，相互对峙着。

盘古很是惊诧，牛群和马群为何如此凶悍？它们像是有血海深仇一般抛蹄亮掌，一副欲将对方置于死地的架势。还未等盘古再作思虑，只见马群在一匹高大神骏首领的带领下，率先发起了攻击，直奔牛群冲去。牛群也毫不示弱，它们在一头健壮青牛的统领下，低下头颅拱起尖角冲向了马群。顷刻间，马群和牛群搅在了一起。健壮的青牛首领牛头一抬，把一匹黄鬃野马挑上了空中，顿时摔得气绝身亡。青牛首领继续往前猛冲，它一拧脖子，用头上的牛角，又将一匹对冲过来的高大野马的肚子划开，瞬间工夫，马肝马胃马肠子摊了一草地……

马群的神骏首领更是勇猛难挡。它左右开弓，踢开了两头冲上来的牦牛，又踢飞了一头从后面偷袭的水牛。神骏首领催促着属下往前冲，鼓动大家说："天地间只有这一块草场，它不属于羊，更不属于牛，它属于马！"

盘古明白了，原来马群和牛群正在争夺一块世间仅有的草场。天地如此之小，仅仅才有一块草场？盘古正在琢磨着，突然听到巨石下面传来一声冷笑："哼哼……这片草场不属羊、不属于牛、更不属于马！它属于老鼠！"

盘古低下头一看，顿时感觉头皮发麻，原来草地上已经布满了密密麻麻难以计数的老鼠，它们像一片黑雾一样从远处流了过来。有一只身形巨大的黑鼠，正指挥着老鼠们钻进一个个地洞："快！快！你们已经看到那些家伙的身架骨了，所以要把地洞挖得再深一点，再深一点！"

于是，那片黑雾魔幻一般流进了草场上的无数个地洞，瞬间消失了。

远处，牛马的较量已经分出了高低，数量上远胜于马群的牛群，逐渐占了上风，马群且战且退，已经被逼到了草场的边上。青牛首领高声喊道："兄弟们再加一把劲儿！把马群赶出草场，让它们永远记住牛的力量，还有牛的尖角！"

受到鼓动的牛群，一头头都像疯了一样冲向了逐渐退缩的马群。一时间，一匹匹骏马被掀翻在地，死伤无数。眼看大势已去，神骏首领抬起前蹄，对着空中凄厉地长嘶一声，于是，马群掉转头，逃出了草场。

草场上只剩下牛群了，它们在青牛首领的带领下，踏着同类的尸体，在草场上狂奔庆祝胜利。突然间，狂奔的牛群中不时有牛陷入了草场下面，即便是没有陷入身体的，也会因为一脚踏空，折断了牛腿。就这样，狂奔的牛群越来越少，在青牛首领背后躺倒了无数蹄断腿折的伤牛。青牛首领回过头去看时，竟也惊诧不已，不知道出了什么奇怪的事情。青牛首领止住了狂奔的脚步，慢慢转过身来向后面走去，它看到倒下的牛群周围布满了大大小小的土坑，大的能够陷进一头牛，小的恰恰能够折断牛腿。青牛首领看到这幅悲惨的场景，禁不住暴怒起来："是哪个卑鄙无耻的东西，竟敢对我的牛群下此毒手！滚出来！你给我滚出来！"

除了青牛首领恼怒的吼声之外，草场上一片寂静。牛群死的死、伤的伤，还能够行走的牛不足两百头。青牛首领对倒在地上哀嚎的伤牛呵斥道："不许嚎叫！

难道你们想把虎群招来？”

受伤的牛正倒在地上兀自懊恼着，听到首领的呵斥后，反而上来了牛脾气，哀嚎声更加惨烈了。青牛首领疾步奔到一头哀嚎惨叫的犀牛跟前，抬起一腿就将他的牛头踢得粉碎，其他受伤的牛群见到首领如此残暴，不仅没有止住悲泣，反而更加用力地哀嚎起来。

草场之上，尸横遍野，悲鸣阵阵，惨不忍睹，惨不忍闻。

5

盘古眼中含着热泪，他被这个血腥悲惨的场面深深地震撼了：世上原来充满了杀戮！师父让我出来，难道就是要让我见识这些血腥场面吗？天地间为什么如此之小？

一个声音惊醒了迷茫的盘古：“我早就警告过你，草场属于老鼠，你偏偏不信邪。”

远处的青牛首领回头一看，只见一只硕大的黑鼠从地底下钻了出来，在它身后的草地上，瞬间便流出了一大片黑雾般的鼠群。青牛首领气得破口大骂：“早就应该料到是你搞的鬼！你这个见不得光的卑鄙家伙，竟然用这种阴损的手段对付我，我……”

怒到了极点的青牛首领，尚未等自己把话说完，便朝着黑鼠首领冲了过去，它边冲边回头对属下喊道：“是这群老鼠在草场底下挖了陷阱，为了给受伤的弟兄们报仇，先灭了它们！”

将近两百头牛的牛阵冲向了鼠群，黑鼠首领竟然异常镇静，它“吱——”的一声打了一个唿哨，黑雾般的鼠群非但没有退却，反而迎着牛群“流”了过去。对于身形细小的老鼠，牛群的蛮力似乎失去了用武之地，只能用四肢不停地踢踏。一头身形庞大的犀牛竟然想出了一个更为残忍的办法，它冲入鼠群后就地翻滚开来，于是，成群的老鼠被它碾压成了肉酱。其它牛学着犀牛的样子，纷纷倒地翻滚，顷刻间，不同毛色的牛都变成了浑身沾满鲜血的红牛。

看到牛群大都伏倒在地翻滚，黑鼠首领的脸上竟然露出了满意的狞笑，它忽然高声喊道：“兄弟们！钻进它们的牛鼻子，把牛群统统灭掉！”

黑鼠首领一声令下，如同演练过似的，鼠群中一些体型更为细小的灰色老鼠纷纷跳将出来，爬上牛头，钻入了牛的鼻孔、耳朵……

大多数倒伏在地上的牛，就此再也没有爬起来，它们的鼻孔和耳朵里都钻进了老鼠，不消一会儿，便七窍流血而死。青牛首领情知不妙，急呼撤退，那些还活着的牛急忙起身，跟随着青牛首领往草场边上的树林里落荒而逃。

盘古望着躺满了尸骸、浸透了鲜血的草场，一时间傻呆呆地怔住了。神骏首领、青牛首领、黑鼠首领……它们不都是女娲用五彩石雕刻出来，然后输入混元真气之后，幻化出来的生灵吗？它们怎么变得这般嗜杀成性、残暴无道呢？五百年前，自己还跟十二头灵兽一同在无涯仙境结伴玩要，后来，因为耐不住寂寞，十二头灵兽偷逃出了无涯仙境。自己与十二头灵兽同样脱胎于西昆仑的五彩石，说起来还是有些渊源的，可它们为何沦落如此？

6

盘古生性善良敦厚，他见不得血腥不堪的杀戮场面，自从亲眼目睹了马群、牛群、鼠群的相互厮杀之后，他就像是丢了魂魄一样，更加漫无目的地、更加浑浑噩噩地游走着。

这一天，盘古恍恍惚惚经过了一个岩洞，忽然听到吵吵嚷嚷的声音。原来是两个部落的人，正在争吵这个岩洞的归属问题。僵持不下之后，双方动手打斗起来。几百个强壮的男人手持木棒群殴的场面，也是盘古闻所未闻见所未见。顷刻间，几百个肤色黝黑泛黄的强壮男人，变成了红色的“血人”，但是双方依旧没有罢手的迹象。

盘古实在忍无可忍，他冲入了舍命相搏的人群中，努力地把缠斗在一起的人分开。可他不敢发力，因为担心弄伤了人们。可他如果不发力，刚刚被他分开的人群，旋即又扑了上去，扭打在一起。盘古急得满脸通红，忽然抬头看到了身边一棵参天巨树，他走上前去双手抱住了巨树，“哗啦”一声连根拔了起来。正在搏杀的人根本没有看到盘古在干什么，他们抹掉了遮住了眼睛的污血，继续举着棍棒挥向了同是血肉之躯的同类。

“畜生们好在还是异类相搏，而人竟然是同类相残啊！”盘古怒吼了一声，声如炸雷，他们依然不为所动，于是他怒气冲冲地走到岩洞面前，对着岩洞上方劈了一掌。顷刻间，岩洞坍塌了下来，几百个血淋淋拼杀的壮汉立即停了手。大家一起望着眼前这个高大健硕的巨人，都不敢相信眼前的景象，他竟然能够把岩洞一掌毁掉。

望着愣愣的人群，盘古大声说："为什么要为一个岩洞舍命相搏呢？我现在把岩洞毁了，你们没有拼命的理由了吧！"

一位中年男人站了出来，对盘古说："你这样的神灵之人，根本不懂我们生存的疾苦，天地这般狭小，到处都是饥寒交迫的生灵，这个岩洞本来还能为人们挡风避雨，可是竟然被你一手毁掉了……"

"那……那你们为什么不去别处再找一个岩洞呢？"

"别处？哪里还有别处？四处走不到天黑，就是寸草不生的天尽头。"

盘古抬头，顺着中年男人手指的方向望去，只见雾气蒙蒙混沌一片。盘古喃喃地说："为什么不能把天地开辟得大一些？为什么？"

中年男人道："你是神灵之人，没准你能为我们这些凡夫俗子开天辟地。"

听了中年男人的话后，盘古撇下一群"血人"，不由自主地走向了那片雾气蒙蒙的混沌天际。

果然，在天黑之前，盘古走到了寸草不生、甚至抬不起头来的天尽头。天地从何而来？天地又往何而去？谁来主宰天地之大小？盘古在心里问着自己。他试着往前走了几步，一直走到弯下腰来，而后伸手往上推了推。突然间，他觉得天地间竟多了一些空隙，于是，他双手举天努力地往上撑去，天地间居然又撑开了一些距离。盘古异常惊喜："天呐！主宰天地大小的那个人，竟然是我！"

望着脚下不断延展开来的土地，盘古勇往直前地迈开了开天辟地的脚步。他弓着腰，蜷缩着身体，一直走到再也无法前行半步的天之尽头，然后催动体内的玄清真气，托举着苍天，直起腰，站立起来……

遥望着身后最初开辟出来的天空，虽然混沌依旧，但是地面上已经开始微微泛绿，野草和树木正在跟着他的脚步蔓延。

盘古已经感觉到了疲惫，可还是不想坐下来休息。他知道，天地间多一片草场，生灵们就会少一分杀戮；大地上多一个岩洞，人们就能用它来挡风避雨。于是，盘古又一次弓着腰、跪下了身体，催动体内的玄清真气，托举着苍天，直起腰，站起身来……

7

奋战了七天七夜之后，一直没有合眼的盘古终于沉沉地睡去了。

在梦中，盘古看到了一个神清气爽的新天地，没有为了争夺草场舍命相搏的牲畜，也没有挥动木棒争抢岩洞的人们。新天地里，有蓝色的天空，有耀眼的白云，有高耸的雪山，有茂密的丛林。狂野的飓风、翻卷的乌云，只为了带来一场雨……雨？雨是什么？

“雨是天地的精灵！有了雨的滋润，天地间才会充满生机。”

“谁在说话？”盘古的梦境被一个声音打破了，他翻身坐起来，竟然发现师父鸿钧老祖坐在眼前。

“师父！”盘古激动得热泪盈眶，急忙给师父跪下来行礼。

鸿钧老祖扶起盘古，用慈祥的目光看着爱徒说：“孩子，你终于悟到了自己的使命。”

“师父指的是开天辟地吗？”

鸿钧老祖点了点头。

“师父让我离开无涯仙境，原来就是为了让我亲眼目睹世间的杀戮？”

“是啊！”鸿钧老祖摸着盘古粗糙的大手说，“师父和我，还有师妹都知道天地有限，可我们的资质不够，无法承担开天辟地的大任。所以，我们一直在勤奋修炼，等待那个天赋使命之人的出现。”

“我，就是那个人吗？”

“不用再怀疑了，你已经做到了！”鸿钧老祖激动地说，“我们师徒三人穷尽毕生精力，才开辟出一个狭小的天地。而你只用了七天七夜，就开辟出了比原来还大的天地。”

“是真的吗？”盘古简直不敢相信自己具有如此神力。

鸿钧老祖脸色突然变得严肃起来，说：“但是以后不能这般没日没夜地傻干了，耗尽了体内的混元真气，你就会化为泥土，再也无法为天下苍生开天辟地了。”

“师父教训的是，徒儿记住了。”

鸿钧老祖袍袖一抖，嘴中念着“是也是也”，怀中瞬间多了数根漂亮的棍子，他对盘古说："这是师祖送给你的十二根仗天杵，分别叫做'天地乾坤、水火金风、云闪雷鸣'。师祖最初脱胎于混元石，后来，他老人家将混元石胎磨制成了这十二根仗天杵，就是为了日后开天辟地所用。"

"仗天杵如何用来开天辟地？"

"师祖知道你是一个生性耿直之人，担心干起活来不要命。"鸿钧老祖拍了拍盘古的肩膀，"仗天杵，顾名思义就是丈量天地之杵。以后，你每次开天辟地之始，先在大地上插上只有一道圆圈的天杵，然后使用有两道圆圈的地杵往前丈量，丈量到了三百六十丈时，再将地杵插在大地上。如此循环，等你用完了有十二道圆圈的鸣杵的时候，就必须回到无涯仙境休养生息，补充混元真气。"

盘古憨厚地点头答应，他看了一眼天际的方向，忽然发现已经涨满了水。盘古指着眼前的大水，对师父说："我如何敢休息，睡了一觉就涨满了大水。"

"师父创始元灵说了，将来的天地中，海水占了一多半，所以有水是正常的。"鸿钧老祖走到水边，连续击掌三下，忽然间一只巨大的神鳌浮出水面，"师祖的神鳌虽然被女娲斩去四肢用以支撑天地，但是驭水逐浪没有问题，以后，它就随你开天辟地，供你涉水渡海之用。"

"多谢师父和师祖指点！我这就开天辟地去了。"盘古说完，便收拾起地上的十二根仗天杵，准备登上神鳌之背。

"稍等！"鸿钧老祖说。

"师父还有什么吩咐？"

鸿钧老祖一副欲言又止的样子，说道："万年之内，必有奇人，生为开天，死为辟地！"

盘古摇了摇头，说："我没有听明白什么意思，师父。"

"每过一万年，便会有一个奇人出世，他就是为了开天辟地而来，等到将来天地融汇贯通之后，他也会死去。"鸿钧老祖顿了顿，继续说道，"如果你现在后悔了，就把仗天杵还给我，我们一起修炼，再等待下一个万年奇人。"

"我不愿意死去，因为我不想离开师父！"盘古说着，眼圈开始泛红，"可是，我不死，天地间就会有无数生灵因为争夺生存空间而死。"

盘古说完，抱起地上的仗天杵，义无反顾地登上神鳌。

8

回到无涯仙境后，女娲得知在世间仅有的天地里，她亲自创造出来的十二灵兽掀起了腥风血雨，使得混沌世界更加昏天黑地。这让女娲如何不生气，最初的十三个亲手雕琢的五彩石生灵，倾注了她的爱心。而今，盘古倒是尽心竭力为世间生灵开辟天地，而同是脱胎于西昆仑五彩石的龙、蛇、虎、兔、鸡、猪、狗、羊、猴、鼠、马、牛，却在世间党同伐异为非作歹。

女娲决定亲赴世间，捉拿十二个生灵正法，以换取天地间的和平。

由于虎类的繁殖能力有限，以斑斓虎和剑齿虎组成的团队，一直在数量上难以服众。好在老虎凶猛，为百兽所忌惮，倒也从未吃过大亏。天柱山是现有天地中最为雄伟的高山，也是斑斓虎首领的盘踞之所。天柱山山上有树，山下有水，算是风水宝地了。但问题恰恰出在了天柱山的水上。此山之中，原来仅有一条小溪水，不急不慢时断时续地流淌着。斑斓虎带着属下时常在溪水边设下埋伏，偷袭前来饮水的飞禽走兽，这条小溪俨然成了老虎部落的捕猎诱饵。可是有一天，小溪尽头的泉眼突然爆发，喷出了滚滚的泉水，日夜不息地流淌着。时过不久，这股山泉便在天柱山脚下形成了一个深潭。

水不在深，有龙则灵。某日，一条金鳞金爪的飞龙路过天柱山，发现了山脚下的一泓清泉，便把散落在各处河沟溪水中的同类全都招呼至此。一时间，天柱山脚下的深潭中龙蛇混杂，热闹非凡。

斑斓虎首领对龙蛇均无好感，尤其厌恶扭曲诡异的蛇类。对于栖息之所突然间闯进来如此众多龙蛇，斑斓虎首领大为恼火，寝食难安。它召集属下，商量了数日，也没有找到一个驱赶龙蛇的办法。一只独眼剑齿虎说，实在没有办法就来硬的，直接逮住一条龙吃掉，看它们以后还敢不敢在我们眼皮子底下晃悠。斑斓虎首领说很难，因为龙在水中来无影去无踪，很难捕捉得到。剑齿虎说，老虎有打盹的时候，龙也会有打盹的时候，只要有耐心就能等到机会。

于是，斑斓虎首领安排手下在水潭边上日夜守候，寻找给龙蛇迎头痛击的机会。过了些时日，属下报告说，每当月圆之夜，深潭中的飞龙首领就会浮出水面戏耍。斑斓虎首领并不觉得这是一个好机会，但是实在忍受不了这帮不速之客的打搅，决定在下一个月圆之夜动手。

数天之后，迎来了一个月圆之夜。说是月圆，但混沌世界里根本辨不清月亮的形状，所以，虎群在水潭边上守候到了第三天的夜晚，才发现水中有了动静。"哗"的一声水响过后，一条金鳞金爪的黄龙跃出了水面。斑斓虎首领仔细一看，才发现这条飞龙首领竟然就是无涯仙境中的伙伴。斑斓虎首领从埋伏的草丛中走了出来，冲着水潭中的飞龙首领打了一个招呼，说："我还以为是哪里来的恶龙，敢在我的脚底下撒野，没想到竟然是无涯仙境里的老相识啊！"

飞龙首领看到斑斓虎首领突然从草丛中冒了出来，便知道对方没有什么好心眼，但碍于曾经相熟的面子，只得上岸来寒暄一番。然而，客气话不出三五句，斑斓虎首领便直奔主题，让飞龙首领带领一群龙蛇离开天柱山。飞龙首领岂肯相让，一来二去就把话说僵了，两个本是西昆仑五彩石同根生的灵兽，就缠斗撕咬在了一起。

十二个灵兽中最有气势的两个家伙相搏，虽然是单打独斗，却也搞得风起云涌、飞沙走石。飞龙缠住了斑斓虎的身体，飞身跃入水潭。斑斓虎屏住呼吸，一口咬住了飞龙的一只龙爪，疼得飞龙不得不跃出水潭，抖落死缠烂打的斑斓虎。两只灵兽重新摆好了架势，一个虎视眈眈，一个张牙舞爪，好一场龙虎斗。顷刻间，两只灵兽又纠缠到了一起。这一次，飞龙将自己的龙爪避开了虎嘴，并死死地缠紧了斑斓虎。斑斓虎觉得呼吸越来越困难，身上的骨头几乎快要被勒断了。就要绝望之际，斑斓虎侧眼瞅准了飞龙的咽喉，拼尽全身力气咬了下去……

眼看着龙虎两只灵兽就要两败俱伤，天柱山的半空中突然传来一声叱责："两只畜生还不住手！"

仅此一声，飞龙和斑斓虎瞬间感到浑身瘫软无力，双双跌落在水潭边上。女娲随后现身，她从腰间解下一根丝绦，对着地上的两只灵兽甩了过去，银色丝绦瞬间便将两只灵兽捆在了一起。女娲再次呵斥到："两只畜生既然喜欢缠斗，我就把你们永远捆在一起，让你们斗个够！"

无涯仙境的天若峰下，女娲将飞龙和斑斓虎与先前擒来的十只灵兽，一起压在山脚下。女娲催动玄明气，使得天若峰日重一日，如此千年，直到将十二只灵兽压得筋骨寸断，才算罢休。

第二章

盘古慈，十二生灵感人性

1

天地在一步步延展。

盘古再次用完了十二根仗天杵之后，遵从师父鸿钧老祖之命，赶回无涯仙境休养生息，补充混元真气。看到盘古扛着十二根粗大的仗天杵回到无涯仙境，鸿钧老祖禁不住大笑起来，他对盘古说：“这不是普通的棍子，我教你使用的方法。”说着，把嘴附到盘古的耳边，一阵耳语，盘古渐渐露出惊讶的表情。

随着开辟的天地越来越广，盘古每一次返回无涯仙境的时间也越来越长。虽然有神鳌相助，但也仅限于水路，剩下的陆地还需要盘古用脚来走。这已经是盘古第八次循环用完仗天杵了，据师父鸿钧老祖预计，天地已经被开辟到了八成。眼看成功在即，盘古欣喜不已，他对于“生为开天，死为辟地”的谶语，竟然毫不在意。

此次返回无涯仙境的途中，盘古发现天地间草木枯黄，人兽尸骸遍野，他以为世间又兴起了新的杀戮。回到无涯仙境之后，盘古急忙询问师父缘由：“天地间已经足够大了，为何还有杀戮争夺？”

“唉！”鸿钧老祖哀叹了一声，“此番劫难倒不是因为攻伐杀戮所致，而是天干地旱所为。”

“天干地旱？”盘古问道。

鸿钧老祖说：“天地只有完全融会贯通之后，才会有清风流动，流动的清风才能带来云，云才能带来雨，雨才能滋润大地，大地才有万物生长。那时的天空不再是混沌一片，而是蓝色的。”

“哦……”盘古凝望着依旧混沌的天空，感慨地说道，“很想看一看师父说的蓝色天空是什么样子啊。”

“开通了天，辟完了地，就会有蓝色的天空了。”

盘古苦笑着摇了摇头：“我知道自己看不到蓝天，那是我的使命：万年之内，必有奇人，生为开天，死为辟地。”

盘古说完便走开了，鸿钧老祖望着盘古孤独的背影，突然泛起一阵心酸，两行热泪夺眶而出，他哽咽着对盘古说：“徒儿……师祖要见你。”

无涯仙境中的混元台上，须发尽白的创始元灵正在打坐静修。看到创始元灵已经入定，鸿钧老祖与盘古只能恭立一旁，不敢打扰。盘古附在师父的耳旁悄悄问道："师祖入定需要多久才能醒来？"

鸿钧老祖小声回道："没准，少则片刻，多则经年。"

盘古听后，眉头微微一皱，走到了创始元灵跟前跪了下去，朗声说："徒孙盘古拜见师祖！"

盘古的举动把鸿钧老祖吓了一跳，心中暗怪徒儿鲁莽，却又不好大声斥责。混元台上的创始元灵微微睁开了眼睛，叹道："天意啊，天意！"

鸿钧老祖急忙跪下，向创始元灵替徒儿请罪，却被创始元灵摆手止住了。创始元灵和颜悦色地盯着眼前的徒儿徒孙，笑着说："你们进来之前，我就跟自己立了一个赌约，我故作入定清修之状，若是盘古胆敢把我唤醒，我就将万年修成的天罡正气尽传与他。哈哈！他果然把我唤醒了。"

鸿钧老祖大为震惊："师父，天罡正气可是您毕生修为啊。"

"我们修炼真气不就是为了开天辟地吗？既然盘古是那个天赋使命之人，我们还有什么可吝啬的呢？"创始元灵说完，便走到跪在地上的盘古跟前，将双手覆在他的额头上，把自己历经万年修成的天罡正气，源源不断地输送到了盘古体内。

创始元灵再次闭目打坐，以混元真气续补尽皆一空的天罡正气。盘古也在师祖身旁闭目打坐，按照师祖的指点，将所有天罡正气导入周身的筋骨之中。片刻过后，一老一少起身试气，已然运转自如。盘古再次给师祖跪拜叩谢，创始元灵将盘古扶起来说："不必谢师祖，师祖和天下苍生都应当感谢你才是。我送天罡正气与你，是想破解'生为开天，死为辟地'之谶语。现在天罡正气已经遍布你身体中的每一寸筋骨，包括你的牙齿、发肤。只要你潜心开天辟地，如约回到无涯仙境休养生息，补充混元真气，我想，就算你打通了天地之后，也能保住性命。"

盘古大为感动，拉着师祖的手问道："也就是说，我还能看到蓝色的天空，是吧？"

2

盘古万分欣喜，一路跟随着师父走下了混元台，他想象着天地融会贯通之后，清风徐徐，白云翻滚，甘霖雨露漫天飘洒，大地之上万物生机勃勃……当然，还有他最为期待的蓝色天空。

看到盘古脸上浮现出来的惬意笑容，鸿钧老祖提醒道："切不可大意，一定要按时归来续补真气，更不能随意舍弃自己的骨肉发肤。"

"为什么？"

"你的身体发肤都布满了天罡正气，尤其是筋骨。你现在身上的大小骨头都是具有灵性的灵骨，每一块都能化腐朽为神奇，化邪恶为正气，化兽性为人性，化兽形为人形。"

盘古瞪大了眼睛盯着鸿钧老祖："天罡正气如此神通，师祖为何要把天罡正气尽传给我呢？"

"创始元灵的万年修为岂可小觑！"鸿钧老祖拍着徒弟的肩膀，激动地说，"因为身负开天辟地使命的奇人，在天地融通之后将会死去……师祖舍不得你，所以想逆天道、破谶语，才将天罡正气尽传与你。"

"师祖和师父的再造之恩，徒儿没齿难忘！"盘古对着混元台遥跪了下去。

盘古刚刚从地上站起身来，忽然，一只鹈鹕的幼鸟从头顶的树上跌落下来，鸿钧老祖眼疾手快一把接住了坠落的幼鸟。他将幼鸟递给徒弟，说："你爬到树上，把幼鸟放回鸟巢吧。"

盘古小心翼翼地接过尚未长全羽毛的幼鸟，忽然间眼前明光一闪，幼鸟竟然变成了一个幼童。盘古惊呼一声，脱手撒掉了幼童，幸亏鸿钧老祖及时伸手接住。老祖对盘古说："你再看看，这是什么？"

盘古看到师父的手掌之上分明托着一只鹈鹕幼鸟，他以为自己产生了幻觉，瞪着一双惊愕的眼睛怔怔看着师父手掌上的幼鸟。鸿钧老祖对盘古说："你的每一寸灵骨都能够化兽形为人形，这回你明白了吧？"

盘古举起双手放在眼前，他几乎不敢相信自己已经具备了如此神通的法力。片刻之后，他将师父手中的鹈鹕幼鸟接了过来，幼鸟再次变成一个咿咿呀呀的幼童。盘古手里捧着"幼童"，攀上了头顶的大树，将其放回鸟巢，幼童瞬间又变回了幼鸟。

第二天清晨，盘古便早早起身了，他准备再次赶赴天际，继续他开天辟地的使命。鸿钧老祖早已守候在路口，执意要送爱徒一程。师徒二人一路行到了天若峰下，突然间，山谷之中传来一阵凄惨的哀嚎之声。盘古奔着哀嚎之声寻去，却被鸿钧老祖拦住了，老祖劝他专心开天辟地，不要为无谓之事牵扯精力。盘古说："哀嚎之声入心刺耳，岂能不闻不问？"

鸿钧老祖无奈地摇了摇头，只得跟随盘古觅声而去。来到山脚下，盘古这才发现，龙、蛇、虎、兔、鸡、猪、狗、羊、猴、鼠、马、牛，十二头灵兽均被压在天若峰之下。再细看十二头灵兽，均已面目全非，想必是在重压之下痛苦不堪，面部竟已扭曲变形。灵兽们看到了昔日老实巴交的玩伴盘古来了，似乎看到了希望，愈加哀声不绝，纷纷求其向女娲说情，解除惩罚。毕竟是从小一起玩耍的伙伴，盘古转身就要去找女娲，却被师父拦了下来。鸿钧老祖说："这十二个畜生在世间为非作歹，以至于混沌界中杀戮不断，血流成河。女娲补天归来，才将它们尽数捉拿。为了惩罚它们的恶行，将其压在天若峰下，等到千年之后筋骨寸断而亡。"

灵猴苦苦哀求道："我们在天若峰下已经受了五百年重压之苦，早就悔改了，盘古兄长念在我们共同脱胎于西昆仑五彩石的份上，救我们一命吧！"

盘古对十二头灵兽说："若你们真有悔过之心，我这就去向女娲师叔求情。"

"万千生灵涂炭，岂是五百年重压之苦抵消得了，你们这些畜生别再痴心妄想了！"一声娇斥过后，女娲翩然而至。

盘古急忙伏倒在女娲脚下，行跪拜之礼："十二头灵兽已然悔改，恳请师叔放它们一条生路！"

女娲说："放虎容易擒虎难！十二个畜生只要撒出去，就会野性复发，再次为患世间。所以，我万万不会放过它们的！"

3

任凭盘古苦苦哀求，女娲始终不肯答应。盘古说："那就让它们跟随我一起去开辟天地，就算是对它们的惩罚，如何？"

"一万年才会有一个天赋使命的奇人出世，能够为世间生灵开天辟地，十二个畜生如何堪当此任？"女娲说。

盘古灵机一动，对女娲说："念在徒儿开辟天地辛苦的份上，就让十二灵兽帮我背负仗天杵吧。"

"什么仗天杵？"

盘古回头对着鸿钧老祖做了一个鬼脸，瞬间一挥手，便将十二根仗天杵撒到了地上。说："仗天杵乃是徒儿开辟天地，用来丈量进程之用。"

"师叔知道你宅心仁厚，不忍看着十二个畜生命丧天若峰下。"女娲从地上捡起一根仗天杵，笑着对盘古说，“你的理由实在难以说服我，这么重的仗天杵，灵牛、灵虎、灵猴背负尚可，灵鼠、灵蛇、灵鸡如何堪负？”

女娲一席话驳得盘古哑口无言，但是，盘古觉得女娲的口风似乎已经松了不少。突然间，盘古脑海中灵光一闪，对女娲说：“请师叔先放它们出来，徒儿自有办法，让它们为我背负仗天杵。”

女娲用疑惑的眼神看了看盘古，又看了一眼鸿钧老祖，老祖也是一脸困惑。女娲对盘古说：“希望你的办法能让师叔心服口服！”

女娲说完，便催动体内的玄明真气，天若峰竟然浮上了半空。十二头灵兽顿觉身上一轻，急忙连滚带爬地钻了出来，拥簇到了盘古身边，再也不肯离开半步。盘古对女娲说：“请师叔把手里把玩的五彩石借徒儿一用！”

女娲喜欢五彩石，她特意挑选了一块色彩艳丽的五彩石，每日放在手里把玩。女娲很是好奇，不知道平日里诚实厚道的盘古今天要什么花样，但她还是把手中的五彩石抛给了盘古。盘古接过五彩石后，未做丝毫犹豫，对准自己的牙齿便砸了下去，唬得女娲、鸿钧老祖和十二头灵兽一齐惊呼起来。

“徒儿好糊涂啊！徒儿好糊涂啊！”鸿钧老祖捶胸顿足地说道，“师祖传你天罡正气，是为你日后保命之用，你竟然自毁灵骨……”

盘古和着嘴里的血水，对着手掌吐了出来，他数了数正好是十二颗牙齿。随后，盘古又从头上拔下了一绺长发，用每一根长发串起一颗牙齿。串好了十二颗牙齿之后，盘古俯下身来，在每一头灵兽的脖子上挂了一颗。瞬间，一头头灵兽竟然都变成了一个个英姿雄武的小伙子，齐刷刷地站在盘古的周围。但是，盘古发现自己的手中竟然还剩下一颗牙齿，他愣愣地数着，眼前的确只有十一个人。一时间，盘古竟然看不出少了哪一头灵兽，他只好攥紧手掌，暂不声张。

“这一回，他们每个人都能为我背负仗天杵了。”盘古回过头来，对着女娲憨憨地笑着，露出一口豁牙。

盘古对着惊讶不已的灵兽们说：“师祖刚刚把他万年修成的天罡正气传授给我，使我的每寸骨头都变成了灵骨。据我师父讲，我的每一块灵骨都能化腐朽为神奇、化邪恶为正气、化兽性为人性、化兽形为人形。所以，从今日起，你们不再是畜生了，而是顶天立地的男人。”

“万年出世的奇才，果然不同凡响！”女娲感叹一声，转头对着灵兽们说，“十二个畜生听好了！盘古不求永生，自毁灵骨将你们幻化成人，不仅给了你们人形，还赋予了你们人性。自今日起，对于过去的事情，我不再追究了，尔等就跟随盘古一起去开天辟地吧！”

盘古对女娲说：“他们既已成人，就不该再称他们为畜生了，请师叔为他们重新起一个名字吧！”

“十二……十二……那就称他们为盘古十二兄弟吧！”女娲盯着眼前的这群灵兽，“怎么好像少了一头……一个人，啊！是斑斓虎！又是斑斓虎！待我捉到这个畜生，就地处死！”

女娲转身便欲追赶，却被盘古拦住了，盘古说：“既然师叔已经答应将盘古十二兄弟交给我，那就由我来找到斑斓虎，予它人形，授它人性吧！”

刚才已经把话说出去了，也不好当场反悔，女娲无奈地说道：“好吧！他们以后就是你的人了，不管他们再闯出什么祸端，都跟我无关了。”

盘古点头称是。他又走到鸿钧老祖跟前，说：“请师父为盘古十二兄弟各自命名吧！”

鸿钧老祖还沉浸在哀叹惋惜中，哪有什么心情给盘古十二兄弟起名字，他一低头看到了地上的仗天杵，便对盘古十一兄弟说：“十二根仗天杵各有名称，你们每人挑选一根吧。”

盘古十一兄弟不敢怠慢，各自从地上捡起一根仗天杵。

鸿钧老祖说：“为了方便使用，创始元灵给十二根仗天杵分别命名为天、地、乾、坤、水、火、金、风、云、闪、雷、鸣，你们现在每人都有一根仗天杵，仗天杵的名字就当作你们各自的名字吧。”

灵猪说：“都是一模一样的东西，怎么分清哪根是哪根？”

盘古说：“不要只看自己的仗天杵，你们看看其他人的，就会发现不同之处。”

灵猴说：“我看到了，每一根仗天杵上都有圆圈，有的圆圈多，有的圆圈少。”

盘古说：“不错！天杵上面只有一道圈，地杵上面有两道圈，乾杵上面有三道圈……”

“鸣杵上面有十二道圈。”灵猴抢话道。

盘古说：“是的，只要记住了天、地、乾、坤、水、火、金、风、云、闪、雷、鸣的顺序，对照仗天杵上的圈数就知道哪根是哪根了。”

灵狗说：“我这一根上面有十一道圈。”

“十一道圈是雷杵，那你以后就叫雷狗吧！”盘古说。

灵龙说：“我拿的这一根只有一道圈。”

“那是天杵，你以后就叫天龙。”盘古说。

灵猴问盘古："七道圈是什么？"

盘古说："金杵。"

灵猴说："那我就是金猴了。"

盘古捡起地上剩下的一根仗天杵，发现是乾杵，这应该是斑斓虎的。随着盘古十一兄弟报出自己仗天杵上面的圈数，天地间也就有了天龙、地鼠、乾虎、坤马、水蛇、火牛、金猴、风猪、云羊、闪兔、雷狗、鸣鸡。

盘古十一兄弟有了名字之后，显得异常兴奋，因为觉得自己已经有别于同类了，他们彼此叫着对方的名字，耍闹成一团。

灵猴抚摸着项上盘古的牙齿，对女娲说："请女娲娘娘给盘古的牙骨起一个名字吧！"

女娲想了想，说："就叫盘古灵珠吧！"

4

盘古带着盘古十一兄弟上路了。

善良的盘古知道鸣鸡怕水，便没有乘坐神鳌走水路，而是沿着陆地一直往天际走去。一路之上，盘古看到饥荒遍野，到处都是人和各类动物的遗骸。混沌天地间，曾经的草场、森林尽皆干枯而死，变成白沙黄土。曾经的溪流深潭全部干涸，变成了龟裂的黑土。

在一座寸草不生的山梁上，大家看到一只剑齿虎正在追赶一只羚羊。羚羊奔跑出几十步之后便一头栽倒在地上，而剑齿虎扑到羚羊的跟前，也倒伏在地上一动不动。两只野兽相距咫尺，却因为干渴而双双毙命。这一幕，给盘古和盘古十一兄弟的心里留下了不小的震撼，大家在接下来的一天里都沉默不语，只是埋头赶路。

临近傍晚时分，盘古和他的盘古兄弟们赶了整整一天路程，大家都已经饥渴难耐，嗓子里冒火。好在天龙对水有一种与生俱来的敏感，他盯着远处的一座山峦说："那里好像是有水的气味儿。"

于是，一行十二人向着前方的一道山峦走了过去。

盘古和盘古兄弟们跟在天龙后面，走到了一条峡谷之中。转过了几道峡谷的拐弯之后，忽听前方传来吵吵嚷嚷的声音。大家很是好奇，这可是一路之上不曾多见的事情。随着盘古开辟的天地越来越广，世间已经变得地广人稀，行走十多天见不到一个人影，是再正常不过的事了。

吵嚷声越来越近，盘古他们走近后才听到这些声音都是沙哑的，显然是干渴造成的。只见一位干瘦的汉子拎着一条木棒站在一块石头上，他的身后还有二三十位汉子，同样的干瘦，同样地拎着木棒。干瘦汉子的面前，有一群男女老少正跪在地上，其中一位老者央告道："求你发发善心！给我们过路人一口水喝吧！"

"不行！不行！"干瘦汉子的脸上露出极不耐烦的神情，"你们再不走，我们可就要动手打人了！"

"哪怕是给老人和孩子一点水也行，他们都快渴死了。"老者跪在地上继续央求。

干瘦汉子举起手中的木棍，呵斥道："你们既然赖着不走，就别怪我们不客气了。"他手起棒落，朝着老人的后背打了下去。

突然间，一个黑影蹿了上去，一把夺下干瘦汉子手里的木棍，并将其折为两截摔在地上。一瞬间，现场的人们都看傻了眼，因为刚刚蹿过来的黑影，竟然是一个无比健硕的巨人。而巨人的背后，还跟着十几个肩扛棍杵的小伙子。即便是这十几个小伙子，也要比正常人高出一头。

盘古问高瘦汉子："为什么不让路人喝一口水？"

高瘦汉子理直气壮地说："给了他们，我们部落的一百多人就只能等死了。"

"这里不是有水源吗？"盘古问。

瘦高汉子指了指石头后面，说："你自己去看吧。"

盘古走到后面一看，也震惊了。只见石头后面有一个大石坑，石坑周围站满了老人、孩子和女人，大家都在眼巴巴地看着石坑上方，而石坑上方隔一会儿才会滴下一滴水珠。这就是瘦高汉子为自己部落誓死捍卫的水源。

盘古垂头丧气地从石头后面走了出来，盘古十一兄弟围拢了上来，坤马说："我们把那帮汉子赶走，让过路人进去喝水吧！"

盘古摇了摇头，一时间，他只能默默无语。他的确无法做出选择，因为任何选择都是错误，他没有权力决定哪一群人活下来，哪一群人死去。盘古最终叹了一口气，对身后的盘古兄弟们只说了一个字："走！"

盘古说完，独自一个人甩开大步朝着天际走去。盘古兄弟们觉得莫名其妙，但也只得跟在后面，一路小跑着追了上去。云羊一边跑一边嚷嚷："喂喂！盘古，我们为什么不喝一口水再走？"

第二天，还是相同的景象，相同的遭遇，相同的饥渴，遇到了相同的为了一点点水就以命相搏的人群。因为有天龙和雷狗较为灵敏的嗅觉，盘古一行，偶尔也会找到一点石缝中渗出来的泉水。盘古总是寻找各种理由，让大家先去喝水，最后轮到他喝水的时候，也仅仅只是把嘴唇和喉咙滋润一下而已。

盘古开天辟地的队伍继续往前行进着，火牛、坤马、金猴等人已经饿得两腿打晃，但能够填饱肚子的机会实在是少之又少。这一天，众人正无精打采往前走着，突然，一个黑乎乎的东西落到了众人面前，紧接着又落下了两个、三个。金猴捡起地上的物件一看，竟然是一只白头雁，感叹道："飞得那么高的白头雁都找不到水，竟然活活地渴死了。"

饥渴交迫的日子相当难熬，行走了将近一年时间，盘古和盘古兄弟们终于走到了寸草不生的天尽头。

5

盘古未做任何停歇，就开始开天辟地。

单调乏味的劳作日复一日，弓着腰，跪在地上，双手托举着苍天，直起腰身，站立起来……

盘古每当疲劳之极，想坐下来休息的时候，他的眼前总会浮现出剑齿虎追赶羚羊，双方渴死在咫尺之遥的画面；两群饥渴的人们，为了一滴水珠，拼得你死我活的画面；天空中飞翔的白头雁，因为忍受不住饥渴，一头栽到地上的画面……

盘古每天都会开辟出来一块新的天地，而每一块新开辟出来的天地都需要盘古顶天立地一个昼夜，才能稳固下来。盘古知道，新天地里虽然荒芜，但在打通天地之后，在很多日月轮转之后，这里就会像无涯仙境一样，百草丰茂，万物生长。为了天下所有苍生都能够拥有一块属于自己的地盘，必须开辟出更广阔的天地来。为了不让天下苍生因饥渴而死，必须以最快的速度贯通天地。于是，盘古睡觉的时间越来越少了，就像最初开天辟地的时候一样，他几乎是日夜不停地忙碌着。

盘古的喉咙里有一把火，心里还有一把火。他知道，自己只有尽快打通天地，世间的生灵才能有机会活下来。十二根仗天杵已经用完了，天龙和金猴都劝盘古该回到无涯仙境休养生息了，可是盘古毅然拒绝了，他说耗不起路途上来回折腾的时光。自此之后，盘古更加没日没夜地开辟天地，并且达到了忘我的境界。如果不是风猪和鸣鸡不停地在耳边提醒，他时常忘记了自己有多少天没有休息了。

盘古感觉气力越来越不够用了，他已经没有力气把脚下的地开辟平整了，只能沿着地势往上开凿。他尽量节省力气，就是希望能够尽快把天地凿通。于是，盘古开辟的天地也越来越高。

看到天天操劳的盘古，盘古十一兄弟禁不住担忧起来。鸣鸡建议说："我们该为我们的朋友做点什么了。"

盘古兄弟们商量了一天，才四下散去。三天之后，天龙为盘古取来了甘泉，半路上还捉回了一只奄奄一息的狍子，金猴也为盘古摘来了蟠桃。坤马和雷狗跑到高高的天尽头，劝说了大半天，盘古才随同他们回来歇息。饮下甘泉，又吃了蟠桃，盘古觉得体力恢复了不少。看到天龙赶过来一只受伤的狍子，盘古皱起了眉头，他说："我不会吃流血的家伙。"

天龙有些懊恼地说："喝了血、吃了肉，你才有力气去开天辟地。"

盘古说："我开天辟地是为了苍生，如果要让其他生灵付出生命，这样又有什么意义呢？"

自此之后，盘古兄弟们出去寻找食物的时候，再也不敢把腥荤之物带回来了。可是，有一天午坤马竟然带回来了一只晕死过去的老虎，盘古兄弟们一眼就认出来，这个皮包骨头的家伙正是从天若峰下逃跑的乾虎。

盘古得到这个消息之后，急忙下山看望乾虎，并为他注入混元真气。受了混元真气的乾虎，依然昏迷不醒。盘古摇了摇头，让众兄弟们将乾虎抬到一边静养。开辟天地的途中，盘古兄弟们看到盘古多次出手救助晕死的人和禽畜，一股混元真气注入之后，不管是人是畜，都会在片刻之后醒来。可现在，乾虎被注入混元真气之后，依旧昏迷不醒，可见盘古的体力和真气已经难以为继了。

半夜时分，突然传来云羊的一声尖叫，大家睁眼一看，发现乾虎正扑在云羊的身上。盘古兄弟们急忙各执仗天杵，扑打上去，将乾虎吓跑了。

云羊对盘古说："我们都是食草动物，只有乾虎是食肉的，他跟我们在一起不合适。"

"我同意云羊的看法。"闪兔说。

大家七嘴八舌开始控诉乾虎的种种不是，有的说他飞扬跋扈，有的说他目空一切，有的说他欺侮弱小，还有的说他威胁到了自己的生命。

盘古长叹了一口气，说：“我希望你们盘古十二兄弟在一起要精诚团结，不要有纷争，日后，你们要相互帮衬才能为天下苍生挡祸造福。”

6

第二天凌晨，一股使命感支撑着盘古，他又朝着天尽头走去了。

时光过去很久，盘古继续日复一日地开天辟地，由于常常数日数夜不合眼，盘古觉得眼前越来越模糊，他已经感到体力不支了。盘古已经不能坚持顶天立地一个昼夜了，所以，新近开辟出来的天地也越来越近。

当盘古耗尽最后一点力气撑起天空的时候，突然吹来一阵刺骨的寒风，这是此前从未遇到过的。盘古被这股强劲的寒风吹倒在地，风中有很多他熟悉的味道：泥土的芬芳、花儿的清香、甘泉的清爽……这些熟悉的味道怎么会从前面吹过来呢？当盘古抬起头，望向远方的时候，他看到的竟然是一片雪白的世界。忽然间，盘古明白了，整个世界已经被他开辟出来了，整个天地已经融汇贯通了，所以风才会从前面吹过来。

这一刻，盘古觉得自己的心终于踏实下来，他不用再去开天辟地了，而天下苍生再也不用担心自己的生存空间了；也不用担心饥渴了，因为雪山之巅厚厚的乌云翻卷着过来了，这是师祖描绘过的雨雪将至的前兆。马上就会有一场天地间的雨雪要来滋养这个世界了……唯一让盘古遗憾的是，它无法把世间最后一片天空支撑得更高一些，因为他已经没有体力站起来了。

“也好，这里虽然寒冷，没准适合那些不喜欢热闹的生灵们。而且，这里离天最近，伸出手来就可以触碰得到，说不定有些像我一样的人喜欢这里……”盘古心里想到了天下苍生，就自然而然地想到了他山下的十二个朋友，“他们怎么样了？我如果在这里睡下去，他们会不会一直在山脚下等我？”

7

随着盘古开天辟地的脚步，盘古十一兄弟跟随着他不知道已走出去多少路程了。天龙不时地为盘古四处找寻泉水，金猴已经许久找不到梨桃之类的瓜果了，好在他采回来了蘑菇。但盘古回到山下休息进食的间隔越来越长，最近一次休息距今已有十天了，看着巨人朋友那张憔悴的大脸，盘古兄弟们心里也很难过。

这一刻，突然从山上吹下来一阵刺骨的寒风，寒风中夹杂着雪花，很快铺满了一个雪白的世界。这突如其来的变化，让盘古十一兄弟感觉有些奇怪：怎么突然间变冷了？

“山下都这么冷，山上是不是更冷了？”想到这里，雷狗顾不上风大雪急，朝着盘古所在的山峰就冲了上去。山上的空气越来越稀薄，雷狗耷拉着舌头呼呼地喘着粗气，心里暗想：怪不得盘古不让我们跟着上山，原来这里喘气都困难。就在此刻，雷狗看到了匍匐而来的盘古。

“你怎么了，你为什么不站起来走路，盘古？”雷狗急切地问。

盘古说：“这里的天太低了，我没有力气把它撑得再高了。”

雷狗似乎没有听明白，究竟是天太低了没法站起来，还是没有力气了站不起来。反正见到了盘古，雷狗已经很高兴了，他倒是不怎么在乎盘古能不能站起来。就这样，雷狗陪伴着盘古走走停停的，直到半夜时分，才到了盘古兄弟的宿营地。可是很奇怪，营地里竟然看不到任何一个家伙，只有一些散落在地上的蘑菇。

“火——牛——，坤——马——，你们在哪儿？”雷狗的喊声淹没在狂风中。

“我是盘古，你们快回来！”盘古双手撑在地上，努力地抬起半个身子呼喊道。

“嗖”的一声，金猴从一块巨石上面跳到了盘古面前的雪地上，接着是走路一瘸一拐的云羊也出现了，不一会儿，大家陆陆续续地聚拢了过来。盘古问道：“是不是乾虎又回来了？”

天龙说：“嗯！他好像很久没有吃东西了，已经饿得只剩下一把骨头，今天突然袭击了闪兔，多亏大家一起出手才解救了闪兔。”

“乾虎在哪里？”盘古担忧地问。

水蛇说：“我们一起把他赶跑了，现在不知道他的去向。”

盘古又问：“闪兔伤得严重吗？”

“乾虎嘴下留情了，闪兔的伤口不算深。”火牛说。

雷狗发现，盘古根本没有看火牛，也没有看闪兔的伤势，他甚至没有看任何一个人。雷狗觉得盘古有些古怪，关切地问他：“盘古，你眼睛怎么了？”

“哦！”盘古叹道，“我已经看不到你们了，我看不见任何东西了。”

8

天龙给盘古的嘴里喷了一些泉水。盘古舔了舔干裂的嘴唇，气若游丝地问：“是天龙吗？谢谢你！”

盘古语重心长地说：“我刚刚开辟出来的这个世界还不完美，我把身体的一部分交给你们十二个兄弟，就是希望你们帮我把这个世界变得更美好、更和谐，这也是天意。”

鸣鸡说：“乾虎是我们的敌人，他不再是我们的朋友了。”

盘古说：“你们戴上盘古灵珠之后，就减了一分兽性，多了一分人性，乾虎也一样。”

云羊说：“乾虎咬伤了我和闪兔，他想吃掉我们，这样的家伙还能成为我们的朋友吗？”

盘古喘息了一会儿，继续说：“跟这个世界一样，你们也不完美，每个人身上都有缺陷。你们肯定还要经历很多事情，在这个漫长的岁月里，你们必须学会两种最重要的品质，那就是宽容和责任。宽容是对别人，责任是对自己，你们记住了没有？”

大家一齐点头说：“记住了！”

盘古摊开手掌，对火牛说：“火牛，你过来，替乾虎收好了盘古灵珠，不管什么时候，你们都要找到他，为他戴上灵珠，不然，我就失信于女娲师叔了。”

火牛默默地收起乾虎的盘古灵珠，说：“你放心吧，我们一定找到乾虎，把盘古灵珠给他戴上。”

突然，盘古好像想起了什么，他努力地支撑起身体对大家说：“盘古灵珠是我留给你们的，这十二根仗天杵是师祖创始元灵留给你们的，日后，你们每个人都要做到珠不离身，身不离杵。对了，仗天杵还有一个使用的秘密，只要你们握住仗天杵，念‘是也是也’，它就会变大，如果念‘非也非也’，仗天杵就会变得很小，能够把它藏进嘴里。”

金猴突然瞪大了眼睛，问道：“原来你根本就不需要我们十二个人为你背负仗天杵呀？”

盘古笑了笑说：“可你们做得很好！记住，仗天杵乃是天地神器，你们将来要用手中的仗天杵为天下苍生尽力：天下有祸，就让它为苍生挡祸；天下太平，就让它为苍生造福。”

天龙问盘古：“如何造福苍生呢？”

盘古说：“造福天下苍生必须遵从六个字，那就是信、诚、勇、仁、德、和。首先你们自己要做到，然后帮助天下苍生做到。”

天龙似乎没有明白“信、诚、勇、仁、德、和”六个字的含义，其他十位盘古兄弟也是一脸茫然。但是，盘古已经开始催促众人上路了，并叮嘱火牛一定保管好乾虎的仗天杵。风越刮越猛，雪越下越大，盘古看着瑟瑟发抖的十一位兄弟，心中竟生了依依惜别之情。盘古说：“这里是高寒之地，你们赶紧下山去吧。”

风猪说：“你跟我们一起下山吧，盘古。”

盘古苦笑了一下：“我累了，已经走不动了，我想好好睡一觉。”

盘古十一兄弟默不作声地站在原地，这里虽然寒冷无比，但他们谁也不舍得离开盘古。盘古突然抬起手臂，指着远方说：“很多年前，我在开天辟地的路上挖了一个湖，估计现在那里已经有了水草树木，你们可以在那里安家，在那里生活……”

盘古的话似乎还没有说完，便垂下了手臂，两只硕大的眼睛也合上了。盘古十一兄弟一起呼唤着盘古的名字，可他再也没有做出任何回应。

渐渐地，白雪在盘古的身上覆盖了厚厚的一层，直到再也看不出盘古的身形，远远望去，那里只有一座顶天立地的雪山。

第三章

雪莲湖，众生携手降巨鳌

1

又一个千年过去了，世间某处一个形似雪莲花的湖泊上，碧水荡漾，清澈澄明，湖水中鱼虾嬉戏，湖面上天鹅野鸭成群，湖边鸟语花香，一派与世无争的祥和气象。湖岸周围绿草如茵，不知名的花儿四季常开；草地的边缘则是无边的原始森林，异树奇株摇曳生姿，整座森林网罗了世间所有瓜果奇葩，到处都能闻到水果的清香；森林的尽头则是高耸入云的雪山，山顶的皑皑白雪亘古不化。

这处世外仙境被称作雪莲湖，为雪莲湖命名的就是火牛。千年之前，盘古十一个兄弟挥泪告别了盘古之后，沿着盘古所指的方向一路走了下去。这一走，他们才知道自己跟随盘古走出去有多远。走了一个十天又一个十天，接下来又是一个十天，在经历了无数个十天之后，饥寒交迫的家伙们渐渐感到绝望了。他们当中不再有人说话了，也没有人再讲笑话了，更没有人嬉戏打闹。他们一个个垂下头，神情沮丧地跋涉在冰川雪域之中。

坤马看到大家的情绪低落到了极点，心中不禁有些担忧，他走到正在愣神的金猴跟前，说："你给大家讲个笑话吧，他们都喜欢听你讲笑话。"

金猴没有理睬坤马的提议，依旧愣愣地盯着前方，坤马顺着他的眼神望去，只见一座大雪山挡在了前面。十一个家伙都停下了脚步，抬头望着眼前的雪山，纷纷坐在了雪地上，不肯再往前迈出半步。坤马环顾了一下坐在地上的这些家伙，卯足了劲说："我们再加一把劲儿，没准翻过这座雪山，就能看到盘古说的湖泊了。"

闪兔仰卧在雪地上，盯着天空说："算了吧，这句话你已经说了十遍了，我们也翻越了十座雪山了，到现在连根鸡毛都没看到。"

"湖泊和鸡毛有什么关系？为什么又拿我们鸡来说事！"鸣鸡非常不满。

风猪急忙打圆场："他就是做一个比喻，别生气啊！"

鸣鸡说："那你们以后再比喻看不到什么，就比喻看不到猪毛、羊毛、猴毛、鼠毛、牛毛、马毛、狗毛、兔毛、龙毛、蛇毛，不许总说看不到鸡毛！"

水蛇说："龙和蛇是不长毛的。"

天龙摆了摆手，制止了大家的争吵："咱们省点力气爬山吧，坐在这里争吵十天，我们依然是在山脚下。"

坤马趁热打铁："我们要相信盘古，他指的方向不会有错，错的是我们坐在原地不动。”

坤马提到了盘古，大家便不再计较了，纷纷起身，跟着坤马和天龙开始攀登雪山。

“等一等！”金猴突然喊了一嗓子，“都说望山跑死马，所以，登山的时候，坤马到队尾去吧，让天龙在前面带路。”

大家反应过来后，才明白金猴是在开玩笑。坤马很配合地走到了队尾，经过金猴身边时，他举手爆了金猴一个响指，金猴故作委屈地抱怨说：“是你让我给大家讲笑话的嘛！”

盘古十一兄弟，脸上挂着疲惫的笑容又上路了。

2

攀登雪山时，仗天杵派上了大用场。除了火牛之外，人手一根拄在雪地上，长短轻重正合适。火牛一直替乾虎携带着乾杵，他左右手架着火杵和乾杵，如同多了两条腿，行走在雪地里比其他人省了不少力气。

大家相互搀扶着，拉拽着，几乎耗尽了所有体力，终于登上了雪山之巅。他们在山脊上齐刷刷地躺成了一排，谁也没有体力再往前挪动半步，只剩下大口喘息的力气了。就这样沉默了许久，风猪的鼾声已经响了起来。突然，天空中传来“嘎”的一声鸣叫，惊动了众人。众人几乎同时睁开了眼睛，映入大家眼帘的竟是一只低空盘旋的苍鹰。

哪里来的鹰？自从跟随盘古开天辟地这许多年以来，他们几乎就没看见过其他的活物。现在，一只鹰突然来到他们身边，这好像不是在梦中……除了风猪之外，大家几乎都是一骨碌爬起身来，定定地看着远方，一时间似乎都被某种神秘的力量定住了身形。听到了骚动声，风猪揉着眼睛，勉强挣扎着站起来，看着其他人目瞪口呆的神情，他自己也有点懵了。

远处果然是一片碧绿的颜色，一直延伸到望不见的天际，而绿色的原野中镶嵌着一泓深蓝色的湖水，如同绿波中的一枚宝石，绽放着璀璨的光芒。大家抑制住兴奋的心情，没有人欢呼雀跃，但所有人的眼睛里都闪烁着激动的泪花。

“盘——古——”鸣鸡的一声长鸣惊醒了大家，众人一起附和鸣鸡的叫声：“盘——古——”盘古十一兄弟发自肺腑的呐喊，犹如滚滚春雷，自亘古传向未来。富有穿透力的声音，在雪山、在原野、在湖面上回荡了很久，远处一座雪峰上的积雪崩塌下来，形成滚滚雪流倾泻而下。湖面上的一群天鹅，也被这一阵长鸣惊起，遮天蔽日地盘旋在空中，久久不肯落下。

从此之后，每天的清晨时分，鸣鸡都会鸣叫一声“盘——古——”。时至今日，所有的雄鸡依然保留着这个习惯，只是没有鸡知道，更没有人知道，它们是为了怀念伟大的盘古。

下山的路变得轻松而愉悦，大家似乎完全忘记了疲惫，而这一切都是因为看到了绿色，看见了希望。

雷狗选择了一处平坦的斜坡，躺在雪地上滑了下去，不大会儿工夫，他就在人们的视线中缩成了一个小点儿。滑到邻近雪线附近的乱石堆时，雷狗将手中的雷杵插入雪地，减慢了自己下滑的速度。其他人模仿着雷狗的样子，也躺在雪地上，“唰”的一声滑下了山顶。金猴和闪兔觉得直挺挺滑下去缺乏新意，就将各自的金杵和闪杵踩在脚下滑动，并在下滑的过程中侧转着上肢，于是，身体的滑行方向也随之改变。就这样，人类的高山滑雪运动诞生了，并且很快被金猴和闪兔衍生出了高山滑雪大回转运动。

最为受益的依旧是火牛，他将火杵和乾杵分别踩在左右脚下，依靠上肢的平衡控制，也滑出了金猴和闪兔的效果来。于是，这一天当中，雪地上的单板滑雪和双板滑雪方式同时诞生了。

十一个快乐的家伙依次滑下山来，基本都到了雪线边缘，才集合到了一处。金猴和闪兔似乎还有些意犹未尽的感觉，二人相约以后还会登上雪山来滑雪。地鼠在岩石缝隙中发现了一大朵白色的花，大家聚拢过来围观，因为他们已经很多年没有见到花儿草儿了。

“你们看，这里有更多花儿……啊，下面还有一大片呢！”云羊的喊声吸引了众人。脚下的岩石碎块中果然还有很多白色的花儿。

火牛说：“这花儿很像水里的莲花，不过……莲花是生长在水中。”

“白色的莲花长在雪山上，那我们干脆就叫它雪莲花吧。”鸣鸡说。

大伙儿齐声称赞，说这个名字好听。坤马指着山下远处的湖泊说：“你们看那个湖的形状像什么？”

金猴说：“像蟠桃。”

风猪说：“像南瓜。”

火牛说："像雪莲花。"

"是啊，真像啊！"大伙儿啧啧称奇。

"那我们就把这个湖叫作雪莲湖吧！"坤马征询大家的意见。

盘古十一兄弟均举手赞同。于是，大家奔着雪莲湖的方向，疾驰而去。

3

雪莲湖果然是一处人间仙境，夏无酷暑冬无严寒，一年四季如春。盘古十一兄弟在这里过着无忧无虑的日子，渴了有雪山甘泉，饿了有四季鲜果，闷了可以游湖赏花，闲了可以登山看景，可谓是优哉游哉。

一天，风和日丽，光照宜人，雷狗突然来了兴致，招呼大家去湖边戏水。众人纷纷响应，唯独鸣鸡面带为难之色，只是看到大家都随雷狗去了，他才磨磨蹭蹭跟在大伙的身后来到湖边。清澈的湖水中，鱼游虾戏、鳖潜鸟浮，一干人迫不及待地纵身跳入湖中嬉戏起来。风猪与云羊相互泼水撒欢，无意中一抬头看到了独自坐在岸上的鸣鸡，风猪就高声呼喊到："鸣鸡，你怎么不下水？"

"没怎么，就是不喜欢下水。"鸣鸡皱着眉头说。

金猴嬉笑着说："鸣鸡是担心自己变成落汤鸡，被大家笑话。"

"胡说！我鸣鸡怕过什么！"

"不怕你就下来啊！"闪兔也在一旁帮腔。

看着犹疑不定的鸣鸡，坤马说："我们现在都已经幻化成人形了，没有人会笑话你是落汤鸡了，下来吧，大家一起玩耍。"

鸣鸡低下头思虑了一会儿，刚要抬头说什么，冷不防被跳上岸来的金猴一把抓住了胳膊，连拉带拽地拖入了湖中。看着鸣鸡挣扎惊恐的样子，大家都觉得好玩，恶作剧的心理战胜了理智，众人摁住拼命挣扎的鸣鸡，把他强行推入了湖水深处。就在等待鸣鸡狼狈不堪地从水中冒出来的时候，大家都愣住了，因为等了很久，也没见到鸣鸡的身影。水性最好的天龙、水蛇、雷狗和金猴急忙潜入水中，四下寻找鸣鸡。好在湖水清澈，加上光线充足，几个人很快发现了已经沉入湖底的鸣鸡。可就在大家游向鸣鸡、几乎要抓到他手臂的时候，鸣鸡突然不见了踪影，只留下一只失去知觉的雄鸡原形，伏在湖底。四个人对望了一眼，稍作迟疑后，天龙就将雄鸡抓在手里，浮出了水面。水面上的几个人看到天龙手里竟然托着鸣鸡的原形——雄鸡，都吃惊不小。

回到岸上，坤马将雄鸡倒着抱在怀里，从他的腹腔中排出了很多水。又过了片刻，在众人焦急的目光里，雄鸡缓缓睁开了一只眼睛，大家这才长长地吁出一口气，悬着的心总算落了地。雄鸡终于醒了过来，他用力地扑扇着两个翅膀，挣脱坤马的怀抱，落到了地上。雄鸡看了看大家，又看了看自己的翅膀和爪子，朝大家怒吼道："我变成这个样子你们就满意了？是不是？是不是？"

"鸣鸡，你冷静一下，没有人希望你变成现在的样子。"坤马劝说道。

金猴觉得是自己硬生生把鸣鸡拖下了水，心中很是愧疚地问："鸣鸡，你怎么会这样？一下水怎么就变回原形了？"

"你问我，我问谁去！我怎么知道？"雄鸡对金猴怒目而视，吼完之后转身向树林里宿营的地方跑去，他跑出几步后，又转过身来说："鸡是不会游泳的，你们明白了吗？"

望着雄鸡蹒跚而去的背影，大家心里都有些难过，一时间却又不知所措。

4

晚间，营地里很安静，大家都静卧在自己的栖息地，尽量不发出任何一点声响。

金猴横卧在一棵高大的菩提树上，偷瞄了一眼远处榕树上的雄鸡，雄鸡正一动不动地立在树干上，怔怔地盯着前方。金猴叹了一口气，缩回脖子正准备入睡，突然被一颗不知何处飞来的松球打中肩膀。金猴四下张望，看到坤马正站在地上向他招手。金猴一个跟斗翻下树干，稳稳地落在坤马面前："什么事儿？"

坤马示意金猴小声说话，并附在他的耳旁说："鸣鸡的变化太奇怪了，我们今天晚上轮流值守，看护着他，不要出事，你做第一个值守。"

"那谁是第二个值守？"

"火牛。"

"什么时候轮换？"

"你把自己的手指数到一千遍的时候，就去叫醒火牛。"

深夜时分，大家正在酣睡，忽然听到风猪叫嚷起来："鸣鸡不见了！鸣鸡不见了！"

众人迅速起身，发现鸣鸡平时栖身的榕树上已经空无一物。

“鸣鸡去了哪里？”坤马急切地问风猪。

风猪说：“我怎么知道他去了哪里？”

“轮到你值守了，你怎么会没有看到鸣鸡呢？”闪兔埋怨说，“我叫醒你的时候，你也看到了鸣鸡还在榕树上，反正……反正，这件事儿跟我没有关系啊！”

地鼠说：“肯定是值守的时候睡着了。”

“胡说！我没有睡觉。”风猪辩解。

天龙问：“那你怎么会没有看到鸣鸡呢？”

风猪憋得脸色通红：“我……我光顾着数手指头了。”

火牛说：“我们分头去找吧，先去鸣鸡平时喜欢去的地方看看。”

坤马说：“我们两个人一组，大家不要走得太远，自己的手指头数到一千遍的时候，大家就往回走。”

风猪哭丧着脸说：“我不行，我数手指头的时候会忘了别的事儿。”

雷狗说：“咱们两个一组吧，你只负责数手指头，我来负责寻找鸣鸡。”

天色微亮时分，大家一无所获地回到了宿营地，却不见风猪和雷狗的踪影。天龙说他俩不会出事，最让人放心不下的还是鸣鸡。金猴抬起头来看了看天色，说：“我有办法了！”

其余七人急忙围拢过来，问金猴有什么办法。

“你们都忘了鸣鸡有一个习惯吗？”

众人用疑惑的眼神相互对望着，突然间如梦初醒地一齐喊道：“盘——古——”

金猴说：“对啊！你们看天色，差不多就是这个时候，咱们大家不要出声，尽量爬到树梢上，这样就能听清楚鸣鸡的声音是从哪里传来的。”

八个家伙迅速爬上了各自栖息的大树的树梢，都凝神静气地支起了耳朵，捕捉每天清晨那一声熟悉的长鸣：盘——古——

可是一直等到日上三竿，也没有听到鸣鸡的叫声，大家只好都从树梢上下来，聚拢在一起重新商议。

闪兔说：“都怪风猪，是他没有尽到值守的责任，才让鸣鸡丢了。”

水蛇说：“要是再往前追究，应该是金猴的责任，是他害得鸣鸡变成现在的样子的。”

金猴刚要辩解，坤马制止了他：“现在不是相互埋怨的时候，我们不仅要找到鸣鸡，还要找到风猪和雷狗。”

“不用找我，我回来了！”风猪从树林里走了出来。

天龙问风猪：“雷狗呢？”

“我也不知道，我只顾着数手指头，他只顾着找鸣鸡，我们俩就走散了。”

水蛇对风猪说：“你就是成心想把我们气死，是不是？”

风猪低着脑袋，一脸委屈的神情，一声不吭地继续数着手指头。坤马实在看不下去了，握住风猪的双手说：“大家不要怪风猪了，因为他是一个做事情很专注、很执着的人。我们还是想想办法，尽快找到鸣鸡吧！”

“还有雷狗。”天龙补充道。

5

时间过去了整整一天。傍晚时分，就在大家快要绝望的时候，突然，从森林深处急匆匆奔跑过来一个人，这人跌跌撞撞进入大家的视线后，便扑倒在地上一动不动了。天龙挥了挥手，示意大家围拢上去。

“是雷狗！”

天龙翻过雷狗的身体来，发现他的怀里竟然抱着奄奄一息的鸣鸡。天龙把鸣鸡递给了火牛照看，急忙再来查验已经昏迷过去的雷狗，他的浑身上下竟然有七八处撕裂的伤口，都在汩汩地流着血。坤马安排水蛇和云羊去找一些树叶和藤蔓来，他想把雷狗撕裂开的伤口捆扎起来，以免流血不止。

“这样做能行吗？”天龙不无担忧地问坤马。

坤马说以前盘古被一块巨石划破了小腿，就是用树叶包起伤口，再在树叶上面捆绑上藤蔓，这样不仅能够止血，而且还有利于伤口愈合。天龙说那就试试吧，最好先用水把伤口上的泥土清洗干净，因为我记得盘古总是用唾液清洗自己的伤口。

于是，在众人七手八脚的帮助下，雷狗像个粽子一样被捆扎起来了。火牛和地鼠在一旁照看着昏睡的鸣鸡，鸣鸡的身上倒是没有致命的伤口，只是在身体两侧有两排粗大的牙印。金猴在雷狗和鸣鸡身上观察了半天，最后得出一个结论：“他们俩受到了一只猛兽的袭击。”

闪兔说：“这个不用观察，我们都能看出来，他们俩肯定不是被蚂蚁袭击了。”

金猴白了闪兔一眼，对他说：“那你告诉我，为什么强壮的雷狗受了重伤，而弱小的鸣鸡却只受了轻伤呢？”

闪兔说：“那……那肯定是一只大猛兽袭击了雷狗，一只小猛兽袭击了鸣鸡。”

“错了！”金猴举起左右两只手，“这一根兽毛是在雷狗身上找到的，而这一根兽毛是在鸣鸡身上找到的，两根兽毛的毛色、长短、粗细几乎是一致的，这表明袭击他们两个的是同一只猛兽。”

地鼠眨巴了两下眼睛：“那也不见得吧，雷狗刚才是把鸣鸡抱在怀里跑过来的，所以雷狗有可能把自己身上粘带的兽毛蹭到了鸣鸡身上。”

“当然不排除这种可能！但你们还忽略了另外一点，那就是鸣鸡身体两侧的牙印，能够一口把鸣鸡叼在嘴里面的，会是一只小猛兽吗？”金猴解释说。

大家频频点头，都觉得金猴分析得很有道理。火牛嫌金猴卖关子，着急地说：“咱们不要在这个问题上费脑筋了，等到他们俩明天早晨醒过来的时候，就什么都知道了。”

细心的火牛还把火杵和乾杵斜插在雷狗的身边，然后又向坤马要来坤杵，搭成一个三角形支架，众人第一次看到这个奇怪的构造，感觉很好玩。火牛又去树上扯来几片芭蕉叶，搭在三根仗天杵上面，这时大家才算明白了：这样，早晨就不会有露水打湿雷狗的伤口了。于是，大家纷纷回到各自栖息的树上，从树干上拔出了仗天杵，给鸣鸡又搭了一个相同的芭蕉架。自打来到雪莲湖之后，众人几乎快把仗天杵给遗忘了，甚至把仗天杵“是也”“非也”的口诀都快忘了。因为派不上任何用场，大家也就懒得随身携带，都插在各自睡觉的树干上，成了一个地盘标识。

天龙说：“今天晚上大家不能到树上睡觉了，我们就在地面上轮流看护雷狗和鸣鸡。闪兔、风猪和火牛一个组，坤马和水蛇一个组，金猴和云羊一个组，地鼠和我一个组，大家一定要集中精力，不能睡觉，不能只顾着数手指头！”

风猪的表情有些讪讪，低声问天龙：“是因为我昨天晚上犯了错，才安排我们三个人一组吗？”

还未等天龙回答风猪的问题，闪兔便嘟囔：“风猪犯了错，又不是我和火牛犯的错，凭什么安排我们三个人一个组？”

天龙解释说：“我不是那个意思，是因为风猪今天回来得晚，比较辛苦，所以才安排你们三个一组。再说了，我们现在正好是单数，必须有一组是三个人。”

闪兔问天龙：“为什么偏偏是我们这个组三个人呢？”天龙无奈，笑着说：

“那就让风猪跟我们一组。地鼠没有意见吧？”

地鼠说没有意见。

6

也许是生物钟的原因，鸣鸡在第二天清晨、也就是他平时打鸣的时间醒了过来。负责值守的天龙、风猪和地鼠急忙围拢过来，风猪问鸣鸡要不要喝水，地鼠问鸣鸡要不要吃东西，鸣鸡轻轻摇了摇头，说他把盘古灵珠弄丢了。天龙、风猪和地鼠一看，鸣鸡的胸前果然空无一物。十一个家伙，每个人都有一个相同的盘古灵珠，天天戴在胸前从未离身，所以，谁也没有留意鸣鸡的盘古灵珠在不在。

“天哪！你在哪儿弄丢的？”风猪问。

“我也不知道，我是昨天晚上发现盘古灵珠没了，所以，我就四处去找灵珠了。”鸣鸡说。

风猪的叫嚷声惊醒了其他人，大家都围了过来，急切地想知道鸣鸡遭遇了什么危险。金猴挤到鸣鸡的跟前，问道：“是谁把你和雷狗弄伤了？”

“因为我搞不清在什么地方弄丢了盘古灵珠，所以，只好到我平时经常去的地方看看。”鸣鸡没有理会金猴的询问，继续按照自己的思路讲述着，“我先去了枇杷林，后来又去了荔枝山，都没有找到盘古灵珠。后来，我想起有一天，我跟火牛和雷狗去森林深处采过蘑菇，我们还在那里睡了一觉。于是，我就往森林深处走去，因为天黑看不清路，我费了很长时间才找到采蘑菇的地方。”

“先喝点水，润润喉咙，再讲话。”风猪用蒲叶给鸣鸡盛来了一些泉水。

鸣鸡感激地点了点头，喝光了蒲叶里的水，继续说：“盘古灵珠是有亮光的，所以，我就在森林里四处寻找有亮光的东西。突然，我看到远处有一丝亮光闪烁，就跑了过去。跑到跟前，我刚要伸手去拿那个闪亮的东西，你们猜我看到了什么？”

随着鸣鸡的讲述，大家已经有了身临其境的感觉，都在体会着漆黑的森林深处有一丝诡异的亮光，但那肯定不是鸣鸡要找的盘古灵珠，而是一个危险的陷阱，一个造成雷狗和鸣鸡身受重伤的陷阱。这一点，他们从鸣鸡惊恐的眼神中就能够猜得到。

“你快说吧！”

“我们猜不到。”

“那个亮光到底是什么？”

金猴说：“你比我还能卖关子！”

鸣鸡咽了口唾沫，似乎还有些紧张：“就在我的手爪即将碰到那个亮光时，光亮突然间消失了，还没等我反应过来的时候，我的眼前竟然出现了两个亮光，而且从一棵大树后面飘移了过来。这个时候我才看清楚了，是一只斑斓虎从树干后面现身，刚才亮光突然消失是斑斓虎眨巴了一下眼睛。还未等我做出任何反应，斑斓虎就扑向了我。那一刻，我突然觉得这只斑斓虎很面熟，就在我的身体被斑斓虎的牙齿刺疼的时候，我突然大喊了一声：‘你是乾虎！’”

大家“啊”了一声，几乎同时叫出了声音。这一声惊叹里面既有感慨，也有惊讶，当然还有质疑：乾虎怎么会出现在这世外仙境呢？

“乾虎听到我喊他的名字，就松开了嘴，等他认出我来之后，问我是怎么找到这个地方的，我就把他离去之后，盘古如何睡下了，我们如何变化了，大家怎么来到这里了，一五一十地告诉了乾虎。讲完了我们的事之后，我就劝乾虎跟我回来，我说在火牛那里还有一颗属于你的盘古灵珠和一根乾杵呢。”

金猴问鸣鸡：“乾虎答应了吗？”

鸣鸡说：“乾虎不仅没有答应，还把我骂了一顿，说自己是山中之王，凭什么跟我们一帮吃草的畜生混在一起。乾虎还说，当初我们依仗着盘古撑腰，合起伙来欺负他，自从我们把他赶下山之后，他就发誓要一个一个把我们全部吃掉。”

金猴埋怨鸣鸡，说：“你不该把什么都告诉乾虎！他知道盘古睡下了，变成了大雪山，也就没有顾忌了。”

“这一回我们的麻烦大了！”坤马抬手理了一下额头上的一缕鬓发，“那你后来是怎么遇到雷狗的？”

鸣鸡说：“我看乾虎不讲道理，就跟他解释，当初是因为他起了兽性威胁到了云羊和闪兔，我们才合力对付他的。乾虎根本不想听我说这些，他说自己天生就是吃肉的，天生就是让我们这帮吃草的动物敬仰膜拜的，可他自从跟了盘古去开天辟地之后，直到现在也没有吃过一口肉。我很奇怪，就问他，离开盘古这么久了为什么没有吃肉？乾虎说，自从离开我们之后，就误打误撞地闯到这里，看到如此巨大的一片森林，他满以为可以好好饱餐一顿，可是寻遍森林的每一个角落，竟然没有发现任何一只动物。唯一的活物就是湖里的天鹅、野鸭和鱼虾，可这些机敏的家伙不等他靠近，就远远地飞走了游走了，害得他每日里只好吃点蘑菇和水果之类的垫肚子。”

“我也发现这个奇怪的现象了，这里除了我们，竟然没有一只在地上行走的动物。”天龙皱起眉头说道，“那乾虎为什么不离开这里，去寻找一个有动物的地方呢？”

鸣鸡说：“我也是这么问乾虎的，他说他做梦都想离开这个没有肉的破地方，可是尝试了好多回，每一次都是兜了一个大圈子，结果又回到了原地；他说这个森林被诅咒了，永远都不可能走出去的。”

“快说说你们是怎么遇到雷狗的？”金猴催促着鸣鸡往下讲，他急于想证实自己的判断。

鸣鸡说：“乾虎越说越来气，越说越委屈，最后竟然委屈地哭了，他流着眼泪问我，你能想象一只许多许多年不吃一口肉的老虎是什么感受吗？我说我不是老虎，也不吃肉，我想象不出你的感受。乾虎说，那好吧，我现在就告诉你我的感受。说完了，乾虎就向我扑了过来，我以为自己必死无疑了，就闭上了眼睛。可我忽然听到乾虎的一声惨叫，随后，就传来了厮打的声音，我睁开眼睛一看，发现雷狗与乾虎扭打在了一起。”

地鼠说：“快讲，往下接着讲！”

“后面的事，就让我来讲吧！”众人的背后突然传来了一个熟悉的声音。

7

大家回头看去，被捆绑成“粽子”的雷狗竟然坐了起来。原来，大家都被鸣鸡的讲述吸引了过来，竟然忘了照顾雷狗。看到雷狗清醒过来，大家都很兴奋，因为听了鸣鸡的讲述之后，雷狗在众人心目中已然成了一个大英雄。

此刻，天已经大亮了，金色的阳光被树叶摇碎之后，随意地洒落在每个人的脸上。

大家迅速聚拢到了雷狗身旁，众星捧月一般嘘寒问暖。水蛇和风猪捧过来两蒲叶泉水，地鼠和闪兔抬来一个大荷叶，上面放满了桃子、李子、枇杷、荔枝等新鲜水果。坤马解开了雷狗胳膊上的藤蔓，掀开树叶查验了一下，发现伤口已经停止了流血。经过一夜休息之后，雷狗脸上恢复了血色，他喝了两蒲叶泉水，又吃掉了数枚瓜果，渐渐觉得身上有了力气。

“给大家讲一讲吧，你是怎么找到鸣鸡和乾虎的？”天龙伸出手，轻轻地拍了拍雷狗肩膀上的树叶。

“昨天，我和风猪进了森林不久，就嗅到了鸣鸡的气味，我循着气味找到了枇杷林，后来又从枇杷林沿着气味上了荔枝山，都没有发现鸣鸡的影子。就在我四处搜寻鸣鸡气味的时候，我发现风猪不见了。因为天色已经大亮了，加上我分辨出了鸣鸡的气味，所以顾不上风猪了，只能先去追寻鸣鸡了。”

坐在雷狗一侧的风猪正在大吃大嚼荷叶里的水果，听到雷狗提到自己，他的脖子立刻涨得通红，一脸愧疚的神色。雷狗似乎意识到了什么，咬着牙抬起右手，安慰地拍了拍风猪的脑袋，继续往下讲：“我一边嗅着鸣鸡的气味，一边观察周围的环境，发现周边的景物似乎有些眼熟。后来，我想起来了，前几天，我曾经和火牛、鸣鸡去那里采过蘑菇。我想肯定是鸣鸡以为自己的盘古灵珠在采蘑菇的时候弄丢了，所以才会来这里。”

雷狗说到这里，看了一眼躺在一旁的鸣鸡，鸣鸡点了点头。

雷狗接着说：“我越往前走感觉鸣鸡的气味越浓，同时，我也嗅到了另外一股气味，这股气味似曾相识，但我又能感觉到危险，这究竟是谁的气味呢？”

金猴嘿嘿嘿笑道：“是乾虎的气味儿！这个包袱，鸣鸡早就抖过了，你继续往下说。”

雷狗说：“是啊，打死我都不会相信在这里能遇上乾虎。”

风猪看着金猴，由衷地说：“你真是能掐会算，什么事情都知道。”

雷狗说：“我听到了乾虎的声音，才算给这股熟悉的气味找到了本主。因为不明白其中的前因后果，我就躲在一棵大树后面，偷听鸣鸡和乾虎说话。”

地鼠说：“他们俩说的什么我们都知道了，说你跟乾虎打架的事吧。”

“嗯！”雷狗坐在树叶子里点了点头，“我听他俩快要把话说僵的时候，就从地上捡起一块石头来，当我看到乾虎扑向鸣鸡的那一刻，我就从树后跳了出来，对准了乾虎的额头掷出了石块。石块正好砸中乾虎的额头，乾虎惨叫一声，丢下鸣鸡扑向了我。于是，我们俩就扭打在一起。你们都知道，自从变成了人形之后，我的犬齿也变得像盘古的牙齿一样平整，根本撕不开厚实的虎皮，可我身上却被乾虎的牙齿和爪子撕开了很多口子。我已经预感到，这样缠斗下去，我必死无疑，因为我唯一占上风的一次，就是用石块击中了乾虎的额头。想到了石块，我就一边打一边在地上摸索，终于又摸到了一块石头，于是我就对准乾虎的额头猛击了两下。加上先前那一击，我总共击中乾虎的额头三次，虽然伤得不是很重，但也都见了血。三条伤口横着排列在乾虎的额头，流出来的鲜血遮住了他的双眼，所以我就暂时捡回了一条命。可能是乾虎从没吃过这么大的亏，加上流出来的血模糊了两只眼睛，他当时有些发懵，站在原地一边转圈一边擦眼睛。就在这个时候，鸣鸡长叫了一声：'盘——古——'吓得乾虎拔腿就跑，可是眼睛被血蒙住了，他猛然间一跑，额头正好撞在了我藏身的那棵树上，当即就晕倒在地了。"

"哦！真的很凶险啊。"坤马感叹说。

"是啊，等我抬头寻找鸣鸡的时候，发现他也昏迷过去了，我估计他是为了帮我吓跑乾虎，用尽了全身力气叫了那一声。"雷狗扭头看了一眼躺在地上的鸣鸡，眼神里满是感激，"所以，我趁着乾虎昏迷的空隙，急忙把鸣鸡抱在怀里，逃回了营地。"

8

十天之后，"粽子狗"又变回了身手矫健的雷狗，坤马为他拆去了身上所有的藤蔓和树叶。雷狗试着伸伸胳膊踢踢腿，觉得自己不仅恢复了力气，而且筋骨也要比以前强健了许多。看着康复后的雷狗比以前更加英武有力，大家很是为他高兴，不管雷狗走到哪里，身边总有人跟随着他。

十一个人中，只有鸣鸡闷闷不乐，他整天卧在树干上，盯着远方怔怔地出神。水蛇几次攀上树干跟他聊天，都被他呛了回来。

水蛇说："你下去跟大家聊天吧，他们正在商量如何对付乾虎呢。"

鸣鸡说："我跟你们不一样了，你们不要再来理我了！"

"我们原来都是自己的样子，大家一样很开心呀。"

"可你们现在都不是原来的自己，都变成了盘古的样子，只有我还是老样子。"

"不光是你，还有乾虎呢。"

"乾虎是我们的敌人！你竟然拿我跟乾虎相比，你们把我也当敌人了吧！"

"鸣鸡，你怎么能这么说话呢？我们是朋友！"

"不！我什么都失去了，我失去了朋友，失去了尊严，失去了盘古灵珠……"

树下的地鼠、火牛、闪兔、天龙、坤马、云羊、金猴、雷狗、风猪都顾不上说乾虎的事了，他们抬起头听着鸣鸡的怒吼，心里也很不是滋味儿。

"他怎么突然间就变回原形了，真是奇怪！"云羊不解地叹道。

天龙说："我们还是先想办法帮鸣鸡找回盘古灵珠吧，对他也算是一个安慰。"

"他经常去的地方都已经找遍了，什么也没有看到啊。"火牛说。

金猴忽然站起了身子，大声说："会不会丢在雪莲湖里了？"

众人回忆了片刻，都觉得有这个可能。于是，坤马安排水蛇留下陪着鸣鸡，其他人都去雪莲湖寻找鸣鸡的盘古灵珠。

九个家伙找到了那天戏水的湖岸，先是分头在岸边细细搜寻了一番，没有发现盘古灵珠的踪影。随后，大家沿着湖岸一字排开下了水，潜人雪莲湖湖底搜寻。天龙的水性最好，他紧贴着湖底搜索，不放过任何带亮光的东西。好几次，天龙都被散落在湖底的贝壳吸引了过去，屡屡失望过后，天龙非但没有退缩，反而向更深的湖底游去。随着下潜深度的增加，水中的光线渐渐暗淡了下来，天龙越发集中注意力，细细观察湖底的每个角落。突然，远处闪过一丝亮光，但顷刻间又消失了踪影。天龙正在怀疑是不是自己产生了幻觉，远处的亮光再次出现。这一次，天龙没有丝毫犹豫，奔着亮光迅速游了过去。就在天龙快要靠近那个亮光时，湖底又黯淡下来，亮光再次消失了。

亮光明明灭灭反复数次之后，天龙的好奇心来了：这究竟是什么古怪的玩意？

联想到十天前，雷狗与乾虎的那场恶斗，天龙此刻既有好奇心，又有了警惕心。因为他的第六感觉正在暗示：危险靠近了。

就在天龙思考应对之策时，那道亮光再次闪现，而且就在距离他两步远的地方。这一次，天龙算是看清楚了，那道亮光正是众人苦苦搜寻的盘古灵珠。盘古灵珠静静地躺在湖底，亮光吸引了一大群鲫鱼围绕着盘古灵珠转圈。因为鲫鱼很多，鲫鱼在转圈游动的时候，时而遮住亮光、时而露出亮光，所以，造成了亮光一会儿消失，一会儿出现。

看明白这里的奇巧之后，天龙心中一乐：刚才的第六感纯属自己吓唬自己。

天龙放松了紧张的心情，双臂轻轻一摆，靠近了鱼群。就在他刚要伸手去拿盘古灵珠的时候，眼前却出现了令他毛骨悚然的一幕。

9

被盘古灵珠的亮光吸引过来的鲫鱼，往复循环地绕着亮光游动，可就在盘古灵珠和鱼群背后，有一团绿光轻微一闪，天龙看到了一张与自己脑袋差不多大小的黑乎乎的大嘴，猛然间张开，又旋即合上，悄无声息地吞下了一条蒲叶大小的鲫鱼。

天龙凝神屏气稳住了自己的身形，生怕惊动了这个怪物。转眼间，怪物又吞下了两条鲫鱼。此刻，天龙才算完全明白了，这个怪物利用盘古灵珠的亮光当诱饵，正在坐享其成地捕杀猎物呢。

天龙轻摆手臂迅速后退了几步，接着向怪物身后的方向游了过去，整整绕着它游了一圈，才发现这只怪物巨大无比。天龙想起刚才看到的一团绿光，那肯定是这个怪物的眼睛，而只看到怪物的一只眼睛，就说明这个怪物的两只眼睛长在脑袋两侧，而中间地带肯定是一个他看不见的盲区。想到这里，天龙就有了办法。他先是往湖面上游去，然后绕了一个大圈又返了回来，向怪物脑袋中间的位置游了过去，重新悄无声息地靠近了盘古灵珠。

这一次，天龙更加小心翼翼，一点一点地接近，连在水中游动的鲫鱼都没有一丝一毫惊动。在距离盘古灵珠较为合适的地方时，天龙止住了身形，这个位置不仅看不到怪物闪着绿光的眼睛，连它的脑袋都看不到，因为旋转的鱼群正好遮在两者之间。天龙紧贴在湖底，轻轻探出右手，试探着伸向盘古灵珠。天龙心里清楚，盘古灵珠的后面、炫目的亮光后面、旋转的鱼群后面，一只水中怪兽正在悄无声息地吞噬着猎物。这只巨大无比的怪物足以一口吞下自己的脑袋，所以，天龙在心中暗暗告诫自己：小心！小心！万分小心！

近一点，近一点，再近一点……天龙的手指已经触碰到了系盘古灵珠的发丝。他觉得时机到了，便猛然间抓住了发丝，并迅速摆动手臂游离怪物。旋转游动的鲫鱼受到了突如其来的惊吓，迅速四散游去。天龙也不敢怠慢，他四肢并用快速地游动，但身体刚刚离开湖底，就感觉到被一股巨大的力量拉了回去，而这股力量就来自他紧紧抓住的盘古灵珠。天龙回头看过去的时候，白色的亮光已经隐没了，只剩下两团绿色的光时隐时现。天龙判断是怪物咬住了盘古灵珠，所以自己才看不到亮光，也拽不动发丝。好在天龙熟悉水性，他拼尽全身力气游向湖面。同时，右手也死死抓住盘古灵珠的发丝。双方僵持了许久，都没有任何松动的迹象。就在天龙无计可施的时候，他突然觉得右手一松，等他回头看时，发现那两团绿色的光已经到了眼前。天龙在瞬间腰身一拧，双腿疾速一摆，奔着湖面窜去。天龙觉得右手的发丝时紧时松，他心里便有了底儿，知道那怪物游动的速度不如自己快。

不一会儿，天龙便浮出了水面，再回头看那怪物时，首先进入天龙视线的竟是水面上浮起的一座“小山包”。天龙虽然心中惊恐，但依旧面无惧色，因为他见识过开天辟地的大场面，还与世间第一巨人盘古做了朋友。天龙稍微辨别了一下方向，便奋力向岸边游去，绿眼怪物依旧紧随身后。

雪莲湖之畔，地鼠、火牛、闪兔、坤马、云羊、金猴、雷狗和风猪正在岸上遥望湖面。本来九人同时下水，潜入湖底搜寻盘古灵珠，搜寻距离也已超出了他们当时捉弄鸣鸡的范围，结果一无所获。众人上岸后，发现天龙还没有回来，大家也不以为意，因为都知道天龙原本就是水中生、水中长的灵物。八个兄弟说了一会儿有关盘古灵珠和乾虎的闲话，发现太阳已经上到了头顶，而天龙还是不见踪影，不禁着急起来。过了片刻，眼神最好的金猴指着湖面，忽然惊叫起来：“快看！那是什么？”

金猴话音刚落，众人也都看到了湖面上突然升起了一个黑色的物体，再仔细看时，又发现黑色物体前面，天龙正在奋力划水，向岸边游来。

“天龙游动的样子不对头，肯定是受伤了，快去救他！”雷狗话还没有说完，就纵身跳入了湖中，朝着天龙游去。其他人也一一跃入湖中，奋力向前。就在双方快要接近时，天龙对众人喊道：“快散开！这只怪物太大了，盘古灵珠被它咬住了。”

看着天龙背后如同一座小山包般的巨型怪物，盘古兄弟们也是惊得目瞪口呆。雷狗高声叫道：“天龙，你有没有受伤？”

“我没受伤，我的手里抓着盘古灵珠，另一头被这怪物咬住了。”

金猴对着天龙喊：“我们怎么帮你？”

“你们还记得地鼠讲它们曾经如何对付火牛的吗？”天龙一边游动一边叫喊着。

金猴转头问地鼠：“你们是怎么样对付火牛的？”

地鼠扭头看了一眼火牛，讪讪地说：“我们钻进他的鼻孔。”

金猴眼珠子一转，“我知道怎么救天龙了。”

金猴说完，就对着天龙身后的“小山”游了过去。在水中与天龙错过时，金猴仔细观察了一下怪物的头，它的嘴巴死死地闭着，嘴巴上方则是两个粗大的鼻孔。看到了怪物的脑袋后，金猴似乎心里有了几分把握，等他游到怪物的侧面后，发现这个怪物竟然没有四肢，根本不具备攻击能力，他便纵身一跃跳到了怪物的身上。怪物的后背是一个硬邦邦的壳，坚硬如石，身手矫健的金猴几个纵跃就落到了怪物的脑袋上方。因为怪物死死咬住盘古灵珠，所以他不可能用嘴巴来伤害自己，这一点，金猴心中有数。所以，他纵身一跳，有恃无恐地跳到了怪物的头顶上。随后，金猴抓住怪物鼻孔的边缘，整个身体倾斜了下来，样子似乎要倒栽进水里，可他却把整个身体直挺挺地塞进了怪物的鼻孔。

包括天龙在内的所有家伙，看到了这一幕后，都张大了嘴巴。也就在大家的嘴巴尚未合拢的时候，只听到"噗嗤"一声响，一团黑影从怪物的鼻孔里喷射出去，落在足有三十步开外的湖里，砸出了一个大水花。

随着"噗嗤"一声响，天龙也觉得右手轻松自如了，他急忙展开四肢，疾速向岸边游去。

10

盘古兄弟们全都上了岸，回头看到那个怪物依旧不紧不慢向岸边游来。大家对望了一眼，心中有些惶惑，都不知道这个怪物要干什么。坤马说："这个大水怪看上去对我们好像没有什么危害，刚才已经被捉弄了一番，它还不依不饶地追我们干吗？"

"没有危害最好，不管它了，我们先回营地吧。"天龙看着手里的盘古灵珠说道。

"咦？鸣鸡的盘古灵珠好像比我们的亮！"地鼠盯着天龙手里的盘古灵珠嚷嚷道。

"好像是！"

"真的是！"

"你们看看，就是比我们的亮。"

天龙说："这一点，我在湖底就看到了，鸣鸡的盘古灵珠闪闪放光，我循着亮光才找到它的。"

坤马说："当初，盘古把灵珠拿出来的时候，就是这样亮光闪闪的，我们戴到身上之后，它好像就把亮光收起来了，变成现在温润的样子。"

回到营地后，大家没有看到期待中的画面：水蛇安慰鸣鸡。而是看到了变回人形的鸣鸡正在安慰水蛇，而水蛇也变回了原先的蛇形，萎靡不振地盘在鸣鸡的腿上。

大家一时间都懵了：怎么又有一个家伙变回了原形？

天龙问鸣鸡："发生了什么事儿？你……水蛇怎么这样了？"

鸣鸡神情有些难过："我也不知道。你们走后，水蛇为了安慰我，说要把他的盘古灵珠送给我，于是，他就摘下来给我戴上了，等我回头要谢他的时候，发现他就变成这个样子了。"

金猴恍然大悟地问鸣鸡："你现在戴着的是水蛇的盘古灵珠？"

鸣鸡点了点头。

"哈哈哈哈！"金猴突然间大笑起来，"太好啦！太好啦！"

风猪皱着眉头说："就算你不喜欢水蛇，也不该这样幸灾乐祸。"

金猴跳到风猪跟前，笑着说："你敢再说我，我就不让你做风猪，把你变回一头猪去，你信不信？"

风猪不屑地说："变回猪就做猪，我没觉得做一头猪有什么不好。"

"好！让你给我嘴硬！"金猴说完，飞快地摘下了风猪脖子上的盘古灵珠。

就在此时，奇迹发生了，风猪瞬间由一个壮实的小伙子变成了一头憨态可掬的猪。众人似乎都明白了其中的奥秘，天龙赶紧走到鸣鸡的面前，把手中的盘古灵珠戴在水蛇身上。也就在大家一眨眼的过程中，鸣鸡的身边就多了一位眉清目秀的小伙子，众人忍不住鼓掌祝贺。另外一侧，风猪在地上追着金猴要自己的盘古灵珠，惹得大家哈哈大笑起来。

发现了盘古灵珠这个秘密之后，一帮家伙喜不自禁，频频摘下灵珠含进嘴巴里，使自己幻化成各自的原形。因为在雪域高原跋涉时，每个人都想回归原形，毕竟四肢着地远比两条腿在雪地里行走容易得多。如今，发现盘古灵珠这个好处之后，怎能不令他们狂喜！

就在十一个家伙嬉笑耍闹时，忽然从雪莲湖方向传来一个苍老的声音："还我盘古灵珠！还我盘古灵珠！"

11

"是那个老水怪追来了？"天龙赶紧戴上自己的盘古灵珠，恢复了人形。

金猴还把盘古灵珠含在嘴里，三两下攀上了树枝顶梢瞭望，瞬间又一个跟斗翻了下来，说："的确是湖里的那个老水怪，因为树林又密，它的身体进不来，正在那儿撞树呢。”

坤马说：“老水怪怎么就认定盘古灵珠是它的呢？”

天龙说：“或许是觉得可以拿来当作捕鱼的诱饵。”

“不去管它了，折腾一天累了，我想睡觉了。”风猪说。

“还我盘古灵珠！还我盘古灵珠！”大家正想歇息时，树林外面又传来了老水怪深厚绵长的吼声。

闪兔问：“老水怪怎么知道这是盘古灵珠？”

天龙：“我们在湖里跟它周旋的时候，大家多次提到过盘古灵珠，想必是被他听到了。”

闪兔又问：“它真的能听到我们的话？”

天龙：“在这样一处神山灵水的地方，突然冒出这样一个大家伙来，必定也是天地间的灵异之物，听明白我们的话应该不是难事。所以，我让金猴骚扰老水怪的鼻孔让它打喷嚏的时候，就没敢明说嘛。”

闪兔：“原来如此。”

天龙说：“躲着它也不是个办法，它整天在这里吵闹，我们也受不了啊。”

坤马：“那我们出去看看，劝它快点回湖里吧。”

十一个家伙们循着老水怪的叫声走过去，远远就看到了它小山包一般的身躯，正在缓缓地一下又一下地撞着两棵挡住它去路的大榕树，眼看着这两棵巨大的榕树就快被连根拔起了。

走到跟前，大家才看清楚，这个老水怪很像一只大乌龟，只是它的个体实在太大了，后背上隆起的龟壳像一座小山包一般，而且上面被寄生的贝壳一类的东西搞得斑驳不平。而且越是到了跟前，越觉得老水怪的吼声奇特，像是来自远古一般悠远。

众人在距离老水怪二十步开外站住了，天龙对它高声喊道：“老家伙！盘古灵珠是盘古留给我们作纪念的，不能给你，所以，你还是乖乖地回到你的湖里去吧。”

老水怪：“你们认识盘古？”

天龙：“岂止是认识，我们跟盘古是朋友。”

老水怪：“盘古还在开天辟地吗？”

坤马：“盘古已经死了，他的身体化作了雪域神山。”

“嚯……嚯……”突然间，老水怪咆哮起来，用它如同小山包一般的身体撞了过来，两棵巨大的榕树被彻底的连根拔起，其中一棵还挂在它坚硬的背壳上。老水怪虽然没有四肢，但它依然能够摇摆着肢体前行，样子很是奇特。老水怪瞬间发怒，惊得十一个家伙赶紧后退数十步，躲到几棵更大的菩提树后。老水怪挂着那棵巨大的榕树，蹒跚着逼近菩提树，嘴中不断地咆哮着："嚯……嚯……盘古在哪里？盘古怎么会死？嚯……嚯……"

"它似乎也认识盘古？"风猪说。

火牛说："它跟盘古的感情好像很深，要不怎么听说盘古死了，会这么愤怒。"

金猴攀上菩提树树梢，高声叫道："嗨！老水怪！你听好了，我们是盘古的好朋友，跟随盘古多年，一路西来开天辟地。盘古心系天下苍生，为了拓展更多的生存空间，他不分昼夜不辞辛苦地开辟天地，最终因劳累而耗尽混元真气，已经化作群山长眠了。"

老水怪果然止住了蹒跚爬行，静静地听着金猴说话。金猴继续说道："我们曾经被女娲娘娘压在无涯仙境的天若峰下，是盘古自毁筋骨给了我们兄弟十二人每人一颗灵珠，才把我们救出来跟随他开天辟地的，所以，我们不能把灵珠转赠给你，你听明白了吗？"

老水怪缓缓地点了点头，继而探出脖子，扬起头来，又是两声长吼："嚯……嚯……"

待老水怪缩回脖子，低下头来的时候，众人看得清清楚楚，它那泛着褐绿光泽的浑浊眼睛里滚出两大颗泪珠。泪水跌落在地上时，激起了地上的尘埃，犹如雾霭尘烟，久久萦绕。

众人跟随盘古多年，但从未见过盘古悲伤落泪，如今算是见识了两颗旷古烁今的大泪珠。这本来是一个挺富有喜感的场面，然而，大家谁也乐不起来。随着老水怪的两颗大泪珠落地，刹那间，雪莲湖畔涌起了一层浓浓的悲伤气氛。因为，他们都想起了那位义无反顾去为天下苍生开天辟地、并长眠于雪域高原的巨人——盘古。

较为理性的坤马最先止住悲伤，他穿过菩提树，走到老水怪的跟前，问道："你也是盘古的朋友，是吗？"

老水怪泪眼婆娑地点了点头，落下来的泪水把坤马浇得浑身上下水淋淋的。坤马没有在意，伸手抹了抹脸上的泪水，继续问老水怪："你是怎么认识盘古的？"

"唉——"老水怪长叹了一口气，吹得地下尘土飞扬，坤马也被吹了一个趔趄。

老水怪缓缓地说："我曾经是创始元灵的坐骑神鳌，许多年前，我背着女娲西去补天，因为女娲无力修复不周山，我便让她斩去我的四肢支撑天地。后来，我又背着盘古四处开天辟地数千年。五百年前，盘古一路往西开辟，因为气力不够，导致这里地高天低，几乎没有水域，所以，我也就派不上用场了。盘古为了让我有一个安身之地，五百年前在这里仿照雪莲的形状，为我掘出来一个深坑。数年后，山上雪水融化形成了今日的雪莲湖。我呢，也就一直在此守候着，等着盘古出发远行，再去别处开天辟地。”

坤马说：“天地已经被盘古全部开辟出来了。”

神鳌感叹道：“五百年以来，这里风清气爽、花草丰茂，原来是盘古开通了天地的缘故。”

此时，躲在菩提树后的天龙、雷狗等也走了过来，围拢在神鳌身边，听它娓娓道来。天龙问神鳌：“这里树林广袤，为什么只有飞禽，没有走兽呢？”

神鳌说：“盘古知道土地孕育草木，草木滋养万物，所以，他从四处采来树木草种，在雪莲湖四周孕育生长。因为担心走兽毁坏刚长成的树林草木，所以，盘古就按照我背上的花纹在雪莲湖四周布局播种，使得那些没有灵性的走兽很难进入。飞禽都以草木果实充饥，他们会将草木的种子带到四方传播，也就达到了盘古的目的。所以，雪莲湖只防走兽，不防飞禽。”

鸣鸡问：“你刚才说，盘古按照你背上的花纹种植了森林，没有灵性的走兽很难进入，是不是也很难走出去？”

神鳌：“这个我就不知道了，因为我从没有进过森林。”

“神鳌，你是盘古的兄弟，我们是盘古的朋友，那我们自然也就成了朋友。你住在水里，我们住在岸上，我们就是邻居了。”风猪走过去拍了拍神鳌的一个脚趾头，继续跟他说，“以后，你要是觉得寂寞了，或者是想念盘古了，你就上岸来找我们玩，好不好？”

神鳌又是一声叹息：“盘古的使命完成了，所以，他化作群山长眠天地间。盘古去了，我的使命也算是完成了，我再独活于天地间，也没有意义了。”

神鳌说完，还没等众人反应它的话外之音，便猛然翻转过身体，不再动弹。大家一片愕然，谁也没想到这个行动迟缓的巨大家伙，竟然能在瞬间把自己的身体翻转过去。大家相互看了一眼，都猜不透神鳌这样做的用意。看到天色已晚，天龙对神鳌说：“我们该去睡觉了，你也早点回到湖里休息吧。”

12

第二天清晨，鸣鸡一声长鸣唤醒了大家。

醒来后，大家无所事事，索性还是摘下盘古灵珠来玩大变身。

突然，空中传来一阵凄厉的鸣叫，众人抬头看时，发现有一群苍鹰在低空盘旋。水蛇、鸣鸡和闪兔三个家伙吓得慌忙戴上盘古灵珠，恢复了人形。

“哪里飞来的家伙，这么多？”水蛇皱着眉头嘟哝。

“它们怎么老在那一个地方盘旋？”闪兔也有疑问。

鸣鸡说：“那里好像是昨天神鳌躺下的地方。”

众人一下子来了好奇心，不用等谁招呼，就一起奔了过去。

“神鳌怎么还躺在这里？”跑在最前面的金猴惊呼。

果然，神鳌依旧四脚朝天躺在那里，一点都没挪动地方。而它身体正对着的空中，一群黑色的苍鹰在上下盘旋，不时会有那么一两只飞得很低，翅膀几乎是贴着神鳌的身体掠过。一声凄厉的鸣叫后，随之拔高了身形，与空中的鹰群聚合在一起。

坤马心细，他看出神鳌与昨天的不同之处，就是它的脑袋不再是缩着的，而是耷拉了下来。坤马走过去，踮起脚尖刚好能摸到神鳌的脑袋。他轻轻拍了拍神鳌的头，喊了两声。神鳌居然没有做任何反应。天龙说：“它必须回到水里才行。”

“可它这个样子是爬不动的。”

“要不我们来帮他吧。”

“对！把它的身体翻过来！”

大家七嘴八舌之后，紧接着又七手八脚地忙活。他们凑到神鳌身体的一侧，用尽全力去推神鳌厚重的壳，可神鳌还是纹丝不动。

“稍等！我去去就回来。”金猴跟大家打了一个招呼，就飞奔回了树林。不多时，金猴扛着十一根仗天杵返了回来，说：“我前天把这根棒子插在睡觉的树杈上，醒来的时候，我拽着棒子头起身，没想到一用力，竟然把那根比我的腰还粗的树杈掰断了。所以，我觉得用棒子或许能够撬起大鳌的身体。”

于是，十一根仗天杵插进了神鳌后背下的泥土里，众人喊着号子一齐发力，只见神鳌的身体微微晃了一下。这时，神鳌耷拉着的脑袋稍稍往回缩了一点，睁开了眼睛看了看众人，问道："仗天杵？"

站在靠近神鳌脑袋的云羊问道："你也认识仗天杵？"

"当然……认识！盘古每次开天辟地都用仗天杵来做标记。"神鳌的声音已经不像昨天那样浑厚有力了。

云羊说："我们要用仗天杵把你的身体撬过来，帮你回到水里。"

神鳌又伸缩了一下脑袋，说："朋友们，你们……别白费力气了，我自己不想回去，你们谁也……谁也帮不了我。另外，我有一个……一个要求，就是等我死后，你们要……要保护好我剩下的背壳，早晚……早晚有一天，你们会用到……我的背壳。"

雷狗走到了神鳌的脑袋旁："你为什么不回到水里？回到水里，你就不会死了。"

"因为我的使命已经完成，我要追随……盘古而去。"神鳌回道。

雷狗说："就算你死了，也无法追随盘古，因为盘古化成的山峰高耸入云，都快接近天了。"

"我能做到，因为……我的朋友……会帮助我的。"神鳌说。

闪兔："这个，我们可做不到，你这么大的块头……"

神鳌再次抽动了脑袋，气若游丝地说："我……说的是天上的朋友，它们已经……准备好了。"

说完这句话，神鳌闭上了浑浊的眼睛，脑袋彻底伸了出来，一直耷拉到了地面上。天龙上前拍打着它的脑袋呼唤了半天，再也没见神鳌做出任何反应。

13

第二天清晨，还没有等到鸣鸡的长啸，众人就被一阵紧似一阵的嘈杂声吵醒了。大家睁开眼一看，不由得大惊失色，因为原本碧蓝的天空已经变成了"乌云"遮日。如果再仔细看上去，发现这"乌云"竟然是无数只苍鹰。这一大片"乌云"虽然压在头顶，但能够看出来，中心还是在神鳌待的地方。众人纷纷跑了过去，想看一个究竟，却发现了一个惨不忍睹的场景：神鳌的胸部已经被苍鹰啄开，整个身躯被撕扯得血肉模糊，而且，空中还有大批的苍鹰源源不断地流泻下来，像一条黑色的瀑布。

看到此情此景，雷狗和火牛首先爆发了，两个人手持仗天杵便冲了上去，对着苍鹰一阵狂抡。苍鹰稍做避让后，再换到神鳌身体的另一个位置，继续不停地啄食神鳌的血肉。雷狗和火牛看到手中的仗天杵驱赶不散苍鹰，心中都大为焦急，于是，他们俩将仗天杵舞动得更为疯狂。就在此刻，只见火牛的火杵所到之处，竟然喷出了一股股红色烈焰，惊得苍鹰四处逃散，也惊得火牛急忙扔掉了手中的仗天杵。雷杵在雷狗手中也生出了惊人变化，雷杵所过之处，声若惊雷轰轰作响，同样惊坏了苍鹰，也惊吓住了雷狗自己。

坤马跑上前去，双手按住了火牛和雷狗，示意他们俩退后说话。两个家伙也是因为手中仗天杵变化的缘故，整个人都显得木讷呆傻了许多。坤马把两个傻愣愣的家伙拉回来后，对大家说："雪莲湖是一处神奇灵异之地，绝不会平白无故来了这么多鹰。"

"那又怎么样？也不能眼睁睁看着神鳌的身体被这些鸟一口一口地撕扯没了。"稍微回过神来的雷狗嚷嚷道。

"坤马说的没错！"金猴接着雷狗的话说，"你们还记得神鳌昨天说的话吗？它说它要追随盘古而去，而它天上的朋友已经准备好了……我觉得，神鳌的话就是暗示今天这个场面的。"

坤马说："神鳌这么巨大的身体，如何登上雪域神山去追随盘古，只能依靠这些苍鹰帮它来实现这个愿望了。"

听了坤马和金猴的分析后，众人良久没有说出话来，都像木头般静静地立在原地。看着眼前血腥而又神圣的一幕，十一位身兼人性和兽性的生灵，心中无比纠结。

苍鹰在空中形成的黑色瀑布整整持续了十二天。十二天以后，仍有一些零星的苍鹰落了下来，在神鳌的身上啄食骨头缝隙里残留的碎肉。最后，那个曾经如同山一般的神鳌，只剩下了一个雪白的背壳，平卧在雪莲湖畔。

第四章

伏乾虎，生肖图符镌甲骨

1

神鳌“天葬”过后，雪莲湖重新回归了宁静。悠闲的日子总是过得很快，在不知不觉中，人间已经轮转了无数个寒暑。

盘古十一兄弟似乎已经玩腻了盘古灵珠大变身的把戏，转而摆弄起了手中的仗天杵。神鳌被苍鹰“天葬”那天，大家分明看到了火牛的火杵喷出了烈焰，也听到了雷狗的雷杵发出的轰轰巨响。可自打那天之后，无论众人如何摆弄手中的仗天杵，仗天杵再也没出现过任何奇迹。日子一久，众人也就失去了耐心。闪兔依旧把仗天杵插在树干上，当成了领地标志。火牛对闪兔的做法很是忿忿，他数次提醒大家不要乱丢自己的仗天杵：“难道你们忘了盘古的临终叮嘱了吗，珠不离身，身不离杵！什么意思？珠不离身就是不要让盘古灵珠离开自己的身体，其实就是暗示大家不要再变回不分善恶的畜生。身不离杵呢？就是告诉大家不要随意丢弃自己的仗天杵，更不能总是把仗天杵扔到我这里，我不是负责看管仗天杵的，我是火牛！力大无比的火牛！”

听到火牛的絮叨，大家赶紧闪身，不敢接触他的目光。因为火牛的絮叨劲儿一上来，便逮谁跟谁絮叨个没完没了。火牛自己倒是说到做到，每日里，不管是去饮水还是采摘瓜果，无论是营地嬉戏还是外出闲逛，总是扛着自己和乾虎的两条仗天杵，从不离身。看着整日里身负两根仗天杵走来走去的火牛，天龙不禁想起了乾虎。而就在这一夜，天龙竟然梦见了乾虎，梦中的乾虎四肢摊开，仰卧在雪莲湖畔，一群黑色的苍鹰正在他上方的天空鸣叫盘旋。天龙惊醒后，禁不住出了一身冷汗。

这一日，天龙提议不要外出游玩，他将大家招呼过来围坐一处说：“我昨夜梦见乾虎了。”

“梦见他，估计不是什么好兆头，今天不出去也好。”云羊对乾虎依然心有余悸。

坤马说：“是啊，好久不见乾虎有什么动静了，他会不会出了什么意外？”

“我也担心乾虎遭遇不测。”于是，天龙就把梦中的景象给大家描述了一番。众人回想起神鳌“天葬”之日的血腥和惨烈，都有些黯然神伤。

火牛说：“我们应该把乾虎找回来。”

水蛇对火牛笑道：“是啊，你每天拖着两条棍子走来走去，我看着都觉得累得慌。”

“累倒不累，关键这是乾虎的东西，我有责任啊。”火牛一时半会儿不想放下这个话题，“盘古六德你们都忘了是不是？信、诚、勇、仁、德、和，我答应了盘古要把灵珠和仗天杵交给乾虎，就必须做到，这就是其中两德：信和诚。这是我做牛的原则，也是我做人的原则，牛不可无诚，人不可无信……”

水蛇恨得直想抽自己嘴巴：我怎么就招惹火牛了？

“乾虎跟大家是融不到一起的，他吃肉，我们吃草，他就是吃我们的。”闪兔急忙起身打断了火牛的唠叨，“乾虎也曾经动过这个念头，说是要把我们一个个全部吃掉。”

鸣鸡补充说：“而且，已经对我和雷狗下过手了。”

“是下嘴了。”金猴笑着说。

大家对金猴的插科打诨很冷漠，谁都笑不出来。

地鼠不无担忧地说：“如果乾虎回来了，我就变身回去做老鼠，老鼠连毛带皮浑身也凑不够一口肉，安全！”

风猪说：“没准乾虎现在不吃肉了呢。”

金猴从后面拍了一把风猪的脑袋：“那就先把你送给乾虎，试一试他是不是不吃肉了。”

风猪浑身打了一个激灵，这回大家总算是笑出声来了。

“风猪说得也有道理，如果这里的树林走不出去，还没有其它走兽供乾虎捕食，而乾虎也没来打我们的生意，肯定是发生了什么变化。”坤马说。

天龙说：“这也正是我担心的。盘古临终时曾经嘱咐我们，一定要找到乾虎，因为我们是盘古十二兄弟，不能违背了盘古的意愿啊。”

“如果乾虎回来了，再发生意外怎么办？你们谁来担保？”闪兔冷冰冰地抛出一句。

坤马说：“盘古曾经说过，我们戴上了盘古灵珠，就会多一份人性，少一份兽性。我想，乾虎也不会例外的。”

“没错！我们自身的变化就是最好的证明。”天龙说。

天龙和坤马最终说服了众人，于是，大家开始商量如何寻找乾虎。水蛇建议兵分五路，大家分头寻找。鸣鸡不同意，说两个人一组，势力太单薄了，根本不是乾虎的对手。金猴主张智取，要先找到乾虎的踪迹，然后盯梢跟踪，等到乾虎熟睡的时候，再将盘古灵珠给他戴上。等他幻化成人形后，兽性就会大减，这样就不会对大家造成伤害了。众人又商议了一番，决定一起行动，找到乾虎的踪迹后，按照金猴的想法降伏乾虎。

2

第二天清晨，鸣鸡的一声“盘——古——”唤醒大家之后，盘古十一兄弟便准备上路。金猴却拦住了众人，他说：“我们如此漫无目的去寻找，费时费力也有危险。”

雷狗问金猴是什么危险，金猴说盘古当初种植这些树林的时候，就是为了阻断这里和外界的沟通，目的是保护好这里的花草树木，将雪莲花变成一个繁育种子的本源。所以，这片树林里面肯定有奇巧，不然，乾虎怎么会走不出去呢？以往，我们都在营地附近走动，采摘，对于树林深处根本不了解，这样贸然闯进去肯定会有危险。

经金猴这么一说，大家还真的踌躇起来，觉得走也不是，不走也不是。坤马问金猴有什么好的主意，金猴说：“你们随我去看一样东西。”

众人跟在金猴后面，非但没有往树林里面走，反而朝着雪莲湖走去。不大一会儿，便到了当年神鳌“天葬”之地了。自打神鳌“天葬”之后，大家再也没有来过此处。如今，数年已过，神鳌留下的那只巨大背壳，竟然变得洁白光滑、晶莹温润，犹如天上的一团白云，飘落在雪莲湖畔，众人不由得啧啧称奇。

天龙问金猴：“你带我们来这里，有什么用意呢？”

金猴说：“你们还记得神鳌说过的一句话吗？”

“什么话？”众人问。

金猴：“盘古当初是按照它后背上的花纹图案种植的这片森林，所以，我们只要把神鳌后背上的图案搞清楚了，也就等于熟悉了这片森林了。这样，我们再去寻找乾虎，也就容易了许多。”

大家说记得神鳌说过这个事儿，可是神鳌已经死了，它后背上的图案也没了，再来这里也没有什么意义了。金猴说不一定，说不定还能找出一点可以依据的线索来。

经过无数苍鹰的精叼细啄和雨雪风化，如今的鳌壳已远不像当初那样沉重如山了。金猴组织大家把手中的仗天杵当成杠杆，一齐插进鳌壳底下，而后，大家一起喊着号子，开始撬动鳌壳。即便是只剩下一个背壳，它的重量也是大家难以想象的沉重。金猴让大家找来一些碎石块，仗天杵撬起一点缝隙来，就往里填进几块石块。就这样，花费了整整一天的时间，他们终于将神鳌的背壳翻了过来。

鳌壳被成功掀翻过来后，已经是黄昏时分。众人登上鳌壳，没有发现任何花纹和图案。大家都很失望，白白忙活了一整天，只好返回宿营地歇息去了。

风猪、坤马、火牛、云羊和地鼠习惯睡在地上，其他人则喜欢睡在树上。晚间睡觉时，风猪为了让自己舒适一些，去树林中采集了一些类似蒲叶一样厚实的宽大树叶，铺在地上睡觉。第二天早晨醒来后，看到睡眼惺忪的风猪时，大家差点笑岔了气，因为风猪浑身上下、包括脸都变成了绿色。原来，风猪昨晚采摘来的树叶掉色，他在上面睡了一晚上之后，就把自己染成了草绿色。

大家等风猪洗干净收拾停当之后，就准备上路去寻找乾虎了。金猴再次拦住了众人，说还想再去看一眼神鳌的背壳。天龙说既然昨天费了一天的工夫，也不差这一时半会了，没准真的有新发现。于是，众人再次来到鳌壳放置的地方，登上鳌壳后，一如昨天的样子，没看到任何花纹图案。金猴还是不死心，他俯下身来，仔细抚摸着洁白如玉的鳌壳，突然间瞪大了眼睛，喊道："找到了！找到了！"

已经走下鳌壳的几个人又迅速爬了上来，围在金猴周围看了半天也没发现任何不同之处，都以为是金猴在搞怪捉弄他们。金猴说："你们都蹲下，用手摸摸看。"

大家的确用手摸到了鳌壳上有条条楞楞的纹路，但是用眼睛实在难以辨别出纹理来。风猪说："看都看不清楚这些线条，有什么用呢？"

"如果没有你这个可爱的风猪，我还真想不出好的办法来。"金猴很兴奋地抱着风猪，"你昨天晚上在哪儿找到的那些树叶，快带我们去一趟。"大家对金猴的举动并不奇怪，因为他总有一些奇思妙想，所以，大家也没有追着屁股问他为什么，倒是都跟风猪去采摘树叶了。

十一个家伙每人抱着一捆树叶返回了鳌壳。金猴让大家手持树叶，在鳌壳上均匀地摩擦，争取把树叶上的颜色留在鳌壳上。不大 会儿，人家就把一个雪白的鳌壳染成了绿色，等他们回头再看鳌壳时，一幅美丽的图案呈现在了众人面前。原来，鳌壳上的纹路非常细微，眼睛很难觉察出来，而用掉色的树叶擦拭时，颜色只能附着在纹路的楞上，楞下因为沾不到颜色，所以还保持着原来的白色。如此一来，鳌背上原有的花纹图案就显现出来了。大家由衷地佩服金猴的聪明，风猪说：“是因为我，是我让金猴变得更加聪明了。”

众人忍不住捧腹大笑起来。

3

树林越来越茂密了，树枝树叶遮住了太阳的光线，虽然是在大白天，森林腹地竟然也昏暗少光。

天龙、雷狗和金猴三人走在队伍的最前面，不停地四处观察、倾听，捕捉着有关乾虎的蛛丝马迹。让雷狗奇怪的是，搜寻进行了这么多天，他始终没有嗅到一丝一毫乾虎的气息。盘古十一兄弟搜寻的第一站就是乾虎袭击雷狗和鸣鸡的地点。在这里，隐约还能找到当初拼斗过的痕迹，包括雷狗击打乾虎额头的石块，以及乾虎逃窜时撞倒的菩提树。

许多天过去了，他们搜寻的面积接近了整片森林的一半，仍然没有发现乾虎的踪迹。很多地方，甚至连一根乾虎的毛都没有找到。

离开营地的时候，金猴从一棵桦树上扯下来一片树皮，把神鳌背壳上的图案大致画了下来，这应该是地球上最早的一张地图。整个森林的确是参照了鳌背上的图案，有些地方虽然略有出入，但基本上一致。

这一天，众人来到一处森林中的开阔地，头顶上方突然亮堂起来，而且，越往前走树木越少，最后几乎没有任何高大的树木，全部是低矮的灌木丛。开阔地面积很大，大小顶得上一个雪莲湖。开阔地中的景象非常奇特，要么是高高立起来的石柱，要么是深深陷下去的石坑。总之，开阔地就像是一块巨大的、凹凸不平的石头，这也是此处不长高大树木的原因。

众人沉浸在奇特景象的感叹中，忽然听到雷狗说道：“好像有了乾虎的气味儿。”

大家听到“乾虎”二字，不由得紧张起来，纷纷握紧了手中的仗天杵，四下张望。

“快来看看，这是什么东西？”地鼠在一簇灌木后面叫嚷道。

众人急忙跑了过去，只见地鼠的脚下是一些零散的黑褐色羽毛。再往前走几步，又是一些零散的黑褐色羽毛，还有一些细小白色骨头。循着黑褐色羽毛走过去，竟然又回到了树林中。而且，这些黑褐色的羽毛和白色的骨头，像是一条直线，从开阔地一直延伸到了森林中。大伙儿感到很奇怪，同时也很紧张。首先是雷狗说嗅到了乾虎的气味儿，接着就出现了黑褐色羽毛和白骨，气氛更加凝重了。

“是苍鹰！”金猴走在队伍前面，他用手中的金杵指着地上说。大家凑上去一看，果然在地上发现了一个早已风干的鹰头。一路走过去，竟然全部都是苍鹰的遗骸。最后，在天黑时分，大家沿着苍鹰的遗骸竟然走出了森林，看到了久别数日的雪莲湖。稍加辨认后，大家发现，现在正好地处他们的营地对岸。也就是说，他们已经绕雪莲湖半圈了。从树林出来的草地上，以及邻近湖岸的沙滩上，也布满了苍鹰的遗骸。

众人百思不得其解，就连金猴也是一筹莫展，只能望着湖面发呆。地鼠和云羊在靠近湖边的树林里找了一处类似对岸的营地。晚间，天龙和坤马召集大家商量第二天的行程。雷狗说在森林的开阔地里，他似乎已经嗅到了一些乾虎的气息，可来到湖边后就没有了。金猴建议明天沿着苍鹰的遗骸再返回开阔地，也许在那里才能解开谜底。

4

第二天又是一个晴好天气，天空中大团的云朵很像神鳌雪白的背壳。

按照昨晚的计划，队伍沿着苍鹰的遗骸继续往森林深处走去。这一趟返回的路程，大家的搜寻更加细心了，甚至在一些树干和灌木上找到了一些类似乾虎的毛。金猴说：“这十有八九是乾虎留下的，因为这个森林里根本没有其他的动物。”

“难道这么多苍鹰都是乾虎吃掉的？”云羊问。

“乾虎怎么能捉到苍鹰呢？”火牛很是不解。

“就算是饿极了，乾虎也不会飞啊。”飞龙说。

头顶渐渐明亮起来，大家又来到了森林深处的开阔地。雷狗也再次警觉起来，他说他又嗅到了一些乾虎的气味儿。坤马提醒大家保持警觉，不要掉队和乱跑。众人忙点头，手里的仗天杵握得更紧了。突然间，雷狗奔跑了起来，大家紧紧跟随在后面。越过几道灌木丛后，在一根石柱下，雷狗止住了脚步并对着大家做出了一个噤声的手势。雷狗压低了声音说：“这次不会有错，是乾虎，它就在附近，离我们很近。”

众人屏住了呼吸，四处探看，但始终没有发现乾虎的踪迹。鸣鸡小声说：“乾虎很狡猾，它喜欢捉弄自己的猎物，没准它现在正在暗处盯着我们呢。”

云羊说：“别说得这么恐怖，我身上都起鸡皮疙瘩了。”

火牛说：“你这个比喻就不对了！只有鸣鸡才会起鸡皮疙瘩，你们羊哪里来的鸡皮疙瘩。如果你真的起了一身疙瘩，那也是一身羊皮疙瘩，而不是鸡皮疙瘩。”

云羊没有理会火牛的絮叨，他攥着云杵的双手已经渗出了汗。十一个紧张的家伙，静卧在石柱背后许久，启动了所有神经系统来搜寻乾虎，但始终没有捕捉到。就在大家心焦之际，雷狗突然间站起身来说：“它好像就在我们身后。”

雷狗话音未落，盘古十兄弟的十一根仗天杵齐刷刷地对准了雷狗。雷狗拨开了地鼠的地杵，低声说道：“位置应该就在石柱的后面。”

天龙对着坤马使了一个眼神，队伍自然分成两拨跟随着二人一左一右，分头向石柱包抄过去。而绕过石柱之后，大家都被吓了一大跳，因为石柱背后竟然是一个很深的石坑。坑口差不多有神鳌的背壳一般大小，石坑的坑壁如同刀砍斧劈过一样光滑，坑底又深又黑。因为阳光无法照到坑底，所以，整个石坑看上去黑乎乎的，如同一头巨兽的大嘴一样阴森恐怖。

雷狗继续在空气中搜寻着乾虎的气息：乾虎的气味儿明明就在附近，或者说应该就在眼前，可为什么看不到它呢？雷狗甚至有点怀疑自己的嗅觉出问题了。所以，他不再向大家通报自己的感受了，只是一个劲地猛嗅，捕捉空气中关于乾虎的信息。

众人往坑口边上凑了凑，使自己的眼睛逐渐适应石坑中的阴暗光线，发现黑乎乎的坑底似乎有一些低矮灌木和杂草。而坑底距离坑沿的高度至少也有两个鳌壳的长度，如果失足跌下去的话，绝无攀爬上来的可能。

一阵沉默之后，大家把目光都投向了雷狗。雷狗没有对接任何人的目光，他索性闭上了眼睛。乾虎究竟在哪里呢？没错！这绝对是乾虎的气味儿！就应该在眼前，可是眼前什么也没有呀，眼前只有一个巨大的石坑。“石坑！”雷狗突然间睁开了眼睛，紧盯着黑乎乎的石坑，低沉地说：“乾虎就在石坑里面！”

5

乾虎被困在石坑中，这是谁也没有预料到的。虽然还没有加以证实，但大家都相信他们的英雄——雷狗的嗅觉。

雷狗得出乾虎在石坑中的结论后，天龙迅速挥手示意大家后退，一直退到远离石坑的树林之后，大家才算松了一口气。如果乾虎真的在巨石坑里，那么原先用来对付乾虎的计划就全部作废了，因为谁也无法下到石坑，接近乾虎。

“会不会有出入石坑的路呢？”坤马猜测说。

金猴说：“我仔细看过了，石坑里的石壁像水面一样光滑，没有进出的路。”

“刚才我们所处的位置，只能看到石坑对面的石壁，没准进出的路就在我们站的脚下呢。”水蛇反驳说。

天龙说：“水蛇说的有道理，我们再回去一趟，到巨石坑的另一侧，看看我们刚才站立的位置有没有路。”

于是，众人再次返回巨石坑。查看的结果跟大家预测的差不多，对面的石壁也是光滑无比，只是在光滑的石壁上多了一条狭窄的石缝，石缝的宽度大约有一个拳头大小，从石缝中长出了许多灌木。石缝中灌木虽然很多，但绝不可能成为一条路径，尤其对乾虎来说。

石坑中依然寂静无声，风不吹草不动，更看不见乾虎的动静。

天龙站了出来，对着巨石坑朗声喊道：“乾虎！你在下面吗？”

天龙的声音在石坑中久久回荡，但并没有听到乾虎的回应。众人再次把疑惑的目光投向了雷狗，雷狗往前走了两步，站在石坑边沿，对着石坑中喊道：“乾虎，我闻到你的气味了，我知道你就在下面，你放心，我们不是来伤害你的，你如果被困在石坑中，我们会想办法救你出来的。”

雷狗说完之后，静静地等待着，仍然没有得到任何反馈。天龙对大家说：“可能乾虎真的不在这里，我们再去别处找找看吧。”

天龙一挥手，众人便跟随着他撤离了石坑，奔着树林的方向走去。

“我不是乾虎！我是斑斓虎！”

就在大伙儿离开石坑不到十步的距离时，石坑中传来了乾虎浑厚的嗓音。众人的心情不知道是惊是喜，呼啦啦返回来，迅速奔到了石坑的边上。只见坑底的灌木层中，一团黄色的身影在移动。大家稳住神一看，果然是乾虎。

“乾虎，你是怎么下到这个石坑里的？”天龙问。

“这个……这个，你就别问了！你们先告诉我，你们是谁？”乾虎反问道。

天龙回过头，对大家说：“咱们摘下盘古灵珠，给乾虎看看吧。”

于是，盘古十一兄弟齐刷刷地沿着石坑边上站好了，天龙说了一声“摘”，十一个家伙就在瞬间变回了各自的原形。这一幕真的把乾虎震住了，它甚至以为是自己的眼睛花了，刚才明明是十一个类似盘古模样的人，怎么一眨眼竟变成了它曾经的伙伴了？半天后，乾虎冲上面喊道：“你们变得是什么法？”

乾虎刚刚问完，只见石坑上面一片亮光闪耀，十一个家伙瞬间又变成了跟盘古模样相仿的人。其中有一个，乾虎认出来了，他就是把自己额头上砸出了三条伤疤的家伙。乾虎狠狠地盯着雷狗，心里暗暗运气：那一日，自己恰巧捉住了鸣鸡，本来想美美地吃上一顿，结果从树后面竟然冒出来一个形似盘古的家伙，坏了自己的好事，还打伤了自己的虎头。他们到底是谁？是我以前的那帮朋友，还是盘古的后代？他们是来捉我，还是来救我？

“乾虎，我是金猴。”金猴冲着乾虎说，“现在已经告诉你我们是谁了，你也告诉我们，你是怎么掉进这个石坑的。”

乾虎骄横地说：“我为什么要告诉你们！”

“乾虎，你要跟我们讲实话，我们才会救你上来。”闪兔说。

“看你那双难看的招风耳朵，你是兔子吧？呵呵！不想救我就算了，又不是我求着你们来救我的，是你们主动找上来要救我的！”乾虎还是一副满不在乎的口气。

石坑上边，闪兔回过头来，对大家说：“你们看到了吧，它现在在石坑里面都这么横，出来以后还不更得欺负我们！”

云羊也说：“反正……反正我不想救乾虎出来，就让他在石坑里面待着吧，这样我们也安全。”

一时间，大家开始七嘴八舌讨论该不该救乾虎的问题。坤马把天龙拉到一边，问他是不是先想办法让乾虎戴上盘古灵珠，因为，人性和兽性沟通时肯定会存在问题的。天龙同意了坤马的想法，但一时间却又想不出好的办法。坤马说，直接跟它摊牌吧。于是，坤马问火牛要过来乾虎的盘古灵珠，走到石坑边：“乾虎，我是坤马。知道我们为什么会变化成人吗？”

“因为你们不满意自己是个畜生！”乾虎冷冷地说。

“你错了！因为天地间所有的生灵都是平等的。”坤马并没有生气，他继续和颜悦色地说，“盘古给了我们这种能力，是想让我们替他去造福天下苍生。”

“盘古给了你们这种能力，没有给我。所以，你们赶紧去造福苍生吧！”乾虎仍旧是一副什么都不在乎的样子。

天龙说：“你又错了！盘古把这样的能力也同样给了你。”

“给了我？我怎么不知道呢？”乾虎问。

“你也希望自己拥有这样的能力，是吗？”坤马问乾虎。

乾虎倒是真心羡慕这十一个家伙，瞬间能够让自己变成另外一个样子，毕竟是一件很神奇、很开心的事情啊。

乾虎终于点了点头，它可能担心上面的人没有看到自己点头，急忙又补充了一句：“是的！我希望自己有这个能力。”

6

石坑边上，坤马手里举着一枚盘古灵珠，对乾虎说：“乾虎，你看好了，这是盘古灵珠，它是盘古身体的一部分，我现在给你，你只要把它戴在胸前，你就会拥有这样的能力。”

坤马说完，便将手中的盘古灵珠向石坑下面扔去。乾虎全神贯注地盯着那个闪闪发亮的光点，从坤马手中滑落下来，正好挂在一株灌木枝上。乾虎奔了过去，围绕着亮闪闪的盘古灵珠转了几圈，又把鼻子凑上去嗅了嗅，确认没有危险之后，才将盘古灵珠从灌木枝上摘了下来。它抬起头来，看了看石坑上面的十一个家伙，一个个都是英武潇洒的样子。乾虎也不再犹豫了，用虎爪挑着盘古灵珠笨拙地给自己戴在胸前。就在此刻，亮光一闪，乾虎看到自己还没有离开盘古灵珠的虎爪竟然变成了一只粗壮有力的大手，跟盘古的手完全一样。再看自己的脚、自己的腿，几乎完全就是一个小号的盘古。一时间，乾虎竟然感觉自己的心头和眼睛都是热乎乎的，两行热泪在不知不觉中涌了出来。

“怎么样，感觉不错吧？”鸣鸡问乾虎。

“嗯，很不错。”乾虎的语气里充满了兴奋。

云羊说：“乾虎，这回你该告诉我们是怎么掉进石坑中了吧！”

“别提了！是被一群苍鹰赶进来的。”乾虎说。

“苍鹰能把你赶进石坑？”闪兔有些不相信。

原来，乾虎捉到鸣鸡那天恰好遇到了雷狗，一番搏斗之后，就撞到树干上晕了过去。醒来后，他觉得肚子饿得厉害，就四处去找吃食了。偌大的一片森林，竟然没有一只长毛的动物，这一直让乾虎觉得不可思议。饥肠辘辘的乾虎只好以瓜果梨桃填肚子，可它无时无刻不在惦记着能够吃上一顿香喷喷的肉。有一天，乾虎口渴了，它嗅着水的气息，竟然走到了雪莲湖畔。它一头扎进水中把自己灌了一个水饱，然后倒头就在雪莲湖岸边的沙滩上睡着了。在梦中，乾虎梦到了鸣鸡，鸣鸡正在草地上打盹，它扑上去一口咬住了鸣鸡，结果自己疼醒了。乾虎睁开眼睛一看，发现自己咬住了自己的虎爪，而且咬得鲜血淋淋。

一阵轻风吹过，乾虎从风中捕捉到了一丝血肉的气息。它立刻站起身来，四下打量着雪莲湖周边的环境，判断那股血腥气息来自何方。远处，天空中有一片黑压压的东西吸引了乾虎的目光，它的直觉也似乎在暗示：血腥气味儿来自那里。于是，乾虎冲着那片黑影狂奔而去。快到跟前时，乾虎止住了脚步，因为那片黑压压的东西把它震住了：无数苍鹰就像一道黑色的瀑布从空中流泻下来，下方则是一只死去的神鳖。乾虎证实了，血腥味道的确来自这只神鳖，而神鳖坚硬的背壳也让它无可奈何，它没能吃到一口神鳖的肉。已经饿得前胸贴后背的乾虎，望着一大坨鳖肉正被天上下来的苍鹰蚕食，这对它来说是个巨大的折磨。乾虎瘫卧在湖边的沙滩上，没有力气也没勇气离开它期待许久的血与肉。望着眼前这幅诡异的景象，乾虎渐渐感觉眼皮发沉，竟然迷迷糊糊地睡了过去。睡梦中，乾虎突然感到被自己咬伤的爪子传来一股钻心的疼痛，它睁眼一看，竟然是两只苍鹰落在自己的爪子旁，正在啄食自己的伤口。乾虎禁不住心中一阵狂喜，它轻轻抬起另一只爪子，一下子扑住了两只苍鹰。乾虎只用了片刻工夫，就把两只苍鹰吃了个干干净净。

乾虎吃完两只苍鹰后，开始思索苍鹰的举动，最后，它终于想通了：苍鹰喜欢吃死掉的动物。自己躺在沙滩上睡着了，苍鹰误以为自己死掉了，加上自己的爪子上面有血、有伤口，苍鹰就更加确信不疑了。想到这里，乾虎便继续躺在沙滩上装死，等到苍鹰自己送上虎口。果然，没多大工夫，乾虎听到了苍鹰翅膀扇动的声音。这一次，乾虎没等到苍鹰啄食自己的伤口就把它捕获了。就这样，乾虎利用装死的把戏，总算让自己饱餐了一顿鹰肉。随着捕食的猎物越来越多，乾虎吃得也越来越浪费，鹰毛鹰头鹰爪子扔了一地。所以，乾虎要不断地换地方，省得天上的鹰看着一大堆同伴的残骸心惊。于是，乾虎的捕猎场就沿着湖边往后面退，一直退到了对面的湖岸，它仍然能够依靠装死骗来苍鹰。也许是苍鹰对乾虎的诡计有所觉察，它们开始大量地从空中俯冲袭击，有时候弄得乾虎比较狼狈，慌乱中抓住几只苍鹰后，就迅速逃进森林中进食。

有一天，乾虎又饿了，它还像往常一样来到雪莲湖岸边装死。奇怪的是，从早晨躺在沙滩上一直到中午，竟然没有等来一只苍鹰光顾。乾虎不死心，准备下午继续在沙滩上守候，因为鹰肉的美味已经吊足了它的胃口，再去吃那些瓜果梨桃什么的，实在是难以下咽。又一个下午过去了，乾虎依然没有看到一只苍鹰的影子。这一晚，乾虎只好在梦里回味鲜美的鹰肉了。

第二天，肚子已经饿瘪了的乾虎又出现在雪莲湖的沙滩上，继续躺下装死。当太阳升到头顶的时候，晒得浑身冒油的乾虎已经饿得虎眼昏花，它强撑着走到水边，喝了一个肚儿圆。而后，再次仰卧在沙滩上，望眼欲穿地观察着空中的动静。苍鹰都去了哪里？怎么突然间消失得无影无踪了呢？忽然，乾虎想起来了，它应该把自己搞得更像一只死老虎才可以，因为第一天捉到苍鹰的时候，是自己把虎爪咬出了血，所以才吸引来了苍鹰。想到这里，乾虎横下心来，使出全身力气狠狠地咬了自己的爪子一口。霎时，虎爪上鲜血淋漓。

不知道是不是咬得太狠，或者是因为流血过多的原因，乾虎渐渐地感觉睡意来了，迷迷糊糊地闭上了眼睛，竟然睡着了。不知睡了多久，就如同它第一次捉到苍鹰时的感觉一样，突然间感觉到爪子上的伤口处一阵钻心的疼痛。等到乾虎睁开眼睛的时候，它立刻被眼前的景象吓呆了，因为它满眼都是黑色的影子，就如同一道黑色瀑布从天空倾泻下来，几乎要把它埋掉一般。

乾虎再也顾不上爪子伤口的疼痛了，更顾不上要逮住一两只苍鹰填肚子了，它一个翻身跃起来之后，撒腿就往树林狂奔而去。身后的苍鹰看到乾虎突然跃起，似乎也被它吓了一跳，它们扇动着翅膀飞离了乾虎的攻击范围，但旋即就又俯冲下来。现在，苍鹰们已经不再把乾虎当成一只死虎了，而是把它当作一个要捕获的猎物袭击了。所以，它们的攻势和力度比先前增强了几倍，锋利的鹰爪、尖利的鹰嘴狠命地往乾虎身上袭来，把一张华丽的虎皮顿时抓得千疮百孔。可怜的乾虎，此刻只剩下逃命的份儿。

乾虎原以为，只要逃进树林中便可摆脱苍鹰的攻击，但它完全想错了。乾虎以平生最快的速度飞奔进了树林。它刚要停下来喘息两口，只听得身后“扑啦啦”一片声响，还未等它回头看，屁股上已经被苍鹰的利爪撕开了一个口子。这一次，乾虎再也不敢有丝毫怠慢，它迈开虎步，没命地往前面窜去，不管前面是树林还是灌木。乾虎已经不再回头观察了，因为从它身后传来的“扑啦啦”声响就表明：那群要命的黑色魔鬼就在它的屁股后面。

乾虎跑出了树林，跑进了一片开阔地，它现在唯一的意识和身体本能就是奔跑、逃命。突然间，它觉得身体飘了起来，就像苍鹰一样飞离了地面。紧接着，乾虎感觉自己撞到一层灌木上，随后就失去了知觉。

7

听完了乾虎的讲述之后，众人都觉得心有余悸，因为他们又想起了神鳌“天葬”的情景，而活生生的乾虎竟然也差点遭此“天葬”。

金猴问乾虎：“等你醒来之后，发现自己已经在石坑里面了，是不是？”

乾虎说自己醒来的时候已经是晚上了，整个身子都陷在一片灌木丛中，后来才发现这里竟然是一个走不出去的大石坑。金猴说算你命大没有摔死，你知道是为什么吗？乾虎问为什么？金猴说：“从雪莲湖岸边穿过树林，一直到这个石坑，大概的直线方位就是我脚下的这条石缝。在你被苍鹰追赶的时候，你肯定是从雪莲湖沿一条直线奔跑过来，从我脚下的位置摔下石坑的，而这条石缝中的灌木帮了你，给你卸了大部分下坠的力道，不然，这么深的石坑你早就摔死了。”

乾虎觉得金猴分析得很有道理，仍心有余悸地点了点头。

坤马问乾虎：“掉进石坑有多久了？”

乾虎说：“我也不记得了，应该有很久了。我刚掉下来的时候，那边有棵栗子树还没开花，现在栗子都已经落地了。”

“你在撒谎吧！你在石坑里面待了这么久，你吃什么？”闪兔问。

“哦，是这样，我刚进来的时候，看到这么小的一个石坑，出又出不去，我以为自己死定了。你们也知道，我先前吃了那么多又鲜嫩又美味的鹰肉，就算是瓜果梨桃，如果不是饿极了，我都难以下咽，可这个石坑中唯一的果树就是那棵小栗子树，就再无其它果树了。”乾虎说。

云羊禁不住好奇心：“是啊，那你是吃什么活下来的？”

乾虎弯下腰，用他那双粗大的手从灌木层下面采了一个跟他拳头差不多大小的蘑菇，举过头顶说：“我就是依靠这些蘑菇，才活到今天的。”

石坑上面，天龙对坤马说：“盘古的话没有错，你看看，乾虎戴上盘古灵珠之后，说话的语气都柔和了很多。”

“嗯，吃了这么久的蘑菇，估计也把他的性子磨得差不多了，我们赶紧想办法救他出来吧。”坤马说。

盘古十一兄弟坐在石坑边商量半天，否定了很多不靠谱的方案，例如：往石坑里面填石头，直到把石坑填满；找一棵跟石坑差不多高的大树，挖出来扔到石坑里，让乾虎沿着树干爬出来等等。受到了风猪的“大树方案”的启发，金猴建议去森林中搜集藤蔓，把藤蔓连接在一起，乾虎就能顺着藤蔓爬出石坑。最后，大家一致同意了金猴的提议。于是，众人便进了森林四处搜集藤蔓去了。

藤蔓弄来了。众人忙着连接藤蔓，可是试了很多次，连接藤蔓的结总是不够牢固，很容易脱落。一时间，众人束手无策，只有鸣鸡还在摆弄着两根藤蔓的头儿，不停地尝试着。

坤马变身以前，经常使用尾巴扫打身上的蚊蝇，时间久了，就会有一些尾鬃毛纠结在一起，影响了他扫打蚊蝇的面积。这种状况一直持续到变身之后，而他也一直想用自己的双手解开自己尾巴上打结的鬃毛。可盘古灵珠使他要么变身成人，要么变身成马，所以，坤马的手始终没能解开自己尾巴上的结。坤马为此郁闷了许久，他甚至期待着自己能变身成为半人半马的状态，这样，自己的手就能解开自己的结了。有一天，众人在雪莲湖戏水，大家有了鸣鸡的前车之鉴，就把自己的盘古灵珠摘了下来，交给岸上的鸣鸡看管。变回各自原形的十头灵兽在水里玩得很痛快，尽情地抖擞着身上的毛发。尤其是坤马身上的鬃毛又长又亮，或奔跑或抖擞都显得潇洒飘逸，大家无不交口称赞。只有坤马自己心里清楚，如果能把尾巴上打结的鬃毛解开，自己的风采将更加神骏。坤马正在脑海里憧憬着自己神骏的风采时，看到了湖岸上百无聊赖的鸣鸡，他便奔上岸来，让鸣鸡用手帮忙把自己尾巴上打结的鬃毛梳理开。自此，坤马心中的一个结才算是去掉了。

显然，鸣鸡的活儿也没有白干，他摆弄着手中的两根藤蔓，心里自然而然就想到了坤马尾巴上打结的鬃毛。鸣鸡记得很清楚，那些相互交错在一起的结很结实，自己费了很大的力气才解开。可是，坤马尾巴上的结是要解开，而现在则是要把两根藤蔓打成结接上。鸣鸡回忆着那些被自己解开过的结的形状，倒推回去，用两根藤蔓复原马尾毛打结的形状……鸣鸡终于得到了一个坚固的结，两根藤蔓的头在一个平面上，沿着环圈先后交叉两次，便形成了一个结实的结。鸣鸡很兴奋，他为自己发明的结，命名为“平结”。

自此之后，“平结”从洪荒远古一路走到现代文明社会，在这个过程中，又从平结衍生出来了单结、勾结、扣结、冠结、八字结、十字结、固定结、称人结、缠锁结、水手结、串联结、双渔人结、美式绳头结、通用绳头结……等几百种乃至上千种绳结。这些绳结多用于现代登山、攀岩运动中。而连接两根登山绳的时候，至今用得最多的方式还是鸣鸡当年发明的平结和双渔人结。

鸣鸡对自己打出来的平结相当满意，他呼唤大家分成两拨，左右各五人，用力拉扯两根用平结连接在一起的藤蔓。随着鸣鸡一声高亢的鸣啸——盘古，双方卯足了劲同时发力。随着两边的拉力越来越大，平结也渐渐由大变小，这种变化的结果，就是让平结越来越紧，越来越坚固。由于双方发力的节奏不同，藤蔓中间的平结一会儿偏向鸣鸡的左边，一会儿又偏向了鸣鸡的右边。因为两边个体的体重、力气相当，僵持的局面持续了很久，一时间，双方竟然都有了想把对方拉过来的念头，所以，大家更加较劲了。就这样，大家在救助乾虎的过程中，又发明了一项延续至今的休闲运动——拔河。

当中间的平结第九次偏向鸣鸡的右侧时，“砰”得一声响，藤蔓被拉断了，十个正在发狠用蛮力的家伙都被摔倒在地上。坤马说：“我被摔了一个人仰马翻。”

雷狗说：“是人仰狗翻。”

火牛说：“是人仰牛翻。”

地鼠说：“是人仰鼠翻。”

闪兔说：“是人仰兔翻。”

天龙说：“是人仰龙翻。”

云羊说：“是人仰羊翻。”

水蛇说：“是人仰蛇翻。”

金猴说：“是人仰猴翻。”

风猪说：“是人仰猪翻。”

争归争，后人在描绘类似的场景时，用得最多的还是“人仰马翻”。

让大家欣喜的是，平结始终没有被拉开，断开的部位是藤蔓中间一处稍细的地方。坤马捡起断开的藤蔓看了看，说：“凭着一根藤蔓要想把乾虎拉上来，太危险了。”

云羊说：“那就用两根藤蔓，两根不行就用三根，我们三四个人拉一根，总该没有问题吧。”

金猴说：“往上拉的时候，万一受力的是其中一根，这一根断了，就剩下两根了。再往上拉，又有一根受力，这一根也断了，剩下一根还是危险。”

“得想个办法，让三根藤蔓都受力才行。”水蛇说。

地鼠说：“有一个办法，不知道行不行。”

闪兔说：“不许卖关子，你直接说出来吧。”

地鼠说：“鸣鸡在雪莲湖边上给坤马梳理马尾巴的时候，我发现它的尾巴上不光有结，还有一些鬃毛纠缠在一起，而这些纠缠在一起的鬃毛，任你怎么拉扯都拽不断。我想，我们是不是可以把几根藤蔓也纠缠在一起，这样受力的时候就平均了。”

众人听了地鼠的话后，禁不住都笑了起来。

天龙对坤马说：“你真是长了一条解决问题的好尾巴！”

金猴也跟着开玩笑，说：“早知道你的尾巴有这么多功能，就不该让鸣鸡帮你清洗打理得那么干净，没准以后还能帮大家更多的忙。”

坤马也跟着笑了，说：“只要大家用心，你们自己身上应该也有很多可以用来帮助别人的秘密，只是我们还没有发现。好了，既然大家没有其他意见，咱们就试试地鼠说的办法吧。”

于是，地鼠按照记忆中纠缠在一起的马尾巴的样子，把三根藤蔓交错着拧在一起。不一会儿，地鼠就总结出了经验，他说：“这个其实很简单，而且有规律，就是用左右的两根藤蔓，一前一后反复压住中间的那一根，就可以了。”

大家按照地鼠说的方法试着编织起来，果然很简单。紧接着，大家一齐动手编织藤蔓。不一会儿，每个人都编出来长长的一根。紧接着，鸣鸡用平结将每一根连在一起，一条长长的编织藤蔓就这样做好了。

8

乾虎独自一人坐在栗子树下，看着坑上面的众人一刻不停地忙碌着，心中忽然间觉得软软的、柔柔的。这情景，竟然让他眼睛生出了一股热热的液体，顺着圆睁的虎目流了出来。乾虎自身的反应，竟然把自己吓了一跳，他急忙抹了自己眼角一把，仔细一看，原来不是血。乾虎自言自语道：“难道这就是盘古说的眼泪吗？我乾虎以前只知道流汗流血，可我从来没有流过泪啊！”

平静了一会儿，乾虎觉得这种感觉很舒服，甚至比刚吃完狍子肉、鹰肉还舒服。在这一刻之前，乾虎也从来不知道，天地间竟然还有比吃完肉更好的感觉。

望着石坑边十一个忙叨叨的家伙，乾虎暗暗下了决心：等我上去之后，一定也要让你们尝尝这种感受！

编织好的藤蔓，从石坑上面缓缓放了下来。天龙告诉乾虎，他们已经将藤蔓的另一头固定在一根石柱上，他让乾虎抓好了藤蔓后就给他们信号，他们就在上面拉动藤蔓。藤蔓被编织得果然异常结实，细心的家伙们还在藤蔓的末端系了一个圆圈，以便让乾虎的脚可以踩在里面，这样就不会把整个身体的重量，全部让两只胳膊来承受了。乾虎感到自己的心头像是被轻轻捏了一下：是的，这样的感觉好极了，真的好极了！

石坑上面，鸣鸡喊着号子，大家开始一起用力拉动藤蔓。一会儿的工夫，乾虎的脑袋就从石坑中露了出来。站在最前面的鸣鸡犹豫了一下，还是向乾虎伸出了手。乾虎向鸣鸡投来一个感激的眼神，伸出他的粗壮大手与鸣鸡的手紧紧握在了一起。天龙也在一边伸出了援手，与鸣鸡一同喊了一个号子，双双把乾虎拖出了石坑。乾虎兴奋地蹦了起来，就近一把抱住了云羊，云羊下意识地喊了出来：“你要干吗？”

众人也被云羊的喊声吓了一跳。瞬间，所有的人都僵住了，大家面面相觑，气氛骤然间紧张起来。金猴悄悄地弯下腰，从地上摸起金杵，紧紧地握在手中。场面继续僵持着，似乎都在等待乾虎，看他下一步还有什么举动。乾虎似乎也明白了，他尽量把自己的动作放慢，轻轻地凑过身来，抱了抱云羊。乾虎讪讪地说：“我……我只是想抱抱大家，谢谢你们，我的兄弟们！”

大家纷纷吁出一口气，把心放到了肚子里，把手臂打开迎接了乾虎的拥抱。

鸣鸡走到云羊跟前，拍着他的肩膀说：“放心吧！乾虎刚露头的时候，我也紧张，但我看到了他的眼神之后，就不紧张了。”

云羊问为什么。

鸣鸡说：“乾虎以前的眼神里充满了杀气，那是一种对食草动物与生俱来的杀气，可是，他现在没有了，你们如果不信，可以看看乾虎的眼睛。”

云羊噘着嘴，说道：“我们现在不是原形，是变化成了跟盘古一样的人了，肯定眼神就不一样了。”

“错了！我观察了大家的眼神很久了，虽然我们经常在人和动物之间变来变去的，外貌和形体可以变得完全不同，可只有一样东西是不变的，那就是我们各自的眼神。”鸣鸡说。

众人听了鸣鸡的话之后，真的把目光齐刷刷地移向了乾虎，弄得乾虎竟然有些局促不安。这是以前的乾虎从未有过的状态，看到曾经威风八面、霸道横行的乾虎，竟然有了今天这般变化，大家禁不住乐了起来。十二个家伙兴奋地蹦跳着，抱成了一团。乾虎再次对大家表示感谢，天龙说你应该好好感谢这条藤蔓。乾虎说："是啊，是谁想出了这么好的主意来？"

大家说是地鼠的主意，而地鼠的灵感是来自坤马的马尾巴。

天龙说："鸣鸡为自己发明的结命名为平结，地鼠你也给自己的发明起个名字吧。"

地鼠想了一会儿，说："这根藤蔓救了乾虎的命，让乾虎从石坑中生还，干脆就取一个'生'的谐音，就叫作'绳子'吧。"

火牛走到了乾虎跟前，把乾杵递给了乾虎："这是盘古开辟天地的时候，用来在地上做标记的仗天杵，也是盘古留给我们的礼物。你这根仗天杵的名字叫乾杵，我已经替你收藏好久了，现在交给它真正的主人吧。还有，盘古强调了，以后要珠不离身，身不离杵。盘古把仗天杵交给我们的时候，说是要我们用它为苍生挡祸，如果天下太平，就让它为苍生造福。另外，盘古还要我们做到六德，六德就是信、诚、勇、仁、德、和，还有……"

9

返回营地的行程是快乐的，因为，盘古十二个兄弟重新聚首了，以前的隔膜和冲突此刻都化作了过眼云烟。

盘古十二兄弟没有继续穿越森林，也没有走回头路，而是来到雪莲湖边，沿着湖岸线返回营地。众人情绪颇好，好动的，追逐打闹着；好静的，踩在沙滩上昂首阔步。雷狗将手中的雷杵交给了火牛，自己则摘下了盘古灵珠，幻化成原形后，迈开四条腿撒着欢儿地往前奔去。大家受到了雷狗的影响，纷纷把自己的仗天杵扔给了火牛，幻化成原形后，追了过去。憨厚老实的火牛看着十一个兴高采烈的兄弟，心里虽无怨言，嘴里的絮叨却一刻没有停下过，他扛着十二根仗天杵跟在大伙后面一边小跑，一边絮叨。

突然间，大家觉得乾虎有些不对劲儿，众人止住了脚步。乾虎正狂飙得兴起，忽然发现身后没了众人的踪迹，他也急忙停了下来。等到大家赶上来，他迎来的却是十一双吃惊的眼神。乾虎低头瞅了瞅自己的身体，发现并无异样之处。坤马往前走了几步，一张长长的马脸几乎快贴到乾虎的脸上，后面赶上来的家伙也都聚拢了过来，盯着乾虎的脸看个不停。乾虎被大家看得很不自在，竟有些紧张起来，他问众人："我的脸怎么了？"

金猴说："你自己到水边照照看。"

乾虎走到水边低头一看，竟然吓了一大跳。原来，自己的额头上竟然多了一个"王"形图案。

地鼠对乾虎说："你的额头上以前没有这个花纹啊。"

水蛇说："是啊，太显眼了，怎么搞的？"

乾虎看着自己在水里的倒影，想了半天，说："我记起来了，我第一次遇到雷狗的时候，我们俩在树林里动手打了起来……"

"我记得我拿石块在你的额头上砸了三下，"雷狗说，"如果那三条横着的纹儿是被我砸出来的，那你这一道竖着的纹儿是……"

乾虎说："你记得吗，我当时额头流血之后，眼睛看不见东西了，我心中一慌就想跑，结果一头撞到了一棵大树上，我当时就晕了过去，这道竖纹肯定是撞在树上留下的。"

众人听后，这才弄明白乾虎脸上变化的原因。风猪安慰乾虎，说："这个图案挺漂亮的，看上去很威武。"

乾虎说："这可能就是盘古对我的惩戒，那一天，我差点丧失理智，残害我的兄弟。所以，盘古就在我的额头上留下这个图案，好让我时时警戒自己。"

大家听到乾虎能够这样反省自己，心里都觉得宽慰了不少。

雪莲湖岸边这条路，乾虎很熟悉，他曾经一路诱捕着苍鹰，绕了雪莲湖半圈。一路走过去，沙滩上经常会出现苍鹰的残骸，这都是乾虎当初的杰作。随处散落的鹰头、鹰爪、羽毛，现在看上去，竟有些触目惊心。天龙似乎觉察到了乾虎有些不自在了，他便建议大家改道，从靠近雪莲湖的树林里返回营地。

走走停停，盘古十二兄弟一路上游山玩水，倒也逍遥自在。历经数日后，已经能够远远地看到绿白相间的鳌壳了。

"我见过这个东西，它……原来好像不是这个形状的。"乾虎盯着鳌壳说。

看到乾虎一脸不解的疑惑相，风猪就把事情的原委告诉了他。乾虎摸了摸自己的脑袋，嬉笑着说："怪不得，我走来走去，发现自己始终都在围着雪莲湖转圈圈，原来这都是盘古和神鳌的杰作呀……这么看来，我们是不是永远都走不出这个地方？”

金猴说：“也不是，我们只要把神鳌背壳上的图案琢磨清楚了，按照图案上指引的方向，就能走出这个地方。”

“我们为什么要走出去呢？”风猪问。

云羊说：“是啊，这里有山有水，风光秀美，要吃的有吃的，要喝的有喝的，我们为什么要离开这里呢？”

没有人接云羊的话题。冷场了许久，金猴打破了尴尬的气氛，他解释说：“我没说要走出去，我只是告诉乾虎，这里是可以走出去的，这里是一个自由自在的世界，不是巨石坑。”

一时间，所有人都沉默下来。大家似乎都在思考，思考一个他们从未思考过的问题：我们为什么要留在这里？我们为什么要出去？我们出去干什么？

在不知不觉中，天空中阴云密布，天色渐渐暗了下来。十二个家伙静立在雪莲湖畔，都在思考着同样的去留问题。突然，一声炸雷响彻天地间，紧接着就是瓢泼般的大雨撒了下来。冰凉的雨水似乎惊醒了盘古十二兄弟，天龙一声呼唤，众人紧随其后，向营地跑去。快到宿营地的时候，跑在最前面的坤马放缓了脚步，他回头问身后的金猴：“我们着急忙慌地跑什么？回到营地还不是同样被雨淋。”

金猴说：“我想到了一个避雨的好去处。”

“哪里哪里？”众人急切地问道。

“你们只管跟我来就是了。”金猴说完，撒开腿就冲进了雨幕之中。

雨越下越大，这是雪莲湖从未有过的一场大雨。众人跟在金猴后面，低着头往前猛跑。突然，大家发现脚下的沙滩上流着一股股绿色的液体。众人心头一阵纳闷，等大家抬头看时，发现已经来到了神鳌的背壳边上。众人禁不住在心里赞叹金猴的聪明，翻过来扣在沙滩边上的鳌壳，正好是一个天赐绝佳的避雨之处。

鳌壳身上被树叶染上的绿色，已经被这场大雨冲刷得干干净净，一条条绿色的水流经过沙滩，流进了雪莲湖。十二个家伙迅速钻进了巨大的鳌壳，躲避这场经年不遇的大雨。鳌壳虽然被倒扣在沙滩上，但鳌壳的边缘是不规则的锯齿状，“锯齿”的间隙足够钻进他们的身体。巨大的鳌壳就像一个山洞，外面虽然大雨如注，里面却清新干爽。躲过这场突如其来的大雨，十二个家伙的情绪立即好了很多，神鳌背壳里逐渐喧闹起来。

天龙说：“我觉得还是要明确一下我们的未来，所以不妨由大家自己选择一下，我们到底是去还是留？”

坤马问天龙：“怎么明确呢？”

天龙说：“大家都先坐下来。”

众人纷纷坐在地上，想知道天龙以什么方式来确定未来的去留。

天龙说：“现在，大家都坐下来了，如果想走出雪莲湖的，就继续坐在地上，如果想留在雪莲湖的，就站起来。”

天龙话音未落，十一个家伙呼啦啦全都站立起来，竟然没有一个想走出雪莲湖的。大家一起把目光投向了乾虎，乾虎环顾了一下大家，问道：“我怎么了？你们都看着我干吗？”

坤马说：“其实，大家都以为是你想出去，想离开雪莲湖。”

风猪说：“因为盘古曾经说过，我们十二个兄弟要永远在一起，依靠十二个人的力量才能去造福天下苍生，你如果非要离开雪莲湖，那我们也只好跟着你离开了。”

“哦，原来是这样，你们的心思全都纠结在我这里啊！”乾虎很真诚地说，“不错！我原来是想离开这里，永远离开这个没有任何动物，没有鲜肉可以吃的破地方。可是，自从你们把我从石坑中救出来以后，我就改变了想法，我要和你们在一起，永远在一起！”

天龙说：“你改变的原因不是我们把你救出来，而是你戴上了盘古灵珠。”

坤马说：“盘古早就说过，戴上盘古灵珠，我们就多了一分人性，少了一分兽性。”

云羊问乾虎：“这里没有动物，也没有你想要的鲜肉，那你以后吃什么？”

乾虎走过去，搂住了云羊的肩膀说：“我以前伤害过你，我现在很内疚，不过你放心吧，有了盘古灵珠，我已经不是曾经的‘我’了。关于吃肉的问题，我在石坑中待了那么久，早已经习惯以蘑菇为生了。”

乾虎又笑着对大家说：“以后再遇到类似需要选择的问题，我们就别坐下站起来了，干脆用举手来代替站着，以不举手代替坐着吧。”

大家都称好，说这个简单。

10

这场大雨连续下了三天。

雨水不仅冲刷掉了鳌壳上的绿色，而且还把鳌壳周围已经干巴的黑色血迹洗刷得干干净净。大雨不久之后的一天，乾虎和风猪沿着雪莲湖岸边散步，忽然，乾虎发现他曾经在岸边诱捕苍鹰的“罪证”也消失得无影无踪了。乾虎望着雪莲湖呆立了半晌，嘴中念道：“上天的每一场雨，都给了苍生一个重新开始的机会。”

“你说的是什么，我怎么听不懂？”风猪问乾虎。

乾虎说：“我的意思就是说，下雨是一件好事情！”

雪莲湖光阴流转，日月无凭，转瞬间又过了一个千年。

雪莲湖的光景依旧，只是当初胳膊粗细的小树已经长成参天巨木，而当年的参天巨木，则倒在风雨中化成了黑泥肥土。相对于天地间的物换星移，这一草一木的变化，却是微不足道哉。

雪莲湖虽然没有其他走兽，却有众多飞禽，除了常年居住的苍鹰之外，还有每年都要来来往往的天鹅和大雁。这些迁徙的飞禽会带来各种各样奇珍异果的种子，这些种子在雪莲湖畔生根发芽，而后繁衍成新的树林。所以，这个千年之后，雪莲湖周围的森林中又多了很多没有名字的水果。

盘古十二兄弟依旧过着优哉游哉的日子，食物充足，无所事事。唯一可以称之为事的，无非也就是彼此之间为了一些琐事，偶尔会发生一点小的争执，好在大家没有利害冲突，时间稍久，也就忘得一干二净了。他们秉承了盘古的遗训：信、诚、勇、仁、德、和。但每次遇到难以抉择的事情时，大家几乎都是遵从天龙和坤马的主张，千年的习惯形成之后，大家不自觉地就会把天龙和坤马当作团队的领袖。另外，金猴也是团队中举足轻重的人物，他足智多谋，关键时刻总有好的办法予以应对，所以，金猴也深得大家的拥戴。

风猪是一个例外，他每日里睡觉的时候多，醒来的时候少。鸣鸡每天早晨的鸣啸，对风猪没有丝毫作用，每每都用他那香甜的鼾声回应鸣鸡的——盘古。在营地里，为了保证大家每天都有新鲜水果享用，十二个兄弟分成两拨，每天都要去森林采摘新鲜水果。天龙、地鼠、火牛、雷狗、水蛇、云羊作为一拨，坤马、金猴、乾虎、鸣鸡、闪兔、风猪为另一拨。两拨人轮流值日采摘水果，也被称为“天龙族”和“坤马族”。风猪因为贪睡，经常不去参加值日采摘，弄得两拨人对他都颇有微词。尤其是风猪所在的值日组，闪兔甚至不惜当面跟风猪发作了：“你这样好吃懒做，我都替你感到羞愧！”

“可是……可是，我需要睡觉，我总觉得睡不醒。”风猪辩解道。

“谁不想在营地里睡觉、吃现成的，如果都像你这样，大家喝西北风去？”闪兔依旧不依不饶。

风猪也不生气：“你的话也有道理，但你非逼着我早起去采摘，就是妨碍了我的自由，就是违背了盘古的遗训。”

风猪搬出盘古来，气得闪兔无话可说，独自躲到一边生闷气去了。

从“风猪贪睡”这个事例中，坤马觉得必须建立一个规则，一个众人都需要遵守的规则。不然，大家就会以“自由”为借口破坏和谐的局面。于是，坤马去找天龙商量，说他要建立一个让大家都来遵守的规则。天龙思考了一会儿说，不能由你来建立规则，万一你的规则规定天龙族负责每天采摘水果，我们岂不是没有休息日了。坤马说规则一定是要本着公平的原则，不公平的原则大家也不会去遵守。天龙说，由你们坤马族来建立规则，本身就是对天龙族的不公平，应该由我们天龙族来起草规则。坤马说，你们天龙族来起草规则也同样面临着你说的问题……一场关于建立规则的关键性会谈，在相互猜疑中不了了之。

因为生存的必要劳作，十二个兄弟人为地分成两个生产体系，而不同的团队体系势必会产生利益均衡的问题。

关于由哪一族来制定“规则”一事，也很快就被忽略了。风猪继续以自由的名义，我行我素地睡着懒觉。但是，风猪身边的朋友也越来越少了，几乎没有人愿意与他游戏、玩耍。遇到开会时，风猪的话语也经常得不到足够的重视，即便有些观点是正确的，有些建议是合理的，也很少被大家采纳。风猪在坤马族、在整个团队中，都陷入孤立中。

这一天，天空中有些漂亮的云朵，阳光不是太刺眼。大家吃完午餐，闲来无事便一同去雪莲湖游玩。十二个家伙并排躺在鳌壳旁边的沙滩上，有的闭目养神，有的看着空中的云彩发呆，风猪则鼾声大作。

“快看！快看！天上的那朵浮云像不像坤马？”鸣鸡突然指着天空叫嚷道。

除了风猪之外，大家都睁开了眼睛。果然，头顶上方有一团与坤马外形神似的浮云，竟然连耳朵和尾巴都活灵活现。坤马也被吸引住了，他的眼睛一眨不眨地盯着天空中的坤马浮云。过了一会儿，另一团浮云涌了过来，融进了“坤马浮云”的马头，再过了一会儿，就看不出任何与坤马相像的地方了。坤马不无遗憾地说：“如果这团浮云能够永远飘在空中就好了……”

“哎，你们看，那块浮云的形状像不像我？”地鼠指着天边的另一团云彩问大家。

众人看过去，有的说像，有的说不像，还有的说不像地鼠，像闪兔。

躺在一边的天龙一直没有说话，这时，他忽然坐起身来，说：“你们是不是都想有一个自己的图案或者符号，能够像太阳和月亮一样，长久的保留下去，是不是？”

众人都点头称是。天龙说：“我有一个办法，一定会让你们流传千古！”

11

“快说！快说！是什么好办法？”

众人围拢过来，催促着天龙别卖关子，直接说办法。

天龙说：“既然大家都希望把自己永久的刻记下来，那么，我们就把自己的形象刻记在一个地方，不管过去多少日子，都能够清晰地看到，辨认得出来，你们说如何？”

金猴说：“这倒是一个不错的主意，可是，如果刻记我们人体的形象，我们每一个都差不多，人家肯定会把我们当成盘古。如果刻记我们原形的形象，我们的族群太多了，人家会把我们错认成我们的同类。”

大家觉得金猴分析得非常有道理，顿时泄了气，重新又躺倒在沙滩上，继续看天空中的流云，寻找着与自己相像的那一朵。天龙也觉得挺没有面子，讪讪地爬起身来，沿着湖岸的水边溜溜达达地走远了。这一场由兴奋到失望的形象刻记的讨论，跟风猪没有丝毫关系，他依然自顾自地睡着，鼾声阵阵。

太阳已经快落进树林了，沙滩上的十一个家伙，有一大半都睡着了。这时，忽然听到天龙在远处高喊：“找到了！我找到解决的办法了。”

天龙转眼就跑到了众人跟前，举着手里的一块石头，说：“你们快过来看！这块石头上面有什么？”

大家凑上前去，发现天龙手里拿着一块水淋淋的石头，显然是从雪莲湖中捞上来的。水蛇说："就是几根草棍乱糟糟地放在一起嘛。"

"你说对了！这是一个你们从来没有见过的图案符号，对不对？"天龙问。

大家点头称是。

天龙又说："如果大家都去找一个自己喜欢的图案符号，从此以后，这个图符就代表自己。这样，就可以把这些图符刻在一处地方，我们就能流传千古了。"

众人琢磨了一下，都觉得是一个可行的好办法，纷纷点头响应。

坤马问天龙："找到自己的图符后，我们把它刻在哪里呢？"

天龙兴奋地说："可以到雪山上，找一块巨大的石壁，把我们的图符刻在上面。"

火牛说："这个恐怕不行。我们在雪莲湖已经经历过十几次地动了，有几次大的地动，我们眼看着那些雪山改变了模样，一块石壁又算得了什么！"

众人一时间都在琢磨把自己的图符留在哪里，只有风猪还在呼呼大睡。

金猴说："你们说，一千年以来，我们周围有什么东西是没有改变过？"

大家猜了半天，蓝天、沙滩、雪山、雪莲湖……可是这些地方都无法刻录自己的图符。金猴说："历经千年未变的就是我们背后的神鳌的背壳！"

众人这才恍然大悟，禁不住抬头望去，晶莹洁白的鳌壳仍旧倒扣在沙滩上，就如同十二个兄弟昨天刚刚钻进其中避雨一样。

"咦？是啊，那么多东西都烂掉了，为什么神鳌的背壳还这么亮、这么新？"地鼠问。

没有人能回答地鼠的问题，金猴接着自己的思路往下说："谁先找到自己喜欢的图符，就可以把图符刻在神鳌背壳之上。刻的时候，我们不要破坏鳌壳上原有的图案，所以，我们就把自己的图符刻在鳌壳的边缘部分，第一个刻录的人就把图符刻在神鳌的头部位置，如何？"

坤马问："每个人的图符刻多大？万一有大有小呢？"

金猴说："我们十二个人，就把鳌壳的边缘平均分成十二分，刻记的大小就以自己本人的身高为标准。"

天龙说："这个主意不错！"

金猴继续说："这个顺序就作为我们以后个人轮值的依据，第一个在上面刻录的人，以后轮值的时候，他就排序在第一位，好不好？"

众人都赞成这个想法。散开后，大家就四处寻找自己喜欢的图符。

金猴之所以建议"第一个在鳌壳上刻录的人将作为轮值的第一人"，其实是有私心的。因为他觉得将来无论做什么事情，带头的人很关键，必须是一个处事公正、没有私心的人。这一点，天龙已经做得不错了，而且具备领袖气质，能够在这个团队中得到大多数人的拥戴。金猴看到天龙已经找到了一块带有图符的石头，满以为他会第一个把名字刻在鳌壳上，所以才提出这样一个建议。可是，令金猴万万没有想到的是，就在大家准备分头去找寻自己的图符时，天龙扬起手来，把先前找到的那块石头抛入了雪莲湖中。

水蛇惊诧地问天龙："你为什么把找到的图符扔掉？"

"主意是我先想出来的，我在你们知道这个事情之前就找好了图符，这样做不公平。现在，大家一起重新开始吧！"

受到天龙的启发，大家都在雪莲湖岸边寻找中意的、带花纹图案的石头。雷狗发现风猪还在呼呼大睡，便上前去叫醒了他。风猪迷迷糊糊地问雷狗出了什么事，雷狗就将刚才的经过大致叙述了一遍，风猪这才磨磨蹭蹭地开始寻找属于自己的图符。

12

地鼠在十二人的团队中，一直处于一个被动的、随大流的角色。最初，大家还都是动物原形的时候，由于他的个体太小，很容易被团队忽视。因为形体较小，地鼠还得时时提防被其他大块头误伤，如坤马和火牛的蹄子、乾虎和辰猪睡觉时候的翻身……总之，在戴上盘古灵珠之前，地鼠是一个可有可无的自卑的家伙。自从能够变换成人形之后，大家经常以来回变换的方式自娱自乐，只有地鼠很少参与。大家具备人形之后，彼此也多是保留着原来的个性印象，所以，地鼠的自卑和大家对地鼠的忽视，没有太多改变。

天龙和金猴倡议将自己的图符刻记在鳌壳之上，地鼠突然间觉得改变自己的机会来了。神鳌的背壳在雪莲湖畔历经了千年，不但没有随着光阴转换而腐烂，反而愈发晶莹洁润。鳌壳竟然比千年的巨木，比亘古的雪山还要坚固长久。地鼠觉得，绝不能让自己的形象在这只具有灵性的神鳌背壳上，显得微不足道。他要成为第一个在鳌壳上留下图符的人，他要把自己的形象刻在鳌壳头部的最顶端，他要让后世的老鼠为他自豪……

有了这么多复杂的想法之后，地鼠便不再顾忌自己的审美和喜好，他胡乱地四处踅摸着，看到了远处的一棵古松树，松树上面只有一根树枝横在顶端，下面则是一根长长的树干。就是它了！地鼠不再做任何犹豫，拎起自己的地杵，直奔鳌壳而去。攀上鳌壳之后，地鼠再三辨认了“头尾”两处，确认无误后，便在鳌壳顶部正中央的位置，挥起地杵刻上了一个类似于“丁”字的图符。地鼠刻完之后，抬头望了望远处的古松，觉得还算神似。地鼠再看其他人，发现他们还在四处寻找着创造图符的灵感，大都是一副无所收获的焦急状。在这一刻，地鼠的自豪感也油然而生，他瞅着自己脚下的“丁”字图符，忽然间觉得这个图符略显简单：是不是该在这个图符上加上一点自己的印记呢？

想到这里，地鼠再次挥起地杵，在“树干”的中间部位添加上了一条自己的“尾巴”，于是“丁”字图符又变成了“子”字图符。这一回，地鼠长吁了一口气，对自己的形象图符颇感满意。

第二个登上鳌壳的是火牛，他肩上扛着五根仗天杵，分别是闪兔的闪杵、鸣鸡的鸣杵、雷狗的雷杵、水蛇的水杵和自己的火杵。火牛不是来刻录自己图符的，因为他压根还没有想好要一个什么样的图符。众人有事去做的时候，习惯把自己的仗天杵交给火牛看管。而火牛也想去找一下自己喜欢的图符，又担心水蛇、雷狗、闪兔和鸣鸡刻记图符的时候，找不到自己的仗天杵。于是，憨厚的火牛便将四个人的仗天杵先放到鳌壳上，再去找图符。

火牛登上鳌壳之后，看到地鼠已经刻好了自己的图符，对他很是佩服，止不住夸赞地鼠聪慧。心虚的地鼠有些不太自在，就没话找话地询问火牛想要一个什么样的图符。火牛说无所谓，只要是跟别人不重样，自己还能认出来的图符就可以。火牛一边说着话，一边将其他四人的仗天杵放在地鼠的脚下，并叮嘱地鼠帮忙看管。火牛担心仗天杵滚落到鳌壳之下，就把四根仗天杵交叉着放置，横着放了两根，又竖着放了两根，并且一根压住另一根，这样就避免仗天杵滚落了。火牛归置好了四人的仗天杵，皱着眉头转身就要走，地鼠拦住了他，说：“既然你没有想好要什么样的图符，我来帮你弄一个如何？”

火牛一听此话，禁不住喜出望外，他正为此犯愁呢。火牛拉住地鼠的手说：“你真是我的好兄弟！你的脑子灵光，肯定能帮我弄出一个图符来。”

地鼠说：“其实，你已经弄好了，只是你自己不知道。”

火牛瞪着两只大牛眼，不解地望着地鼠。地鼠指着地上的四根仗天杵，对火牛说：“你看看地上是什么？”

“仗天杵。”

“我知道是仗天杵，可你正好摆出来了一个图符啊。”

火牛端详了半天，鳌壳上的确有一个类似“井”字的图案：“是啊，这也是一个图符呀……可这是别人的仗天杵，我拿来用不合适吧？”

“你总是替大家看管仗天杵，这是天意！”

地鼠把火牛手里的仗天杵拿过来，摆放在另外四根下面，对火牛说：“你如果过意不去的话，就把自己的仗天杵也放上，你看看这个图符如何？”

地鼠把火牛的火杵摆到了图符下面，在类似“井”字的图符下方便多出来一条横线。

火牛说：“也好，反正我自己也想不出更好的花样，就用这个图符吧！”

在地鼠的引导和鼓励下，火牛挥动手中的火杵，将一个类似多了一条横线的“井”字图符，刻在鳌壳的第二个位置上。火牛不管做什么事情都很认真，他在鳌壳上用火杵刻自己的形象图符时，忽然间，火杵接触鳌壳的一端竟然冒出了一股火红色烈焰。突如其来的奇怪现象，惊得火牛差点扔掉手中的火杵，地鼠也被吓得跳了起来。火牛愣了一会儿神：这样的情景似曾相识啊……

“你的火杵怎么会突然冒出火焰来？”地鼠问火牛。

火牛说：“我想起来了，千年之前，苍鹰从天下上下来啄食神鳌的时候，我用火杵驱赶它们，那个时候，火杵也是这样冒出了红色火焰。”

地鼠说：“好像是有这么一回事……既然你的火杵能冒出火来，莫非水蛇的水杵也能冒出水来？”

火牛说：“这个……这个，我怎么知道呢？”

最为奇怪的是，火杵在鳌壳表层划过之后，鳌壳上竟然出现了一些细密的纹路向四周延展。火牛担心自己的火杵破坏了千年鳌壳，就没再继续往下刻，所以，“井”字的上面和右面都没来得及“出头”。再加上“井”字下面的横线，结果，火牛的形象竟然变成一个与“丑”字相类似的图符。

火牛的“丑”字图符刚刚刻完，乾虎就爬上了鳌壳。乾虎见二人已经刻完了自己的图符，就问这两个图符是什么意思。地鼠说自己的图符很简单，就是一棵大松树的树干上加上自己的一条尾巴。火牛说自己的图符多亏了地鼠帮忙，就是把五根仗天杵拼凑在一起。地鼠问乾虎，准备给自己弄一个什么样子的图符，乾虎说他的图符有些复杂，图符最上面用一个点代表盘古，下面的一条长线代表大地；再下面就是突出自己特征的符号，他不仅使用了自己的虎头原形，而且还把额头上三条横线和一条竖线也加入其中，最下面的两个点，则是说明了一个演变的过程，表示自己现在是两条腿行走的人……

乾虎的创意和寓意都很复杂，听得地鼠和火牛目瞪口呆。地鼠催促着乾虎赶紧刻出来看一看，于是，乾虎在鳌壳的第三个位置上，刻了一个类似“寅”字的图符。地鼠和火牛都禁不住为乾虎的图符叫好，因为这个方方正正、左右对称的图符，很有其端庄威武的感觉。

地鼠刚刚夸赞完乾虎的图符，闪兔就蹿上了鳌壳。紧接着，众人依次攀上了鳌壳，按照先来后到的顺序，分别在神鳌壳上刻下了属于自己的形象图符。闪兔刻了一个类似“卯”字的图符，天龙刻了一个类似“辰”字的图符，水蛇刻了一个类似“巳”字的图符，坤马刻了一个类似“午”字的图符；云羊、金猴和鸣鸡的图符跟乾虎的风格很相似，都是左右对称的，只是相对简练，分别是类似的“未”字、“申”字和“酉”字。雷狗因为叫醒了贪睡的风猪之后，又给他讲述了一遍天龙的倡议，所以耽误了很多时间。最后爬上鳌壳的是雷狗和风猪，这两个家伙可能是落后了有些着急，弄出来的图符也是歪歪扭扭的，雷狗是“戌”字，风猪则是“亥”字。

自此，盘古十二兄弟分别发明了属于自己的符号图符。金猴建议在盘古给各自起的名字前面，再加上自己发明的这个形象图符，这得到了大家一致认可。于是，天地间便有了十二个有名有姓的神灵，他们分别是：子地鼠、丑火牛、寅乾虎、卯闪兔、辰天龙、巳水蛇、午坤马、未云羊、申金猴、酉鸣鸡、戌雷狗、亥风猪。

第五章

风云变，万丈洪水毁家园

1

一天，“天龙族”值日采摘水果。此刻，正值蟠桃成熟季节，天龙族便直扑森林中的一处桃园。还没有走近桃园，一阵蟠桃的香甜味道就迎面扑来，使得丑火牛垂涎欲滴。一行六人迫不及待赶往桃园，惟独子地鼠放慢了脚步，他忽然瞥见了左侧有一片榛子林，就独自改道去了榛子林。

蟠桃园中，众人挑枝头高处又大又红的蟠桃采摘，不一会儿工夫就满载而归。快走到营地时，大家才发现没有看到子地鼠的影子。雪莲湖一无天敌，二无天灾，自从降伏寅乾虎之后，这里就算是天下太平了。所以，众人觉得子地鼠可能是去隐蔽处解决问题，便没有在意。

中午时分，大家坐在营地里享受新鲜蟠桃。坐在树上进餐的酉鸣鸡，不小心把桃汁滴到了树下的巳水蛇身上，巳水蛇竟然跳了起来，厉声指责酉鸣鸡。巳水蛇的突然发作，搞得大家都很莫名其妙。酉鸣鸡连忙道歉，并跳下树来亲自给巳水蛇擦拭身上的桃汁。巳水蛇甩开酉鸣鸡的胳膊，怒气冲冲地走开了。剩下营地里的人面面相觑，因为，这是雪莲湖营地里从未出现过的场景。

临近太阳落山的时候，大家仍未见到子地鼠回来，辰天龙有些担心了。因为子地鼠归属天龙族，所以，辰天龙只好带着天龙族值日的丑火牛、戌雷狗和未云羊去寻找子地鼠。天龙族四人按照早晨前往蟠桃园的路线，进入了森林。天色渐渐暗了下来，森林中寂静无声，只能听到四人脚下踩碎树叶发出的“咔嚓”声。眼看快走到蟠桃园了，戌雷狗突然转向了左侧，未云羊说那边是榛子林。戌雷狗说：“我嗅到了子地鼠的气味儿，他就在榛子林里面。”

“他一个人在这里面干什么？”从不爱管闲事的丑火牛都起了好奇心。

辰天龙微笑着把手指放在唇边，示意另外三个人不要出声，随后，他率先蹑手蹑脚地走向了榛子林。没走多远，四人就看到了榛子林中的子地鼠。这家伙正四处忙活着捡什么东西，捡到一大把之后，就跑到一个地方，把手中的东西放到一片大蒲叶上。

“子地鼠是在捡榛子吗？”未云羊小声地问道。

戌雷狗说：“好像是，他捡榛子干吗？”

雪莲湖的森林里，一年四季新鲜水果不断，所以，很少有人会对这些干巴巴的干果感兴趣，况且还要剥开它们坚硬的外壳。

子地鼠捡到了足够多的榛子之后，就把蒲叶包卷起来，然后，随手从地上扯来一根细细的藤蔓，把包着榛子的蒲叶捆扎起来，放到一块石头上。众人一看，石头上面已经码放了六包榛子了。

戌雷狗站起身来，刚要走过去跟子地鼠打招呼，突然看到子地鼠拔出插在地上的地杵，狂挥乱扫一通，几棵手腕粗细的榛子树竟被他拦腰打断。其中一棵被打断的榛子树奔着辰天龙和戌雷狗等四人横砸了过来，四个人急忙俯下身，才躲过榛子树。子地鼠一通乱打之后，似乎有些累了，坐在石头上喘气。刚喘了两口气，又起身抱起六包蒲叶包裹的榛子，狂奔而去。四个人不敢怠慢，急忙起身跟着子地鼠追了过去。

不多会儿，子地鼠便跑到了营地边上，他突然驻足沉思了一会儿，又转身向雪莲湖走去。辰天龙等四人紧紧跟随在后面，他们都为子地鼠突然间的古怪行为感到隐隐不安。

子地鼠来到鳌壳边上，稍微犹豫了一下，便猫腰钻了进去。过了一会儿，子地鼠提着地杵又钻了出来，手里的六包蒲叶榛子已不见了踪影。子地鼠站在鳌壳外面，仰起头来看了一眼正在变黑的夜空，从胸腔中发出了一声长长的叹息，便扭头往营地里走去。

望着子地鼠远去的背影，辰天龙与三人对望了一眼，大家都是一脸茫然。辰天龙没有说话，只是对大家挥了挥手，准备返回营地。就在四人刚刚转过身去，突然听到身后传来“嘶嘶”的怪声。四人急忙回头，却没有发现任何东西。戌雷狗在空气中捕捉着信息，突然把头抬了起来望着鳌壳上方，轻声说：“是巳水蛇。”

辰天龙摇了摇头：“今天的怪事实在多，他在上面？”

戌雷狗点了点头。辰天龙一挥手，四人便轻手轻脚爬上了鳌壳。

在鳌壳的背脊上，巳水蛇变回了原形，盘成一团卧在那里，高高扬起的蛇头正凝望着夜空，嘴中不时吐着信子，并发出“嘶嘶”的声音。辰天龙等四人站在巳水蛇的背后默不作声，静静地观望着巳水蛇。过了许久，巳水蛇忽然身形一展，又幻化成了人形。巳水蛇转过身来，对四人说：“我也不知道为什么，今天有些烦躁不安；所以，我想幻化成原形待一会儿，可还是同样的焦躁。”

戌雷狗对巳水蛇说：“可能是哪里出了问题，我今天也嗅到了一股从未有过的气息。”

辰天龙对戌雷狗说：“你就别跟着起哄了！挺晚了，大家都回去休息吧。”

第二天清晨，酉鸣鸡照旧站在树上报晓：“盘——古——”

“你就不能休息一天！天天早晨叫个不停，你叫的不烦，我这个听的都烦了！”巳水蛇一个翻身站了起来，气冲冲地离开了营地。

巳水蛇的反常举动，已经引起了营地里所有人的觉察，午坤马走到辰天龙跟前，问：“巳水蛇怎么了？”

“不光是巳水蛇的问题，”辰天龙用手指了指子地鼠平时睡觉的地方，“你没看到子地鼠这两天也不对劲儿吗？”

午坤马说：“有点儿，好像昨天一天都没有看到他的人影儿。”

辰天龙犹豫了一下，没有对午坤马说出昨天子地鼠的古怪举动，只是催促着他们去采摘：“你们早去早回，这几天有些古怪，我带戌雷狗他们去找一下巳水蛇和子地鼠。”

午坤马应了一声，呼唤着坤马族众人上路了。今天，令大家奇怪的是，亥风猪竟然没有睡懒觉，而且早早地爬了起来。酉鸣鸡报晓的时候，亥风猪已经坐在一根枯树干上，发呆半天了。大家开着亥风猪的玩笑，往森林深处走去。

营地里，只剩下辰天龙、戌雷狗、丑火牛和未云羊四人。辰天龙说：“今天咱们分两路，火牛和云羊去鳌壳那里，看看巳水蛇又在那里搞什么古怪。注意别惹他，他这几天脾气有些暴躁。”

丑火牛说：“知道了，我们能劝就劝两句，劝不了，他要是发脾气，我们忍着就是了。我不光是爱唠叨，脾气还好呢……”

辰天龙赞许地拍了拍丑火牛的肩膀：“我和戌雷狗还去昨天的榛子林，盯着子地鼠。”

2

“坤马族今天没有去蟠桃园，这条路上好像只有子地鼠的气味儿。”戌雷狗嗅了嗅路上的杂草，对辰天龙说。

“你这几天的狗鼻子好像不太灵光，怎么这么不肯定，还说什么好像……”辰天龙对戌雷狗开着玩笑，“昨天，巳水蛇在鳌壳上趴了半天，最后出了动静，你才嗅出来。”

戌雷狗说："你说的没错！我也觉得自己这两天有点迟钝。"

"大家这两天是不是都中邪了，怎么都有点不太正常？"辰天龙自言自语道。

两个人边说边走，不一会儿便到了榛子林。远远看到了子地鼠忙碌的身影，两个人便悄无声息地躲到了一棵大榕树背后。子地鼠跟昨天一样，还是满地找榛子，然后用蒲叶包好了，搁置到石头上面。包好了六包榛子之后，子地鼠没有再像昨天那般发疯，而是匆匆忙忙地抱起榛子，直往鳌壳方向狂奔，好像在跟谁抢时间似的。

戌雷狗看了一眼辰天龙，辰天龙点了一下头，两个人起身追了上去。跟昨天如出一辙，两个人一直跟踪子地鼠到了鳌壳，子地鼠抱着榛子钻进鳌壳里面，不一会儿便提着地杵又钻了出来。就在辰天龙和戌雷狗纳闷之际，突然间，天空中传来一阵尖利的呼啸，声音由远而近，并且越来越大。两人抬头望向天空时，只见一道火焰呼啸着划过头顶。

突如其来的天象，一时间震惊了所有看到它的生灵们。火焰划破天空，滑向远方，就在大家愣神的时候，突然，脚下的大地震颤起来，如同狂风中的一片蒲叶。子地鼠像是被一股巨大的力量抛上了空中，辰天龙和戌雷狗也同样感受到了这股力量，双双被抛了起来。三个人落地后，相互看了一眼，眼神中充满了惶恐。戌雷狗刚刚从地上起来，就被从鳌壳上滚落下来的丑火牛撞倒在地，紧接着，又被从鳌壳上摔下来的未云羊和巳水蛇压在了身上。一时间，恐惧的神色布满了每个人的脸。

少顷，大地似乎止住了抖动，天龙族的六个家伙从地上狼狈地站起来。辰天龙说："快！快回营地，看看其他人怎么样了？"

六个人火急火燎地跑回营地，却发现营地里空无一人。"我们马上去森林寻找坤马族，但愿他们没有出什么意外。"辰天龙转头问火牛，"坤马族今天去哪里采摘了？"

丑火牛说："早晨临走的时候，我听午坤马说他们要去封神岭采摘荔枝。"

封神岭地处雪莲湖森林外缘的尽头，是众人搜索寅乾虎的途中发现的一处地方，那里有一大片荔枝林，站在封神岭的高处能够望见森林外面的草原河谷、山峦丘陵。

"他们怎么走得那么远？"辰天龙问。

未云羊说："今天天气好，午坤马说他想给大家尝点新鲜荔枝，所以就去了封神岭。"

辰天龙说："我们赶紧去接他们一程，今天的情形很奇怪。"

辰天龙说完，头也不回地朝着森林中走去，众人紧紧跟在后面。

天龙族众人刚刚进入密林中，忽然觉得光线暗淡下来，这种暗淡绝不是密林遮挡光线的原因，因为此刻正是太阳当顶的中午。辰天龙停住了，伸手摘下了胸前的盘古灵珠，瞬间幻化成原形，纵身一跃便蹿上了树梢。等辰天龙抬头望向天空时，一幅从未见过的诡异天象，惊得辰天龙一时间感觉到大脑一片空白。只见头顶的蓝天已经被一块巨大的土黄色幕墙遮挡住了一半，正好也把太阳收入其中。而这道黄色的幕墙还在缓缓运动上涨，正朝着雪莲湖方向压了过来。辰天龙跃下树梢，戴上盘古灵珠后，金光一闪幻化成人形，说道："不知道是什么奇怪的东西，正朝着雪莲湖方向压了过来，遮住了太阳。"

已经有两天没有开口说话的子地鼠叹了一口气，说："我就觉得这两天烦躁不安，果然出大事了。"

"更大、更糟糕的事情也许还在后面。"巳水蛇也冷冷地跟了一句。

未云羊说："刚才好像不是地动……"

"我们经历过十几次大地动了，好像都没有这个厉害。"丑火牛说。

"我敢肯定，这次不是地动……"辰天龙话音未落，就听见远处传来一阵急促而有力的脚步声，紧接着就看到寅乾虎从密林中飞奔了过来。寅乾虎没有带回来水果，手里只拎着他的仗天杵。寅乾虎还未跑到辰天龙的跟前，嘴里就喊道："快……快！快点躲避！马上就来大洪水了！"

辰天龙迎上前去，一把抓住寅乾虎说："你慢慢说，什么大洪水？怎么回事？"

寅乾虎说："我们正在采摘水果，突然感觉大地一阵剧烈抖动，你们刚才也感觉到了吧？"

天龙族六个家伙赶紧点头，以便让寅乾虎抓紧时间往下讲。寅乾虎喘了口粗气，抹了一把头上的汗水，说："我们当时有点懵了，但稍后就安静了下来，我们觉得这就是一场剧烈地动。"

"这一次绝不是地动！"巳水蛇冷冷地插了一句。

"是啊！就在我们要继续采摘荔枝的时候，突然发现，周围的高大树木都缓缓地倒了下去。"寅乾虎指着身边一棵需要三四个人合抱的大树说，"类似这么粗的树基本都倒下了，申金猴查看了倒下去的大树树根，说是大树树根扎得深，树冠沉重，刚才的巨震把大树的主根全部震断了，所以，较大的树都……"

寅乾虎的话还没有讲完，就听到身侧传来"嘎吱吱"一阵声响，侧头一看，他刚才手指的那棵大树已经斜斜地倒了过来，众人急忙闪向了一边。而后，身边的大树也开始陆陆续续地倒了下去。

辰天龙心中愈发焦急起来，他催促寅乾虎说：“你快说下面的，说大洪水是怎么回事？”

寅乾虎说：“大树倒下后不久，一群各色动物窜了进来，我们拦下它们询问后才知道，有一个巨大的火球撞到了地上，砸出了一个巨大的坑，然后大洪水就来了。”

戌雷狗问道：“外界的动物不是进入不了雪莲湖的森林吗？”

寅乾虎说：“大树都倒下了，原有的布局破坏了。所以，这些逃命的动物才能进来。”

辰天龙问寅乾虎：“大洪水在哪儿？”

寅乾虎说：“雪莲湖的外面有一片平原，平原的外围是一座巨大的山峰，洪水暂时被山峰阻挡住了，但是据逃命进来的动物讲，洪水铺天盖地，那座山峰根本就挡不住大洪水。”

寅乾虎喘了口气，继续说：“午坤马派我赶回来，就是先通知你们一声，让你们有心理准备，也让你们赶紧想想办法，他们随后就会带着其他动物赶上来。”

众人听完寅乾虎的讲述后，全都默不作声，但他们心里明白：面对整座山峰都难以阻挡的大洪水，能有什么好办法应对？

就在大家束手无策之际，听到身后传来一阵嘈杂的声音。众人回头望去，发现坤马族的五个人奔跑过来，他们的身后则跟着一大群獐、狍、驴、象、马、狗……

3

众人会合到一处之后，经过简单商榷，大家决定依照金猴的建议，前往雪山躲避洪水。于是，一路人马浩浩荡荡奔向了雪山。

雪莲湖的森林中，巨大的千年古树几乎全部倒下了，众人原先熟悉的路已经无法行走了。新加入团队的众多动物，显然是刚刚经历过了一场与死亡赛跑的历险，一个个显得既惊恐又敏感。在一些狭窄的路段，动物们拼命往前面争抢，常常有个体较小的动物被大象等大型动物踩死。辰天龙跳上一头大象的后背，高声叫喊着，让个体较大的动物驮着小动物们前行。申金猴也想到了一个更为现实的问题，他提议大家在逃亡奔跑的过程中，尽量能多吃一点瓜果草料，因为雪山之上没有任何食物。就这样，动物们在奔跑中不时地低下头来，吃一口青草，然后继续奔跑。经过榛子林时，一只松鼠跳下了马背，在地上急匆匆地收集了两枚榛子，刚要转身之际，却被后面赶上来的一头水牛踩到了身上。一枚榛子还带着松鼠的口水被挤射了出来，落在地上不停地转动着，紧接着被一只奔跑的羚羊的蹄子踏了一个稀烂……

临近营地时，众人忽然听到背后传来一阵“轰隆隆”的巨响，大家转头望去时，所有的瞳孔里瞬间堆满了恐惧。因为森林中的大树全部倒下了，森林远处的山峦露了出来，而挡住大洪水的那座山峰已经被洪水没过，雪白的泡沫像一道白线一样从天际的山峦涌了过来。这一刻，动物们再也顾不上听从辰天龙发号施令了，它们拼命地往前跑去。

巨型动物所过之处，又倒下了一片被踩死踩伤的小动物。辰天龙和午坤马等十二个神灵却没有挪动脚步，因为他们明白，以目前这样的奔跑速度根本到不了雪山，就会被大洪水吞没。午坤马突然抓住辰天龙的胳膊，喊道：“你能驭风驱水，你快变幻成原形，驮上子地鼠、卯闪兔、巳水蛇、未云羊、申金猴、酉鸣鸡和戌雷狗逃命去吧！”

子地鼠问：“为什么不一起逃命？”

申金猴说：“午坤马他们个体太大了，辰天龙根本驮不动这么多人。”

辰天龙拉开了午坤马的胳膊，说：“我们盘古十二兄弟要生死与共，扔下你们四人，让我们去偷生，这事儿我辰天龙做不出来，弟兄们也不会答应！”

戌雷狗说：“辰天龙说得对！要生一起生，要死一起死！”

午坤马把手中的坤杵往地上一戳，动情地说：“既然如此，我们就遵循盘古的遗训，珠不离身，身不离杵！”

辰天龙也朗声喊道：“取仁取义，共赴生死！”

十二个兄弟随即转过身来，他们胳膊挽着胳膊站成一排，一齐朗声吼道：“珠不离身，身不离杵！取仁取义，共赴生死！珠不离身，身不离杵！取仁取义，共赴生死！”

“轰隆隆”的巨响淹没了盘古十二兄弟的声音，大洪水的白色泡沫已经逼近了雪莲湖森林的外缘，泡沫后面就是排山倒海的巨大水幕。水幕上漂浮着不知来自何处的巨大树木，树木之间相互碰撞着、交错着、叠加着，在水幕的前面又形成了一道树幕。天空几乎完全暗了下来，蓝色的天空已经不见了，天空中那一道土黄色的大幕已经完全合上了。

“等一等！”申金猴突然喊道，“大树既然能浮在水面上，我们就爬到大树上吧，或许也能逃生。”

午坤马说：“我记得盘古曾经说过‘木能成舟’之类的话。”

辰天龙望着水幕前面的大树巨木说：“那些大树不停地翻滚碰撞，根本不可能站得住人，如果那些树木能够宽大一点的话，或许还有可能……”

“宽大一点……”申金猴念叨了一句，“如果要宽大一点，神鳌的背壳如何？”

申金猴一语说完，其他十一个人顿时感觉眼前一亮，所有眸子里瞬间充盈着生的希望。申金猴兴奋地一挥金杵，喊道：“快去找神鳌壳！木能成舟，神鳌之壳就是我们的神舟！”

众人迅速转身，跟随申金猴往神鳌背壳那里狂奔而去。

神鳌壳依旧反扣在沙滩上，一棵倒下的千年巨木正好压在鳌壳的一端。午坤马指挥大家站到了巨木的一侧，众人一起把仗天杵插进巨木的下面，发力撬动巨木，而这棵粗大的千年巨木却是纹丝不动。此刻，巨大的轰响声已经迫近了，大家几乎都已经闻到了洪水的味道了，那是一种无法言语的、恐怖的味道。望着巨高无比的水幕，十二双眼睛里几乎喷出了怒火，众人再次一同发力：“噫嗨！”

“咔嚓”一声爆响，这棵千年巨木被掀翻的同时，竟然破碎成千万块，而且冒出了烟火。十二个家伙似乎被爆裂成碎片的巨木吓了一跳，低头看自己手中的仗天杵时，只见丑火牛的火杵冒着刺眼的烈焰，卯闪兔的闪杵闪着骇人的电光，亥风猪的风杵则把地上的一段粗大断木吹出了有几十步远的距离……众人无暇再顾及手中仗天杵的惊人变化，未等有人发号施令，便齐齐地将仗天杵插入了鳌壳下面。申金猴突然高声喊道：“丑火牛、卯闪兔、戌雷狗拿开你们的仗天杵，别毁坏了神舟！”

三人听到申金猴的喊声，立刻抽回了自己的仗天杵，心里暗暗后怕，因为从刚才摧毁千年巨木来看，的确像是被雷电击中、被烈火烧过一般。三人不由得愈发佩服申金猴临危不乱，在这种生命攸关的时刻，心思还能如此缜密。即便是少了三人，剩下的九根仗天杵依然威力十足，巨大的鳌壳顷刻间便被撬翻过来，直接翻落进了雪莲湖。果然不负众人所望，神鳌的背壳稳稳地漂在了雪莲湖上。

一声“轰隆隆”的巨响过后，又一棵千年巨木被水浪的前锋抛了起来，巨木越过众人的头顶，直直地砸向了雪莲湖中的鳌壳。就在这千钧一发之时，亥风猪挥起了手中的仗天杵：“噫嗨！”

随着亥风猪的一声呐喊，那棵千年巨木竟被平平地推出了几十步远，落在了鳌壳旁边的湖中。白色的泡沫已经涌到了脚下，众人不敢懈怠，急忙奔着湖中的鳌壳扑了过去。但是他们却忽略了一个问题，神舟进入水中后，四周的边缘高高翘起远离了水面，大家根本无法攀上神舟。

4

就在大家泡在水中绝望之际，辰天龙迅速摘下了胸前的盘古灵珠，将身子一探，幻化成原形的龙身搭在高高翘起的神舟边沿。辰天龙回过龙头来，高声吼道："你们还在等什么！"

十一个兄弟心领神会，旋即攀上辰天龙的身体，一个接着一个攀上了神舟。最后上来的午坤马，几乎是被涌到湖里的巨浪掀进神舟之中的。众人还没有站定身形，就觉得整个神舟被高高地托了起来，大家心里已经清楚了：大洪水的前锋巨浪已经到了。

神舟被托起后，片刻又在急速坠落，连续几个大起大落之后，便听到"嘭"得一声巨响，神舟里的众人被齐刷刷地摔倒在一个角落里。

申金猴说："肯定撞到了大树上。"

申金猴急忙拉起倒在地上的戌雷狗、卯闪兔和亥风猪三人，叮嘱道："戌雷狗和卯闪兔，你们一人把住神舟的一面，看到有大树撞过来的，就用你们手中的仗天杵把它击碎。"

卯闪兔说："我平时也用仗天杵打过东西，可从来没有见它能发出闪电啊，我不知道……不知道能不能……"

申金猴说："你们回想一下，我们的仗天杵平日里就是一根普通的棍杖，可是刚才为什么全部发出了惊天动地的能量？"

亥风猪说："可能是我们着急了，它才……"

"没错！"申金猴拍了拍亥风猪的脑袋，大加赞赏，"我们急了之后是什么状态？就是全神贯注，注意力高度集中的时候，所以，你们只要看到有大树撞过来，就要排除干扰集中精力，这样就能够把大树击碎！"

戌雷狗摸了摸手中的雷杵，眼睛里充满了爱惜之情："好吧，我们尽力而为！"

戌雷狗与卯闪兔分别攀上了神舟的两侧，全神贯注地盯着在水中横冲直撞的大树。亥风猪问申金猴："我来做什么？"

申金猴拉着亥风猪的手，一路小跑到了神舟的头部。攀上神舟的头部后，申金猴发现神舟已经完全陷入水中，远处，昔日高耸入云的雪山仅剩下几个白色的山头。申金猴对亥风猪说："你在这里看好了，防止神舟撞上雪山，你的风杵能够喷出巨大狂风，如果你发现靠近雪山了，就运用你手中的仗天杵发出狂风，迫使神舟远离雪山。"

亥风猪点头答应了。

申金猴转身回到神舟中间，突然发现神舟里面多了一头驯鹿和六只松鼠。申金猴再抬头看时，发现大家都聚在神舟的尾部，忙着从水里往上捞动物。幻化成原形的辰天龙将尾部缠在粗壮的寅乾虎身上，将上半身探出神舟，正在打捞风口浪尖上的小动物。为了承受辰天龙在狂风巨浪中不停摇摆的身体，午坤马与丑火牛在两侧死死抱住寅乾虎的身体，腾出另一只手死死抓住神舟的边缘。

申金猴抬头看了一眼后面，发现神舟身后已经是一片汪洋，营地、雪莲湖、森林、草原、山峦，全部都没了踪影。天空已经完全暗了下来，但是狂风巨浪似乎还是没有要停歇下来的迹象，这股丝毫不见衰退的狂浪将一道巨高无比的水幕，拼命往前推送着。处在水幕中的巨大神舟如同一片榛子叶，被这股狂浪戏弄着、撕拽着，时而峰顶时而谷底。等到神舟再次被送上峰顶之时，出现在亥风猪眼前的则是一座真正的雪山峰顶。一块巨大的黑色岩石像一张巨兽的大嘴，正准备一口吞噬掉渺小的神舟。

"噫嗨！"亥风猪使尽平生力气，挥出了手中的风杵。一股强大的飓风在黑色岩石上遇到了阻碍，一丝不剩地挡了回来，将神舟推离了黑色岩壁的同时，也把站在神舟尾部的亥风猪推向了空中。辰天龙急忙一个翻身，身体的上半身从水中跃起，接住了几乎掉落到水中的亥风猪。

天已经完全黑了下来，左右两侧的戌雷狗和卯闪兔再也看不到横冲直撞的大树了。重新回到神舟头部的亥风猪，也望不到雪山了。辰天龙更看不清水中漂浮的小动物了。大家蜷缩在神舟的底部，任凭神舟峰顶谷底，任凭巨木横冲直撞，众人和一干救上船来的小动物只能听天由命。

这一夜，犹如千年般的漫长……

5

“盘——古——”酉鸣鸡的报晓声再次响起的时候，神舟似乎已经平稳了下来。

大家睁开了眼睛，默不作声地感受着神舟的平稳，把一颗睡觉时都在悬着的心，放回到了肚子里。令大家奇怪的是天色并未放亮，天空依然是阴沉暗淡，根本没有出太阳的迹象。众人纷纷攀上神舟的边缘，借助昏暗的光线望去，四周都是茫茫的洪水，好在飓风狂浪没有了，神舟真的平稳了下来。

“昨夜真是一场噩梦啊！”酉鸣鸡报晓完毕后，不由得感慨了一句。

巳水蛇说：“这也许就是我近几天来焦躁不安的原因。”

“没想到是一场如此大的灾难。”

“好在我们活了下来！”

“好在我们盘古十二兄弟都活了下来。”

“盘古留下的神鳌，又一次救了我们的性命。”辰天龙叹道，“我们就管它叫盘古神舟吧！”

…………

众人纷纷感慨着。

光线依旧黯淡，天空中就像蒙上了一层厚重的黄土。申金猴告诉大家，飘在天上的的确是地上的灰尘，因为盘古神舟里已经落了一层厚厚的尘土。天气变得异常寒冷，巳水蛇蜷缩在盘古神舟的一个角落里瑟瑟发抖，他历来不喜欢寒冷的天气。数千年以前，在雪山上跟随盘古开天辟地的时候，巳水蛇就经常幻化成原形蜷缩在亥风猪的腋窝里取暖。此刻，看到巳水蛇这副情形，亥风猪急忙走上前去，摘下了他胸前的盘古灵珠，幻化成原形后将巳水蛇放在了自己胸前。

望着漫无边际的大洪水，辰天龙紧锁眉头，对身边的午坤马感慨道：“盘古叮嘱我们兄弟十二人要造福天下苍生，可我们却在雪莲湖逍遥了三千年。如今，这场大洪水恐怕已经毁灭了天地间所有生灵，我们如何完成盘古的遗命？”

“我们原先走不出雪莲湖的森林，想去造福天下苍生也无能为力。”午坤马说，“这场大洪水也许是天意，让我们离开了雪莲湖。”

“现在倒是离开了雪莲湖，可是又有什么用？天下生灵尽毁……”说到这里，辰天龙已经哽噎了。

“我不相信一场洪水能够毁掉世间所有生灵，你看看，不是还有它们吗。”午坤马指着盘古神舟中，那些被辰天龙从水里救出来的动物说，“有了它们，说明这个世界还有希望！”

“快看！这是什么？”一直守在盘古神舟一侧的卯闪兔突然指着远处喊了起来。众人攀上了卯闪兔所在的盘古神舟边缘，顺着他的手看过去，只见茫茫洪水中飘过来一些物体。待到跟前之后，大家才发现这些漂浮的物体，竟然是跟他们身形相仿的人类，而且是已经被大洪水夺去了生命的尸体。也许是物伤其类的缘故，十二个家伙的心情顿时伤感起来，辰天龙眼睛里满含泪水，亥风猪甚至哽咽起来。远处，又飘来一片尸体，不光是人类的，还有许许多多动物的尸体，场景非常恐怖，也非常惨烈。

众人纷纷退回到了盘古神舟底部，不忍再目睹洪水中的惨象。

“这场大洪水究竟是从哪里来的？”午坤马自言自语道。

“是天上掉下来的一个大火球，正好砸到了海里，海水冲上岸之后形成的大洪水。”说话的是一头辰天龙从水中救上来的驯鹿。

辰天龙问它：“你是怎么知道的？”

驯鹿说：“是一头骆驼告诉我的，后来骆驼淹死了。”

酉鸣鸡问驯鹿：“那头骆驼是怎么知道的？”

驯鹿说：“骆驼说是一只狍子告诉它的。”

戌雷狗问驯鹿：“那只狍子是怎么知道的？”

驯鹿说：“那我就不知道了，估计是前面逃过来的动物告诉它的，消息被一站接一站地传递到了我。”

未云羊问驯鹿：“前面的动物全都被洪水淹死了？”

“我想大概是吧！”驯鹿说。

“驯鹿说的没错！”辰天龙走到驯鹿旁，用手摸了摸驯鹿的鹿角，“当时你们坤马族正好在森林深处采摘水果，可能没有看到大火球，可我们当时正好在湖边的盘古神舟旁，那个巨大的火球发着怪声，经过我们的头顶，不久之后就传来那阵地动山摇的晃动，那应该就是大火球撞击到大海中造成的。”

“那个大火球又是从哪里来的呢？”午坤马问道。

一直没有说话的子地鼠说：“有可能是天上的哪一颗星星落了下来。”

辰天龙问子地鼠：“你这几天神秘兮兮地，是不是跟巳水蛇一样，也是早有预感？”

子地鼠点了点头："我已经有两天没有合眼了，总觉得害怕、惶恐……吃不下也睡不着。"

这一天，大家终于明白了这场灾难的前因后果，这的确是一场空前的大灾难。

第二天，天空中依旧是暗淡无光，灰蒙蒙的天色像是平日里黄昏的景象。盘古神舟四周还是茫茫无尽的洪水，偶尔还能遇见漂浮的尸体，或是动物，或是人。

申金猴独自坐在盘古神舟的头部，望着洪水中漂浮的尸体发愣，突然，他站起身来对盘古神舟里的众人说："不对！有两个大火球掉下来。"

"你怎么知道是两个大火球？"亥风猪问道。

"你们想一想，大火球落在海里面，只会造成大洪水，可是天空里那么多尘土是从哪里来的？"申金猴顿了顿，对着辰天龙说，"你们看到的大火球划过头顶后，不久大洪水就淹没到了雪莲湖，对不对？"

辰天龙点头称是，申金猴说："我们当初跟随盘古行走了不止几千年，才来到这里，一路之上从未见过大海。这说明，雪莲湖距离大海非常遥远，大火球落到大海之后，激起来的巨浪洪水不可能这么快就到了雪莲湖。而且，以前我们在雪莲湖玩'丢石头'的时候，石头虽然能够激起很大的浪花，但是湖水也能够把石头的力道卸掉，肯定不会一下砸到湖底的。天龙族看到的那个大火球，肯定是落到了地上，因为你们看到火球划过头顶之后，很快就感觉到大地剧烈地晃动，而且还把地上的尘土激到了空中，所以，我们一直看不到太阳。"

大家觉得申金猴分析得很有道理，子地鼠问申金猴："那另外一个大火球，是什么时候落到大海里的？"

"应该是两天之前。"申金猴说。

"为什么是两天前？"

申金猴对子地鼠说："因为你和巳水蛇是我们十二个人当中最敏感的，你们俩都是从两天之前开始变得烦躁不安的，那是因为你们感觉到了危险即将到来。如果火球真是天上的星星，星星在天上的时候，你们是感觉不到的，只有当它落到地上之后，你们才会有感觉。"

申金猴一番透彻的分析，不光让十一个盘古兄弟折服，连盘古神舟里的其他动物都频频点头。

6

每过去一天，丑火牛就会在盘古神舟上画下一道线，他已经画了十道线。盘古十二兄弟与其他动物，在盘古神舟里已经度过了整整十天了。天空依旧是灰蒙蒙一片，盘古神舟四周还是洪水茫茫。只是气温渐渐变得温暖起来，不像最初几天那么寒冷难捱了，巳水蛇从亥风猪的身上爬下来，幻化成了人形。

从第七天开始，因为饥渴，盘古神舟里已经有动物陆陆续续地死了。因为温度升高了，动物的尸体很快就膨胀起来，并发出难闻的臭味儿。大家商量了一番，决定将死去的动物抛进水里。这是人类历史上海葬的最初样态，同样也成为日后航海人一条不成文的规矩。

盘古神舟中，大大小小的生灵们都在忍受饥渴的煎熬。包括盘古十二兄弟在内，一个个都是一副萎靡不振的样子，偶尔有一个睁开眼的，肯定是刚刚积攒了一大口唾液，忙不迭地吞咽下去。辰天龙早就从盘古神舟中探出身子，试过盘古神舟下面的水了，这些水又苦又咸根本无法下咽，难道这就是传说中的海水？辰天龙也想去纵云御风，去别处寻找能够饮用的泉水，却被午坤马拦下了。他担心辰天龙的体力不够，万一葬身洪水之中……

每当有死去的动物被抛入水中的时候，午坤马都能看到寅乾虎那失落的眼神，他禁不住为寅乾虎担忧起来，生怕他在饥渴的煎熬下，兽性复发。

午坤马用手中的坤杵“梆梆梆”敲了三下盘古神舟，冲着盘古神舟中所有的生灵们喊道：“我知道，大家都饿着，都希望有一口吃食来维持自己的生命。这些死去的飞禽走兽，它们比我们更为不幸，因为我们还活着，而它们却要被投入到冰凉的海水中。不管你们在原来的世界里遵循的是什么规则，你们既然登上了盘古神舟，就要按照我们盘古十二兄弟的规矩行事，那就是，绝对不能吃别的动物，不管是活着的还是死去的，因为，所有的生命都是平等的！”

午坤马讲这番话的用意就是“敲舟震虎”，因为，昨天已经有一头灰熊差点吃掉一只小猴子，多亏申金猴眼疾手快，救下了那只猴子。午坤马说完，意味深长地看了一眼寅乾虎，寅乾虎不自觉地把头低下了。

辰天龙补充了一句：“你们尊重每一个死去的生命，等到你们死去的时候，别人也会尊重你。”

“必须抓紧时间到地面上去！”申金猴对午坤马说。

于是，辰天龙、午坤马和申金猴简单商量一下，要安排人手到盘古神舟边上瞭望，观察陆地的方位，以免错过登陆的机会。辰天龙、午坤马和申金猴三个人一起安排了一个轮值方式：由生物钟最准确的酉鸣鸡找到一个半夜时辰，然后将一整天划分为十二段，每个时辰安排一位盘古兄弟值守。辰天龙问，由谁来第一个值守呢？轮值的顺序如何安排？午坤马建议，轮值的顺序就按照各人手中仗天杵上的圈数进行，天杵上面只有一圈，那么执天杵的天龙就是半夜时辰的第一个值守的人；地杵上面有两圈，那么子地鼠就是第二个值守的人。申金猴说没必要那么麻烦，大家不是已经将自己的图符刻在盘古神舟上了吗，我们就按照刻在盘古神舟上的顺序轮值。每个值守之人坐在自己刻记图符的位置，并将他值守的这个时辰，按照他的图符命名。辰天龙与午坤马觉得这个主意很好，就召集盘古十二兄弟，公布了轮值方式。辰天龙特意叮嘱大家，值守的时候一定不能走神。因为，如果不能尽快找到陆地，盘古神舟里的所有生灵都难以存活。

从此之后，人类的时间概念更加细化了，从原来日出日落以日计的时间，细分成了每日十二个时辰，从半夜开始分别是：子时、丑时、寅时、卯时、辰时、巳时、午时、未时、申时、酉时、戌时、亥时。

盘古十二兄弟正在布置轮值之事，忽然听到空中传来一阵“扑啦啦”的声音，众人抬头看时，竟然是五只苍鹰落到了盘古神舟边缘。有两只苍鹰没有抓稳边缘，竟然滚到了盘古神舟底部。大家一看两只苍鹰的状态，便知道是在空中飞累了，无处落脚歇息，只好飞到了盘古神舟上。看到五只苍鹰落下来之后，申金猴顿时感到绝望。因为苍鹰飞行的高度能够看到很远的地方，它们既然肯冒险落到盘古神舟上，就证明附近根本没有可以落脚的陆地。

随着五只苍鹰的到来，陆续不断地有飞鸟落下来，天鹅、大雁、朱鹮……巨大的盘古神舟边缘上，站满了前来歇脚的各色飞禽。

辰天龙叮嘱大家说：“都是落难的生灵，不要惊吓了它们。”

辰天龙话音未落，突然，又是一阵更为凌乱的“扑啦啦”的声音，这一次，则是停靠在盘古神舟边缘上的各色飞禽受到了惊吓，旋即飞了起来。盘古十二兄弟正在疑惑时，“哗”得一声就被兜头泼了一身水。众人如同鸟儿一样，着实被吓得不轻，他们一起爬上了盘古神舟的边缘。谁知刚一露头，众人又被迎面喷来的一股水柱淋了个透。这一次，大家算是看清楚了，盘古神舟下面的水中，游荡着一群黑色的大鱼。这些大鱼时而用尾巴掀起一阵浪花儿，时而又从鼻腔中喷出一股水柱，正在优哉游哉的戏水。

“我们是不是已经飘到大海上了？”辰天龙自言自语道。

“没错！这里的确是大海。”申金猴说，“前几天的大洪水是浑浊的黄色，现在的水却是清澈的蓝色，我记得盘古说过，海水是蓝色的，是咸的，根本无法饮用。”

听到申金猴的解释之后，众人再次陷入一股绝望的情绪之中。因为盘古也曾讲过，大海比陆地大了很多很多……既然陆地都是难以想象的辽阔，那么大海更是无边无际。

绝望的情绪正在盘古神舟里漫延，忽然间，海中的大鱼停止了喷射水柱，开始四散逃窜，有些大鱼竟然撞到了一起，随即便全部隐入了水中。海面上渐渐平静了下来，看得盘古神舟上的众人疑惑不解。就在大家发愣的时候，突然传来“砰砰”两声沉闷的巨响，盘古神舟里的十几只松鼠和狐狸之类的小动物吓得跳了起来，因为两声巨响正是来自脚底的盘古神舟。十二个兄弟一起低头看着脚下的盘古神舟，既害怕却又在等待着巨响之声再次传来，因为他们要判断危险来自哪里。果然没让盘古十二兄弟失望，紧接着又传来“砰砰砰”三声沉闷的巨响，声音的确来自脚底下的盘古神舟，似乎是遭到了个体很大的巨兽的撞击。大家紧紧抓住了手中的仗天杵，屏息静听，却再也没有传来任何声音。

盘古神舟里，不管是人还是动物，大家都吁出一口气，把绷紧的神经松弛开来。可就在此刻，戌雷狗突然闻到了一阵从未嗅到过的腥膻气息，在嗅到这股气息的同时，戌雷狗发现对面的所有人和动物都是一副同样的表情：瞪大的眼睛、长大的嘴巴。

戌雷狗突然明白了，危险和腥膻的气息就来自自己身后，等他准备转头望去时，突然感觉到全身上下一片冰凉，在感觉到冰凉的同时，整个身体迅速一紧，身体已经被一股巨大的力量抓到了空中。戌雷狗感到一阵眩晕和窒息，因为身体被一个东西裹缠得越来越紧，他伸手触及时，感觉这个东西冰凉湿滑。

“丑火牛，快用你的火杵救戌雷狗！”申金猴话音刚落，就听到丑火牛一声怒喝：“噫嗨！”一股耀眼的烈焰划过戌雷狗的头顶。戌雷狗立刻感觉到身体一松，接着就被重重地摔在盘古神舟上面。大家急忙围拢上来，察看戌雷狗有没有受伤。辰天龙刚要开口询问，忽听到背后传来一声惨叫，一头角马又被抓到了空中，丑火牛再次举起手中的火杵，但为时已晚，角马已经被那怪物拖入海中。

“大家快聚拢到中间来！”申金猴呼喊着、招呼着所有动物往盘古神舟的中间围拢。

就在这时，那怪物长蛇一般的爪子又伸进了盘古神舟，而且同时伸进来两根。其中一根扫过众人的头顶，扑了一个空，另一根却缠住了卯闪兔身边的一只猩猩。卯闪兔迅速扬起闪杵，“噫嗨”一声断喝之后，怪物长蛇般的爪子连同那只大猩猩，齐齐地摔在盘古神舟之中。大猩猩急忙跳了起来，瞪大了眼睛盯着那只被斩断的“爪子”在地上扭动。

“这……到底是……什么……东西？”一匹斑马被吓坏了，带着颤音问道。

看到怪物的一只爪子被卯闪兔的闪杵斩断，大家都觉得怪物受伤退却了，谁知道脚下的盘古神舟竟然再次传来“砰砰砰”的撞击声。紧接着，大家感觉到身上淋湿了海水，抬头看去时，竟然发现盘古神舟的周围伸上来十几只巨大的爪子，而且每一根都要比刚才那个怪物的爪子粗。

盘古神舟中所有的人和动物都陷入了无比的绝望之中。丑火牛、卯闪兔等纷纷举起手中的仗天杵，对着半空中怪物的爪子挥去，受伤或是被斩断的爪子迅速缩了回去，但很快又会伸出一只更长更粗的爪子。盘古十二兄弟挥动仗天杵的怒吼声、其他动物因为恐惧发出的哀嚎声交织成了一片，盘古神舟中，所有生灵心里都已明白：这是生死存亡的时刻！而且，生的机会极小，亡的概率更大。

众人正在奋力反击，抵御怪物的长爪子，突然间，身边黄光一闪，辰天龙幻化成了原形跃向空中，随即一个龙回头，一头扎进了大海之中。也就在辰天龙扎进大海的同时，盘古神舟四周的怪物的爪子也迅速地抽离回去。接下来，脚底下的盘古神舟不时传来“砰砰砰”“咚咚咚”的撞击声。午坤马不无担忧地说：“辰天龙跟这个怪物搏斗了。”

辰天龙跃入海中之后，只见一个说不清什么颜色的圆形怪物正吸附在盘古神舟的底部，身上长着十几只巨长无比的触足，每条长足之上都布满了密密麻麻的圆盘，怪物的整个身体加上十几条巨爪，几乎将巨大的盘古神舟包裹了起来。辰天龙顾不上细看，奔着怪物就扑了过去。临近怪物时，辰天龙张开锋利的龙爪直接刺进了它的肢体，辰天龙奋力一扯，怪物的一条长足便被扯断了，一股黑褐色的浑浊液体从怪物的断足处流了出来。怪物感觉到一阵剧疼之后，迅速将所有长足抽缩回来，全力攻击辰天龙。瞬间，辰天龙便被两条粗壮的长足缠住了身体，三根长条状的物体交缠在一起，如同子地鼠发明的绳子。辰天龙感觉到触足上那些圆盘牢牢地吸住自己的身体，任凭自己如何撕扯，都不见有松开的迹象。辰天龙只好故技重施，探开锋利的龙爪再次插进巨足中，然后发力撕扯，又一条长足被他扯断了。辰天龙顿时觉得身体轻松了不少，那些紧紧吸住自己身体的圆盘全部松开脱落了。这个怪物非常奇特，整个肉体非常绵软，似乎没有任何骨头，粗大的长足很容易被扯断，可长足上的小圆盘的力量却大得出奇。

也许是这个怪物觉察到了来者不善，在第二条触足被辰天龙扯断之后，身体全然收缩成一团，向着黑暗的海底迅速隐去。怪物隐向海底的速度和状态，都是辰天龙从未见过的，他觉得这个怪物就像蒲叶上的一滴露水，很流畅地滑出蒲叶，不见了身影。辰天龙没有去追赶怪物，等他确定怪物隐身不见了，这才浮上海面。

盘古神舟之上的十一个盘古兄弟以及其他飞禽走兽，全都聚在盘古神舟的边缘，望眼欲穿地瞪着海面。待看到辰天龙浮上来之后，盘古神舟上所有生灵都禁不住欢呼起来。辰天龙身子一卷，从海里跃入空中，直奔盘古神舟飞来。就在辰天龙的龙爪抓握到盘古神舟边缘的时候，他身后的大海中突然飞出一条长足，布满小圆盘的长足高高跃在空中，奔着辰天龙扑了下来，瞬间缠住了它的龙身，像是长了眼睛似的精准无误。辰天龙没有想到这个怪物如此狡猾，竟然先假装隐去，趁自己毫无防备之时，随后追杀过来。此刻，辰天龙等于是背后受敌，两只龙爪正抓着盘古神舟的边缘，一时无暇回身反击。怪物的力量很大，辰天龙的身体已经被拉伸到最大限度。巨大的盘古神舟在怪物的牵引之下，飞快地向前冲去，盘古神舟之下竟然翻开了浪花。

情急之下，申金猴与戌雷狗双双挥出手中的仗天杵，只见海面上一道金光闪过，紧接着传来一声震耳欲聋的炸雷之声，怪物缠绕辰天龙的粗大触足被金光切断的同时，隐在海面之下的躯体也被炸了一个粉碎。

辰天龙的身体失去怪物的缠绕之后，被拉长的龙体反弹回来，将盘古神舟边缘上的盘古十一兄弟扫倒了一大片。大家一齐滚落到了盘古神舟中央，拥抱在一起，畅快地大笑起来。

7

接下来的几天里，酉鸣鸡已经划分好了每天的十二个时辰，盘古十二兄弟按照自己在盘古神舟上的图符序列，开始了轮班值守。但四周依旧是茫茫大海，没有丝毫陆地的影踪。饥渴煎熬着每一个生命，在没有必要用言语沟通的时候，大家尽量不再说话，因为所有生灵的嗓子都已经沙哑了。

“咔嚓！”空中突然传来一声炸雷，盘古神舟里的所有生灵都睁开了眼睛：难道要下雨?

雷声滚过天际，雨点落了下来。盘古神舟里的所有人和动物都保持着相同的状态：抬着头、张着嘴、吐着舌头。雨点噼里啪啦落了下来，顷刻间，盘古神舟里的所有人和动物同时又换成了另一个状态：“呸！呸！呸！”将落到嘴里的雨水吐了出来。原来，大火球击中陆地后，地上的尘土弥漫了整个天空。许多天以来，尘土一直飘浮在空中，大地之上数日无光。这场突如其来的雨，顺便也把空中的尘土带了下来，所以，盘古神舟里的生灵们仰着脖子喝到嘴巴里的都是泥浆子。好在巨大的盘古神舟是一个天然的积水器物，不多一会儿，盘古神舟底部便积攒了一小湾泥浆雨水。盘古神舟里的飞禽走兽一齐涌了过去，一会儿就把这一湾泥浆雨水喝了个干干净净。雨越下越干净，盘古神舟底部的积水也越来越多。盘古神舟中，干渴总算解决了。

喝完水之后，大家现在只有一个感觉：饿!

寅乾虎的眼神已经有些恍惚了，他总是盯着那些正在打盹儿的獐子、狍子，不停地吞咽着嘴里的唾液。午坤马走到他的跟前，轻轻地拍了拍寅乾虎的肩膀，寅乾虎禁不住打了一个激灵。午坤马对他笑了笑说：“再坚持一下！挺过这一关，你身上的兽性也就消失了。”

寅乾虎没有说话，冲着午坤马点了点头，眼神中露出一丝感激的神色。

“想起来了，我这里有吃的！”子地鼠突然叫道。

子地鼠的话，无异于是一句福音。可是大家有些将信将疑：光秃秃的盘古神舟里哪里还能藏住吃的?

子地鼠看到大家的眼神有些疑惑，便三步并作两步登上了盘古神舟的头部，将手探进了盘古神舟头部边缘的内侧，从里面掏出来一个藤蔓捆扎的蒲叶包。子地鼠将蒲叶包扔给了午坤马，随后又伸手在盘古神舟边缘反卷的内侧掏出另一个蒲叶包。午坤马望着手里蒲叶包发愣，辰天龙笑着说：“是榛子！”

午坤马打开蒲叶之后，里面果然是满满一包榛子：“原来你也知道？”

辰天龙说：“我把这事儿给忘了，前几天，我看子地鼠行为反常，我们天龙族几个人不放心，就跟着想看看他在鼓捣什么，结果发现他在榛子林收集榛子，当时还不知道是怎么回事。”

“子地鼠真是救了大家了！”午坤马欣喜地说。

子地鼠沿着盘古神舟边缘翻卷的内侧，总共掏出来三十六包榛子，码放在地上堆了一小堆。辰天龙说："这些榛子是救命的，我们不知道在这海上还要漂多久，所以，这些榛子应该省着点儿吃。"

大家虽然馋得"咕咚咕咚"直咽唾沫，但都知道辰天龙的建议是对的。于是，这些榛子重新又藏回了盘古神舟中。每天每人，包括所有动物在内，都由丑火牛和申金猴两人统一发放。这是在海上漂浮的第十二天，大家终于吃上了一口粮食，也包括那些从水中救上来的走兽，还有天上落下来的飞禽。

雨停了，天空还是灰蒙蒙的一片，没有丝毫阳光透进来。雨水只冲刷掉了云层下面空气中的尘土，云层上面仍然还有足够厚的灰尘，遮住了太阳的光线。

巳水蛇独自一人站在盘古神舟的尾部，那个位置有他在雪莲湖时刻记的"巳"字图符，说明此刻已到了巳时，正是太阳当头照的时辰。盘古十二兄弟的时辰轮值遵守得非常好，即便是在最为饥渴难耐的时候，每个人也都在自己的时辰里、站上了属于自己的位置。雨停下来之后，虽然光线还像前几天一样暗淡，但能见度增加了不少，巳水蛇全神贯注地眺望着远方，希望能够看到陆地的影子。

喝到了雨水、吃到了榛子的生灵们，纷纷卧倒在盘古神舟中睡了过去，他们身心俱疲，他们从未感觉到像现在这样困顿，这是一种死里逃生后的疲乏，疲乏到了灵魂出窍。

巳水蛇突然从他的"巳"字方位上站了起来，高声喊道："陆地！是陆地！"

盘古神舟之中顿时炸开了锅，所有人和动物都一起涌向了巳水蛇的"巳"字位，并顺着他的目光看过去。果然，在遥远的天际，有一柱黑烟缓缓升起，一直升入天空中那层灰蒙蒙的灰尘之中。众人欢呼起来，有一只小猴子在盘古神舟边上连续做了两个后空翻，做第三个后空翻的时候，小猴子摔下了盘古神舟掉进海里。辰天龙急忙跃入海里，将小猴子抛了上来。

欢呼雀跃之后，亥风猪皱着眉头问："这么远的距离，我们什么时候才能漂过去？"

"那就只能靠你了！"申金猴对亥风猪说。

"靠我？"

"是的！"申金猴拉着亥风猪，一路小跑到了"子"字方位，"用你的风杵对着海面，风杵出来的狂风就可以把我们推过去。"

"是啊，我怎么就没有想到呢！"亥风猪笑着说完，就举起了手中的风杵，对着海面挥了过去。可是，这一挥竟然没见丝毫动静，既没有狂风大作，也不见盘古神舟往前挪动半步。亥风猪也很是纳闷，他又反复挥动了几次风杵，仍旧没有一丝风出来。

这时，午坤马和众人也走了过来，午坤马对大家说："你们发现了没有？我们手中的仗天杵能够爆发出能量的时候，都是在特别危急的时刻，现在用风杵来喷出狂风推动盘古神舟，恐怕不行。"

"也不一定，我在雪莲湖往盘古神舟上刻图符的时候，我的火杵也喷火，可那个时候并没有任何危险啊。"丑火牛说。

"哦？"申金猴沉思了一会儿说，"有可能是这样的，我们使用仗天杵的时候，必须集中所有注意力，把自己的精气神全部贯注在仗天杵上，把注意力全部投入在要做的事情上，只有这样，我们才能发挥出仗天杵的威力来。"

申金猴说完，闭上了眼睛，定定地站在那里仿佛睡着了一般。突然间，大喝一声"噫嗨！"申金猴双手挥动手中的金杵，对着空阔的海面击了出去，只见一道金光闪过，海面上竟被劈开了一条"水道"，两排浪花飞上了半空，惊得盘古神舟上的飞禽走兽"呼啦"一声，全部闪避到了众人身后。

"看来，申金猴已经悟出了仗天杵的奥秘，"辰天龙很是欣慰，"怪不得盘古当初叮嘱我们要做到'珠不离身，身不离杵'，原来就是要让我们自己来领悟。"

午坤马接着辰天龙的话说道："今后，大家要牢记盘古'珠不离身，身不离杵'的八字箴言，不要总是把自己的仗天杵交给丑火牛保管，因为，盘古把仗天杵留给我们，不仅仅是要去造福苍生，还要用来保护我们自己。"

盘古十二兄弟，都禁不住低头看着自己手中的仗天杵，心中陡然间又增了几分爱惜之情。

亥风猪回味着申金猴对仗天杵的感受，也学着他的样子，闭上了眼睛……"噫嗨！"亥风猪睁开双眸的同时，奋力挥出了仗天杵，"呼"得一声闷响划过众人耳畔，一股强风撩起了午坤马长长的头发，巨大的盘古神舟奔着烟柱的方向滑了过去。

8

三个时辰过后，当值的酉鸣鸡站在"酉"字图符的方位，看到那股黑色的烟柱愈来愈近了，随着距离的拉近，烟柱也越来越粗了。本来，利用亥风猪的风杵激发出来的风力，可以在更短的时间内到达烟柱的所在地。可是，亥风猪根本无法长久地全神贯注把这件事情做下去。刚开始，集中注意力催动风杵喷发出狂风的时候，他觉得很好玩，很有成就感。可如果把这件事情当成一个需要反复重复的机械动作时，亥风猪就觉得枯燥无味了。时间稍久，亥风猪挥出风杵也不见得每一次都有风，变得时灵时不灵。申金猴也发现盘古神舟一会儿动一会儿停，便走过来对亥风猪说："挥出去的风杵没有风的时候，肯定是你的注意力没有集中。"

"是啊，让你拎着棒子挥上一个时辰，你也会觉得腰酸胳膊疼，肚子饿得咕噜咕噜叫，我没办法让自己每一次都集中注意力。"亥风猪抱怨道。

申金猴也觉得够难为亥风猪，便让他下到盘古神舟里休息一会儿，还特意给他多配发了一份榛子和雨水。申金猴额外补给给亥风猪的这份榛子，份量很大，超过了日常配给量的三倍。亥风猪被这个意外惊喜感动得不知所措，坐在盘古神舟里大吃大嚼起来，引得两只猴子和一只獾围拢了过来，眼巴巴地看着他吃吃喝喝。亥风猪最后实在忍受不了六只大眼睛的折磨，把剩下的榛子分成三小份，喂给了三个小家伙。

盘古神舟距离黑色烟柱接近半程的时候，亥风猪已经累得满头大汗，他甚至跟申金猴商量，交换一下各自的仗天杵。申金猴说，换杵如换人，亥风猪从此以后就变成亥金猪了，而且自己在盘古神舟上创建的符号也就不属于自己了。亥风猪没有想到交换仗天杵会带来这么多麻烦，也就只好咬着牙，继续挥杵运风了。

盘古神舟距离黑色烟柱越来越近了，忽然间，站在盘古神舟尾部挥动风杵的亥风猪觉得有什么东西迷住了眼睛。他急忙停下手来，使劲揉搓自己的眼睛，直到搓出了眼泪。可是，亥风猪刚刚睁开眼睛，又被迷住了。他发现，眼前似乎是一片片黑乎乎、毛茸茸的东西，在空中飘浮着缓缓落下来。亥风猪与当值的酉鸣鸡几乎同时大叫起来，把在盘古神舟里歇息睡觉的家伙们全都惊醒了，他们在惊骇于眼前景象的同时，也被这些黑乎乎、毛茸茸的东西迷住了眼睛。

申金猴把两只手罩在额头上，眯着眼睛看过去，发现这里仅仅是一个孤岛。孤岛的顶峰冒出了橘红色的水流，橘红色的水流又汇成了一条橘红色的河流，流进了大海。天空中弥漫的东西很像一场黑色的大雪，从巨大的黑色烟柱里飘散出来，而且，空气中充满了刺鼻难闻的怪味儿。

辰天龙说："必须退回去，这是火山爆发，当年跟随盘古开天辟地的路上，看见过类似的景象，盘古曾经警告过我们不能靠近。"

卯闪兔说："我也记得见过这样的火山，可是那一次好像没有下黑雪啊。"

午坤马说："那一次是因为我们隔得太远，这一次我们靠得太近了。"

午坤马的话音刚落，孤岛上突然传来"轰隆隆"几声沉闷的声响。紧接着，一团硕大的橘红色火球从火山口喷射到了空中，橘红色火球冒着一串白色的尾烟越升越慢，到了最高点之后，则开始下落，正好砸向大海中盘古神舟的位置。

"亥风猪！快到盘古神舟的头部喷风，我们要退回去！快！"申金猴对着盘古神舟尾部喊道。

"我看不见东西，我的眼睛睁不开！"亥风猪说。

寅乾虎学着申金猴的样子，把手罩在眼前，起身朝着亥风猪飞快跑去。亥风猪正坐在地上揉眼睛，寅乾虎将他一把抱了起来，转身朝着盘古神舟头部跑去。登上盘古神舟的头部后，寅乾虎把亥风猪放了下来，对他说："别睁眼，你的身前就是大海，快用你的风杵拯救大家吧！"

亥风猪果真没有睁开眼睛，他对着大海的方向，双手高高举起了手中的风杵："噫嗨！"

迅猛的狂风在海面上激起了一排浪花，盘古神舟飞快地退了回去。在盘古神舟移开的刹那，橘红色的大火球便落了下来。火球激起来的巨浪，几乎把盘古神舟掀翻过来，一阵滚热的海水泼到了亥风猪的脸上。他虽然没有睁开眼睛，但也能估摸出来眼前的危险，于是，亥风猪更加拼命地挥动风杵。橘红色大火球落入海中之后，一些拳头大小的红火球也随之落下来，有些砸到了盘古神舟边缘，有些落进了盘古神舟中，将盘古神舟烧得"嗞嗞"作响，一些细密的裂纹也随之延向四周。一些小的火球击中了其他飞禽走兽，动物们的惨叫声不绝于耳。

风杵发出的飓风，吹散了黑色烟柱中飘落下来的"黑雪"，盘古神舟中的生灵们已经能够睁开眼睛了。看到空中不断下落的橘红色火球，盘古神舟中的十一个兄弟迅速散开在其他飞禽走兽中，挥动手中的仗天杵，击飞了大部分从空中落下来的小火球。小火球被仗天杵击中时，有的拖着一道白烟飞向了大海，有的则被仗天杵击得粉碎，化成了千万颗金星炸开在空中，竟也煞是好看。

这场突如其来的灾难，倒也不是一无是处。日后，盘古十二兄弟把仗天杵击打火球当成了一项娱乐游戏，时常玩耍。再后来，这项娱乐游戏又被演变成了棒球运动，风靡全世界，申金猴对这项运动的推广和普及，做出了出人意料的贡献。此是后话，暂且不提。

随着盘古神舟的快速移动，空中落下来的火球越来越少了。盘古神舟中，一干生灵望着黑色的、巨大的烟柱，也望着挺立在烟柱阴影中拼命挥动仗天杵的亥风猪，心中充满着感动。亥风猪依旧紧闭双眼，挥动出去的每一击风杵，都产生了威力巨大的狂风，使得盘古神舟始终保持在快速运动中。

足足用了半个时辰，盘古神舟终于退出了火山喷发的影响范围。在这半个时辰里，亥风猪发出的每一声“噫嗨”，都震撼着十一个兄弟的心灵：雪莲湖畔那个好吃懒做的亥风猪，为了盘古神舟上的生灵们，竟也毫不惜力！

9

丑火牛在盘古神舟里已经画下了第二十道线。

盘古神舟里，除了盘古十二兄弟之外，还有一百零八只飞禽走兽，每天的给养量可想而知。逃离火山孤岛之后，没过几天，盘古神舟中的雨水和榛子就消耗殆尽了。子地鼠已经将盘古神舟上存放榛子的地方搜寻了两遍，只找到了一包榛子。辰天龙手里捧着最后一包榛子，看着盘古神舟里一帮饥肠辘辘的生灵，心情沉重到了极点。

天空还是灰蒙蒙的一片，整整二十天没有见到太阳，大家明显感觉到天气越来越冷了。最初，登上盘古神舟逃生的时候也很冷，那是因为滔天巨浪把盘古神舟推送到了雪山之巅的缘故。随着大洪水的消退，盘古神舟随着洪水降低了高度，温度也就恢复到了正常状态。此刻的冷，却是一天一天逐渐变化的，寒冷的程度几乎接近了身处雪山的感觉。这个温度对于吃饱、喝足的人和动物都不是问题，但是，对于一帮又饥又渴的家伙来说，却是致命的。

此刻，正逢午时，在“午”字图符上值守的午坤马感觉有些犯困，他甩了甩飘逸的长发，努力地使自己打起精神来。忽然，午坤马揉了揉眼睛，看到不远的地方出现了一大块模糊的黑影。慎重起见，午坤马没有大声张扬，而是向盘古神舟里的辰天龙和申金猴招了招手。两人点头会意，登上了午坤马的值守方位，也看到了那片模糊的黑影。

“就算是海岛，至少也是一个很大的海岛。”辰天龙说。

“就算是个海岛，至少没有火山喷发。”申金猴调侃道。

午坤马说：“既然你们俩也觉得是一个安全的海岛，那就让我们去碰碰运气吧。”

午坤马发现这个海岛时，距离已经很近了，所以，这一次没让亥风猪费太多力气。不出一个时辰，盘古神舟便靠近了海岛。由于天色始终处在阴暗朦胧之中，大家无法看清楚岛上是否有森林树木，或者有其他飞禽走兽。岛屿邻近海边的地方都是暗黑色的礁石，因为担心盘古神舟受损，在距离礁石稍远的地方，申金猴就让亥风猪停下手来。十二个兄弟聚在一起商量了一下，由已经疲惫的亥风猪和不会游泳的酉鸣鸡留在舟中，看管盘古神舟和照顾其他飞禽走兽。其余的十个兄弟则登陆上岸，寻找水源和吃食。

子地鼠、丑火牛、寅乾虎、卯闪兔、辰天龙、巳水蛇、午坤马、未云羊、申金猴、戌雷狗十兄弟跃入水中后，盘古神舟里的两只猴子也跟随跳了下来，它们俩缠着申金猴，要跟随一同上岸。申金猴拗不过两只猴子，只好点头同意。

攀过礁石，上到岸上，众人这才发现，此处是一个有草有树也有茂密森林的海岛。与雪莲湖的森林不同的是，雪莲湖的森林是绿色的，而这里的森林却是灰黑色的。戌雷狗对着空气中嗅了嗅，似乎没有觉察到什么异样，便往灰黑色的森林边缘走去。地上已经有了杂草，也是灰黑色的，并且有水流冲刷过的痕迹。申金猴俯下身来，拔了一些野草，发现这些草已经枯萎死亡了。

“这些大树都死了。”已经走到森林边缘的戌雷狗，在前面喊道。

原来，岛上的草木森林并不是黑色的，它们仅仅是枯萎死掉了而已。

森林中的一些大树几乎都被连根拔起，倒伏在地上。一些没有倒下的树梢上，挂着野草、藤蔓之类的东西。这座灰黑色的岛屿处处透露着死亡的气息，一时间，空气似乎都变成了灰黑色。

“这里的状况跟雪莲湖差不多，大树的根被震断之后，大洪水随后也把这里淹没了。”申金猴撸了一把灰黄色的树叶。

“大洪水过后，花草树木就会全部死掉？”丑火牛问道，“这么说，雪莲湖也像这里一样了？”

申金猴说：“这个……这个，我还不能确定，雪莲湖是世间灵异之地，也许、也许它能挺过这场灾难。”

申金猴提到了众人赖以生存了两千多年的雪莲湖，大家一时间都沉默无语，心中都在为那处人间仙境唏嘘……

“大家不必难过，早晚有一天，我们还会重返雪莲湖的！”辰天龙劝慰大家说。

“对！”

“没错！”

“一定要回去！”

“重返雪莲湖！重返雪莲湖！”

辰天龙没想到自己一句简单的劝慰，竟引得兄弟们产生了共鸣，两只小猴子也在申金猴身旁跟着一齐振臂高呼。

一阵“思乡”激情过后，众人决定再往森林深处探看一番，看看能否找到可以吃的东西，就算找不到吃的，至少可以找到水源。于是，十人二猴向灰黑色的森林深处走去。按照许久以来的习惯，戌雷狗总是走在大家的前面，为众人探路。突然间，戌雷狗站住了，他仰起头来，仔细地捕捉着空气中的点滴信息。随后，他往前紧跑了几步后又站住了，仰起头，继续嗅着。午坤马走上前来，问戌雷狗前面是不是有什么危险。戌雷狗说还不敢肯定，只是嗅到了一股奇怪而又陌生的味道，一种从未接触过的味道。午坤马回过头来，冲着大家举了举手中的仗天杵，大家会意，纷纷举起仗天杵回应午坤马。

十人二猴继续往前走去。天空本来就暗淡无光，再加上树林和枯叶的遮挡，大白天的森林中如同黑夜一般模糊。黑夜般的森林中没有一丝风，也没有任何声响，寂静得让人窒息。当走在最前面的戌雷狗示意大家停下脚步时，一阵轻微的“哗啦哗啦”的声音传入耳中。这是熟悉的流水声，听到这个声音之后，众人迫不及待地循着“哗啦”声奔了过去。跟随着水声，大家走到了密林的一处尽头，矗立在他们面前的是一座高高的悬崖。悬崖也是黑色的，根本无法看清楚悬崖上方的东西。一注水流从悬崖中间的一个缝隙里泻了下来，在下方冲出一个黝黑的深潭。

戌雷狗探下身子，嗅了嗅黑潭中的水，然后又喝了一口，回过头对大家说：“水没有问题，可以喝。”

戌雷狗话音一落，大家“呼啦”一声伏倒在潭边，一通狂饮。众人喝了一个肚儿圆，这才站起身来。辰天龙摘下盘古灵珠，瞬间幻化成原形，说：“我先给盘古神舟的家伙们送点水去。”

辰天龙一个纵跃，潜入了黑潭之中。稍顷，辰天龙跃出了龙潭，直飞冲天，向海岸边的盘古神舟飞去。

午坤马说：“大家都把水喝足了，现在我们该去找点吃的了。”

“吱！吱！”水潭边突然传来一声猴子凄厉的惨叫，众人回头望去时，只看到一个粗壮的黑影，手里抓着一只猴子，一闪身便进入树林中没了踪影。

10

众人一声呐喊，挥动仗天杵，奔着黑影隐没的方向追了过去。黑影移动的速度很快，戌雷狗、卯闪兔和午坤马紧紧跟在后面，但黑影似乎对森林中的地形非常熟悉，众人始终无法与之接近。剩下的另一只猴子，揽着申金猴的脖子，一直躲在他的怀里瑟瑟发抖，显然是被同伴刚才的遭遇吓坏了。

转眼间，众人追出了很远的路程，黑影似乎有些体力不支，脚步渐渐放缓。距离拉近之后，众人才算看清楚，前面的黑影是一个浑身上下黝黑的人。戌雷狗、卯闪兔和午坤马眼看就要追上这个人了，不自觉得脚下更加发力，突然间，“扑通”一声，三人觉得脚下一松，一齐跌进了一个黑洞之中。

申金猴与丑火牛等人赶了上来，发现这是个一人多深的土坑，上面用松散的几根树枝作支撑，然后覆盖上杂草和树叶，显然是一个人工陷阱。大家抓住土坑下面三个人伸上来的仗天杵，很容易就将他们救了上来。卯闪兔问：“这是什么玩意？”

“可能是这个人挖的土坑，上面还用了伪装，估计是用来捕捉动物的。”申金猴分析说。

未云羊问：“捕捉动物干吗？”

申金猴说：“下这么大力气捕捉动物，没准是要吃它们的肉吧，不然，他抓走猴子干什么？”

“可是，盘古是不吃动物的啊。”巳水蛇说。

午坤马说：“他……可能是跟盘古不一样的人吧。”

“先别猜测了，我们赶紧救猴子去！”申金猴催促说。

一干人绕过土坑，继续追赶黝黑之人。戌雷狗说：“我刚才嗅到的是跟这个人差不多的气息，说明这里不是只有他一个人，我们大家要留神！”

众人跟在戌雷狗身后，一路追赶了过去。因为担心森林中还有类似的伪装土坑，戌雷狗摘下盘古灵珠含进了嘴里，幻化成原形领跑在团队最前面。这样，即便是遇到土坑，他也有可能凭借着细小身形躲闪过去。另一个原因，伏低后的身形，能够更准确地嗅到黝黑之人遗留下的气味儿。

大家跟在戌雷狗的身后，七拐八拐竟然跑出了树林。前方出现了一个狭窄的谷口，戌雷狗低着头只管搜寻地面上的气味，一头扎进了谷口，大家紧随其后。戌雷狗继续往前奔跑着，忽然发觉气味异常，抬头一看，眼前竟是一堆堆白森森的骨头。戌雷狗身后的众人也赶到了白骨之前，大家看到阴暗的谷中白骨森森，都禁不住竖起了汗毛。最让大家感到惊悚的是，这堆骨头中除了具有明显动物特征的骨头之外，还有很多与他们相似的人头骨。

申金猴观察了一下四周，发现那堆白骨之后就是悬崖峭壁，狭窄的山谷中，唯一的出路就是进来的路。一种不祥的预感几乎同时笼罩上心头，大家纷纷瞪大了眼睛，握紧了手中的仗天杵。午坤马一举手中的坤杵，大喝一声："快撤回去！往谷口退！"

午坤马带着大家转身往谷口奔去，但还没跑到谷口，就听到前方传来一阵"轰隆"的巨响。紧接着，谷口方向便尘土飞扬。午坤马站定后，发现谷口已经被两侧滚落下来的石头木头等物封住了。午坤马正在疑惑之际，峡谷上方两侧突然爆发出了尖利的嚎叫声，顷刻间，涌出了无数个黝黑之人。这些人大都是黑面白牙白眼珠，身上披着兽皮树叶，脖子上挂着动物的獠牙，手中挥舞着棍棒，大概有几百人之众。

在这群人的嚎叫声中，突然传出一声更为尖利的啸声，人群顿时安静了下来。他们弯下腰来，从地上搬起了石块和木头，静静地站立在悬崖上，似乎在等待什么人发出信号。

峡谷中的众人，很容易就能够判断出来，崖上的这群人是在等待一声信号，然后就将手中的石头和木头砸下来。在如此狭小的空间里，谷中的生灵躲无可躲、避无可避，唯一能做的就是听天由命。申金猴的大脑飞快地盘算了一会儿，低声说道："大家把注意力全部关注到手中的仗天杵上，子地鼠、丑火牛、寅乾虎、卯闪兔，你们四人一会儿攻击左侧。巳水蛇、午坤马、未云羊、戌雷狗，你们四人一会儿攻击右侧，大家听我的信号！"

众人低声说好，申金猴点了点头，说："大家准备……"

申金猴示意攻击的信号还没有说出口，就听到峡谷上方的半空中传来一声大吼："都住手！"

吼声过后，只见一条金黄色的龙腾云驾雾而至，吓得悬崖上的这群人急忙将手中的石头、木头放下，双腿跪在地上不住地磕头。申金猴见状，急忙制止众人实施攻击，他唤过戌雷狗来，指着峡谷口堆积的乱石杂木，说："我们俩一起把谷口打开！"

戌雷狗点头会意，两个人双手高高举起手中的仗天杵，对着谷口方向一声大喝："噫嗨！"

随着"轰隆"一声响，谷口堆积的乱石杂木轰然倒塌下去，峡谷中的九人一猴转眼间就狂奔出了峡谷。临出谷口时，申金猴回头对着辰天龙喊道："他们抓走了一只猴子，救它出来！"

半空中的辰天龙，看到峡谷中的兄弟们已经脱离了危险，他才仔细地瞅了一眼悬崖两侧的黝黑之人。这群人正在忙不迭地跪地磕头，在伏倒的人群中，有一块稍显平坦的石头，石头上面用藤蔓绑缚着一只猴子。辰天龙往前稍一纵身，到了猴子跟前，惊得石头周围的黝黑之人急忙往两边闪去。辰天龙伸出龙爪，解开了猴子身上的藤蔓，并将其扶上后背。而后，辰天龙纵身一跃，便隐入了云中，只剩下悬崖上一群忙着磕头的黝黑之人。

11

夜色之中，盘古十兄弟与两只猴子，逃离了灰黑色的恐怖海岛，登上了停靠在礁石外面的盘古神舟。

十兄弟把海岛上的状况通报了一遍，盘古神舟中的生灵们唏嘘不已，大失所望。一只老秃鹫说："我听祖辈们说起过这个海岛，岛上的人全部食肉为生，实在没肉可吃的时候，就会残食同类。"

寅乾虎说："用我们手中的仗天杵灭了这帮妖孽，把海岛夺过来，我们就可以在上面生活了。"

辰天龙说："盘古把仗天杵交给我们的时候，曾经一再叮嘱，天下有祸，用它为苍生挡祸；天下太平，用它为苍生造福。所以，我们不能用仗天杵来杀生。"

"怪不得你刚才阻止我们攻击悬崖上的那些人。"申金猴说。

戌雷狗说："从气味上辨别，这群人跟盘古不是一个族类。"

辰天龙对戌雷狗说："但他们至少是一群生命。"

午坤马说："辰天龙说得对，我们不能用盘古的仗天杵来杀生。再说，这个海岛的面积有限，而且岛上的花草树木全都死了，我们也无法在这海岛上生存。"

盘古十二兄弟商议一番之后，决定继续启程，寻找陆地。

辰天龙从海岛上取来的泉水，仅够维持三天，三天过后，盘古神舟中的生灵们继续饱受饥渴的煎熬。一日，盘古神舟突然撞上了一群会飞的鱼，有不少鱼儿竟然飞进了盘古神舟中，一头灰熊抓过一条飞鱼，三口并作两口吞下了。其他动物一齐把目光投向了午坤马，午坤马看到这些单纯而渴望的眼神，忍不住转过身去，默默地点了点头。于是，其他动物纷纷效仿灰熊，不管是食荤的还是吃素的，都抱着飞鱼大吃起来。

这一天，海面上忽然刮起了风。从寅乾虎轮值的寅时开始，风越刮越大，海浪也随之加剧。盘古神舟里，被海浪摇摆得晕头胀脑的家伙们，似乎又回到了当初逃生时的状态，紧张、恐惧，但肚子里虽然翻腾，却吐不出一点东西来。巨大的盘古神舟，一直在波峰浪谷间颠簸着，一些筋疲力尽的动物已经放弃了坚持，干脆闭上双眼，任由身体随着海浪在盘古神舟里滚来滚去。亥风猪努力地挣扎起来，攀上了顶风一侧的盘古神舟边缘，挥起手中的风杵，“噫嗨”一声，迎着狂风击了出去。他想用自己手中风杵的风力抵消迎面的狂风，但这一切都是徒劳的。风杵发出的风力没有起到丝毫抵消的作用，亥风猪的那一声“噫嗨”的怒吼，也淹没在呼啸的狂风中。倔强的亥风猪第二次挥起了风杵，却被一阵疾风吹落到了盘古神舟里，当即晕了过去。

当子地鼠睁开眼睛的时候，风已经停了，他感觉到有些异样，因为身体没有了熟悉的漂浮感。他努力挣扎着坐了起来，感觉身上酸疼难忍。放眼一看四周，发现盘古神舟里所有家伙都在昏睡。子地鼠摸到了自己的地杵，然后拄着地杵站起身来。没错！脚下的盘古神舟确实一动未动，就像当初停放在雪莲湖的沙滩上一样，难道是……

子地鼠往前走了两步，看到了刚刚睁开眼睛的巳水蛇。他伸出手，将一脸茫然的巳水蛇拉了起来，惊喜地说：“没错！好像是停下来了。”

子地鼠和巳水蛇相互搀扶着，往盘古神舟的边缘攀爬，这段平时都算不上“路”的距离，两个虚弱的家伙竟然费了半天劲，才爬上了盘古神舟的边缘。

“哇！哇！”爬上盘古神舟高处的子地鼠和巳水蛇发出了相同的感叹，他们的盘古神舟真的停在沙滩上，一片辽阔的沙滩上，沙滩的尽头能看到隐隐约约的山峦。

“快起来！快！我们到陆地了！”子地鼠回过头去，对着还在昏睡的生灵们大声地喊着。

经过一场狂风的洗礼，天空似乎明快了许多。

盘古十二兄弟和一百多只虚弱的飞禽走兽，终于走下了盘古神舟。申金猴回头看了一眼茫茫无边的大海，他建议把盘古神舟反过来倒扣在沙滩上，以免海水将它冲走。亥风猪和卯闪兔都说实在没有力气干活了，其他人的脸上也露出为难的神情。申金猴说自己也没劲了："但是，我们还是得把盘古神舟翻过来，因为，我们将来还要坐上它回到雪莲湖。"

众人觉得申金猴说得有道理，没有盘古神舟，如何横渡大海？如何回到雪莲湖乐园？

辰天龙动员其他动物也加入进来，大家几乎连喊号子的力气都没有了。由于身体虚弱，十二个兄弟使出了平生力气，加上其他动物帮忙，才勉强把神盘古神舟掀翻过来，如同它在雪莲湖畔的状态。盘古神舟的背面，十二个图符经过海水的浸泡之后，更加清晰可见。盘古十二兄弟抚摸着各自的符号，心中竟然生出了依依不舍之情。

陆地上到处都是一片被大洪水肆虐过的痕迹，花草树木全部枯死殆尽，与恐怖岛上的景象差不多。辰天龙不得不提醒大家保持警惕，时刻防备。戌雷狗还是走在队伍的最前面，他现在急于找到的是水源，干裂的鼻腔多少影响了他的嗅觉，以至于不得不走走停停。这样的行进速度倒是适合这个虚弱的团队，一些苍鹰、秃鹫和天鹅之类的飞禽本可以飞行，但此刻它们已经失去了飞翔的体力，只能跟在团队后面蹒跚而行。

戌雷狗寻到了几处水坑，但都是又苦又咸的海水，应该是大洪水消退时候遗留下来的水坑。团队只能继续往前走，寄希望于不远的树林处，或许会有可饮用的泉水。

戌雷狗突然站住了脚步，目光中露出警觉的神色，并向后挥手，示意大家停下来。队伍刚刚站定，只听到前方树林中传来一声呐喊："快！包抄过去，一个都不能放走！"

12

戌雷狗立刻举起了手中的雷杵，两眼紧盯着传来声音的树林。"哒哒哒"一阵急促的动物的奔跑声由远而近，只见树林里奔过来一大两小三头驯鹿。三头驯鹿都瘦得皮包骨头，瞪着惊恐的大眼，玩命地奔跑。三头驯鹿后面跟着十几个手持棍棒的人，从这些人的外貌体征和语言上，很容易判断出来：他们跟盘古是同一个族类。

人群里有一个精壮汉子，指挥着十几个人分成两拨，从两侧包抄三头驯鹿。三头驯鹿一看追赶它们的人分成两拨，而前面迎头又有一拨人堵住了去路，顷刻间就形成了一个包围的局面。那头体格较大的驯鹿用蹄子在原地刨着尘土，两头小驯鹿则依偎在它的身旁蹭着脑袋，都是一副焦急的样子。

丑火牛急忙摘下盘古灵珠，幻化成原形后，往三头驯鹿跟前紧走了几步，说："你们快到我们的后面躲藏，那里也有驯鹿。"

三头驯鹿抬头看了看，眼前十几个人的身后果然跟着一百多只飞禽走兽。其中虽然有灰熊和豹子之类的天敌，但看它们似乎相处得还算融洽，心中禁不住疑惑起来。

"快点！后面的人追上来了，我们可以保护你们不受伤害。"丑火牛催促道。

三头驯鹿回头看去，两侧包抄上来的人已经距离很近了，而且纷纷举起了手中的棍棒，直奔它们扑了过来。驯鹿来不及犹豫了，便一头扎进了盘古十二兄弟身后的动物群里。从两侧赶过来的十几名精壮汉子，看到对面站着十几个相貌奇特的人，身后竟然还跟着一大群飞禽走兽，心里很是诧异。他们站在那里低语了一会儿，领头的精壮汉子走到辰天龙跟前问："你们从哪里来？以前怎么没有见过你们？"

"我们是从雪莲湖来的，以前也没有见过你们。"辰天龙说。

"雪莲湖？"精壮汉子回头用眼神征询了同伴，同来的男人纷纷摇头，意思是从未听说过这个地方。精壮汉子回过头来，眼神里多了一份疑惑："你们是怎么办到的，让一群动物这么听话地跟在后面？"

辰天龙说："因为我们保护它们，尽量不让它们受到伤害。"

"保护它们？"精壮汉子差点笑出来，"难道你们自己不吃？"

"吃？"辰天龙指着身后的动物反问道，"你指的是吃它们？"

"是啊！"

"哦，我们不吃动物。"

"太好了！"精壮汉子对着后面的人挥了挥手，"正好省下来，我们吃！"

十几个汉子拎着木棒朝动物群走了过来，盘古十二兄弟急忙伸出仗天杵，把他们拦了下来。

午坤马说："我们自己不吃，也不允许别人吃它们！"

"为什么？大家都快饿死了，这么一大堆肉摆在面前，我们还不能吃？"精壮汉子忽然看到了十二兄弟手中的仗天杵，眼前一亮，"你们的棒子很好看，是什么木头做的？结实吗？"

精壮汉子一面说着，一面伸过手来，想在卯闪兔的闪杵上摸一把。卯闪兔急忙缩回自己的闪杵，并用眼睛瞪着精壮汉子。汉子看到卯闪兔的样子，禁不住笑出声来："你真小气！一根棍子还不让摸一摸，你……你……哈哈！你的眼睛怎么是红色的，真像……哈哈！真像一只兔子！"

"我就是兔子！"卯闪兔双手抡起闪杵，对着精壮汉子手中的木棒就扫了过去，精壮汉子下意识地举起手中的木棒挡了一下。结果，"咔嚓"一声脆响，精壮汉子手中的木棒竟然断成两截。精壮汉子愣了一下，他没想到眼前眉清目秀、大耳朵红眼睛的家伙有如此大的力气，他忍不住啧啧称奇："我没有看错，你的棍子不光漂亮，也很结实！你能送给我吗？"

"我告诉你！我手里的不是棍子，而是仗天杵！"卯闪兔气愤地说。

"什么杵？你说的是什么？我们听不懂。"精壮汉子摆了摆手，"好了，不多说了，我们的肚子快饿瘪了，追了两天了，我们才追到这三只鹿。"

精壮汉子说完，对着身后的人挥了挥手中的半截木棍，又要往动物堆里闯。盘古十二兄弟全部亮出了手中的仗天杵，对准了眼前这群汉子。一群人很是惊讶，一时间竟然不知所措地愣在那里。精壮汉子的眼神逐渐变得有些愤怒了，他朝身后的森林里看了一眼，突然把手中的半截木棍扔在地上，两只手放在嘴里，"咻咻"地发出了一连声刺耳的啸声。不多时，树林里便奔出来一群人，嘴里叫喊着奔跑过来，人人手中都持着木棒。

精壮汉子对着盘古十二兄弟冷笑着说："你们既然想打架，那我们就奉陪，哼哼！如果你们打输了，你们身后的那堆肉，还有你们手中的棍子都属于我的！"

辰天龙一看来者不善，便低声叮嘱其他人："用仗天杵的时候，不要使用意念，记住！别伤害到人！"

说话间，盘古十二兄弟和身后的一群飞禽走兽，就被这群人围在了中间。从这群人的眼神中就能看出来他们兴奋的神情，有的人嘴角甚至流出了口水，似乎在憧憬血淋淋的鹿肉大餐。一个矮墩墩的汉子已经按捺不住了，他率先冲了过去，从一头角马的背上抓住了一只大雁。戌雷狗眼疾手快，举起雷杵就挥了过去，正好打在矮墩墩汉子的胳膊上。矮墩墩的家伙感到胳膊上一阵巨痛，便松手撒开了大雁，戌雷狗伸手接住了大雁，重新把它放回到了角马的后背上。几个汉子看到矮墩墩的家伙吃了亏，便抡起手中的木棍，对着戌雷狗打来。戌雷狗躲过两根劈头盖脸打来的木棍，举起手中的雷杵磕飞了一根木棍，但是后背也挨了重重地一击。由于身体虚弱，戌雷狗差一点跪倒在地上，他将雷杵拄在地上，勉强支撑住了身体。戌雷狗刚刚站稳了身体，又有一木棍扫中了他的右腿，这一次，他没能够控制好身体，终于摔倒在地。几个汉子就势扑了上来，就在快要抓到戌雷狗的时候，突然感觉迎面吹来一阵飓风，几个汉子还没弄明白是怎么回事，就被这股狂风吹飞了出去，远远地摔在了地上。

原来，亥风猪就站在戌雷狗的一侧，看到他连连吃亏之后，处境危险，就连忙挥动风杵施救，因为心中着急就不自觉的施加了意念。辰天龙觉得亥风猪这一击效果不错，既不伤害别人，还能起到震慑作用，就叮嘱其他众人："使用意念把他们赶走，但别伤了人！"

辰天龙话音刚落，就听到电闪雷鸣不绝于耳，盘古十二兄弟们催动手中的仗天杵，一时间威力大作，吓得这群人纷纷往后退出几十步远。辰天龙对着领头的精壮汉子高声喊道："我们不愿意伤及你们的性命，所以，你们还是赶紧退走吧！"

这群人的确被突如其来的异象吓得够呛，眼睛死死盯着盘古十二兄弟手中的漂亮仗天杵，很纳闷这根棍棒竟然能够发出这么大的威力来。但是，饥饿还是战胜了他们的恐惧，即便是退出了几十步远，还是不肯离去，已然形成包围的阵势，仍将盘古十二兄弟和一群动物困在当中。

第六章

入尘世，一片洪荒接长天

1

双方一直僵持着，一个时辰过后，两边都没有妥协的意思。

“这样僵持下去，我们非饿死不可。”卯闪兔嘟囔说。

申金猴说：“是啊，得想一个办法，老这么拖着，对我们不利。”

辰天龙犹豫了一下说：“我跟他们谈谈去。”

“这帮人饿疯了，跟他们讲道理，不如用仗天杵跟他们谈。”寅乾虎恨恨地说。

辰天龙一边往前走，一边朗声说：“仗天杵是用来为天下苍生挡祸、为天下苍生造福的，不是用来示威杀生的。”

辰天龙的这番话，一是为了警告十一个兄弟不要乱开杀戒，二是为了向这群人声明自己的立场。辰天龙把话说完，走到精壮汉子的跟前，和颜悦色地问道：“你们为什么不肯放我们过去？”

“就算是我答应放你们过去，他们也不肯啊！”精壮汉子用手一指身后的人群，“这些人再不吃东西，用不了三天全都会饿死。你倒是保护了那群畜生，可这么一大群人的性命，你怎么不来保护呢？你们既然口口声声要为天下苍生挡祸造福，人可是万物灵长啊，你们为什么不先为我们人类，挡一挡这场要饿死的灾祸呢？”

精壮汉子的一番话，说得辰天龙哑口无言。他张了张嘴，却没有找到合适的说辞，只好没话找话说：“我……我们都有名字，我叫辰天龙，你叫什么名字？”

精壮汉子瓮声瓮气地说道：“我是燧人氏，大伙都管我叫燧人。”

“哦，燧人，我们做朋友吧。”辰天龙用商量的口吻说。

“好啊！既然是朋友，你们就不会眼睁睁地看着朋友饿死吧！”燧人的话题还是没有绕开那群飞禽走兽。

“当然不会让你们饿死，难道附近就没有别的可供食用的东西吗？比如瓜果梨桃之类的？”

“瓜果梨桃？你们到底是从天上掉下来的，还是从海里冒出来的？”

“我们的确是在海上漂了三十多天。”

“你们是从大洪水那天开始，就一直漂在海上？”

“是的。”

“大洪水来了之后，所有的花草树木都过了一遍海水，本来就半死不活，后来，太阳就一直没再出来过，花草树木瓜果梨桃全都死的死、烂的烂，现在，连能吃的草根都烂掉了，你说我们总不能去啃石头吧！”燧人说着说着竟然流下了眼泪，“我们这个部落原来有三千七百一十八人，一场大洪水死掉了一半，接下来的大饥荒又死掉了一多半，现在只剩下我们五百多人。我们不能吃自己的族类，难道还不能吃这些长毛的畜生吗？”

燧人说完之后，他和身后的众人一起抹开了眼泪，场景很是凄惨。沉默了许久之后，辰天龙说：“你刚才说你们的人三天不吃东西才会饿死，你看这样好不好，燧人，你给我三天的时间，我们想办法给大家找来吃的，如果找不到，那你们就随意处置那些飞禽走兽，如何？”

“好吧！就依你……唉！我们何尝不知道畜生也是一条性命，尤其是能够逃过这次大劫难的生灵，活下来的都不容易，我们但凡有办法保住性命，也不忍残害它们呀。”

“那我们就说定了，你先带我们找到水源，我们也许久没有喝到水了。”

“好吧！你们跟我们走吧！”

燧人把盘古十二兄弟带到了他们的营地，营地不远处就是一处泉眼，足够整个部落饮用。燧人和辰天龙，把他们俩达成的决议告诉了各自的族人，双方算是暂时相安无事。入夜时分，燧人叮嘱属下增派了守夜的人数，以防辰天龙等人和动物们逃跑。

这一夜，盘古十二兄弟无心睡眠，他们一直都在讨论如何为这群人解决吃的问题。刚才经过树林的时候，他们看得很清楚，树木花草全部枯死，想要通过植物来解决吃饭问题看来是行不通了。寅乾虎自嘲地说：“如果有办法的话，我们自己就不会饿得两腿发软了。”

戌雷狗说：“我记得最后一口食物的味道，就是海里的飞鱼……”

“对呀！可以让人们吃海里的鱼啊！”申金猴打断了戌雷狗的话。

丑火牛说：“鱼倒是可以吃，可如何捉到鱼？总不能等着鱼飞到沙滩上吧？”

鱼，是盘古十二兄弟这一夜唯一能够想到的食物来源。至于如何捕到鱼，又变成了另一个大问题。最终，饥肠辘辘的盘古十二兄弟在郁闷中睡着了。

酉鸣鸡依旧千年如一日地报晓。由于饥饿，酉鸣鸡喊出了一声有气无力地“盘——古——”

燧人部落里的人还以为出了什么事儿，聚拢过来不少人，围着酉鸣鸡指指点点。酉鸣鸡懒得理会众人说三道四，扒拉开人群回到了兄弟中间，继续商议如何捕鱼。亥风猪建议坐着盘古神舟出海，坐等飞鱼飞进盘古神舟里，被众兄弟嗤之以鼻。巳水蛇建议坐上盘古神舟出海，寻找会喷水柱的大鱼，大家合力捉住一条就够燧人部落吃上一阵子。午坤马说，如果两日之内找不到会喷水柱的大鱼，一百多只飞禽走兽就没命了……整个白天，盘古十二兄弟想出了无数个创意，随后又否定了无数个创意，最终，他们也没有找到切实可行的捕鱼办法。

这一天，燧人氏的部落里有两位老者饿死。飞禽走兽中，有一只豹子和一只天鹅先后饿死。迫于盘古十二兄弟的威慑，这群飞禽走兽中的灰熊、豹子等凶猛的食肉动物，自从被救上盘古神舟之后，就跟其他动物一样忍饥挨饿。所以，在这群飞禽走兽中，才会有豹子被饿死的情况出现。

傍晚时分，盘古十二兄弟看护着一百多只飞禽走兽去泉眼饮水，正好碰上了燧人氏。燧人问辰天龙，有没有找到解决食物的办法。辰天龙说目标倒是有了，就是吃海里的鱼，但是还没有找到捕鱼的办法。燧人说，他们最近也在打海里的鱼的主意，偶尔在海边沙滩上，能够捡到几条落潮时搁浅的鱼。辰天龙问什么是落潮。燧人说，大海每天都有涨潮和落潮，涨潮的时候，海水把沙滩淹没了，落潮的时候，海水又把沙滩露了出来。

两个人边说边走，突然，听到辰天龙“哎呦”一声轻呼，燧人回头一看，原来是一只大蜘蛛网罩到了辰天龙的脸上。燧人走过去，把蜘蛛网中间的大蜘蛛轻轻摘了下来，递给了在他身后的一个小孩。小孩子接过大蜘蛛，一口吞了下去。辰天龙摘着脑袋上的蜘蛛网丝，把脑袋扭向了一侧，不忍心看那个饥饿的孩子嘴角挂着一缕黑绿色的液体。

辰天龙摘干净脸上的蜘蛛丝之后，没有继续往前走，他站在原地怔怔地看着两棵树之间的半张蜘蛛网。突然间，辰天龙眼前一亮，对燧人说：“我有办法让你们吃到鱼了！”

2

燧人安排部落中凡是还能走得动的人，四处收集藤蔓，说是辰天龙已经有了解决食物的办法。燧人部落中的人，对这个消息将信将疑。他们觉得这十二个人的确有些神奇，能够笼络住一群飞禽走兽，还能让手中的木棍发光、打雷、喷火。同时，他们又觉得这十二个人能力有限，要不怎么会把自己饿得啃树皮。原来，午坤马饮完泉水回到营地的路上，饿得两眼直冒金星，他情不自禁地抱着路边一棵桑树，啃食起了树皮。这个时候，恰巧有燧人部落中的人经过，便把这个消息传了出去。所以，燧人说辰天龙有了解决食物的办法时，部落中的人大都不以为然。

怀疑归怀疑，部落头领燧人的命令还是得到了执行。天黑时分，很多藤蔓堆在了盘古十二兄弟的营地前。燧人部落的人，放下藤蔓之后，开始叉着腰在一边看热闹，他们想看看藤蔓如何变成食物。

在燧人安排部落里的人收集藤蔓的时候，辰天龙就把自己的想法和计划告诉了十一个兄弟，大家都觉得值得一试。藤蔓采集来了之后，盘古十二兄弟每人抽出一根，将藤蔓上的藤皮剥离开来。光溜溜的藤条扔到了一边，剩下的藤皮则被一分为二，分解成了两条更细的藤皮，然后被挂在干枯的树枝上。旁边看热闹的家伙都是一头雾水，不知道这十二个奇人鼓捣这些藤条藤皮要做什么。燧人扒拉开部落里围观的人，看了一会之后，也加入到了干活的行列中，先是分离藤条和藤皮，接着再分解藤皮。盘古十二兄弟向燧人投来赞许的目光，燧人也不答话，埋头干得很是起劲儿。看热闹的人们，看到自己的头领亲自忙活开来，也不好意思袖手旁观了，纷纷伸手帮忙。天黑时分，所有的藤蔓都被处理完了。

辰天龙指挥着大家，把藤皮从树枝上摘了下来放在一起，堆成胳膊粗细的一捆后，就用藤皮捆扎起来，足足凑了二十三捆。随后，辰天龙让大家把二十三捆藤皮，摸黑运送到了泉眼处。泉眼下方，溢出来的泉水形成了一条缓缓的溪流，一直流到大海。十二兄弟亲自动手，把二十三捆藤皮全部浸泡在溪流中。辰天龙发现，浸到溪水里的藤皮全都浮在水面上，他便就地找了一些石头压在藤皮上，让溪水完全没过藤皮。一切停当之后，辰天龙这才催促大家回营地休息，他说："今天算是告一段落了，明天还有更重要的活儿等着呢。"

辰天龙的话音刚落，忽然听到营地方向传来一阵骚乱声，中间还夹杂着动物的惨叫声。盘古十二兄弟心中一惊，急忙往营地奔去。

辰天龙与燧人几乎是一前一后跑到营地的。营地中，原先供飞禽走兽休息的地方，现在已是空无一物。戌雷狗在地上嗅了嗅，说："有一只驯鹿和一只狍子被杀了，估计其他飞禽走兽受惊之后，都各自逃命去了。"

午坤马一把抓住了燧人的胳膊，怒气冲冲地说："我们都已经讲好了，你们的人为什么说话不算数？"

"我一定查出来是谁干的，我会惩罚违背誓约的人。"燧人说。

“唉……算了吧！”辰天龙叹了一口气，“死掉一头驯鹿，没准能够保住三十个人的性命。”

子地鼠说：“可是，把动物们都惊跑了，它们就凶多吉少了。”

“生死各安天命，这个应该让动物们自己来选择。如果我们不圈着这群飞禽走兽的话，豹子也就不会饿死。”辰天龙说完这番话，竟有些戚戚然。

“既然动物们都被他们吓跑了，我们也不必再费心思帮他们解决食物了，我们也走吧！”卯闪兔说。

午坤马说：“为天下苍生挡祸是我们的使命，动物们已然生死不明，我们更没有理由丢下这群人的性命不管。”

第三日，酉鸣鸡报晓之后，盘古十二兄弟与燧人一起来到小溪边，把浸泡了一夜的藤皮从水中捞了出来。辰天龙在地上画出了一个蜘蛛网的图形，然后，把藤皮按照蜘蛛网的形状排列出来，藤皮与藤皮交错的地方，由子地鼠负责打成结。经过泉水浸泡后的藤皮变得非常柔软，打结也变得非常容易。子地鼠昨晚几乎一夜没睡，他在黑夜里反复摆弄着手中的四根藤皮，琢磨着如何才能打出坚固的绳结。直到酉鸣鸡报晓时分，子地鼠才算弄出了一个让自己满意的绳结，这也就是一直被沿用至今的水手结。

在若干年之后的明朝，朱棣派遣太监郑和下西洋的时候，子地鼠作为郑和旗舰的统领，又把水手结教授给了郑和船队。便捷又牢固的水手结，大大提高了郑和船队的工作效率，为七次西洋远航立下奇功，此为后话。

一个时辰过后，一张很大的藤皮“蜘蛛网”编制而成。此刻，燧人才恍然大悟：“用它可以捞鱼？”

辰天龙和子地鼠把编制“蜘蛛网”的方法告诉了众人，燧人部落的众人们如法炮制，一个时辰之后，又有四张大网制成。

大家拎着五张大网赶到海边时，正赶上涨潮。远处，雪白的盘古神舟被上涨的海水淹没了一半，燧人听说盘古十二兄弟就是乘坐着这个白色的鳌壳来到此地的，禁不住啧啧称奇。

盘古十二兄弟把大网的两头串到仗天杵上，然后把两根仗天杵插在沙滩上，这样，一张大网就张开了。五张大网一字排开，盘古十二兄弟、燧人和他部落中的人，静静地坐在海岸上，等待着落潮。又一个时辰过去了，海水开始慢慢回落了，仗天杵逐渐露出了水面。等到仗天杵露出一半的时候，岸上的人们已经看到了“蜘蛛网”里活蹦乱跳的鱼儿了，大家禁不住欢呼起来。

虽然没有解决部落里所有人的饥饿，但至少每个人都吃到了鱼肉。大家不再怀疑盘古十二兄弟了，也不再埋怨头领燧人。

午坤马给辰天龙送来一块鱼肉，辰天龙没有伸手相接，他摇了摇头说：“鱼儿也是一条性命，我于心不忍啊。”

“我们是不是应该这样来理解‘天下苍生’，人是万物灵长，人的生命要重于其他飞禽走兽？”午坤马嚼着嘴里的鱼肉说，“而鱼虾的生命再次一等，虫蚁蛾蜉之类更次一等……”

辰天龙打断了午坤马的等级制说：“你说的问题也困扰了我好久，尤其是我们有一百多只飞禽走兽的时候，豹子却被饿死，部落里的老人也被饿死，我当时也在想，天下苍生是不是应该有等级区分？可是，如果对生命进行区分，划分等级，那么盘古所说的苍生平等又如何来体现呢？”

“这个……我也没有想好，但我知道，我们活着才能去拯救天下更多的生命。”午坤马把手里的鱼肉放在辰天龙的跟前，转身离开了。

辰天龙望着大海，眼神里有些迷惘。他捡起鱼肉，思索了半天，最终还是把鱼肉递给了身边的一个小孩，他自己则扯过来一根剥光了的藤条，使劲儿嚼了起来。

大家吃完鱼肉之后，虽然还没有填饱肚子，但精神头好了很多。燧人走过来，询问辰天龙下一步怎么办。辰天龙说，继续收集藤蔓编制“蜘蛛网”，捕获更多的鱼。燧人说，这个网既然能捕鱼，就叫鱼网吧。

申金猴建议燧人，安排一部分人在海边守候，等待下一次涨潮，继续张网捕鱼。并让人们到树林弄来更长的木棒，代替仗天杵支撑鱼网。其他人则继续收集藤蔓，编制鱼网。于是，人类历史上第一次生产分工出现了。

根据第一次捕鱼的经验，辰天龙又改进了鱼网的结构，将原来蜘蛛网状的圆形改成了长条形。子地鼠建议把鱼网的网格再缩小，这样就能捕获更多的鱼。经过一番合理改进之后，鱼网的使用功效果然提高了很多，等到第二批长条形鱼网投入使用之后，一次涨潮捕获的鱼就足够喂饱整个燧人部落的肚子了。

3

受到子地鼠的启发和教授之后，燧人开始使用细细的绳子记录部落中的事物，小事打一个小结，大事打一个大结，先发生的事打在上面，后发生的事打在下面。结绳记事的内容，从部落中人的生老病死，一直到大海的潮涨潮落，最后到了日夜天象，燧人氏用绳子记录了人类的第一部历史。

天空越来越透亮了，透过灰蒙蒙的浮尘，人们已经能够看到太阳的轮廓了。大地之上，已经微微有了一些绿意，草芽儿钻破苦涩的土地，枯黄的树木大部分也长出了新的绿叶，天地间，又焕发出了勃勃生机。

随着捕鱼技术越来越成熟，燧人氏部落完全解决了食物问题，众人对盘古十二兄弟也是尊崇有加。鱼儿捕获的越来越多，部落中有人将吃剩下的鱼挂在了树枝上，数日之后，他们发现鱼肉非但没有腐烂变坏，味道反而更加特别。接下来的日子里，从南方刮来了几场大风，把天空中的浮尘吹得干干净净，天空露出了原本的湛蓝色，太阳再一次普照大地。经过风吹日晒的鱼，不但变得越来越轻，而且有利于保存，燧人氏部落将这种晒干之后的鱼称之为鱼干。

辰天龙叮嘱十一位兄弟，多晾晒存放一些鱼干，以备将来乘坐盘古神舟返回雪莲湖的时候食用。听说是为了重返雪莲湖做准备，众兄弟不由得心潮澎湃，更加卖力地日日捕鱼、晒鱼，储备鱼干。

一天中午，艳阳当头，辰天龙不知不觉中溜达到了海边。此刻，正赶上海水落潮，辰天龙一直走到了盘古神舟处，他攀上盘古神舟之后一直遥望水天相接的地方。

不知过了多久，燧人从远处走过来，他同辰天龙打了一个招呼，也攀上了盘古神舟。燧人给辰天龙递过来两个梨子，说："这是大灾难以来，第一批长成的水果，是部落里的人从很远的地方采摘来的，都给你留着呢。"

辰天龙说："大家都可以吃，我一个人吃不了那么多。"

燧人说："我们有鱼肉吃呢。"

说到了鱼，燧人试探性地问辰天龙，为什么要储备那么多鱼干？辰天龙说是准备重返雪莲湖，储备鱼干作为路上的粮食。燧人问，你们知道雪莲湖的方位吗？辰天龙说不知道。燧人说，大灾难来临后，你们就没再见到过太阳，所以你们连东西南北的方位都不知道，如何返回雪莲湖？辰天龙说他也在思考这个问题，但一直理不出头绪来。

“我一直在观察天象、风向和涨潮落潮，你们乘坐的盘古神舟能够漂到这里，一定跟风向和潮水有关系，所以，你们不要着急，等我摸清了天象、风向和潮水的规律，就能大概判断出来，你们的雪莲湖在什么方向。”燧人很真诚地说。

辰天龙一把握住燧人的手，说：“太好了！如果真的能确定雪莲湖的方向，你可帮我们大忙了！经过三十多天的漂泊，我才知道世界如此之大。如果没有确定的目标，我们就算是真的出了海，能够找到雪莲湖的机会也很渺茫，谢谢你！”

“你们盘古十二兄弟救了我们整个部落，要感谢的是我们。”燧人说。

自从看到太阳以来，天气一天天的变暖了。一天夜里，突然间电闪雷鸣，下起了雨。营地里的人全部被大雨浇醒了，大家只好各自找到一棵大树，躲在下面避雨。酉鸣鸡说：“如果能把我们的盘古神舟搬到这里来就好了。”

酉鸣鸡话音刚落，一道耀眼的闪电照亮了整片树林，紧接着一声炸雷就炸响在众人的耳边。闪电击中了一棵大松树，大松树瞬间着起火来，随着火势越来越大，大火又引燃旁边的松树。忽然间，一阵奇异的香味儿钻进了人们的鼻子，而且香味儿越来越浓厚，引诱得人们禁不住想一口吞下这股香味儿。

天亮时分，大雨停了，整片树林被雷火化为灰烬，幸好没有伤及到人。雨虽然停了，但那股诱人的香味儿依旧飘散在空气中。人们止不住自己的好奇心，循着香味儿找了过去，发现这股香味儿竟然是来自被烧焦的鱼干。盘古十二兄弟储存的鱼干为最多，很多鱼干过了一遍火，但是没有被烧焦，所以，香味儿也最为浓厚。未云羊从中拣了一条出来，放在鼻子上嗅了一下，便狼吞虎咽地吃了起来。众人聚拢在这堆鱼干周围，看到未云羊的吃相，一个个垂涎欲滴。辰天龙说：“你们想吃就吃吧！”

于是，燧人部落的众人一拥而上，把一堆烧烤过的鱼干吃了个干干净净。这也是人类历史上，第一顿熟食早餐。

还有人在灰烬中找到了一只被烤焦的兔子，鲜美的味道儿一点都不比烤鱼干差。燧人把一条兔子腿吃掉之后，突然扔掉手里的骨头跳了起来，他迅速跑到一棵尚在冒着烟的树干旁，对着树干使劲地吹气。部落里的人们和十二兄弟围了上来，看着燧人的怪异举动。燧人抬起头来，两个眼睛被浓烟呛得直流泪，他说：“要把火种保留下来，以后，所有的食物都要烧着吃。”

众人恍然大悟，急忙找来杂草树枝，重新引燃了火种。

“以前怎么就没有想到呢！”燧人感慨着。原来，燧人部落总喜欢选择树林作为宿营地，以前也遭遇过雷火烧掉树林，但当时由于食物匮乏，没有发现其中的奥妙。自此之后，燧人安排专人负责看管火种，这群看管火种的人四处收集干树枝，不断地往火堆里添加，大火日复一日地燃烧着。部落里的女性们，尝试着把各种吃的东西都用火来烧烤，味道自然都比以前好了很多。当然，除了水果之外。

自从有了这堆火之后，夜晚的时候，营地不再像以往那般死气沉沉。大人孩子全都围着火堆说话聊天，烧烤着各自喜欢的食物，各种奇异的香味儿飘荡在营地的上空。有了火，燧人氏部落也渐渐变得人丁兴旺，不断有新生婴儿呱呱坠地。火，真是一个奇妙的东西，它象征着温暖与和平，也预示着生命和延续。

可是，好景不长，十几天之后，一场突如其来的大雨浇灭了火堆。顿时，燧人部落的情绪低落到了极点。人们冒着大雨，围拢在那堆曾经带给他们无数快乐和欢笑的灰烬旁，良久不语。

4

燧人愁眉不展地走进了盘古十二兄弟的营地，对辰天龙说：“我记得你们刚到这里的时候，丑火牛的仗天杵里能喷出火来，能不能借给我们一点火种？”

“我们也在讨论这个事儿。”辰天龙说，“大家都主张借火种给你们，包括丑火牛。可是，我和申金猴不同意。”

“为什么？”

申金猴说：“因为我们早晚要离开这里，如果下一场大雨就能把你们的火种浇灭，那你们最终还是会失去火。”

“那……那怎么办？”

辰天龙说：“你们必须依靠自己，找到取火的方式，这样才能永远地拥有火。”

已经有很多个夜晚没有火了，营地里又陷入一片死寂和黑暗中。独自坐在营地外的燧人，还是一脸愁相：如何自己取火呢？盘古十二兄弟说的有道理，如果我们自己不能掌握取火的办法，最终还是不成……

燧人一直苦苦思索了半夜，依然没有找到取火的办法，他悻悻地站起身来，把手中的石块儿狠狠地扔了出去。突然间，扔出去的石块儿撞在石头上，冒出了一串火星。燧人顿时有所悟，他急忙蹲在地上摸索着石块儿，找到石块儿之后对着石头砸了下去，瞬间又冒出了一串火星。燧人抓起手中的木棍，从腰间摸出一块儿锋利的小石片儿，在木棍之上刮了起来，一直刮到木棍烫手，刮下来了一堆细细的木头丝儿。他把木头丝儿放在石头上，然后用石块敲击木头丝儿，手中的石块儿如果砸到木头丝儿上，见不到任何火星。可是，石块儿砸到石头上，火星也无法瞬间点燃木头丝儿。燧人敲敲打打忙活了一夜，始终未能点燃木头丝儿。

酉鸣鸡报晓之后，众人陆陆续续醒来，营地里又恢复了活力。燧人红肿着一双眼睛，继续用锋利的石片儿刮着木棍，一直刮到木棍烫手才作罢。烫手的木棍……忽然让燧人联想到了燃烧时的木棍，那么，木棍的温度继续升高下去，是不是就会燃烧？燧人不再理会刮下来多少木头丝儿，他只是飞快滑动着手中石片儿，想让手中的木棍达到燃烧时候的温度。木棍越来越细，也越来越烫手，但始终没能燃烧起来。

燧人累得胳膊已经抬不起来了，他招呼来了部落中几名专管火种的人，让他们继续用石片儿刮木头丝儿。燧人躺在石头上休息，他闭上眼睛之后还在琢磨取火一事：刮擦的速度越快，木棍就越烫手，也就是说，只要有足够快的速度，木棍就有可能燃烧起来。木棍越来越烫，可石片儿却不烫手，如果用木棍刮擦木棍，烫手的程度是不是就会加倍？

想到这里，燧人立刻睁开眼睛坐了起来，他让人把石片儿换成木棍。果然，两根木棍相互摩擦时，烫手的程度远远高于用石片儿。燧人越来越有信心了，他觉得主要原因还是摩擦的速度不够。如何才能提高木棍与木棍的摩擦速度呢？燧人手中搓着一根草棍，来回踱着步子。最后，他把目光放在了手中来回搓动的草棍上，因为搓动的速度太快，草棍上端连成了一个圆圈……

“对啊！这样的速度肯定快啊！”燧人兴奋地叫了起来。

刮擦木棍的两个人，被燧人的叫声吓了一跳，停下手中的木棍，愣愣地看着一脸欢喜的燧人。燧人说：“换一根！换一根细一点的木棍，用两只手来回搓动，这样的速度才够快。”

燧人一边说着，一边搓动着手中的草棍示范，两个专管火种的人立刻心领神会。找来了称手的细木棍之后，两个人轮番搓动，最后，木棍之上果然冒起来一丝青烟。虽然没有点燃木棍，但是已经让几个人兴奋得不得了，欢呼声引来了众人，也招来了盘古十二兄弟。专管火种的两个人继续轮番搓动着手中的细木棍，许久过后，还只是冒起来一丝青烟。申金猴看了一会儿，说：“放一点木头丝儿，看看如何？”

这一次，果然成功了！

这天晚上，燧人氏部落中重新燃起了熊熊大火，温馨、幸福和快乐也重新回到了人们的脸上。奇异的食物香味儿重又飘荡在空气中，吸引了方圆附近不少走兽游荡在营地周围，但红红的火焰又让它们感觉惊恐，不敢靠近。

燧人氏部落转移到了附近另一片树林当作营地，冒着鱼油的鱼干重新挂到了树枝上，他们再也不怕下雨，再也不用担心迁移营地了，因为他们已经学会了钻木取火。

盘古十二兄弟重新开始储存鱼干，筹备他们的回归大计。

天气渐渐转凉了，连续刮了三天三夜大北风，风大浪更大，十二兄弟和燧人部落都没有去海边捕鱼。陆地上的瓜果梨桃进入了成熟季节，加上日常储存的鱼干，整个营地即使十天不去捕鱼，也不会缺吃少喝。

经过许多日子的积极储存，加上燧人部落的馈赠，鱼干和水果足够兄弟十二人吃上一个月。这一天，辰天龙和午坤马召集十二个兄弟，商议出海寻找雪莲湖之事。对于回归雪莲湖，大家没有任何分歧，于是，众人决定北风一停就出海上路。

刚刚商议停当，燧人部落中的三个孩子匆匆跑了过来，对盘古兄弟们喊道：“盘古神舟没有啦！你们的盘古神舟不见了！”

5

盘古十二兄弟与燧人一起飞奔到了海边，盘古神舟果然没了踪影。众人傻愣愣地站在海滩上，望着海天相接之处，一时间竟不知所措。燧人劝慰众人，说盘古神舟既然能让水漂走，没准哪一天还能再漂回来。盘古十二兄弟知道这样的希望很渺茫，因为他们见识过一望无际的大海，盘古神舟之于大海，简直是一片树叶，谁能指望大海中的一片树叶有朝一日漂回岸上呢？

这一夜，虽然燧人命人点燃两堆篝火，但盘古十二兄弟却始终打不起精神来。

又过去了许多时日，天气逐渐转凉了。大家似乎渐渐淡忘了盘古神舟的事儿，十二兄弟与燧人部落的众人一起捕鱼、晒鱼、储存鱼干，也一同拾柴、收柴、点火烤鱼，日子倒也过得有滋有味。

在这段时间里，辰天龙发现燧人氏有了一些变化。先是一天比一天沉默，接下来，燧人的脸一天比一天消瘦。除非是部落中掌事的老者主动找燧人商量事，不然，燧人很少过问日常事务。一日，盘古十二兄弟与部落众人捕鱼归来，辰天龙看到燧人独自傻呆呆地站在一棵树下，两眼直勾勾地盯着西方，他便走了过去。

"你每天一个人独自发呆，连结绳记事都顾不上了。"辰天龙对燧人说。

燧人转过身来说："我已经交由掌事的人负责结绳记事了。"

"掌事的人该如何记录他们部落首领这段日子的状况呢？一天到晚一言不发？一天到晚愣怔发呆？"辰天龙说。

燧人眨巴了两下眼睛，似乎觉得自己的行为跟自己的身份的确不相匹配，神情顿时有些尴尬。

辰天龙看到燧人脸上有了活泛之色，便试探着问道："你是不是有什么心事？"

"唉！"燧人长叹了一声，"我们部落原本在遥远的西方，因为大洪水，我们被迫一路往东迁徙，已经离开故土很久了。"

辰天龙说："现在洪水已经消退，你们可以回到故土了。"

"谈何容易啊，大洪水之后草木尽枯，现在刚刚有了复苏迹象，如果部落迁徙的话，我担心一路之上的补给问题。"

"可以再等一年，等到草木繁盛之后，你们再回故土也就容易了。"

"唉！"燧人又是一声嗟叹，"大洪水之前，与我们相邻的弇兹氏部落遭遇大难，被一个来自北方的华胥氏入侵。弇兹氏的女首领玄女前往我们部落求救，因为我们和弇兹氏部落一向交好，曾经定有盟约，遇到来犯之敌，必联手共同御敌于双方领土之外。我们燧人氏部落与弇兹氏部落商量好后，玄女便回到部落筹备御敌了。可就在这个时候，大洪水来了，我们燧人氏部落只能以水为退，以保证部落不被灭亡。随着水势，我们一退再退就来到了此处。如今，大洪水已经消退，我们燧人氏部落虽然大部分人遇难，但毕竟保存了下来。而弇兹氏的生死存亡就很难预料了，即便是他们能够逃脱大洪水，又怎么能抵挡住华胥氏的入侵呢？"

辰天龙说："大洪水来临，华胥氏部落也会同样遭殃，估计他们也没有机会入侵弇兹氏了。"

"我也一直这样安慰自己。可现在大洪水退了，正是生存资源紧缺之际，华胥氏与弇兹氏如果都有幸存活下来，那么，战争肯定在所难免。"燧人的话语显得忧心忡忡。

“华胥氏为什么一定要入侵弇兹氏呢？”

“弇兹氏的女首领玄女也被部落众人尊称为织女，因为她发明了饲蚕抽丝，织布为裙，布裙夏可避蚊虫，冬可御严寒，为部落众人免去很多煎熬之苦。华胥氏的首领华颜，曾派人多次前往弇兹氏说和，欲与玄女联姻。玄女清楚华颜的目的，就是想要得到抽丝织布的秘笈，所以，屡屡拒绝联姻。华颜恼羞成怒之后，便生了征战杀伐之心。”

“哦！原来如此。”辰天龙终于弄明白了其中原委，“那你现在作何打算？”

“我想即刻率领部落回归故土，履行盟约，帮助玄女御敌。但又恐征途之上补给不足，给燧人氏部落带来灭顶之灾，所以，迟迟下不了决心。”

辰天龙说：“我们十二兄弟已经储存了大量鱼干，如今，我们回归雪莲湖无望，就把鱼干送给你们部落，作为西征的吃食吧。”

“既然你们暂时回不了雪莲湖，不妨跟我们一起西征吧。你们盘古十二兄弟天赋异禀，也能帮我们尽快回到故土，解救玄女于危难。”

“嗯……我得跟兄弟们商量一下，才能决定。”辰天龙说。

一个日朗风清的早晨，在酉鸣鸡一声报晓过后，盘古十二兄弟与燧人氏部落踏上了西征路途。

此前，辰天龙把自己的想法和燧人的请求告知了十一位兄弟，众兄弟觉得既然不能回归雪莲湖，干脆到处走一走看一看，总比整天待在海边好得多。午坤马说：“我从燧人那里得到了确认，这里有很多部落，所有部落都是跟盘古长得很相像的人。所以，我最近一直在思考，这些部落这些人或许就是盘古所指的天下苍生。”

“盘古既然要我们造福天下苍生，我们就不应该帮助一个部落去征战另一个部落，被帮助的部落如果是福，那么，被征战的部落就是祸，这样做，有违盘古所倡导的公正。”申金猴说。

巳水蛇说：“华胥氏挑起了祸端入侵弇兹氏，我们如果不帮助弇兹氏，弇兹氏部落的众人就会遭受祸害，这才是违背盘古造福天下苍生的遗训。”

丑火牛说：“看来，我们以后帮谁或者不帮谁，应该有一个标准。”

卯闪兔说：“这个很简单，帮对的不帮错的。”

亥风猪说：“谁对谁错也应该有一个评判标准吧。”

寅乾虎说："对就是对，错就是错，这就是标准！"

未云羊对寅乾虎说："以前，你饿了就去捕杀别的动物，对于你来说是对的，因为你不吃就得饿死。但是，你这种做法对于别的动物来说，这就是错。"

子地鼠说："那干脆就以伤害和被伤害，作为评判错与对的标准吧。"

戌雷狗对子地鼠说："这个好像不妥，华胥氏入侵弇兹氏，华胥氏是伤害方，弇兹氏是被伤害方，按照你的理论，华胥氏是错的，弇兹氏是对的。"

子地鼠说："对啊！"

戌雷狗接着说："现在受到伤害的是弇兹氏，如果燧人氏和我们盘古十二兄弟前往解救，我们一起打败了华胥氏。这个时候，华胥氏受到了伤害，也就是说华胥氏是对的，而弇兹氏、燧人氏和我们十二兄弟是错的了？"

一场关于是非善恶对错的争论就此开始了，这是人类第一次涉及价值观的大讨论。以盘古十二兄弟此时的理论水平，的确很难说清楚这个既简单而又复杂的问题，但与人性息息相关的哲学思维，已经开始萌芽。

看到争论在无休无止地进行着，辰天龙说："我们既然暂时拿不出一个大家都认同的标准来，就以投票的方式决定吧，前提是不违背盘古'信、诚、勇、仁、德、和'的六字箴言。"

"还有盘古的遗训，为天下苍生造福。"午坤马补充说。

6

盘古十二兄弟与燧人氏部落一起踏上了西征之路。

一路之上，大洪水肆虐过的痕迹依然可见，虽然草木已经开始泛绿，但那些被连根拔起的千年古树随处可见，且大都已枯死腐烂。每每看到这些场景，众人都是默默无语，偶尔能听到一两声嗟叹，那场旷世洪水似乎就在眼前。

人类的敬畏之心源于对自然灾难的恐惧。

从燧人结的记事绳子来看，整个部落已经往西行走了二十八天。二十八天以来，路上遇到的飞禽走兽已然增多，却没有看到一个人的踪影。途经之地大多有山有水有森林，便于人类和动物生活，大洪水之前，这里想必也是人丁兴旺。

这一天，行进的队伍被一片红色的山峦挡住了去路。众人望着赤红色的山峰，禁不住感叹，因为一路上途经不少山峦丘陵，大都是青灰色，独独这里的峰峦竟然是赤红色的。燧人与盘古十二兄弟一直走在队伍的最前面，午坤马问燧人，西面的山峰是不是都是这样的颜色。燧人说不是，这样奇怪的山他也是第一次见。正说着，走在最前面的戌雷狗突然站住了，他回头说道："这里有人的气息了。"

听说有人的气息，燧人立刻警觉起来，他对身后的部落众人发出了一个警示的手势。辰天龙问他为什么这么紧张，燧人说："人不像动物，单个的人很难生存下去，所以每个人都归属于一个部落，有了人的气息就等于遇到了别的部落，而每个部落之间为了争夺生存资源，大都是相互仇杀的。"

"人类为什么要相互仇杀？"亥风猪问。

"为了生存。"燧人说。

辰天龙说："盘古让我们造福天下苍生，如果天下苍生都要用杀戮的方式来生存的话，我们就有事情要做了。"

巳水蛇问辰天龙："我们做什么？"

"阻止杀戮，造福苍生。"辰天龙说。

"这个可以成为我们做什么或者不做什么的标准了。"申金猴说。

大家不约而同地点头默认。

盘古十二兄弟继续讨论着他们造福苍生的标准，不知不觉中已行到了山脚下。戌雷狗突然甩开众人，一路往前奔去，他在一堆兽骨前停了下来。大家跟上前来，发现这堆白花花的兽骨非常干净，骨头上面一丁点儿肉丝也没留下。燧人指着地上的兽骨，说："这里的人肯定饿极了。"

燧人抬头看了看天色，发出号令，就地寻找一处水源作为宿营地。辰天龙很纳闷："至少还要两个时辰才能天黑，为什么这么早宿营？"

燧人说："两个时辰很难翻越这座山，如果晚上在山里面遭遇到这个部落的袭击，我们就会很危险。"

辰天龙觉得燧人说得很有道理，便不再坚持了，并叮嘱戌雷狗和子地鼠注意周围的情况。戌雷狗应了一声，对辰天龙说："他们已经发现我们了。"

辰天龙循着戌雷狗的目光看去，只见远处的乱石堆上，一个黑影闪了一下，便不见了踪迹。等辰天龙回过身来的时候，发现戌雷狗瞬间也没了踪影。

原来，戌雷狗走到无人处，悄悄摘下盘古灵珠，变幻成原形，往乱石堆的方向潜了过去。戌雷狗一路上嗅着那个黑影的气息，来到了一个山坳。他刚刚拐过山坳的一角，便听到山坡上的树林里传来说话的声音。借着低矮灌木的掩护，戌雷狗悄悄往山坡上爬了上去。直到能够听到清晰的说话内容时，戌雷狗才躲到一块岩石后面隐藏起身形。

只听到一个年轻人的声音说："大概有五六百人，男女老少都有，随身携带了很多东西，所有人手里都持有棍棒，看样子像是一个迁移的小部落。"

紧接着，又传来一个年长男人的沙哑声音："你确定不是前来入侵的部落？"

年轻的声音说："入侵的部落只携带棍棒利石，肯定不会带着鱼。"

"鱼？什么鱼？"

"一种没见过的大鱼，几乎每个人的木棒上都穿着很多鱼，看上去，那些大鱼都很轻。"

年长者似乎在沉思，过了一会儿，他用沙哑的声音说道："我们赤山氏部落已经很久没有捕获到动物了，鱼肉也是肉，今天半夜时分，我们带人把他们的鱼抢过来。"

"咱们带多少人去？"

"他们长途劳顿，咱们带上一千人过去足够了。另外，你继续回去监视他们的动静。"

"好的，我这就回去看住他们。"年轻的声音说完，便匆匆走开了。

戌雷狗屏住呼吸，从岩石后面探出头来，朝着刚才讲话的地方看过去。只见一位须发苍白的老者，站在一块暗红色的巨石前，正在用一根树棍蘸着白色的树汁之类的东西，在岩壁上画出了一条鱼的形状。白发老者望着自己画的鱼，轻轻地点了点头，自言自语说："能够捕获这么多大鱼，这个部落里肯定有高明之人，我们不能粗心大意啊。"

戌雷狗缩回了脑袋，沿着原路悄悄地走下了山坡。从山坳中出来之后，戌雷狗不敢怠慢，撒开腿便往燧人氏部落的营地奔去。临近营地时，戌雷狗闻到了诱人的烤鱼的香味儿，知道燧人氏部落已经安置好了营地。

宿营地树林的外边，辰天龙与其他兄弟正在焦急等待着戌雷狗，看到他一露头，大家就一起迎了上来。

"你去哪里了？也不说一声就跑的没影没踪了。"辰天龙急切地问道。

戌雷狗看到大家关切的神情，心中颇为感动，他戴上盘古灵珠后说："我去跟踪那个黑影了。"

"怎么样？"

"有什么发现？"

"他们是什么人？"

燧人也从营地中赶了过来，问道：“是不是会对我们不利？”

戌雷狗便把探听到的情况一一告知了大家。燧人氏说：“曾经听说过赤山氏部落，这个部落以磨制石器闻名。”

午坤马问燧人氏：“磨制什么石器？”

燧人说：“这个部落用一种他们称之为玉的石头，打磨成锋利的片状或尖刺状，用来捕猎动物，切割动物的肉皮。当然，他们也用这些锋利的石头来打仗、杀人。”

未云羊说：“那我们赶紧离开这里吧，一旦打起来，双方必然都会有伤亡。”

戌雷狗说：“恐怕来不及了，他们已经在我们周围派人监视了，即便是我们离开这里，他们也会追赶上来的，到时候，我们就更被动了。”

申金猴说：“绕过这座大山，恐怕又得耽误两天的路程，我们还是想办法化解这场战争吧。”

辰天龙说：“他们人多势众，恐怕很难化解。”

7

半夜时分，燧人氏部落的营地里静悄悄的，连往常的鼻鼾都听不见一声。树林外面，赤山氏部落的一千名精壮汉子，手中持着锋利的石器和棍棒，悄悄地靠近了树林。须发苍白的老者走在队伍的最前面，他用手势指挥着部落众人从两侧包抄了树林。这是古代部落围猎野兽时惯用的阵法。眼看着包围圈越来越小，但树林里依旧悄无声息，赤山氏部落的人不免暗中高兴：这个迁移部落没有任何防御机制，轻易得手就不会造成流血伤害了。

包围圈还在进一步缩小，赤山氏部落里的人几乎都能看到对面模糊移动的身影了，须发苍白的老者突然间有了一种不祥的预感。还未等老者发出手势，忽然间树林外面亮光一闪，一团火焰燃烧了起来。紧接着，一团火焰、两团火焰、三团火焰……一团团火焰就像一条蠕动的蛇，依次点燃，整个树林在很短的时间内，便被火焰包围了。

这是赤山氏部落从未见过的奇异场景。这样的火，他们倒是曾经见过，但那也只出现在雷雨季节，大火伴随着雷鸣闪电从天而降，雷雨过后，大火也就熄灭了。现在，既没有下雨，也没有雷鸣，更没有闪电，这些火是从哪里来的呢？赤山氏一千名精壮汉子，被这团火焰围困在树林里，此刻，只有瑟瑟发抖的份儿。

须发苍白的老者率先冷静下来，他用沙哑的声音安慰自己的属下：“这个部落肯定找到了保存火种的办法，大家不要害怕，他们人少，所以只能利用火来装神弄鬼。”

老者一边说着，一边往树林外面有火焰的明亮处走过去。看到老者英勇无畏的架势，赤山氏部落的众人也随之壮起了胆子，紧紧跟在老者的身后。老者继续鼓励大家：“三十年前，雷神电母降下天火，烧掉了这里所有的树林，把山峰烧成了红色，但我们顽强的赤山氏还是活了下来。今天，你们反而害怕眼前拳头大小的一团火吗？孩子们！我们杀出去！”

“杀出去！杀出去！杀啊！”一千多人在半夜时分呐喊的声势着实不小，须发苍白的老者领头冲向了树林外面。

就在赤山氏部落与燧人氏部落即将搏杀的刹那，只见一道耀眼的火墙自天而降，并不时地发出“呼呼”的声音，看着、听着都让人心生畏惧。不一会儿，火墙消失了，十二个手持华丽仗天杵的健壮小伙子出现在火墙后面，正是盘古十二兄弟。辰天龙往前迈了几步，走到须发苍白的老者跟前，温和地说：“老人家，我们是盘古十二兄弟，跟随燧人氏部落西行返乡，途经你们赤山氏部落，还请你们给个方便。”

“盘古？是传说中的为我们开天辟地的盘古吗？”老者问辰天龙。

“是！但不是传说，是实实在在、耗尽精血为我们开天辟地的盘古。”辰天龙恭敬地回道。

“哦……”老者沉吟了一会儿，似乎对辰天龙的话不太相信，“听说过盘古，但没有听说过盘古十二兄弟，请问你们是盘古的兄弟吗？”

辰天龙说：“我们不是盘古的兄弟，我们是曾经跟随盘古开天辟地的十二个动物，分别是鼠、牛、虎、兔、龙、蛇、马、羊、猴、鸡、狗、猪。盘古化成大山之后，赋予了我们十二个动物神力，使我们幻化成人形，并让我们造福天下苍生。”

“哦，原来我是在跟畜生说话呀，哈哈！”须发苍白的老者仰天笑道，看来他还是没有相信辰天龙的话。

辰天龙极有耐心：“你也可以这么说。”

“既然如此，我没有必要跟畜生废话了，孩子们，杀出去！”老者一挥手，赤山氏部落的众人呐喊着往前冲了过来。

丑火牛、戌雷狗和卯闪兔跳了出来，三个人双手抡起了各自的仗天杵，对着扑到眼前的赤山氏部落挥了过去。瞬间，只听到一声震耳的雷鸣炸响在耳边，紧接着一道刺眼的闪电划过头顶，随后，一道火墙再次燃烧起来。这道火墙比上一道距离赤山氏众人更近，很多人的头发眉毛都被火墙点着了，众人慌乱着相互帮忙扑灭了身上的火焰。这一瞬间的变故，包括老者在内，大家全被吓呆了。赤山氏部落的众人呆立了片刻之后，须发苍白的老者突然间“扑通”一声跪了下来，紧接着“扑通扑通”之声不绝于耳，一千多名精壮汉子跪倒了一大片。

辰天龙急忙走上前去，搀扶起来老者，并询问：“老人家没有受伤吧？”

须发苍白的老者摇了摇头，嘴巴张得大大的，没有说出话来。半晌后，老者才开口道：“我是赤山氏部落的首领，我的名字叫台。盘古十二兄弟神力无边，请宽恕我们的粗鲁无礼！”

“谈不上宽恕不宽恕，我们十二兄弟只是希望人类能够相互友爱，部落之间不要相互仇视杀戮。”辰天龙说。

“我们也是没有办法，好容易躲过大洪水，接下来又是大饥荒，我们部落大半年来都处在饥饿当中。”老者叹了一口气，“我们部落已经好久没有捕猎到动物了，大家几乎都快忘掉肉的滋味了。”

辰天龙说：“我们从东海边上捕获了很多鱼，经过晾晒之后能够储存很长时间，而且味道十分不错，可以给你们留下一些鱼干。”

辰天龙说完，转身走回到了燧人氏部落中，把自己的想法告诉了燧人。燧人二话没说，便命令大家收集一部分鱼干，送与了赤山氏部落。台非常感激，他邀请盘古十二兄弟和燧人氏部落到山坳的营地里宿营，说那里的泉水甘甜，而且也很安全。燧人氏谢绝了，说到营地会打扰赤山氏部落其他人睡觉。台的脸上略显失望，他意识到是燧人氏不信任自己。于是，台对手下众人说：“大家把手中的石器收集起来，送与燧人氏部落，算是我们的答谢。”

不一会儿，赤山氏部落里的人依次走到了燧人氏跟前，将手中玉石磨制的石刀、石斧、石矛等物轻轻放下。燧人氏没想到台会如此慷慨，因为在远古时代，每一个部落大都会拥有一门独特的技艺，而这门独特技艺也是该部落得以延续和发展的重要基础。所以，很多部落对自己所掌握的技艺守口如瓶，绝不肯外传。

燧人氏不好意思再拒绝台的邀请了，便跟随赤山氏部落进驻了山坳的营地。一路之上，赤山氏部落的人对火把颇为好奇，追随着举着火把的燧人氏部落的人，问个不停。燧人氏部落的人却遮遮掩掩，没有给他们一个正面答复。燧人氏突然警觉起来，不由得暗呼上当：怪不得台这么慷慨，原来是为了得到火。

8

燧人氏部落在赤山氏部落的营地里睡了大概有两个时辰，酉鸣鸡的报晓声就唤醒了大家。经过大半夜的折腾，大家都是一副没有睡醒的样子。而此刻，须发苍苍的台已经率领部落中的一群女人和孩子，捧着一些水果来到了燧人氏歇息的营地。能够看得出来，赤山氏部落的孩子们对手里的水果早就垂涎不已，两个小眼睛直勾勾地盯着水果，并不时地把脸贴在上面，嗅一嗅果香味儿。

燧人氏走到台面前，表达感谢之情，只是不肯接受水果。台见燧人氏态度决绝，也不再坚持了，他挥了挥手，部落中的妇女和孩子就走开了。孩子们根本等不及离开燧人氏部落歇息的营地，便贪婪地抱着手中的水果大吃大嚼起来，有几个孩子因为吞咽的太急，呛得咳嗽流泪，但也没舍得把吃到嘴里的水果吐出来。看到此情此景，盘古十二兄弟禁不住心中凄然，一向心软的亥风猪竟把头扭到了一边，不忍心再看下去。

燧人对台说："我们还得赶路，就不打扰你们了，谢谢你们的盛情款待！"

台说："我有一个请求，我就直说出来吧，你们能不能把保留火种的方法告诉我们。"

燧人微微一笑，他觉得自己果然没有猜错对方的目的。

台见燧人微笑不语，继续说："我知道这个请求有些过分，但是我还是说出来了，因为我想让赤山氏部落延续下去。火是一个很神奇的东西，它能带来温暖、安详、吃食。四十多年前，雷公电母给我们也送来了一场大火，可惜我们没有办法把它留下来。那场大火烧过的地方，很多草根变得又香又甜。"

"这个……"燧人面露为难之色，"别的请求我都可以答应你，包括给你们多留下一些鱼干，但我不能把取火秘密告诉你们。因为，我跟部落中几位掌事的老者定下了规矩，凡是泄露取火秘密的人，一律逐出部落，永世不得返回。"

台的神情失望之极，仿佛瞬间苍老了许多，他张了张嘴没有说出话来，只是对着燧人挥了挥手，意思是请他们上路。燧人的心情也颇为复杂，他逃也似的往前走去，燧人氏部落里的人紧随其后，默默地经过须发皆白的台跟前。

"请等一下！"站在高处的辰天龙喊了一声。

燧人氏不由得止住了脚步，回过头来望着辰天龙。辰天龙从高处一跃而下，走到了燧人面前，说："为什么不能把取火的秘密告诉台？他也是为了整个部落的生存，才来求你的。"

燧人说："不告诉他们取火的秘密，我也是迫不得已。一个部落只要多掌握一项生存技能，就能够很快地发展壮大起来，而一个部落的发展壮大，就意味着周边的弱小部落将被壮大的部落侵袭、灭亡。这是一个规律，在我们的经历中已经经历过很多次这样的壮大和灭亡了。"

"哦……原来是这样。"辰天龙看了一眼台，对燧人说，"如果我让台承诺，将来，即便是赤山氏部落发展壮大了，也不能与燧人氏部落为敌呢？"

燧人说："现在做出承诺容易，只怕将来难以保证。"

辰天龙听到燧人的话里有了活口，便迫不及待地拉着他的手，来到了台面前，对台说："台，燧人把取火的秘密告诉你们之后，你能承诺将来赤山氏部落发展壮大之后，不与燧人氏部落为敌吗？"

"能！我能承诺，我们可以订立一个部落盟约，燧人氏部落与赤山氏部落世世代代为友、为兄弟！"台暗灰色的眼睛里瞬间有了亮光，爽快地答应了辰天龙。

燧人不以为然，他对台说："部落盟约也是口头承诺，即便是你能保证自己不与燧人氏部落为敌，可你如何保证在你之后的部落首领不与我们为敌呢？"

台愣了一下，一时间也无言以对。

辰天龙对燧人说："你会结绳记事，要不你就把今天的盟约结成绳结记录下来，总共结两根绳子，两个部落各执一根，作为将来的依据，如何？"

台说这个主意很好。燧人说绳结可以改动，将来如果反悔的话，倒成了反悔的依据了。辰天龙一时也无计可施了，他抬头看到了憨憨的亥风猪正拄着仗天杵打瞌睡，竟然冒出了一个想法来。辰天龙跑过去，把睡眼惺忪的亥风猪拽了过来，对台说："我听戌雷狗说你会在岩石上画鱼，你不妨把我和亥风猪也画下来，刻在你们的岩石上，作为你们两个部落今天结绳盟约的图证。"

燧人和台一齐看着辰天龙和亥风猪，两个人都没有说话。辰天龙突然明白了过来，朗声笑道："盘古死去已经几千年了，是他赋予了我们十二个人神力，所以我们有了不死之身。既然你们用我和亥风猪作为部落盟约的图证，我们俩一定会尽到监督的责任。"

燧人和台一齐称好。于是，台在路边的一块红色岩石上画来画去，开始设计部落盟约的图证。燧人则忙着用绳子记录两个部落今天订立的盟约。

过了足有半个时辰，燧人已经结好了两根一模一样的绳子，台也在红色岩石上画好了两个图证，一个龙头和一只猪头。亥风猪对于自己的猪头形象很不满意，嘴巴噘得老高。台似乎看出了亥风猪的心思，他转过身去，把蒲叶中的白色树汁全部倒在刚刚画好的龙头和猪头上，回过头来说："既然是盟约的图证，就应该是一个，而不是两个。两位不介意我在你们身上各取一部分，组合成一个图证吧？"

辰天龙说他不介意，亥风猪当然更不会介意。于是，台又寻了一块更大岩石，在上面画了半天，最后画出了一个漂亮的图证。这个图证拥有一个圆形身体，一眼看上去便知道是龙，而龙头部分，说是龙头也像龙头，说是猪头也像猪头，构思得非常巧妙。

于是，燧人氏部落与赤山氏部落顺利地订立了盟约，营地里洋溢着一片欢庆的气氛。

接下来，燧人给台和他部落中的人演示了一遍钻木取火的方式，看得众人啧啧称奇。等到一股青烟袅袅升起，弱小的火苗点燃了木屑之后，赤山氏部落发出了一阵欢呼声。盘古十二兄弟也没闲着，他们把结绳、结网的技能也教授给了赤山氏部落。台感动得老泪纵横，他安排自己部落中的能工巧匠，将打磨石器玉器的技能传授给了燧人氏部落。

午时时分，盘古十二兄弟和燧人氏部落启程了。长长的队伍登上一道红色大山梁之后，辰天龙向山下望去，只见台率领全体部落的人跪倒了一大片。

拥有了结织鱼网、钻木取火和磨制玉石的赤山氏部落，果然熬过了大饥荒的灾难。整个部落在台的带领下，人丁兴旺、日益壮大，但他们始终恪守盟约承诺，不仅没有与燧人氏部落为敌，连对周边的弱小部落也是扶持有加。随着赤山氏部落磨玉的技艺发展，后人将红色岩石上辰天龙和亥风猪的图证，打磨成了玉制品，随身携带以警示自己的贪欲。这个图证历经数千年，最终成了赤山氏部落的图腾象征，世世代代磨制、佩戴。

大约过了两万五千年之后，有人在赤山周围挖掘出土了一块当年的图证，后人竟然揣摩出了其中的部分寓意，将其命名为玉猪龙。

9

接下来，西征的队伍又经过了六个部落的聚居区，辰天龙同样以订立盟约的方式，让燧人把钻木取火的技术传授给了他们。盘古十二兄弟也把结织鱼网的技术悉数相授。

申金猴看到燧人脸上有不悦之色，就开导他说："其实，你等于赚了大便宜，你想想，我们一路上如果把钻木取火的方式传授给三十个部落，这三十个部落每个部落才多了一项技能，而你却以一项钻木取火换来了三十项技能。如果一项技能就能使一个部落发展强大，那么将来最强大的部落还是你们燧人氏部落。"

燧人觉得申金猴说得很有道理，于是，在接下来的日子里，每遇到一个部落，燧人都会主动与之交换技能。在盘古十二兄弟的帮助下，燧人将火种播撒开来。火，改变了人类，改变了世界。

盘古十二兄弟与燧人氏部落继续西行，他们风餐露宿，夜伏昼行，距离目的地已经越来越近了，而燧人的情绪却明显焦躁不安起来。子地鼠起夜的时候，发现燧人独自坐在石头上想着心事；酉鸣鸡报晓时，看到燧人独自站在营地外面遥望着西方。燧人的眼睛里布满了血丝，他的神情时常恍惚，看不到夜晚熊熊的篝火，也听不见众人说话。燧人完全进入了一个人的世界。

未云羊是一个爱搞恶作剧的家伙。这天上路的时候，未云羊一路上揪着路边的狗尾巴草，用子地鼠编织绳子的方式，将一根根狗尾巴草编织成了一根更大的狗尾巴草。等到午时休息进食的时候，未云羊磨叽到了燧人身边，问他是不是有什么心事？燧人摇了摇头，叹了一口气："我说出我的心事，你也不懂。"

"那肯定是你说得不明白，如果你说清楚了，我怎么会不懂呢？"

"我通过这段时间的观察，发现你们兄弟十二人跟我们人类还是有很多不同。"

"你说说看，都有哪些不同？"未云羊好奇道。

"除了你们各具不同的神力之外，你们在情感方面还是一张白纸。"

"你说错了！我们的情感丰富着呢，我们爱盘古，爱我们朝夕共处的兄弟，爱人类，爱天下苍生。"

"我没有否认你们的善良和爱心……"燧人顿了顿，"但是人类还有一种很微妙的情感，是男人和女人之间产生的情感，这是你们所不知道的。”

“男人和女人之间的情感？哦……原来你最近不吃不喝不睡的，是因为男女之间的情感啊？”

燧人说：“我说过你们不懂，这是纯洁的爱情。”

未云羊在与燧人聊天的过程中，把自己一路上编制的“狗尾巴草”挂在了燧人后腰的藤蔓上。等到午后再次上路的时候，走在队伍前面的燧人依旧自顾自地想着他的心事，可他身后的族人却笑翻了一地。趁着众人耍笑，未云羊把燧人因为“男女之间情感”而焦躁不安的事情，告诉了另外十一位兄弟，大家听得都是云里雾里，不知所以然。午坤马说：“我记得燧人曾经说过一个女人，就是弇兹氏部落的首领玄女，难道是他与玄女之间的情感？”

申金猴说：“有可能，因为华胥氏部落的首领华颜，提出要与弇兹氏部落的首领玄女联姻，所以，燧人焦躁不安。”

巳水蛇说：“华颜提出要与玄女联姻，是大洪水暴发之前的事情了，燧人现在才开始焦躁，不合乎逻辑啊。”

“大洪水来了之后，大家能够保住自己的性命就算不错了。稍微安定下来，作为部落的首领，首先考虑的是如何保存部落延续。等到部落生存问题得以解决之后，估计是燧人想起了男女情感的事了，这才越来越恍惚，越来越焦躁。”申金猴说。

亥风猪嬉笑着说：“看来男女情感不是个很重要的事情，弄不明白也无所谓了。”

突然，一阵轰鸣声进入了大家的耳朵，而且，越往前走声音越大。燧人氏部落中的女人和孩子们闻声却步，脸上顿时显现出恐惧之色，因为当初大洪水袭来的时候，也伴有这样的轰鸣之声。盘古十二兄弟对望了一眼，不约而同地往前奔去。轰鸣声越来越大，大家几乎听不到彼此说话的声音。越过一道土墚后，呈现在十二兄弟面前的竟然是一条黄色的宽大河流。河流的上游有一个二十多人高的落差，形成了一道大瀑布，湍急的河水倾泻下来，形成了雷鸣般的声响。

戌雷狗站到土墚之上，向后面的燧人氏部落挥了挥手，示意没有危险，并让他们过来。众人攀过土墚后，都被眼前的景象震撼了。上游的瀑布落下来之后，激起了一片水雾，在空中形成了一道美丽的彩虹。岸上所有的人都屏住了呼吸，张大了嘴巴。幸亏燧人满脑子都想着自己的心事，不为眼前的景象所动，他催促大家继续赶路，长长的队伍沿着河岸一路逶迤西行。

第七章

辅燧人，安定北方成一统

1

根据周围的地貌山形，燧人判断已经接近弇兹氏部落的领地了。燧人指着一片桑树林，对盘古十二兄弟说："弇兹氏部落的女首领玄女养蚕抽丝，发明了纺织术，所以弇兹氏部落的人全部穿着蚕丝制成的布衣。"

说到玄女的时候，燧人一直皱着的眉头舒展开了，露出了久违的笑容，两排雪白的牙齿在黄昏中闪闪发光。盘古十二兄弟一时间愣住了，未云羊心里暗暗纳闷：纯洁的爱情这么神奇？

与燧人一样，盘古十二兄弟当中也有四个人郁郁寡欢，他们四位倒不是因为爱情，而是因为手中的仗天杵。近日来，辰天龙、午坤马、寅乾虎和子地鼠一直愁眉紧锁，他们四位遇到了一个相同的问题。看到其他兄弟的仗天杵每每遇到紧急关头，都能够大发神威，辰天龙、午坤马、寅乾虎和子地鼠不由得心中暗暗着急：丑火牛火杵的熊熊烈焰，卯闪兔闪杵的电光四射，巳水蛇水杵的惊涛骇浪，未云羊云杵的浓云迷雾，申金猴金杵的金光闪耀，酉鸣鸡鸣杵的惊魂长啸，戌雷狗雷杵的万钧雷霆，亥风猪风杵的狂风呼啸，而自己手中的仗天杵却与普通的棍棒没什么两样，从未显现过任何神力。

申金猴一路上也在帮他们四个琢磨其中缘故，但始终没有得到满意的结果。通过其他兄弟对仗天杵的使用心得，申金猴一开始主张要集中全身的注意力于仗天杵，这一点的确没错。随着另外八个兄弟对仗天杵运用得越来越娴熟，辰天龙、午坤马、寅乾虎和子地鼠的失落感与日俱增。辰天龙和午坤马平日里忙活着团队管理的事情，由于两个人处事公正，颇受大家拥戴。寅乾虎曾经身为百兽之王，如今虽然幻化成了人形，但虎威犹在。唯独子地鼠，身为老鼠的时候，由于个体较小，仰仗众位兄弟的时候较多，幻化成人形之后，本以为可以与众位兄弟齐头并进了，偏偏自己手中的仗天杵不具神力。所以，最为郁闷就是子地鼠了。

晚间无事，盘古十二兄弟围坐在一堆篝火前闲聊。子地鼠摆弄着手中的地杵，心思根本就没有放在聊天上。看出了他有点落寞，大家没话找话地与他扯东扯西，可子地鼠总是心不在焉地应付着，两眼始终离不开手中的地杵。申金猴走到子地鼠的跟前，接过了他手中的地杵，说："每个兄弟手中的仗天杵都具备一样特殊的神力，不可能唯独你们四人的仗天杵毫无用处，肯定还是我们没有掌握其中的诀窍。"

“也许是盘古没有赋予这四根仗天杵神力，反正有你们呢，我就认命了。”寅乾虎嘟囔道。

“水杵有水，火杵有火，风杵有风，剩下四根仗天杵是天地乾坤，究竟会有什么呢？”申金猴似乎是在问自己，“天地乾坤……天地乾坤……天地……乾坤……”

辰天龙笑着对申金猴说：“别再费脑子了，就像寅乾虎说的那样，有你们兄弟八人的仗天杵，我们已经能够为天下苍生造福了。”

申金猴似乎没有听到辰天龙在说什么，他继续自顾自地念叨着：“天地乾坤……天地乾坤……天杵、地杵……乾杵、坤杵……”

“猴子，你絮叨得我头都疼了，咱们不唠叨了，好不好？”巳水蛇说。

“有了！有了！”申金猴照样没有理会巳水蛇，“我们发挥神力的八根仗天杵，都是单独使用的，剩下的四根正好是天与地、乾与坤，都是两两相对的，有可能是要两根仗天杵配合使用。”

众人被申金猴的说法吸引住了，纷纷询问：“怎么才算是配合使用呢？”

“我也不知道，只能一步步来试了。”申金猴说，“这样吧，辰天龙和子地鼠，你们两个集中精力，同时挥杵发力，看看如何？”

众人闪出来一块空地，辰天龙与子地鼠双双站定，各自双手握紧了仗天杵。“噫嗨！”“噫嗨！”辰天龙与子地鼠先后挥出了手中的仗天杵，两根仗天杵除了在地上砸出两道深坑之外，没有任何特别之处。

“不对！不对！”申金猴说，“你们两个同时发力和挥杵，你们喊一个口号吧，同时出击！”

“什么口号？”子地鼠问。

辰天龙说：“既然是天杵和地杵要一同使用，就喊‘天地一杵’吧！”

子地鼠说：“好！”

于是，两个人再次屏神凝气，高高举起仗天杵，齐声高喊：“天地一杵！”

辰天龙与子地鼠双双挥出了手中的仗天杵，顷刻，天地间白光一闪亮如白昼，近处的人脸，远处的山峦，全都亮堂堂得跟白天一样。盘古十二兄弟，包括燧人氏部落的众人，一时间全都被镇住了。这是从未有过的奇观啊，夜晚在一瞬间变成了白天！

呆立片刻过后，寅乾虎掩饰不住兴奋的心情，他拉着午坤马走到了空旷处，说：“该我们乾杵和坤杵了。”

午坤马望着闪亮的世界，心中有些将信将疑，他随着寅乾虎的动作，木讷地举起了手中的坤杵。寅乾虎断喝一声："乾坤一杵！"

午坤马随着寅乾虎挥出了仗天杵，像辰天龙和子地鼠的第一次出击一样，乾杵和坤杵只是在地上砸出两道深坑。辰天龙走过去，拍了拍午坤马的肩膀，说："集中精力，相信奇迹吧！"

午坤马点了点头，他与寅乾虎再次举起仗天杵，两人齐声高呼："乾坤一杵！"

刹那间，亮堂的白昼忽闪了一下，化成了漆黑的夜晚，连原来的月亮都躲到了云层后面，大家只能借助篝火看清周围几步远的地方。

午坤马似乎依旧不相信仗天杵能够产生如此巨大的神力，口中喃喃地念叨着："天地一杵，日月同辉。乾坤一杵，日月同归。天地一杵，日月同辉。乾坤一杵，日月同归……"

2

盘古十二兄弟与燧人氏部落已经进入了弇兹氏部落的领地，但一直没有看到弇兹氏部落的人。地面上，有散落的棍棒，这些棍棒的一头全部呈扁平的尖头。燧人从地上捡起来一根，对盘古十二兄弟说："这是弇兹氏部落的武器，是根据他们织布时用的梭子发明的。"

又往前行走了一段路程，戌雷狗倚着嗅觉，从草丛里拖出一团白色的东西，上面沾满了血迹。燧人急忙上前对众人说："这就是弇兹氏部落用蚕丝织成的布，是用来做衣服的。"

燧人拿着带血的白布，显得忧心忡忡。他走到部落中，安排众人先护送部落中老弱妇儿绕道回自己的领地，只留下两百名精壮的汉子随行。安排停当后，燧人一马当先，快速往弇兹氏部落的中央领地奔去。翻越数道山梁之后，燧人对辰天龙说："前面不远就是弇兹氏部落的宿营地了。"

果然，没走出多远，前面的戌雷狗便发出了手势，让大家躲避起来。众人迅速隐入了路边的灌木林中。片刻，前面的一个三岔路口走过一群人，大概有三百多人。这群人体格健壮、长相凶悍，手里握着的木棒一头粗、一头细，细头握在手中，粗头上则沾满了血迹。这群凶悍粗壮的家伙押着一百多个身着白色丝布的人，大多数人受了伤，白色丝布上渗出了刺眼的鲜红色。凶悍的家伙们一路上说说笑笑，不时地用手中的大头木棒敲打着行走缓慢的白衣人。

寅乾虎握着仗天杵，起身就要冲上去，被身边的午坤马一把按住了。寅乾虎怒气冲冲地说："我们不是要来造福天下苍生吗？那些白衣人正在遭受苦难，你们看不到吗？"

燧人回过头来，也对寅乾虎做了一个噤声的手势，压低声音说："我们先跟踪他们，摸清了底细后，再去解救弇兹氏部落的所有人。"

寅乾虎恨恨地叹了一口气，强压住心中的怒火。待到一行人远去后，戌雷狗才站起身来，示意大家继续前行，他则独自一人往前冲去，以防止被跟踪的目标消失。盘古十二兄弟和燧人等人跟着这群凶悍的家伙进入了一大片桑树林。燧人对大家说："桑树林的中间，就是弇兹氏部落的主要营地。"

"看这群人轻松说笑的样子，估计营地早就被他们控制了。"申金猴分析说。

这是一片非常巨大的桑树林，大概用了半个时辰，大家才来到桑树林的中间位置。远远看过去，桑树林的中间是一块开阔的空地，没有任何树木，只有绿绿的矮草。草地上几乎挤满了人，站着的是凶悍健壮的家伙们，白衣人则被分割成好几部分，全都跪在草地上。开阔地的中间位置有一个三层高的土台，土台的最上面竖着一根木桩，木桩上面捆绑着一位白衣人，这是草地里面唯一站着的白衣人。

申金猴的眼力最好，他远远地看到了木桩上捆绑的是一个女人，女人的半边脸虽然被一侧的长发遮盖着，但是，从她的另一半脸上，可以看出这是一个非常美丽的女人。申金猴问燧人："这个被捆绑着的女人，应该就是弇兹氏部落的首领玄女吧？"

申金猴没有听到燧人的答复，他回头一看，发现燧人的双眼似乎快要冒出火来，牙齿咬得格格作响。申金猴轻轻地拍了拍燧人的后背，安慰道："你别着急！先把周边的情况给我们讲一下。"

燧人这才回过神来，他舔了舔干裂的嘴唇，用微微颤抖的声音说："中间……中间祭台上的女人就是弇兹氏的首领玄女，看来……他们已经完全被华胥氏部落打败了。弇兹氏部落大概有两千多人，现在草地上也就一千多人，其他的人估计是逃亡了或者是被杀了。华胥氏部落有三千多人，草地上现在有将近两千人，看来，他们部落中能够打仗的人全部来了。这里全部是桑树林，都是弇兹氏部落用来饲养蚕虫的，这个部落一直专心养蚕织布，从来不与相邻的部落发生纷争……"

燧人正在给十二兄弟讲述着，突然间，嘈杂的草地上静了下来。大家看到一个高大的身影，从人群中走了出来，两侧的人纷纷避让，为他让开了一条通道。

高大的身影走上了三层祭台，一直走到了玄女的面前。

燧人用愤恨的声音，低吼道："这个就是华胥氏部落的首领华颜，是一个杀人不眨眼的魔鬼！"

燧人的低沉吼声刚落，便听华颜高声说道："玄女！整整三天了，我已经没有耐心了。我给你最后一次机会，要么做我的女人，你的族人还可以继续养蚕织布。要么拒绝我，我就把你的族人全部杀掉，把你们的蚕虫和桑树林统统毁掉！你自己选择吧！"

玄女从木桩上微微抬起了头，嘴巴动了动，还没等她说出话来，突然，草地上的人群中起了一阵骚动，一名瘦小的白衣男人避开了凶悍男人的围堵，直奔祭台上面跑来。数十名凶悍健壮的男人跟在白衣人的后面，追上了祭台。华颜举起了手臂，对台下的族人呵斥道："退下！"

数十名凶悍健壮的男人悄悄退回了人群中。瘦小的白衣男人看到后面无人追赶，便放慢了脚步，走上了第三层祭台，站在高过他一头还多的华颜面前，对他朗声说道："我是弇兹氏部落的副首领，我愿意代替我们的首领去死，请你放开她！"

"我还以为是雷公电母呢，原来是一个副首领，想代替玄女去死，你还不够资格！"华颜说。

"那请你告诉我！谁有这个资格？"白衣副首领问道。

"我刚才已经说了，雷公电母有这个资格，或者……"华颜沉吟了一下，"或者有另一位部落的首领，如果他愿意代替玄女去死，我就放了玄女和你们弇兹氏。"

白衣副首领站在高大威武的华颜面前毫无惧色，气愤地说："你这是存心要灭掉我们弇兹氏部落，雷公、电母、其他部落首领，怎么会替玄女去死呢？"

华颜哈哈大笑起来，说："你们平时吹捧玄女是天帝的女儿，是九天娘娘，如果真是那样的话，雷公电母替她死也是情理之中的事啊。还有，你们弇兹氏不是一向与其他部落交好友善吗？你们大难临头之际，不仅没有一个部落头领愿意替玄女去死，怎么连一个肯出来帮忙求情的都没有呢？"

"我！燧人氏部落的首领燧人愿意代替玄女去死！"一声断喝之后，燧人从桑树林里冲了出来，跑到了草地上。他主动扔掉了手中的棍棒，以表示不会反抗。

全场足有几千人之众，刹那间安静了下来，只听到燧人"呼呼"的喘气声。华胥氏部落的凶悍汉子们，不自觉地为燧人主动让开了一条通道，其恭敬心理不亚于对待自己的首领华颜。燧人一刻不停地登上了三层祭台，对高大的华颜说："顶天立地的男人，必须说话算话！我来代替玄女去死，你立刻把玄女和她的族人放走！”

“你真的是燧人？”华颜傲慢地喝问道。

燧人带着轻蔑的口吻说：“我刚才已经说过了，顶天立地的男人，必须说话算话！我就是燧人氏部落的首领！”

华颜用怀疑的眼神看了一眼燧人，问道：“传说天帝降到尘世三颗灵丹神种，一颗叫神农，一颗叫伏羲，还有一颗叫燧人，据说三个人的左手心里都有三颗红痣，你伸过手让我看看。”

“我不知道天帝降到尘世三颗灵丹神种的事情，可巧的是我的左手心里恰好有三颗红痣。”燧人向华颜走近了一步，摊开了左手掌，举到他的眼前。

华颜一看，来人的左手心里果然有三颗红痣，不由得心里暗暗吃惊。因为，他刚才只说出了这个传说的一半，传说的另一半是：天下所有部落将归附神农、伏羲和燧人三个人来统领，南方归神农、西方归伏羲、北方归燧人。华颜细细地盯着眼前这个其貌不扬的家伙，心里寻思着，自己所处的北方将来要归属眼前的燧人统领，“归属”的意思不就是被其他部落征服或者消灭吗！他能征服我吗？他能消灭我吗？燧人氏部落经过一场大洪水的劫难，据说几乎全族覆没，他凭什么征服我！不过，凭他这股不怕死的劲头，留下他，倒真是一个心头大患啊。想到此处，华颜大笑一声，说：“好！我就成全你做一个顶天立地的男人，来人呐，放了玄女和她的族人，把燧人给我捆到柱子上！”

十几名壮硕凶悍男人早就在二层祭台上守候多时了，听到首领一声令下，快步奔上前来，解开了玄女，绑上了燧人。三天以来，玄女第一次落下了眼泪，他对燧人说：“燧人啊，燧人，你这是何苦呢？你若替我死了，我就算是活着，也会于心不安。以弇兹氏部落的能力，华颜随时随地都会将我们灭掉啊。”

“我死，无非是一个人死，却能换来你和整个部落的延续，还是划算的。”燧人把头扭向一侧，看着华颜说，“华颜也是统领一个部落的首领，他如果说话不算数，势必会遭到天下人的耻笑！”

华颜再次哈哈大笑，说：“如果天下都变成我华颜的，就不会再有人耻笑我了！哈哈！”

3

燧人被白色的丝带捆到了祭台的木柱之上，脸上竟然毫无畏惧之色，眼神里面反而坦然了许多，这让华颜十分不理解。华颜走上前来，悄声地问燧人："你马上就要死了，为什么还会这么镇静？"

燧人说："一个人，如果心中装满了仇恨和欲望，就算天下都是他的，他也不会快乐。一个人，如果心中充满了爱，即便是马上死去，他也会觉得是幸福和坦然的。"

"你……你心中的爱是什么？"华颜追问道。

燧人看了一眼玄女，眼睛里充满了柔情："我爱玄女，我爱我的部落和族人，我爱天下的苍生！"

"你的爱这么多，太累了，我让你闭上眼歇歇吧！"华颜对着手下一挥手，"给我杀掉燧人！"

"是！"随着一声答应，一名彪形大汉拎着一条大头木棒走到了燧人面前，木棒的粗头足有燧人的脑袋大小，看上去分量十足。彪形大汉是华胥氏部落专门负责行刑的人，他走到燧人跟前，说："你最后还有什么话要说吗？"

燧人最后望了一眼玄女，对她柔和地说："我发明了一种钻木取火之术，我已经告诉了我的族人，要将取火之术告诉全天下的人，以便让人们得到更多的食物。我也希望你能把养蚕织布的纺织术，传授给天下苍生，让人们有布蔽体御寒。"

玄女泪水涟涟，哭道："我会遵从你的意愿，把纺织术教授给天下苍生的。"

"好了好了！不要再啰嗦了！"华颜不耐烦地摆了摆手，催促彪形大汉赶快动手。

彪形大汉不知不觉中眼睛里竟然有了泪花，华颜的一声断喝，吓得他赶紧抬手擦了擦在眼圈里打转的泪水，高高举起了手中的大头木棒，"呼"的一声砸向了燧人的脑袋。只听到"咔嚓"一声爆响，一道刺眼的白光划过了祭台后，彪形大汉浑身上下突然变成了黑色，头发眉毛几乎全被烧焦，而他的手中也只剩下了半截细头木棒。彪形大汉冒着一头青烟，怔怔地愣在祭台上，他看了看手中的半截木棒，又看了看完好无损的燧人，突然间，双腿一软便跪了下去。祭台之上的玄女和华颜也被震惊了，他们看到了闪电，也听到了爆响，但头顶上正是烈日高照，毫无下雨的迹象。就在所有人都目瞪口呆之际，桑树林中“呼啦啦”走出来十二个威风凛凛的家伙，打头的是卯闪兔。卯闪兔肩上扛着刚刚使过的闪杵，大步流星地走向了中央祭台。数十名凶悍的大块头拎着大头木棒冲了上来，领头的大汉举起木棒，对着卯闪兔的脑袋砸了过去。卯闪兔从肩上顺势举起仗天杵迎了上去，只见一道白色的闪电过后，领头大汉的木棒只剩下了半截握在手里，样子与祭台上的行刑者如出一辙。剩下的凶悍汉子稍微迟疑了一下，重新举起手中的木棒冲了上来。这一次，没等卯闪兔出手，戌雷狗和丑火牛就双双出手了。只听见一阵雷鸣滚过凶悍汉子们的头顶，紧接着一道火墙压了过去，烧得几十名凶悍汉子急忙逃了回去，但他们的头发、眉毛和胡子几乎被烧得一根不剩。

这场突如其来的变化，让华颜感到手足无措，电闪、雷鸣、大火，还有桑树林里突然闯出来的这帮家伙，究竟是人是神还是鬼？但是有一点可以断定，他们肯定是冲着自己来的。想到这里，华颜大喝一声：“这十二个妖人的法术，是专门对付我们华胥氏部落的，大家不要怕，一起往上冲！”

华胥氏部落的凶悍汉子们听到首领的号令后，挥动手中的大头木棒冲了上去，将盘古十二兄弟围在了中间。包围圈子越缩越小，因为顾忌伤到自己人，十二兄弟不敢催动意念发挥仗天杵的神力。如此一来，仗天杵与华胥氏部落的木棒别无二致，拼的就是力气和勇猛。双方实力，立刻显现出来，十二兄弟只剩下防守招架的份了。

从桑树林冲出来之前，辰天龙就嘱咐了其他十一兄弟，尽量不要伤及华胥氏部落众人的性命。燧人氏部落剩下的两百名精壮汉子，也要跟随十二兄弟杀过来救护首领，被辰天龙阻止住了，他是担心两个部落的仇人相拼，肯定会有死伤。

包围圈继续压缩，十二兄弟身上已经被大头木棒屡屡击中，眼看着难以支撑下去。匆忙间，申金猴抬头看到华颜正从一个随从手里接过一根大头木棒，转身走向了燧人。申金猴愣神的刹那，左肩膀一阵钻心的剧疼，被一个凶悍汉子的大头木棒打了一个正着。申金猴忍住疼痛，大喊一声：“乾坤一杵，日月同归！”

寅乾虎和午坤马顿时领会，双双举起仗天杵，对着眼前的凶悍汉子挥了出去，嘴中同时高呼：“乾坤一杵，日月同归！”

转瞬间，天地陷入了一片黑暗。凶悍汉子们立时蒙了头，愣怔在原地。

过了许久，天际划过一道闪电，天地间再次亮堂了起来，烈日重新回到了天空。祭台上、草地上、桑树林里，只剩下华颜和华胥氏部落中的人。燧人没有了，玄女没有了，十二兄弟没有了，弇兹氏部落的白衣人也没有了。华颜气急败坏地大叫起来："这帮妖人学了一点障眼法的妖术，你们就被吓破了胆，快给我进树林里搜，一定要把他们统统捉回来！"

大范围的搜索一直持续到了黄昏，华胥氏部落一无所获，连一个白衣人都没有找到。华颜举起手中的大头棒，将一位负责搜索的掌事者一棒子扫到了祭台下面。他在祭台上面来回踱着步子，突然间，双手挥起大头棒，把祭台中间的木柱子击了一个粉碎。华胥氏部落中的凶悍汉子们，在首领淫威的笼罩下，像一个个乖孩子，大气不敢出一声。华颜突然站住了，他扫视了一眼祭台下面的族人，指着另一名掌事者，喝问道："给我清点一下，我们损失了多少人？"

掌事者急忙指挥着小掌事各自清点属下的人头，不一会儿，清点结果出来了。掌事者快步跑到了祭台下，对华颜回道："首领，我们没有伤亡，就死了一位掌事者。"

"哦？刚才一番拼杀，我们就死了一个人？"华颜问。

掌事者说："那个掌事者不是……不是拼杀时候死的，是……是被你刚才打、打死的。"

"那也要记到这帮妖人的头上！"华颜理直气壮地说，"你们看到了吧，这帮妖人的妖术根本就不高明，他们除了障眼法之外，根本伤害不到我们。所以，我们要趁着他们妖术还没有练成之际，把他们赶尽杀绝，省得以后留下祸患。"

掌事者战战兢兢地说："可……可他们已经逃跑了，连个人影都没找到。"

华颜说："弇兹氏的人老的老，小的小，伤的伤，他们不可能逃得太远，肯定是去了燧人氏部落的领地。哼哼！那就正好，我们连燧人氏部落一起灭掉！"

4

在北方，华胥氏算是人口最多和战斗实力最强的部落，常常欺辱周边的弱小部落，也包括弇兹氏部落和燧人氏部落。大洪水过后，华胥氏部落由于人多地贫，食物成了一个难以解决的大问题。实力稍强的燧人氏部落在大洪水过后突然消失后，华胥氏部落便更加肆无忌惮了，四处杀戮抢劫，争夺食物和生活物资。弇兹氏部落的领地要山有山，要水有水，土地肥沃，盛产桑梓树木，早就让华颜垂涎不已。这次，华颜率众入侵，就没打算再回华胥氏原来的领地。所以，他们几乎是倾巢出动，只留下老人、妇女和孩子看守营地。眼看着就要大功告成，没想到半路杀出一个燧人，接着又冒出来十二个具备神力的家伙，将华颜的全盘计划打乱了。

华颜的猜测很正确，盘古十二兄弟、燧人、玄女带着两个部落的人，正在逃往燧人氏部落的领地。

原来，寅乾虎和午坤马联合使用乾坤一杵，把白天化为黑夜之后，十二兄弟的动物本能优势立刻显现出来，他们的眼睛能够很快地适应光线的变化，迅速逃离了凶悍汉子的包围圈。申金猴让其他兄弟各自负责带领一伙白衣人撤入桑树林，自己则跃上了三层祭台，就在华颜的眼皮底下救了燧人，也救出了玄女和弇兹氏部落的副首领。等到十二位兄弟齐聚桑树林之后，燧人建议先去自己的领地躲避一下，他辨清方位后，就率领众人迅速撤去。

一直撤离到了安全地带，接近了燧人氏部落的领地后，辰天龙和子地鼠才联合挥杵，一声“天地一杵，日月同辉”之后，还原了白天的时光。

玄女和弇兹氏部落的白衣人看得目瞪口呆，燧人就把如何遇到盘古十二兄弟，盘古十二兄弟如何发明了织网捕鱼，以及西征以来路上的所作所为，简略地向玄女介绍了一番。玄女听后，不禁暗暗称奇，她从部落储备掌事那里拿来了十二件质地最好的衣物，送与了盘古十二兄弟，并教会他们如何穿戴衣物。盘古十二兄弟换掉了身上的兽皮，第一次穿上了真正的衣服，瞬间如同换了一个人，个个精神焕发、光彩照人。

玄女和燧人本来就互有好感，两个部落之间交往甚多，相互帮衬的事情屡有发生。加上刚才在生死关头燧人挺身而出，甘愿为了玄女赴死，使两个人的情感更加升华了一层。其实，弇兹氏部落已经被华胥氏部落侵占三天了，玄女也被捆绑在祭台的柱子上逼问了三天，她之所以没有答应做华颜的女人，也是因为心中有了燧人。但因为两个人都是统领一个部落的首领，此刻还无暇顾及儿女私情，分头忙着处理各自部落中的繁杂事务去了。刚刚经历过了一场生死考验，燧人与玄女彼此深望了一眼，心中的默契与承诺已经了然于心。

进入燧人氏的领地之后，燧人在多处居高临下的位置上都安排了族人把守，以防华胥氏的追兵。辰天龙特意嘱托把守的人说，如果华颜带着人杀过来，不要拼死抵抗以免伤亡，发现敌情后即刻派人前往营地，把消息带给燧人就可以了。

安排停当之后，众人继续前行，一直来到燧人氏部落的营地。

燧人、玄女和盘古十二兄弟来不及休息，立刻坐在一起商议对敌之策。玄女说：“华颜早就想吞并我们的领地了，前提是必须灭掉我们弇兹氏部落。所以，就算他们占领了我们的领地，也会四处追杀我们的族人。现在，他知道弇兹氏部落寄居在燧人氏部落，他们入侵燧人氏部落也是迟早的事儿。”

燧人说：“我们两个部落联手，再加上盘古十二兄弟相助，也未必输给他们华胥氏。”

“我们两个部落除了狩猎和织布，从来不喜欢兴兵征战，而他们华胥氏多年来东征西讨，杀戮成性，我们就算是联手，也很难与他们抗衡。”玄女说。

燧人说：“我有一个想法，派人去联络其他部落，我们可以承诺传授他们取火术和织布术，以换取他们与我们结盟，共同抗击华胥氏部落。你们觉得如何？”

玄女点了点头，赞成燧人的建议。盘古兄弟大都沉默着，没有人发表什么意见。燧人觉得很是奇怪，询问大家为什么不发表自己的看法。辰天龙笑了笑说，他们是对我有意见，嫌我不让他们运用神力。

卯闪兔说：“在桑树林里，辰天龙就对我千叮咛万嘱咐，阻止行刑者对燧人下手，只能阻止，不可伤及他的性命。这对我的打击精确度要求太高了，好在行刑者把大头棒子举得老高，我这才保全了燧人和行刑者两个人的性命。”

“我们遵从盘古的意愿，但也不能好坏不分！华颜和他的华胥氏就是一群杀人不眨眼的魔鬼，对这样的人绝不能手下留情，哎呦……”寅乾虎摸了一把自己受伤的腿，气哼哼地说，“他们差点打断我的腿！”

申金猴说：“是啊，我们不能一再忍让、防守了，他们会觉得我们没有取胜能力，这样做的结果就是增强了他们的信心，他们就会更加张狂！”

“那我们也不能违背盘古的遗愿，要为天下苍生造福啊！”辰天龙说。

“为天下苍生除害也是为天下苍生造福！”午坤马说。

燧人击掌喝彩，说：“午坤马说得好！为天下苍生除害也是为天下苍生造福！”

辰天龙站起身来，踱着步子走到一棵落叶松前，沉吟了半晌，回过头来对大家说：“好吧！这次就算是投票决定的，我尊重大家的意见。但是，我有一个建议，我们除害不伤人！”

大家齐声说好。众人一个“好”字刚刚出口，就听到有人高声呼喊着跑过来：“华胥氏部落杀过来了！”

这人正是燧人安排在领地边缘把守要道的族人，他气喘吁吁地跑到燧人面前，说：“华颜带、带着华胥氏部落……已经进入我们、我们的领地了，估计今天晚上就能越过黑石谷。”

黑石谷是通向燧人氏部落主营地的最后一道关口，这里两侧是高耸的悬崖，中间则是一条联通内外的峡谷。黑石谷非常狭窄，只能容得下五人并排行走，峡谷自东向西绵延三千步之长，即使大白天走在其中也会觉得阴森恐怖。

辰天龙让精通用兵布阵的申金猴负责指挥。申金猴也不多做谦让，他说："我们就把黑石谷作为主战场吧，来的时候，大家都看到了那条细长的峡谷了，十分适合用兵布阵。"

燧人说："我也是这么想的。"

申金猴询问燧人部落里还有多少人可以参与打仗，燧人说有五百人。玄女说她们弇兹氏部落还有两百人可以参战，申金猴说留下一百人保护老弱病残的族人，让另外一百人参战就可以了。接下来，申金猴将盘古十二兄弟按照在雪莲湖采摘值日的分组，分为天龙族和坤马族。天龙族与燧人以及燧人氏部落的三百人，把守黑石谷北侧悬崖的东口；坤马族与玄女以及燧人氏部落的两百人加上弇兹氏部落的一百人，把守黑石谷南侧悬崖的西口。申金猴说："两个谷口的人到了各自位置之后，马上准备石块和干柴，越多越好。等到华胥氏部落的人全部进入峡谷后，天龙族的人就把石块推下峡谷，把谷口封住。然后推下干柴，由丑火牛用火杵点燃干柴。坤马族看到峡谷东口的火光后，也立刻把石块推下峡谷封住谷口，再推下干柴。在此之前，做好钻木取火的准备，争取推下干柴之后就能够点燃。"

众人对申金猴的安排佩服得五体投地，没有人说出一个不字来。只有辰天龙不无担忧地说："是不是要把华胥氏部落全部烧死在黑石谷？我们为什么要这样做？"

5

夜，降临后不久，一轮明月便升上了天空。

影影绰绰的山道上，华胥氏的凶悍汉子们杀气腾腾直扑燧人氏部落的中央营地。接近黑石谷的谷口时，一位带队的掌事者突然制止了队伍前行，他反复进入谷口探望了两遍，最后返回了队伍当中。片刻之后，队伍后面有了一阵轻微的骚动，凶悍汉子们纷纷避让在路边两侧，一个高大的黑影带着几个随从走到了谷口。

"为什么停下来？"高大黑影喝问带队的掌事。

带队掌事小心翼翼地说："回首领，前面是一条狭长的山谷，好像一眼望不到头，两侧都是高高的悬崖，我担心我们的人进到峡谷会遭遇危险。"

高大黑影正是华胥氏部落的首领华颜。华颜不屑地对带队掌事说："他们早就吓破了胆子，也不具备排兵布阵设埋伏的智慧和能力，传我号令，进入峡谷，夜袭燧人氏！"

"首领，虽然敌弱我强，但我们还是应该谨慎一点，不如今夜就在谷口宿营，等到明天再发起攻击。"带队掌事继续劝说华颜。

"你要违抗我的号令吗？"华颜的语气异常冰冷。

带队掌事急忙躬身低头，说："不敢！首领，我这就下达号令。"

华胥氏部落的三千多人，浩浩荡荡开进了黑石谷。

华颜自从生出吞并北方部落的野心之后，就处心积虑地训练族人搏击杀人的本领，将以前狩猎时惯用的木棒换成了大头棒，杀伤力顿时提高了很多。华胥氏部落的人种本来就高大威猛，经过刻意训练，加上威力巨大的大头棒，这支队伍立刻成了横扫北方的凶悍之师。大洪水袭来之前，华胥氏已经收服了五个部落，消灭了两个不肯归顺的部落。数次战争打下来之后，华胥氏部落几乎是所向披靡，没有任何部落能够与之匹敌。久而久之，华颜的自信心开始膨胀，根本不把其余的部落放在眼里。所以，带队掌事的劝告，野心勃勃的华颜是听不进去的。

等到华胥氏部落所有人进入黑石谷之后，辰天龙一声信号发出，三百多人把早已备好的巨石推下了悬崖。一阵轰隆隆的巨响过后，乱石把黑石谷的谷口封了个严严实实。华胥氏部落听到身后传来巨响，似乎预感到不妙，纷纷奔回到谷口察看。等到发现乱石封住了退路，身处"一线天"中的凶悍汉子们，心中也不由得恐惧起来。一位掌事指挥着几名汉子，试探着要攀爬上乱石堆。突然，悬崖上方一捆捆干柴和树桩抛了下来，随后被一条火龙点燃。几名被烧焦了胡子和头发的凶悍汉子，拼命逃回到了队伍当中。

看到熊熊大火燃烧起来，峡谷中的华胥氏部落顿时骚乱起来，鬼哭狼嚎之声不绝于耳。一名负责传达号令的小掌事，喘着粗气跑到了队尾，向另一名掌事传达说："华颜首领号令队伍继续前进，冲出峡谷！"

既然已经没有了退路，往前冲就成了唯一的出路。队尾的掌事催促着队伍继续向前，一伙体形彪悍的男人，在狭窄的山谷里蜂拥往前挤去。

坤马族的众人已经看到山谷东口的火光，午坤马一声令下，三百多人将乱石推下了悬崖。等到众人抛下干柴的时候，负责钻木取火的人已经点燃了细木屑，而华颜带着凶悍的族人也冲到了谷口。被点燃的干柴接二连三地从悬崖上方抛了下来，乱石和大火瞬间封死了黑石谷的出口。申金猴让几个燧人氏部落的精壮汉子，把成捆点燃的干柴扔到峡谷中的人群里，黑石谷中的人们瞬间乱成了一团。天龙族可能看到了坤马族的人往峡谷投掷柴火的举动，申金猴事先虽然没有做出这样的预定，但天龙族的人还是心领神会，也学着把点燃的干柴扔进了峡谷的人群中间。一时间，黑石谷里惨叫声混成一片，被烧伤、挤伤、撞伤、踩伤的人不计其数。

此刻，华颜和他的族人心里已经恐慌到了极点，被堵进两头都是绝路的峡谷之中，这完全是狩猎的手段。而狩猎的最终目的，就是将野兽杀死，喝其血、食其肉、寝其皮。华颜站上峡谷中的一块石头上，前后张望了一下，两边都已燃起熊熊烈焰。而峡谷两侧全是陡峭的悬崖，绝对不可能寻到出路，这无疑就是一处死地。

东方的天空渐渐露出一丝亮色，即便是在生死搏杀的时刻，酉鸣鸡也没忘记自己报晓的职责，他亮开喉咙："盘——古——"

说来奇怪，酉鸣鸡一声长鸣之后，峡谷中骚动之声渐渐消停下来。辰天龙制止住众人，不让他们再往下面投掷柴火。燧人与玄女站上了悬崖边一块探出的巨石上，燧人对着黑石谷中喊道："华颜，你站出来说话！"

过了许久，黑石谷中的凶悍汉子们闪开了一条通道，华颜走了过来。他在燧人和玄女的下方站住了，凶巴巴地喊道："你们依靠阴谋诡计困住我们，算什么顶天立地的男人，有本事就放我们出去，咱们一对一的较量！"

"你四处烧杀掳掠，欺侮弱小部落，还好意思说自己是顶天立地的男人吗？"玄女呵斥道。

"这就是一个强者生存的世界！如果我们华胥氏也是弱小部落的话，估计早就被你们欺负、消灭了，即便是你们不来欺负我们，也会有其他部落来消灭我们，这，就是生存！"华颜说。

燧人说："你这是强词夺理！我们相邻的部落，为什么就不能和平友好的相处呢？"

华颜有些不耐烦了，他说："别跟我唱高调了！等你们强大起来的时候，就会知道为什么不能和平友好相处了！"

玄女冷笑了一声，说："如果强大的标准是武力的话，你现在被我们困在山谷里像一只等待宰割的野兽，请问！我们是不是比你还要强大？"

“这个……嗯……你们阴险狡诈，诱骗我们上当，利用地理优势困住我们，算哪门子强大！”华颜狡辩道。

燧人说：“对待野兽的最好办法，就是困住它，或是杀死它，才能不让它伤人害人！”

一丝阴冷掠过华颜的眼神，似乎是回想起了猎杀野兽的场景，他强作镇静地问：“难道你们要把我们三千多人全部困死在这里吗？”

“不！”辰天龙从后面走到了燧人身旁，对谷底下的华颜说，“只要你们忏悔自己的恶行，发誓不再伤害别的部落，我们就放你们一条生路。”

燧人和玄女一齐扭头看着辰天龙，都觉得他提出的条件过于简单了，这等于是白忙活了一场，最终还是要放虎归山。辰天龙似乎也看出了燧人和玄女的忧虑，对两位说：“只要他们真心忏悔了，我们就把取火术和织布术传授给他们，再与他们结绳订立盟约。我想，他们以后也没有理由再来伤害我们了。”

“那是你不了解华颜有多么残忍和贪婪，他的目的是要吞并所有部落，做北方的霸主。”燧人说。

燧人的话刚刚说完，只听华颜在谷底喊道：“好吧！我们忏悔，我们发誓，再也不会伤害其他部落了，现在，请你们放我们一条生路吧！”

燧人对辰天龙说：“你看到了吧，他根本没有任何诚意，我们今天放他走了，他明天照样还会回过头来剿杀我们。”

辰天龙正在不知如何作答之际，忽然一抬头，看到了峡谷对面，申金猴与亥风猪两个人从西边奔了过来。几个人在悬崖上面略做沟通之后，申金猴对着谷底呵斥道：“先把你们手中的大头棒交出来！所有的，一根不剩地放到乱石堆跟前！”

谷底的凶悍汉子们似乎有些不甘心，磨磨蹭蹭无人上前交大头棒。申金猴向对面的悬崖上喊道：“既然他们不交出大头棒，那就不要怪我们了，大家准备好柴火和石块，瞅准了往脑袋上招呼吧！”

“别别别！我们这就交。”华颜嚷嚷道。

于是，黑石谷中的凶悍汉子们交出了沾满血迹的大头棒，包括谷口西头的大头棒，也被一一传递了过来，三千多根大头棒在乱石堆前堆成了一座小山。申金猴跟对面悬崖上的丑火牛说：“烧掉这些难看的棍子！”

丑火牛双手高高举起火杵，对准小山堆一般的大头棒，“嘘嗨”一声挥了出去，一条火龙瞬间窜下了谷底，点燃了那堆沾满众多部落鲜血的大头棒。熊熊的火苗呼呼呼地升了起来，伴随着噼噼啪啪的声音，火苗蹿得比悬崖还高，逼得悬崖上的人纷纷后退。黑石谷中的凶悍汉子们，也被这把大火烤得浑身生疼，迅速往后撤退。

这时，天色已经大亮。朝阳的晨辉洒到了悬崖之上，众人的身上如同着了一层金衣，远远看上去，神圣而又庄重。阳光永远照耀不到黑石谷的谷底，所以，谷底终年潮湿阴暗，永远都是黑乎乎的色调。

整整一夜，又是夜行，又是惊恐，又是被围困，华胥氏部落三千多名凶悍汉子早已萎靡不振，纷纷坐卧在黑石谷谷底，一副蔫头耷脑的样子。华颜已经无计可施，他看了一眼四周颓废的族人，长叹一声："罢了！罢了！我们一定好好忏悔自己犯下的恶行，与燧人部落和弇兹氏部落订立盟约，世世代代友好下去，绝不再来侵犯！"

6

卯闪兔高高举起手中的闪杵，挥向了黑石谷东口的乱石堆，"咔嚓"一声巨响，乱石堆坍塌下来。谷底下的凶悍汉子们顿时张大了嘴巴，惊诧于卯闪兔手中的棍子竟然有如此大的威力。

"你们还要在这里傻愣着吗？"华颜断喝一声之后，率先跃上了乱石堆，逃出了黑石谷。

华胥氏部落的凶悍汉子们，这才如梦方醒，忙不迭地跟着他们的首领逃出死亡峡谷。望着鱼贯而出的华胥氏族人，玄女说道："但愿我们将来不会为今天的决定后悔。"

华颜逃出黑石谷之前，悬崖之上也有过一次短暂的"冲突"，而这场"冲突"完全是一次心理上的较量。最早，是辰天龙提出来，只要华颜和他的族人能够忏悔并承诺不再侵略其他部落，华颜和他的华胥氏族人就可以获得一条生路。这一点，燧人和玄女都觉得不妥，因为他们对华颜的暴行和野心了如指掌，深知华颜决不会因此善罢甘休。燧人与玄女都是各自部落的首领，但这一次，他们二人能够逃出华颜的魔掌，能够生生困住华颜的三千多名凶悍汉子，全仰仗盘古十二兄弟。因此，在处置华颜和他的华胥氏部落时，辰天龙的话语权也是毋庸置疑的。按照部落之间拼斗搏杀的惯例，失败一方的部落首领将被处死，以祭奠胜利一方为战争死去的族人。鉴于华胥氏多年的恶行，燧人与玄女简单沟通过，那就是将首领华颜和部落中掌事全部处死。辰天龙坚决不同意两位部落首领的决定，他认为华颜和他的族人一旦忏悔和承诺之后，就是一个与其他人毫无二致的“天下苍生”。而盘古十二兄弟来到尘世，是要为天下苍生造福的，如果自己也参与杀戮，就大大地违背了盘古的遗训。

申金猴、卯闪兔、巳水蛇和戌雷狗等原本是支持燧人和玄女的，但是，看到辰天龙如此决绝地坚持自己的意见，四人只好服从盘古十二兄弟早就商定好的裁定办法——少数服从多数。当盘古十二兄弟站成同一阵线时，这场较量也就无量可较了，就算是燧人加玄女加上众多部落掌事，再加上两个部落的六百多族人，也难以违背盘古十二兄弟的意愿。于是，辰天龙对着卯闪兔挥手示意了一下，卯闪兔便为黑石谷谷底一帮恶贯满盈的家伙，打开了一条逃生之路。

这场小小的心理较量，并未影响两个部落庆祝胜利的心情，这是他们首次对强大的华胥氏部落的胜利。直到胜利的篝火点燃，直到篝火上方的天空弥漫着烤鱼的香味儿，大家还是不敢相信他们战胜了强大的、邪恶的、凶残的华胥氏部落。

弇兹氏部落的众人，第一次看到火可以被这样使用，既能作为武器抵御魔鬼一般的华胥氏部落，又可以作为欢庆胜利的一部分，还能用它来烧烤食物……火，真是太神奇了。以前，在打雷下雨的时候，弇兹氏部落的人偶尔也见到过野火，他们一直觉得火应该是由神灵掌管的。

就在众人欢呼胜利的时候，燧人氏和弇兹氏部落中几位重要的掌事，凑在一起开了一个会议，商议着如何为两位部落首领举办联姻仪式。会议之后，两个部落联合派出使者，前往北方地区各个部落，一是邀请该部落的首领，参加三十天之后的联姻仪式；二是作为礼物，教授各个部落如何使用钻木取火术和养蚕织布术。

在燧人部落休整了十天之后，弇兹氏部落受伤的人已经基本痊愈，玄女与她的族人准备返回自己的领地。按照北方的联姻风俗，男人应该到女人家中迎娶，所以，燧人也不便挽留玄女。离别之日，燧人与盘古十二兄弟，一直将玄女和弇兹氏部落众人送过了黑石谷。燧人望着玄女，情真意切地说：“二十天后，我一定前往弇兹氏部落迎娶你。”

互道珍重后，两位部落首领挥泪而别。

玄女率领着弇兹氏部落众人踏上了归程。将近黄昏时分，弇兹氏进入了自己的部落领地，四周已经能够看到稀稀落落的桑树了，众人倍感亲切。负责宿营的掌事选择了一处邻近水源的平地，作为临时的宿营地，众人尝试着钻木取火、烧烤食物。不一会儿，篝火点燃了，火焰虽然阻挡不住黑夜，却赶走了寂寞和恐惧，温暖的笑意洋溢在每一个弇兹氏人的脸上。

弇兹氏部落的荒野中，第一次弥漫着烤鱼诱人的香味儿。香味儿也招惹来了一群苍狼，几十双绿色的眼睛在营地周围逡巡，却被熊熊燃烧的篝火阻止住了贪婪的脚步。玄女手中捏着一根鱼刺，聚精会神地凝视了良久，她从怀中抽出一缕丝线，抽出其中一根绑缚在鱼刺的末端，开始缝补衣裙上一道撕开的口子。族中的女人看到首领的举动，禁不住也学着做了起来，在地上找寻鱼刺，开始缝补自己和族中男人的衣衫。这一夜，生死与温馨交织，蛮荒与文明共存。

子夜时分，弇兹氏部落中的人大都沉沉睡去，只有几个守夜人还在不停地打着哈欠。篝火已经看不见火苗了，只剩下红红的火炭，被微风吹过之后，不时地爆起一串细小的火星，湮灭在夜空中。篝火不见了，营地外围的绿色眼睛竟然也消失了，因为一群黑色魁梧的身影正悄悄地包围了营地。几名在营地外围的巡夜人几乎同时被大头棒击中了要害，一声不响地趴在了地上。

梭镖和棍棒被包围上来的黑色身影，蹑手蹑脚地收集了起来，随后扔到了营地中间的火炭里，篝火被重新点燃了。蹿起来的火苗照亮了黑影，这群人正是曾经被围困在黑石谷中的华胥氏部落。熟睡中的人们被粗暴地唤醒了，弇兹氏部落又成了华胥氏部落的俘虏。

7

再过五天，就是燧人氏部落与弇兹氏部落的联姻之日了，北方各部落的首领大都已经聚集到了燧人氏的领地。各个部落都已得到了燧人氏的取火术和弇兹氏的织布术，他们知道这两样东西足以让部落熬过艰辛的大饥荒时代，拥有者无不欣喜若狂。众位部落首领，都带上了各自部落中最好的礼物，来燧人氏部落贺喜。

燧人氏部落已经准备停当，只等首领前往弇兹氏部落领地迎娶新娘了。燧人亲自邀请盘古十二兄弟一同前往，另外点了一百名部族中的精壮汉子，作为迎亲的队伍。对于人类的婚配习俗，盘古兄弟们很是好奇，有这样一次大开眼界的机会，谁都不肯错过。

这一夜，燧人氏主营地的篝火早早熄灭了，因为第二天一早，迎亲队伍就要上路了。

清晨时分，酉鸣鸡准时报晓。众人纷纷起身收拾，准备前往弇兹氏部落迎娶新娘玄女。

“谁看见我的闪杵了？”卯闪兔大声喊了起来。

接下来，盘古十二兄弟发现自己的仗天杵都不翼而飞了。多少年来，仗天杵陪伴着十二兄弟日夜不分离，这根杵棒之于他们甚至比自己的手指还要熟悉。仗天杵，从最初为盘古背负的丈量天地的累赘，到盘古死后又成了他们祭奠的物件，自打发现它的神力之后，仗天杵又成了十二兄弟爱不释手的宝贝。此刻，仗天杵消失了，如何能让十二个兄弟平静下来呢?

申金猴认为肯定是有人蓄谋偷走了十二根仗天杵，他让戌雷狗和子地鼠去营地四周搜寻一下，看看有没有陌生的气息。巳水蛇觉得有可能是燧人派人偷走了仗天杵，理由是他第一次在海边看到仗天杵的时候，就垂涎不已。卯闪兔也觉得有这种可能，因为这段时间以来，燧人目睹了仗天杵的各种神力，肯定起了贪心。未云羊说：“这几天，燧人氏部落一直在张罗着迎娶玄女的礼物，他们会不会偷走我们的仗天杵，当成部落联姻的礼物呢？”

“从燧人的人品来看，不可能干这种偷偷摸摸的事。”辰天龙直接否定了众人的猜疑。

申金猴说：“燧人不会这么傻，如果他偷去我们的仗天杵，就不会邀请我们一起前往弇兹氏部落迎亲了。”

午坤马问申金猴：“你觉得是谁偷走了我们的仗天杵？”

申金猴没有说话，他抬起头来盯着远处各个北方部落首领们安歇的营地。丑火牛、酉鸣鸡和亥风猪也顺着申金猴的目光看过去，不约而同地猜测道：“是他们?”

亥风猪说：“有可能，自从他们到来之后，燧人和部落里的人都在向他们讲述我们仗天杵的故事。”

“找出这个偷东西的贼首领，看我怎么把他撕碎了挂到树上晒成人干！”寅乾虎怒气冲冲地喊着，转身就往首领们的营地冲去。

辰天龙一把拉住了寅乾虎和跟在他后面的丑火牛，劝他俩稍微冷静一下：“我们没有任何证据，贸然闯进人家的营地去要我们的东西，这样做不妥当。”

丑火牛的情绪也颇为激动：“找不到我的火杵，我就跟他们拼命！”

酉鸣鸡用一只胳膊拽住了丑火牛，安慰道：“我们都很着急，可拼命也得找对了目标才行。”

众人不自觉地把目光都投向了申金猴，申金猴苦涩地摇了摇头，说：“我也不敢确定，但我怀疑是华胥氏的人偷走了我们的仗天杵！”

“啊？”闻听申金猴的话，盘古兄弟们禁不住张大了嘴巴。

辰天龙说：“华颜和他的族人已经忏悔了，而且还被我们焚烧了武器，怎么可能是华胥氏人干的呢？”

“也许，我们还不了解人类。”申金猴说，“燧人和玄女同华颜打交道多年了，他们不想放走华颜是有道理的。”

戌雷狗和子地鼠返回了营地，戌雷狗略显紧张地说：“我在树林里嗅到了华胥氏人的气味儿，是刚刚留下的。”

听说盘古十二兄弟的仗天杵丢失了，燧人急忙跑了过来，询问仗天杵的下落。申金猴对燧人说：“赶紧做好迎战准备吧，华胥氏部落又杀回来了。”

“哈哈哈！”突然，一阵放肆的狂笑声，从众人的头顶上方传来，“现在做准备已经太迟了，给我杀！”

主营地一侧的一块巨石上，突然冒出了华颜的身影，他大手一挥，埋伏在四周的凶悍汉子们呐喊着冲杀出来。凶悍汉子们的手中拎着崭新的大头棒子，有些棒子上还留着新鲜的树叶，显然他们用了十天时间就重新造好了武器。燧人氏部落能够参战的人数，加起来也不过六七百人。前来祝贺的各部落首领为了避嫌，携带的人数大都在二三十人左右，加上丢了仗天杵的盘古十二兄弟，营地中所有能够迎战的人数不足千人。华胥氏部落的人不仅体格高大，而且能征善战，三千个凶悍汉子瞬间扑了上来，胜败立判。

不足一顿饭的工夫，燧人氏一方死的死、伤的伤，剩下的人全部被生擒活捉。十五个前来祝贺的部落首领和随从，也被一起捉住了，统统圈到了营地中央。

华颜从巨石之上跳了下来，走到了众人面前，狂笑道：“燧人啊燧人，你可真是帮了我的大忙，把北方部落的所有首领全都召集来了，就省得我长途奔袭，一个部落接一个部落去剿灭了。”

“你这个言而无信的卑鄙小人！刚刚缔结了部落友好盟约，转过头来就在我们背后下黑手，你还算得上是个男人吗？”燧人怒目圆睁，对着华颜一顿狂骂。

华颜不急不恼，走到了燧人跟前，掏出在黑石谷中的盟约结绳，说：“盟约应该是在平等的基础上建立，你们利用诡计把我骗进了黑石谷，以我三千族人的性命威胁我签订的盟约不能算数！”华颜说完，便将手中盟约结绳扔进了一旁的篝火堆里，“看看，我们的盟约化成灰烬了。一起化成灰烬的远不止这些，还有你和玄女的婚约。”

听华颜提到玄女，燧人的心悬了起来："你！你把玄女怎么样了？"

"哈哈！"从华颜的笑声中，就能听出他的心情畅快到了极点，"把玄女带过来，看看她现在是不是还愿意嫁给一个败在我手里的囚徒。"

两名凶悍汉子押着玄女走来，玄女一脸憔悴，刚刚缝补好的衣衫又被撕开了很多口子。她望着燧人和被捆绑的盘古十二兄弟，无奈地笑了笑："没想到这么快，我们就为自己的愚蠢决定后悔了。"

闻听此言后，辰天龙惭愧地低下了头，午坤马安慰他说："人类的心思很诡秘，我们照搬盘古的'信、诚、勇、仁、德、和'是行不通的，以后还得变通行事。"

辰天龙点了点头，没有说话，心情很是沮丧。玄女主动走到了燧人面前，与他并排站在了一起，用身体表明了自己的心迹。燧人对玄女说："我没有食言，原本打算今天出发，去弇兹氏的领地迎娶你。"

"我这不是来了吗。"玄女深情地看了一眼燧人。

"呸！"看到燧人和玄女的样子，华颜醋意大发，狠狠地往地上啐了一口，转过头来朝各个部落首领说："北方部落的所有首领大聚会，很好！从今天开始，北方只有一个首领，那就是我！现在，摆在你们面前的只有两条路可以走，一条路是让你们的部落归顺华胥氏，你们就是我的部落副首领，另一条路是拒绝归顺，那我只能把你们处死，然后去剿灭你们部族的男女老少、妻儿家小。究竟是选择生，还是选择死，全都掌握在你们自己的手里。"

华颜说完，便大大咧咧地坐在一块石头上，手下急忙给他递上来一个兽皮做的水囊，显得派头十足。华颜自顾自地喝着水，眼前的人和事似乎跟他没有任何关系。这时，华胥氏部落的一个掌事站了出来，清了清嗓子说："华颜大首领的话，你们都听清楚了吧？现在，想归顺我们华胥氏部落的人，就走到大首领面前跪下来磕三个头，然后站到我的后面，你们就算是我们华胥氏的人了。"

掌事说完之后，人群里一阵轻微的骚动，但始终没有人走出来给华颜磕头。掌事继续鼓动，高声喊道："给大首领磕三个头，不仅救了你自己，还救了自己一家老少，还救了自己整个部落，你们再这样拖下去，可就不是这么优厚的条件了。"

人群中依然没有人走出来，连刚才的骚动声音都没有了。华颜把水囊扔给了属下，站起身来，咳了两声清了清嗓子。亥风猪低声嘟囔说："华胥氏部落的嗓子都有毛病吗，为什么说话之前都要咳嗽？"

"可能是觉得这样说话很有威慑力，所以，都装模作样地咳嗽两声。"申金猴说。

华颜咳嗽完之后，站上了刚才坐过的那块石头，环顾了一下人群，高声说道："看来，你们还不知道眼前这两条路的区别。来人呐，给他们看看第二条路是什么样子。"

华颜说完，两名凶悍汉子就扑进了人群，从中揪出了一位部落首领。两个大汉把那位部落首领拖到了华颜跟前，一个汉子将他的头按在华颜脚下的石头上，另一个面相凶恶的汉子举起了手中的大头棒。眼看着这位部落首领就要殒命在华颜脚下，突然听到一声愤怒的呵斥："住手！"

大家抬头循着声音看过去，被反绑着双手的辰天龙从盘古兄弟堆里挤了出来，他往前迈了两步，对华颜说："你违背自己的承诺，烧毁部落盟约，作为一个部落的首领，你如何服众？"

华颜哈哈笑道："等到我降伏了北方所有部落之后，就没有人敢这样说我了！"

"降伏了北方，还有南方，还有东方，还有西方，你堵得住天下人的嘴吗？"辰天龙怒斥道。

"那我就降伏整个天下，看看还有谁敢跟我华颜作对！"

"我知道，你做不到！"辰天龙的口吻变得平和起来。

华颜轻蔑地撇了撇嘴："我华胥氏已经强大到了能够征服整个北方部落，等我强大到了足够征服天下的时候，你就会闭嘴的！"

"你根本不了解什么是强大。"辰天龙的口吻愈发平和，他抬起头仰望着长天，"我们十二兄弟见识过真正的强大，爱，才是天地间最强大的东西，所以，内心强大才是真正的强大！"

"你叽叽歪歪的胡说什么！"或许是华颜真的没有听明白辰天龙的话，他问手下的一位掌事，"你听明白他说的是什么了吗？"

掌事和随从们纷纷摇头，以示不解。华颜说："那就别听他啰嗦了，给我动手！"

8

"住手！"辰天龙又往前迈了两步，"如果，你自以为足够强大了，就不应该随意杀人！"

华颜说："你如果不想让我杀人也可以，但要答应我一个条件。"

"你说！"

“你们盘古十二兄弟，必须教会我如何使用你们的仗天杵。”

“我们的仗天杵丢了。”

华颜哈哈大笑，他向身后挥了挥手，人群中走出来十二个小矮人，每人手里小心翼翼地捧着一个棍棒，正是盘古十二兄弟丢失的仗天杵。十二个小矮人个子虽小，力气却大得惊人，他们捧着十二根仗天杵走到华颜身后，立起手中的仗天杵，一下子就插进了地里，然后规规矩矩地退到了一边，垂手恭立。

寅乾虎、丑火牛和卯闪兔看到了自己的仗天杵，眼睛里几乎冒出了火，他们挤出人群往前冲去，却被一旁的凶悍汉子们数记大头棒扫倒在地上。寅乾虎、丑火牛和卯闪兔都被反绑着双手，行动极为不便，三个人被打倒在地后，直恨得咬牙切齿，却毫无办法。

辰天龙对华颜说：“你太卑鄙了，竟然偷走我们的仗天杵！”

“从今天开始，这片土地上的所有东西都属于我，所以，这是我的仗天杵！”华颜得意地说，“仗天杵已经拿来了，你就来教我们如何打雷、闪电、喷火吧！”

辰天龙用鼻子哼了一声：“仗天杵只有在我们十二个兄弟手里才有神力，你就别做梦了！”

华颜点了点头，突然说：“既然如此，那就把所有部落首领都给我处死！这些部落的首领是因为你不肯教我们使用仗天杵而死的，所以他们都是被你们十二个兄弟害死的！”

华颜一声令下，一群凶悍汉子便扑向了众位部落首领，包括燧人和玄女也一并被拖了出来，脑袋被硬生生地按在了石头上。其中有两位部落首领哭喊着，说要归顺华胥氏，华颜就命令为其松绑，两个人扑倒在华颜的脚下，重重地磕了三个响头。华颜心满意足地点了点头，对两位归顺的部落首领说：“很好！你们以后就是华胥氏部落的副首领了。”

两位部落首领称谢后退了下去，站在了华颜身后，一脸劫后余生的庆幸相。华颜不再理会两位新副首领的谄媚相，他对着准备行刑的凶悍汉子们说：“不管怎么说，他们都是一个部落的首领，你们下手的时候要狠一点，给他们一个痛快！”

一干凶悍汉子齐声喊道：“是！”

辰天龙双眼喷火：“你这个恶魔！我们的仗天杵早就试过了，每个人只能用……”

“我来教你们如何使用仗天杵吧！你们先把人放了。”申金猴打断了辰天龙的话，从人群中走了出来。

辰天龙愣愣地盯着申金猴："可我们的仗天杵……"

"我知道！我们的仗天杵是神物，你就放心吧！"申金猴再次打断了辰天龙的话。

辰天龙不明白申金猴的用意，因为，自从发现仗天杵的神力之后，十二兄弟也曾交换过仗天杵使用，但根本发挥不出任何神力。所以，即便是华颜用十几位部落头领的性命相要挟，辰天龙也无能为力。此刻，申金猴主动站出来，声称要教授华颜仗天杵如何使用，让辰天龙和其他盘古兄弟云里雾里摸不着头脑。好在大家都知道申金猴才思敏捷，每每在团队危急时刻，他都能想出最好的对策。

"那你告诉我如何让仗天杵喷出火来。"华颜对申金猴说。

申金猴说："我也有一个条件，你答应了我之后，我才能教你使用仗天杵。"

"你是我的囚徒，你没有资格跟我讲条件！"

"那我就拒绝教你！"

"那我就杀了你们所有人！"

"杀了我们所有人，仗天杵在你们手里就是一根普通的棍子，损失的是你。"

"嗯……好吧！把盘古十二兄弟留下。"华颜对手下一挥手说，"把其他人都赶到黑石谷去，如果盘古兄弟不教会我们使用仗天杵，就把他们全部困死在峡谷里。"

华胥氏部落的凶悍汉子们答应了一声，拎着手中的大头棒吆喝起来，驱赶着营地里的人往黑石谷方向走去。华颜回过头来，突然觉得有点不对头，他仔细数了一下盘古兄弟，发现营地里只剩下十一人。华颜立刻警觉起来，他大声喊道："怎么少了一个人？赶紧给我找！"

一群凶悍汉子们四处张望寻觅着，还有几个人往黑石谷方向追了过去，他们怀疑其中一个盘古兄弟混进了前往黑石谷的人群中。过了片刻工夫，凶悍汉子们一无所获地返了回来，遭到了华颜一顿劈头盖脸的呵斥。

"我倒是要看看你们还能跟我耍什么花招！"华颜盯着申金猴，冷冷地笑着，"好了！你现在可以教我使用仗天杵了。"

申金猴平静地回道："现在不行，仗天杵必须要等到天黑以后才能教。"

"为什么？"

"仗天杵是神物，神物不肯在初学者面前展示神力，所以，初学者都要从黑夜开始熟悉仗天杵，这是使用仗天杵的秘诀之一。"

“既然如此，我就再忍耐一会儿，但我的忍耐极限也就是到今晚。”华颜咬着牙，冷冷地说。

9

黑夜，终于到来了。

黑夜来临之前的这段时间，对盘古兄弟们来说，简直就是一场漫长的煎熬。申金猴被单独捆在一棵树上，倒是面色平静，有时甚至闭上眼睛养上一会儿神。剩下的十位兄弟被十几名凶悍汉子圈在不远处，双手被反绑着坐在地上。众兄弟已经看出来，神秘消失的是卯闪兔，但都不知道卯闪兔是什么时候失踪的。大家心里都清楚，仗天杵不管是白天还是黑夜，陌生人拿在手里都施展不出任何神力。申金猴究竟如何应对凶残的华颜，大家心里都没有底。天，越来越暗，渐渐涌上来的夜色，对于盘古兄弟如同临近的死亡之神。

看了看四周的夜色，华颜从石头上站了起来，示意手下把申金猴带过来。坐在地上的盘古十兄弟顿时紧张起来，纷纷站起身来，想看看申金猴如何应付华颜。申金猴被两个凶悍汉子带到了华颜面前，华颜说：“天黑了，你如果再找推脱的理由，我就把你们盘古兄弟的脑袋打个稀巴烂，我宁肯让仗天杵变成十二根烧火棍。”

华颜说完，走到了十二根仗天杵面前，从地上拔起一根来，正好是卯闪兔的闪杵。申金猴的眼睛里，瞬间掠过一丝不易察觉的惊忧之色。华颜拎着闪杵走到申金猴的面前：“快说！怎么样才能让仗天杵发出神力？”

“这一根仗天杵的神力最小，你换最边上那根过来。”申金猴双手被反绑着，只能用下巴示意华颜，“我先教你如何喷火。”

一旁的丑火牛小声嘀咕道：“最边上那根是金杵，不是火杵，怎么喷火啊？”

“嘘！”午坤马制止了丑火牛的嘀咕。

华颜对能够喷火的仗天杵兴趣最大，这次他倒是没有怪罪申金猴多事，痛快地走了回去，把闪杵插在地上，拔出了最边上的金杵。华颜再次走到申金猴面前，把金杵往地面上一戳，嘿嘿地冷笑道：“你胆敢再折腾我走一趟，我就亲自打烂你的猴头！”

“好吧！不过你得给我松开双手，我才能教你如何使用仗天杵。”申金猴说。

华颜说：“你拿我当三岁小孩哄是吧？我松开你的双手，然后我再把仗天杵给你？”

“不用手，我怎么教你用杵？”

“用你的嘴巴！你来说，我来练。”

“既然你对我不放心，那我就只能用嘴说了。”

“别废话，快说！”

“你先用双手高高举起仗天杵，闭上眼睛在心中跟我默念……”申金猴转头对华颜身后的凶悍汉子们说，“大首领跟着我默念口诀的时候，大家要注意抬头观看仗天杵的顶端，如果看到有火苗冒出来，你们就一起欢呼，听见了没有？”

华胥氏部落的凶悍汉子们面面相觑，不知该如何应答申金猴。华颜转过头，对属下呵斥道：“你们听他的就是了，如果不灵的话，你们就活剥了他的皮。”

凶悍汉子们高声答应着，他们都很期待大首领的仗天杵能够冒出火苗来。

申金猴用眼睛的余光扫了一下插在地上的十一根仗天杵，他对华颜说：“双手高高举起仗天杵，闭上眼睛在心中跟我默念，仗天杵，仗天杵，高高在上迎火祖！”

华颜高举着仗天杵，闭着眼睛一脸虔诚地默念着口诀。华胥氏部落的所有人，包括一旁的盘古十兄弟，目光都聚集在华颜高高举起的仗天杵顶端。华胥氏的凶悍汉子们期待着仗天杵冒出火苗，而盘古十兄弟却担心仗天杵冒出火苗，一根仗天杵，吸引了所有人的注意力。只有申金猴貌似抬头观望，眼睛的余光一直瞄着一旁插在地上的十一根仗天杵。突然，一块石头后面跳出来一团灰乎乎的东西，蹑手蹑脚地走到了十一根仗天杵跟前。稍加辨认后，那一团灰乎乎的东西就站定在一根仗天杵跟前。

华颜高高举着仗天杵，心里已经默念了十多遍申金猴教授的口诀，仍然没有听到下属的欢呼声。华颜心里隐隐已经有了上当受骗的感觉，他睁开了眼睛，放下了两只已经酸胀了的胳膊，盯着申金猴说：“你已经死到临头了！”

申金猴非但没有半点惧色，脸上竟然露出了笑容，他对华颜说：“死到临头的是你！”

华颜看到申金猴并没有看自己，而是盯着自己身后的某个位置，他顺着申金猴的目光望过去，只见卯闪兔举着仗天杵正站在自己身后的不远处。一股被愚弄的恼怒顿时涌上心头，他举起手中的仗天杵，对着眼前的申金猴狠狠地砸了下来。华颜的仗天杵距离申金猴的脑门不足一个脑袋的距离时，只见一道耀眼的电光闪过，华颜庞大的身躯飞了起来，重重地摔在申金猴的脚下。等华颜挣扎着从地上爬起来的时候，卯闪兔飞奔过来，用手中的闪杵逼住了华颜的脑袋，说：“你再敢动一下，我就把你变成碎片！”

华颜手下的凶悍汉子们见到这个突发变故，一时间不知所措，都愣在原地。卯闪兔腾出一只手来，解开了身旁申金猴被反绑的双手。申金猴弯下腰，从华颜的手中抽出了自己的金杵，并对他说：“这是我的金杵，它不会喷火，哈哈哈！”

申金猴拎着金杵走向了盘古十兄弟，两名凶悍汉子举着大头棒扑了上来，申金猴举起金杵，“噫嗨”一声挥了出去，一片金光闪耀过后，两个身材魁梧的家伙惨叫着，横飞了出去。看守盘古十兄弟的十几名凶悍汉子，见此惨状，纷纷撒腿就跑。申金猴走上前来给十兄弟松绑，十个人获得自由之后，第一个念头就奔向自己的仗天杵。一位华胥氏部落的掌事眼看不妙，指挥着一群凶悍汉子上前抢夺仗天杵。卯闪兔用一只脚踏住了地上的华颜，双手举起闪杵对准那群抢夺仗天杵的凶悍汉子挥了过去，一道电光闪过之后，一群恶汉噼里啪啦地横飞了出去。

盘古十二兄弟重新夺回了仗天杵，对着华胥氏部落的凶悍汉子一通狂挥乱打，一时间，惨叫声不绝于耳，凶悍汉子纷纷四下逃命。申金猴制止了众位兄弟，说：“咱们赶紧去黑石谷救人！”

寅乾虎将地上的华颜拎了起来，十二兄弟直奔黑石谷方向而去。

赶到黑石谷的时候，华胥氏部落的凶悍汉子们，趁着明亮的月色正忙着往谷口填石头。很显然，燧人和玄女等人已经被他们赶进了黑石谷。辰天龙对华颜说：“快让他们住手！”

还没等华颜张嘴，戌雷狗便拽着卯闪兔冲了上去。“噫嗨！”一声暴喝之后，夜空中电闪雷鸣，声势骇人，刚刚封死的黑石谷谷口瞬间坍塌了下来。华胥氏部落的恶汉们惊诧不已，等到十二兄弟走到了跟前，才发现自己的大首领已经变成了囚徒。

看到卯闪兔和戌雷狗的仗天杵拥有如此巨大的威力，华颜心中禁不住酸痒难耐。从谋划偷窃盘古十二兄弟的仗天杵之时，华颜就开始做一个雄霸天下的梦。统一北方部落只是这个梦的第一步。他原先计划统一北方之后，休养生息几年，等到人丁增加到一定数量之后，再屠西方的伏羲氏，最后，再积蓄全部力量剿灭南方的神农氏。但是，自从被盘古十二兄弟用计围困在黑石谷之后，他见识到了仗天杵神力，华颜顿觉眼前一亮：只要拥有了这十二根仗天杵，雄霸天下就指日可待了。

华颜和族人被辰天龙放走了之后，并未返回华胥氏的领地，而是在弇兹氏领地上就地采制大头棒，准备卷土重来。就在华胥氏还没有准备停当，属下来报，说玄女率领族人回到了自己的领地。华颜便设下埋伏，再次捉住了玄女和她的族人。华颜迫不及待地盘问了弇兹氏的族人，使用酷刑威逼利诱，得到了关于盘古十二兄弟和仗天杵的情况。于是，华颜制定了偷取仗天杵据为己有的计划，并连夜派出手下回华胥氏领地传令，让十二个小矮人速来会合。原来，华颜吞并了相邻的一个矮人族部落，该部落里的人最高不过常人的一半，但是身体却异常灵巧。一去一来，十多天后，十二个小矮人才赶到华胥氏的营地。在此期间，华胥氏部落的大头棒也采制完毕，一只凶神恶煞般的队伍又被重新武装了起来。

华颜率领着三千多名凶悍汉子，押解着玄女和弇兹氏部落的囚徒，昼伏夜行，悄悄地渗透进了燧人氏部落的营地。在燧人与盘古十二兄弟准备动身迎亲的前一夜，十二个小矮人神不知鬼不觉地躲开了燧人部落的巡夜人，潜进了盘古十二兄弟的营地，成功地偷取了十二根仗天杵。得到仗天杵之后，华颜逐根拿在手里验试，却没有施展出任何神力。华胥氏部落一位负责占卜的老掌事猜测说，能够催动十二根仗天杵发出神力，肯定有特殊的使用方法或口诀。于是，华颜率领三千多名凶悍汉子，在天亮时包围了燧人氏营地，捉住了盘古十二兄弟，准备逼其教会自己如何使用仗天杵。

盘古十二兄弟被俘之后，都被牢牢地反绑着双手，申金猴便一直在思索应对之策，等看到仗天杵出现后，他便有了主意。申金猴悄悄靠近卯闪兔，对他悄悄耳语了几句。随后，他用嘴巴衔下卯闪兔脖子上的盘古灵珠，丢在了地上。卯闪兔瞬间幻化回原形，手上绑缚的藤蔓也随之脱落在地上。他从地上衔起自己的盘古灵珠含进嘴里，趁着凶悍汉子驱赶众人前往黑石谷的骚乱之时，化身成原形的卯闪兔迅速窜进了草丛。

申金猴原本想选择体型更小的子地鼠，但是考虑到子地鼠的地杵必须与辰天龙的天杵搭配，才能发挥神力，所以，他只能选择卯闪兔了。为了使自己的计划万无一失，申金猴故意编造出借口，说要等到夜晚才能够教授华颜如何使用仗天杵，就是为了用夜色来掩护卯闪兔的行踪。当他把全场人的目光，全部调动到了华颜高高举起的仗天杵的顶端时，卯闪兔完全可以大摇大摆地走进场地取自己的闪杵了。

后世的魔术师借鉴了申金猴的智慧，在变幻魔术的时候，手里总摆动一个细细的木棒吸引观众的目光，然后把道具在观众的眼皮底下搬来运去，观众竟也浑然不觉。

原本以为，一切尽在控制之中，统一北方部落指日可待，雄霸天下的梦想也越来越近。令华颜万万不曾想到的是，申金猴早已做了部署，将自己玩弄于股掌之中，这让他如何不愤恨、不恼怒呢？此刻，看到卯闪兔和戌雷狗一声“噫嗨”呐喊，仗天杵便爆发出了雷霆万钧的神力，华颜如梦方醒：“噫嗨”才是仗天杵发挥神力的秘诀啊！

众兄弟押着华颜继续往前走，行至黑石谷谷口，华颜突然一个箭步抢到了卯闪兔跟前，一把抢夺过来他手中的闪杵，转身对准盘古十二兄弟高高举起闪杵，大喝一声：“噫嗨！”

没有闪电也没有白光，盘古十二兄弟纹丝不动，站在原地看着华颜的举动，禁不住哈哈大笑起来。华颜反复挥动闪杵，嘴中“噫嗨，噫嗨”喊个不停，闪杵始终没有展现半点神力。恼羞成怒的华颜，绝望地看着手中的闪杵，突然间举起闪杵朝着谷口的乱石堆扔了过去。

“噫嗨！”看到自己的闪杵被扔向了乱石堆，卯闪兔脱口而出喊了一声。顿时，电光一闪，被闪杵击中的半边乱石堆再次倒塌下来，正好将华颜埋葬其中。

10

“盘——古——”酉鸣鸡一声清脆的长啸震彻山谷，燧人氏部落的领地上迎来了一缕新的晨曦，也迎来了首领燧人的婚姻庆典。

华颜被乱石堆永远埋葬在了黑石谷谷口，他在最后一刻，终于看到了自己扔出去的闪杵展现出了神力。眼看着大首领殒命乱石之中，华胥氏部落的凶悍汉子们知道大势已去，再加上两度目睹了盘古十二兄弟仗天杵的威力，一群恶汉扔掉手中的大头棒，纷纷跪倒在地表示降服。

接下来的几天里，燧人氏部落清理埋葬了死难者，将降服的华胥氏部落的人关闭在黑石谷中。辰天龙再三叮嘱，务必每天按时供给饮水和食物，燧人答应了。

前来参加婚典祝贺的各个部落首领，聚集在一起开会。一位部落首领倡议说：“西方各个部落组成了联盟，统归于伏羲氏，南方各个部落统归于神农氏。他们组成强大的部落联盟之后，一致对外，保护家园领地，使得族人得以休养生息。我们如果还是保持目前的小部落状态，迟早会被他们吞并的。如今，燧人氏与弇兹氏联姻结盟，我们不如借此机会也组成部落联盟吧！”

这个倡议得到了众位首领的一致认可。经过大家推选，燧人氏被选为北方部落的大首领。结盟仪式非常隆重，燧人端坐在新搭建的盟坛上，接受各个部落首领的跪拜。两位“归顺”了华颜的部落首领，这一刻更是羞愧交加，跪伏在地上不肯站起来。燧人走下盟坛，将两位部落首领搀扶起来，安慰他们说：“你们也是为了自己的族人，不得已而为之。”

随后，燧人郑重地邀请盘古十二兄弟登上盟坛，他牵着辰天龙的手，对着坛下众人大声说道：“这场大洪水既是人类的灾难，也是人类的福音，因为大洪水给我们送来了盘古十二兄弟。盘古兄弟秉承了人类始祖盘古的遗愿，他们慈心仁骨，解救苍生于洪灾，造福苍生于天下。所以，盘古十二兄弟才是最有资格接受我们跪拜的人！”

燧人说完，对着盘古十二兄弟深深跪拜下去。在他身后，玄女等各部落首领接着跪拜在地，其余的各部族苍生一并伏倒在地，向盘古十二兄弟行跪拜之礼。盘古兄弟从未见识过这等场景，一个个愣怔在原地，竟然不知所措，但十二兄弟的内心却是汹涌澎湃热血沸腾。辰天龙急忙弯下腰，搀扶起了燧人，说：“我们兄弟十二人，原本是没有善恶之分的兽禽，相互博弈厮杀多年，天地间被我们搞得乌烟瘴气，血流成河。幸亏遇见了盘古，才通了人性，有了人形。女娲给了我们不死之身，盘古给了我们‘信、诚、勇、仁、德、和’六字箴言，两位始祖的初衷，就是要我们兄弟十二人把这六个字传播给天下苍生。所以，你们要跪拜的不是我们，而是盘古和女娲两位始祖。”

北方结盟仪式完成之后，接下来就要忙活大首领燧人与玄女的婚姻庆典了。这是北方部落统一之后的第一个庆典，每个人都忙着献计献策，尽全力要把婚姻庆典搞得隆重而又热闹。因为大洪水过后，各部落的食物和生活物资极度匮乏，仅仅是食物问题就让人颇费脑子。燧人颁布了几条倡导简朴节约、杜绝铺张浪费的律令，深得各部落首领及族人的拥戴。

华胥氏部落的囚徒被关在黑石谷几天之后，燧人氏部落就吃不消了，每天要为三千多名体格魁梧的大汉提供饮食，使得本来就紧缺的食物更加匮乏了。燧人无计可施，就来询问盘古兄弟有什么好办法。申金猴建议说，既然华胥氏部落已经顺服，索性将他们的人分散开来，平均分配给各个部落。遇到外族入侵之时，可将他们聚集成一支军队。和平时期，可将他们作为守护部落安全的卫戍。这样便可化解食物短缺的矛盾。燧人依照申金猴的建议，将华胥氏部落的三千多名大汉，平均分配到了各个部落，即日起程，不得耽搁。

处理完北方部落统一之后的若干遗留问题，燧人和玄女婚姻庆典的日子也到了。为了减轻族人劳苦，燧人决定把婚典仪式放在盟坛举行，不再另行搭建婚坛。

这段时间以来，玄女带领她的族人不分昼夜地抽丝织布，缝制衣衫，终于在婚典前夜，为每位参加仪式的人赶制出了一件雪白的新衣。

婚典之日，晴空万里，和风徐徐。婚坛之上，新人成双，龙凤呈祥。婚坛四周，衣袂飘飘，圣洁如雪。燧人与玄女比肩而立，双手相执，接受众人的欢呼与祝贺。简单的婚典仪式之后，司仪唱道："请大首领训示！"

沉浸在幸福之中的燧人眼圈里滚动着热泪，一时间竟无语凝噎。眼看就要冷场，燧人忽然举起了与玄女相执的手，高声呼道："执子之手，与子偕老！"

这句并不华丽的承诺，朴素中透着执着和坚韧，竟然演绎成了那个时代的婚典誓言，被使用了数千年之久。数千年之后，这句婚典誓言又被世人收录到了《诗经》中，专门用来赞颂爱情。

第八章

助伏羲，演成八卦通天地

1

光阴如梭，转眼间三年过去了。在这三年里，燧人邀请盘古十二兄弟游历了自己统辖的北方各部落。所到之处，燧人指导部落众人取火、用火和防火，玄女则教授人们使用正确的抽丝技术，使得织布量大大增加。盘古十二兄弟也没闲着，他们教授人们结网捕鱼，以及使用各种绳结，并运用到了更广的生活领域。

大洪水之后，北方三年来风调雨顺，无旱无涝无灾荒。使用了火，学会结网捕鱼，进而穿上了挡风御寒的衣衫，北方部落迅速发展壮大起来。北方部落的大首领燧人，也随之美名远播，深得北方众部落的拥戴。

这一天，燧人等一行人继续游历视察，他们来到了北方统辖领地最西边的一个小部落——碧目氏部落。该部落人口已经繁衍到了三千多人，全部是金发碧眼，相貌甚是奇特。碧目氏部落的主营地中，孩童成群，嬉声鼎沸，一片生机勃勃的气象。

晚间，营地中燃起熊熊篝火，碧目氏部落的首领鲁夫，宴请大首领燧人和玄女，盘古十二兄弟作陪。众人围坐在篝火旁，一边说笑一边吃着浆果之类的闲食。忽然，一阵奇异的香味儿，从远处的一堆篝火旁飘了过来，众人忍不住伸长了脖子观望。鲁夫神秘兮兮地说："诸位不必着急，一会儿便有美食呈上，准保是你们从没有吃过的野味儿！"

篝火熊熊，异香阵阵，燧人和盘古众兄弟，已经不知道吞咽了多少次口水，寅乾虎几乎要吞下他手中的乾杵。煎熬多时之后，碧目氏部落中十几个族人，手中挑着一根树棍走了过来，树棍一端挑着一团黑乎乎的东西，冒着腾腾热气，散发着奇异的香味儿。碧目氏十几个族人，将手中的树棍交付到了每位客人手中，转身回到了远处的篝火旁。众人端详着树棍顶端的那团黑物，纷纷凑过头去，拼命嗅着散发出来的异香之气。鲁夫望着众人的举动，哈哈笑道："吃一口试试，味道更美！"

寅乾虎早就按捺不住了，抱着那团黑乎乎的东西一口咬了上去，黄灿灿的油水顺着他的嘴角流了下来，烫得寅乾虎龇牙咧嘴。即便如此，也没阻挡住寅乾虎撕咬、咀嚼和吞咽。顷刻间，那团黑乎乎的东西便被他吃了一个精光，地上只有他吐出来的几根骨头。看到寅乾虎舔着嘴角，一副意犹未尽的样子，众人不再犹豫了，纷纷抱着那团黑物吃了起来。“啊！”突然间，西鸣鸡一声惊呼扔掉了手中那团黑物，站起身来走开了。大家面面相觑，把疑问的目光都投向了鲁夫。鲁夫笑了笑，说：“这是鸡，是我们发明的烤鸡，味道是不是很美啊！”

火堆旁的盘古十一兄弟这才恍然大悟，原来西鸣鸡已经发现这团黑物是鸡，所以才有此奇怪的反应。申金猴问鲁夫：“你们从哪儿弄来这么多鸡？”

鲁夫说：“在我们的西边，有一个叫伏羲氏的大首领统一了西方部落，据说伏羲擅长捕捉驯化野兽野禽。所以，我们经常用丝布跟他们部落交换兽禽。秉承了大首领恩泽天下的想法，我们还教授他们钻木取火之术，他们也给我们送来了两百只雉鸡作为答谢。今天烧烤的鸡，就是伏羲氏部落前些日子送来的，今天特意用来烧烤供大首领和诸位品尝。”

有了美味烤鸡，大家谈兴甚浓，燧人甚至鼓励鲁夫去伏羲氏部落学习捕捉驯化野兽野禽的技艺，以便让北方部落也能吃上美味的烤鸡。于是，燧人、玄女和鲁夫三人开始商议，能否派遣使者前往伏羲氏领地，用饲蚕织布术换取他们驯化野禽野兽的技能。

巳水蛇与酉鸣鸡一向交好，看到酉鸣鸡扔掉烤鸡独自离去，他虽然心中牵挂，却舍不得置美食于不顾。巳水蛇三口并作两口，急匆匆吃掉了烤鸡，这才起身去寻找酉鸣鸡。在营地边的一棵桑树旁，巳水蛇看到酉鸣鸡斜靠在树上，神情很是沮丧。巳水蛇走过去，问道：“你是怎么看出来的？”

看到酉鸣鸡没有作声，巳水蛇感叹道：“不过，味道的确很好啊。”

“伤其类，感其哀，如果他们烧烤的是一条蛇，你就会感受到我的心情。”酉鸣鸡愤愤地说。

巳水蛇沉思了一会儿，似乎是在想象篝火之上正在烧烤一条蛇，他叹了口气说：“也许是吧。”

酉鸣鸡和巳水蛇正说着话，听见身后有声响，回头一看，看见亥风猪神情落寞地走了过来。酉鸣鸡问他：“你如果是来安慰我的，就别拉着脸，好吗？”

“我是过来寻找安慰的！”亥风猪说。

巳水蛇问亥风猪：“你刚刚吃完烤鸡，需要什么安慰？”

“他们又弄来了一头烤猪。”亥风猪噘着嘴说。

“啊？”巳水蛇酉鸣鸡同时发出一声惊叹。

巳水蛇皱着眉头说：“这个伏羲到底想干什么，莫非是要把我们的族类杀绝吃光？”

数日后，燧人和玄女视察完了碧目氏部落，准备返回。辰天龙对燧人说：“我们兄弟几个这几天商量了一下，准备前往伏羲氏部落探看一番。”

燧人说：“我已经看出你们兄弟几人最近情绪不太好，是因为烧烤那些野禽野兽的事吧？”

“是的。”辰天龙说，“毕竟是同根同类，心中都有些不忍，所以，我们想去跟伏羲谈谈。”

燧人感慨了一声，说：“我知道你们不会永远跟我在一起的，因为你们的使命是造福天下苍生。我虽然舍不得你们兄弟十二人，但这就是缘分，我不能太贪心，你们去吧！”

第二天，盘古十二兄弟就要上路了。朝夕相处了将近五年时间，一朝分手，便不知道何年再相逢，伤别自然难免。大家眼圈都是红红的，相互执手，殷殷叮咛。燧人最后拉着辰天龙的手，意味深长地说：“造福天下苍生，要应天命，顺民意。”

辰天龙似乎有些不解，他盯着燧人的脸问道：“是我们有什么地方做得不妥吗？”

“没有！你们仁慈为怀，做得都很好！”燧人顿了一下，接着说，“说实在的，那些野禽野兽的味道真的不错。”

辰天龙还是没有听明白燧人的弦外之音，依旧愣怔地盯着燧人看。申金猴拍了一下辰天龙的肩膀说：“燧人刚才说的话，就是民意。我们该上路了！”

2

西去之路日渐辽阔，周围已经看不见高山大川，只有碧绿的草场一直连接到了天际。

也许是天性使然，一向沉稳的午坤马突然摘下了脖子上的盘古灵珠，幻化成一匹高大的骏马，向着天边驰骋而去。狂奔了将近半个时辰，午坤马已将十一位兄弟远远抛在身后。前面有一个起伏的山坡，坡顶是一片难得一见的树林，午坤马奔向了树林，打算在那里一边歇息，一边等待后面的众位兄弟。片刻工夫后，午坤马便奔到了树林，此处放眼望去，周边的景物尽收眼底，天地间更显辽阔深远。欣赏了一会儿风景，午坤马感觉眼睛有些疲劳，转身进了树林，想在林间休息一会儿。就在他刚刚迈开步子，突然觉得脚下一松，紧接着身体就陷了下去。午坤马心中一惊，四肢准备发力往上蹿时，才发现四肢早已悬空，无处借力。午坤马惊魂稍定，才发现自己落进了一处陷阱。午坤马很是奇怪，以前曾见过类似捕捉动物的陷阱，井底插满了尖利的竹片或木棒，动物不小心跌落陷阱后，必死无疑。可这个陷阱的底部，不仅没有竹片和木棒，甚至还铺了一层厚厚的草，似乎生怕跌进来的动物受伤。午坤马正在兀自疑惑着，突然听见头顶传来说话的声音："捉到了！捉到了！是一匹高头大马。"

"太好了！终于逮到了。"

"大首领一直想要驯马，这回咱们可算露脸了。"

"快找绳子，找绳子过来！"

一伙人吵吵嚷嚷着，围到了陷阱边上，低着头观赏着自己的猎物。午坤马本想变回人形，但听到"大首领"三个字之后，就忍住了，他知道这个"大首领"指的肯定是伏羲氏。他们十二兄弟这次西行的目的就是要找到伏羲，看看他是如何驯化自己的同类，然后将自己的同类杀掉、烧烤、吃掉。于是，午坤马很配合地将四肢和脖子，伸进了上面顺下来的绳索里面。对于对方为什么会使用绳索，午坤马心里倒不是很奇怪，因为在这几年里，盘古十二兄弟已经把编绳打结的技艺传遍了北方部落。辰天龙支持各部族的人传播这项技艺，因为编绳打结在日常生活中应用极为广泛，很容易得到传播。

即便是午坤马配合，众人也费了很大的力气，才将他从陷阱中弄出来。上到地面之后，午坤马才看清眼前这帮人，相貌和身材与燧人氏部落的人基本相同，既不像华胥氏部落那般高大魁梧，也没有碧目氏部落那样奇特。与众不同的是这些人的穿戴，他们身上大都是以兽皮裹身，很容易分辨出来哪个穿的是豹皮，哪个穿的是虎皮，哪个穿的是鹿皮。而且，他们的胸前也大都戴着饰物，基本都是野兽的牙齿之类的。

这群人费尽力气，才把午坤马从陷阱中拖了上来。等看到午坤马的全貌之后，一群人都禁不住喝彩起来，纷纷夸赞午坤马的神骏和高大。他们嘴中夸着，手中却毫不松劲，死死地拉住了五根绳子的另一头，生怕这匹高头大马狂躁暴跳起来。因为，他们平时根本没有机会如此近距离接触这么高大的骏马，只能遥望着这些天赐之物，在无际的草原上狂野飞奔。

令这些人不曾想到的是，这匹神骏之物的性情竟然很温和，不急不躁不怒不恼地任由他们牵引。

“伏羲大首领曾经预言，将来如果有人能够一统天下，必须依靠这些骏马。”牵着马头的细高个子说。

牵着一侧马腿绳子的小个子问道：“如何依靠骏马一统天下呢？”

细高个说：“我也不知道，大首领的意思好像是要骑在骏马身上，追敌杀敌吧。”

小个子把绳子交给了身边的另一个人说：“我现在就骑上它，试一试一统天下是什么感觉。”

小个子身手很利落，他一个纵越，双手环抱住了午坤马的脖子，右腿往上一伸，便跨到了午坤马的后背之上。这是午坤马从未经历过的事情，被一个人骑坐在后背之上，一股被凌辱的感觉瞬间冲上了脑门。午坤马“兮飃飃”一声咆哮，猛然扬起身子，整个身体几乎直立起来，马背上的小个子一下子被甩了出去。

看到小个子躺在草地上，呲牙咧嘴揉屁股的惨相，一群人哈哈大笑起来。细高个子笑着说：“这等神骏之物，岂能让我们任意骑坐，还是献给伏羲大首领吧。”

一群人说说笑笑，牵引着午坤马往西行去。捕捉到这样的神骏大马，这群人虽然兴奋异常，但却不敢耽误，一刻不停地赶路。这天晚上，幸亏是月圆之夜，四周又无高山和森林阻隔，众人牵引着午坤马连夜赶路。

黎明时分，一马数人到了一处奇特之地。此地，一座大山拔地而起，左右无牵无接，平地而起的巨峰独立于天地间。一条大河来自西北方向，遇到此山之后，傍山蜿蜒绕行半圈，随后又往西南方向浩浩荡荡奔去。奇山四周古松林立，薄雾缥缈，松雾之间有一对丹顶鹤翩翩翔舞。忽然，松林间传来一声清啸，一双丹顶鹤如闻号令，循着清啸之声翩然飞去。

一群人牵引着午坤马进入林间，林子中不时有行人驻足。这些行人也大都穿戴着兽皮兽骨。忽然，有一大群羊挡住了众人的去路，一位围着狼皮短裙的老者，手里挥舞着一根长鞭，吆喝羊群穿过林间。这群羊走得不紧不慢，遇见人也不慌不忙，不像野外的羊，见到其它任何动物，都会慌忙奔逃。等到羊群过去之后，午坤马被一群人牵引着继续前行，而眼前的景物更让午坤马称奇。松林间的空地上，竟然排列着一个个用树木和茅草搭建起来的“鸟窝”，很多人听到声响后，从“鸟窝”中钻了出来。午坤马用诧异的眼光看着“鸟窝”中钻出来的人们，人们以同样的眼神看着午坤马。

午坤马还发现了更为奇特的景象，每个“鸟窝”的旁边，都有一个用木棍和绳子穿连起来的“小鸟窝”，里面安安静静地趴着雉鸡、大雁、天鹅之类的飞禽。每个“小鸟窝”边上都有一个敞开的窟窿，雉鸡、大雁、天鹅都可以自由进出，可它们即便是走出“小鸟窝”，也是随着人群摇摇摆摆地走过来看热闹，并没有飞走。

午坤马心里暗自纳闷：莫非这就是被伏羲驯化后的野禽野兽？伏羲究竟掌握了什么神力，能够让野禽野兽这般听命于人呢？

3

在一处高大的“鸟窝”面前，一群人止住了脚步。细高个转身对大家说：“你们抓紧了绳子别走神，我去禀告大首领，大家就等着领赏吧！”

细高个吩咐完之后，一头钻进了一座高大“鸟窝”。不一会儿，细高个一脸得意地走了出来，身后跟着一位个子更高的中年汉子。中年汉子一出“鸟窝”口，就看到了神骏的午坤马，当场就愣住了。直到细高个回头唤了他数声之后，他才回过神来。细高个说：“大首领，你看看我们捕捉到的野马，是不是你想要的那种能够一统天下的野马？”

大首领没有理会细高个的问话，他绕着午坤马转了三圈，站定在午坤马面前，说道：“这哪里是什么野马，分明是天赐的神骏！你们快松开绳子！”

“不行啊！大首领，这是没经过驯化的野马，松开手就会跑掉的。”细高个喊道。

“哈哈！”大首领爽朗地大笑起来，“野不野，要看他的眼神，这匹神骏之物的眼神祥和，里面没有半点野性。如果他想要跑掉，你们根本就捉不到他。”

细高个似乎有些不服气，但还是遵从大首领的号令，示意其他人松开绳索。午坤马抖了抖身上的鬃毛，连同羁绊他的绳索也一同抖落下来，神态煞是优雅。大首领的眼中露出了景仰之色，轻轻走了过去，用手抚摸着午坤马的面颊，抬起另外一只手缓缓摘下了套在他脖子上的绳索。午坤马顿时感觉到了一股清和的气场，按照大首领的说法，他紧紧盯着大首领的眼睛，看到的也是一股如水如风的祥和眼神。午坤马低下头来，用脑袋蹭了蹭大首领的面颊和肩膀，以示亲近。这番场景看得众人瞠目结舌，因为大首领已经成功驯化了很多野禽野兽，唯独野马没有驯化成功。部落众人挖陷阱、设伏坑，已经捕捉到了好几匹野马，圈在林间的栅栏里面，却无人敢靠近。大首领曾经尝试着接近这些野马，有一次甚至骑上了马背，却被野马狠狠地摔了下来。部落中一些胆大的年轻人，也想在大首领面前展现自己的勇敢，自告奋勇要驯服野马，却纷纷被野马踢断了胳膊踢折了腿。

而眼前的这匹马，比圈在林地间的那几匹野马高大威猛了许多，大首领竟然敢用手抚摸他的面颊。更神奇的是，这匹高大的神骏竟也报之同样的礼遇给大首领，这如何不是奇闻奇事呢？正当一人一马相互示好之际，林间跑来一个族人，对大首领说："大巢氏部落首领鸟人到了，他要拜见大首领伏羲。"

大首领伏羲闻听鸟人到来，忙吩咐说："带我亲自迎接鸟人去！"

伏羲带着众人往林外走去，细高个急忙喊道："大首领，这……这野马如何处置？"

"给他喂养一些上等鲜果，任他自由往来，你们不必理会了。"伏羲往前走了两步，又回过头来对细高个说，"我再说一遍，他不是野马，是天赐神骏！"

细高个摇了摇头，着手去准备新鲜水果了。

行走了一天一夜，此刻，午坤马着实感觉到了饥渴，他大口咀嚼着众人送来的新鲜水果，眼中流露出感激的神色。众人一边喂着午坤马，一边用手试探着抚摸他高大的身躯，午坤马不时地用头蹭着众人的身体，大家喜不自禁。

远处，伏羲牵着一位中年汉子的手走过来，指着午坤马说："鸟人，这就是我跟你说的天赐神骏，你快来看看，这绝非人间俗物！"

鸟人看到高大的午坤马之后，不敢靠前，只是绕着午坤马转圈，嘴中不停地发出啧啧之声。伏羲笑着对鸟人说："他是一个温良之物，你靠近一些试试看。"

鸟人急忙摇头摆手说："我的身子骨弱，他如果给我尥一蹶子，我就废了。"

"莫怕！莫怕！你看看大家都在跟他亲近。"伏羲一把拉住了鸟人，把他拖到了午坤马跟前。

午坤马突然嗅到了一股奇异的臭味儿，呛得他打了一个响鼻儿，两条前腿当空立了起来，围观的众人，被午坤马的突然举动吓了一跳，纷纷往后闪避。伏羲也颇感意外，他再次试探着走上前去，把手伸向了午坤马。午坤马迎着伏羲的手，伸出舌头来舔了舔，以示歉意。伏羲笑着对鸟人说："你看你看，我就说它很温顺的。"

鸟人只是站在远处摇手，再也不肯靠近午坤马。伏羲也不再强求，他走了过去，携着鸟人的手，一起走到了高大"鸟窝"的入口处。鸟人站在入口前，指着入口说："我这次来，就是为了改造这些茅舍的门口，按照我的说法改造过后，茅舍就能变得冬暖夏凉。"

"茅舍都是你发明的，你说怎么改，我们照办就是了。不过，改造一下门口，就能让这些茅舍变得冬暖夏凉，这也太神奇了吧？”

“一点都不神奇，只是改造一下门口的方位，就能达到这个效果。”

“如何改造？”

鸟人没有直接回答伏羲的问话，而是转过身来，对着门口前的众人，问道：“你们这几年来居住在这些茅舍里面，肯定相互串门走访，是不是？”

众人回答说是。鸟人点了点头，接着问：“冬天串门走访的时候，是不是会觉得有些茅舍暖和，而有些茅舍寒冷？”

众人点头称是。鸟人这才回过头来，对伏羲说：“你听到了吧，这就是问题所在，我这次来就是为了解决这个问题的。”

“哦，太好了！让我的族人脱离了阴暗潮湿的洞穴，就是你鸟人的功劳，如果再能让我的族人过上冬暖夏凉的日子，我们更加感谢你了。”伏羲由衷地说。

鸟人说：“先别说感谢的话，我帮你们改造茅舍是有条件的。”

“哈哈哈！”伏羲爽朗地笑道，“不讲条件也不是鸟人的风格。说吧！是什么条件？”

鸟人微微一笑，说：“让冬天的茅舍变得暖和，得交给我一张兽皮；让夏天的茅舍变得凉爽，得再交给我一张兽皮。”

伏羲沉思片刻后，对鸟人说：“近几年，我的部落进行了分工细化，有专门负责驯养野兽的，也有专门负责驯养野禽的。负责驯养野兽的茅舍，交给你兽皮不成问题，可负责驯养野禽的茅舍，就没有兽皮给你了。对于驯养野禽的茅舍，能不能用雉鸡、大雁、天鹅代替兽皮呢？”

鸟人思考了一会儿，翻了半天小白眼珠子，说：“可以！不过要两只野禽顶一张兽皮。”

“成交！”伏羲爽快地答应了。

鸟人伸出右手小指勾住了伏羲的右手小指，两人用力向后拉拽，然后松开了。伏羲笑道：“我伏羲哪一次说话不算数了，还要每次都得拉钩约定？”

“这是交易的规矩，我们应该按照规矩办事。”鸟人一脸严肃地说。

两个人正说着，一个族人忽然跑了过来，急三火四地对伏羲说：“林子、林子外面来了十一个穿着白衣的汉子，他们手持棍棒，把驯养野羊和野猪的族人全都赶跑了，还把野羊群和野猪群哄散了。”

“白衣人？难道是燧人氏部落的人？”伏羲问道。

“看他们的穿戴，很像是燧人氏部落的人。”报信的人回答。

"我们跟燧人氏部落向来相安无事，他们还教授给了我们钻木取火术，我一直想找个机会感谢他们一番呢，今天为何打上门来了？"伏羲对身边的一个随从说，"吹入侵号！集结族人迎战！"

随从立刻举起挂在腰上的牛角，鼓起腮帮子吹了起来："呜——呜——"

4

伏羲氏部落的武器很是怪异，长长的木棒之上，绑缚着一根尖利的兽骨，白花花的木棒加上白森森的兽骨，远远看上去倒也威武恐怖。伏羲率领着全副武装的族人，在松林外面一字排开，无人看管的午坤马也跟在后面，远远地观望着。午坤马心里明白，十一位手持棍棒的白衣人，肯定是盘古兄弟。

松林外面，十一位白衣汉子挥舞着棍棒，正在驱散一群野羊。可是，野羊跟在一只领头羊后面，任你如何吆喝吓唬，始终保持着队形，怎么也不肯四散逃离。

看着十一个白衣人忙活了半天，伏羲笑了笑，喊道："弓箭手准备！"

一群手中没有长木棒的族人，纷纷从身上摘下一个奇特的长条器具，他们将一根细细的、顶端锋利的木棍，穿在了奇特的器具上面，然后双手张开，将一个长条的器具拉成了圆形。午坤马似乎意识到了某种危险，他刚要冲上前去制止，忽然听到伏羲喊道："把弓箭射在他们的周围，千万不要伤人！"

弓箭手们齐声答应着，纷纷松了拉开器具的手，午坤马只听到"嗖嗖嗖"的声音不绝于耳，细细的尖利木棍奔着盘古十一兄弟飞射过去。这些细木棍的尾端都有一簇野禽的羽毛，笔直地射出去后，在空中煞是好看。转眼间，细木棍就飞射到了盘古十一兄弟跟前，它们像雨点一样，"唰唰唰"地扎在了他们周围的泥土里，没入了半截。有一支细木棍射中了一只野羊，野羊瞬间倒在地上，鲜血顺着羊腿流了下来。

盘古十一兄弟第一次见到能够从远处杀伤的武器，禁不住心里寻思：这些木棍如果全部射在人身上，后果可想而知。

看到十一个白衣人被自己发明的弓箭震慑住了，伏羲得意地哈哈大笑，他排出一字长蛇阵，走到弓箭手的前面，对着十一个白衣人喊道："伏羲氏部落与燧人氏部落向来相安无事，几位为何打到我的家门上？还要驱散我的羊群呢？"

未云羊一横手中的云杵，回道："万物有灵，苍生平等，你为何掳杀兽禽？"

伏羲说："不错！野禽野兽都具灵性。所以，我们从不捕食野生的兽禽，而是将野生兽禽加以驯化，尽去其灵性，使其变成蠢笨之物，与瓜果梨桃之类相仿。这样，我们进食的时候，就不会有什么忌讳了。"

未云羊还要与之争辩，被辰天龙举手制止了，他往前走了几步，对伏羲说："请问你是西方部落的大首领伏羲吗？"

伏羲点头称是。辰天龙说："我们兄弟早就耳闻伏羲大名，今天前来拜访，是因为有很多疑问需要当面请教！"

"你们兄弟拜访的方式很是特别啊！"伏羲爽朗地笑道，"先是赶跑我驯化兽禽的族人，接着又要驱散我驯化的羊群，你们为何要跟兽禽们过不去呢？"

辰天龙觉得伏羲并无恶意，同样回笑着说："我等兄弟并非是跟兽禽过意不去，相反，我们就是为了保护兽禽而来的。"

伏羲仔细打量着十一位白衣人手中的棍棒，看上去非藤非木，隐隐显出金石之色，忽然间，恍然大悟："诸位莫非就是天下神传已久的盘古十二兄弟？"

"我们正是盘古兄弟。"辰天龙说。

"那你们怎么只有十一人？"伏羲话已出口，紧接着回头寻找午坤马，"哦！我明白了，这匹天赐神骏原来也是盘古兄弟啊，哈哈哈！"

盘古十一兄弟早就看到了人群之后的午坤马，见他安然无恙，心中早已放心。又见他以原形现身，知道他一直没有道破盘古兄弟的身份。

原来，十一兄弟看到午坤马化身原形飞奔疾驰的时候，都明白是他见到辽阔草原之后心性使然。于是，众兄弟便跟在他的后面，不疾不徐地走着。等到大家行至山坡上的小树林，发现了陷阱和周围的践踏痕迹之后，才知道午坤马遭遇了不测。十一兄弟这才着急起来，由戌雷狗带路，一路上嗅着午坤马留下的气息追了过来。追至松林外，恰巧遇见了一群野羊缓缓行来，见到众人如遇无物，只顾跟着领头羊一路行走，一路吃草。未云羊心中涌起一阵悲愤，遥想当年自己率领羊部落驰骋拼杀，羊儿们既勇敢又灵敏。可眼前这群羊呆滞木讷，只认得领头羊和草，想来这肯定都是伏羲驯化的结果。未云羊怒从心头起，抡起手中的云杵轰赶着羊群，想让羊群摆脱领头羊的控制。远处，负责驯化放牧羊群的人不干了，挥舞着鞭子赶过来阻止。未云羊夺过牧羊人的鞭子折断为两半，飞起一脚把牧羊人踹倒在地。辰天龙急忙上前阻止，一把抱住了盛怒之下的未云羊。牧羊人知道这帮人不好惹，便爬起身来，赶回部落报信去了。

"既然是盘古十二兄弟光临，就请大家到我们部落里歇息吧！"伏羲对辰天龙说。

辰天龙等兄弟似乎还在犹豫，站在原地没有回应伏羲的邀请。午坤马“哒哒哒”走上前来，对伏羲说：“我代大首领去邀请我的兄弟们吧！”

望着午坤马神骏的背影，伏羲和他的族人愣怔了半晌：这匹神骏竟然通人语?

午坤马走向了十一兄弟，一边走一边吐出嘴中的盘古灵珠，戴在了自己的脖子上。刹那间，草场上白光一闪，伏羲眼中的神骏没了踪影，只见一位长发白衣少年翩然而去。

午坤马走到众兄弟面前，歉意地说：“我让众位兄弟担心了！伏羲大首领是一个仁慈之人，我们尽可放心，咱们先去他们部落看看吧。”

申金猴笑着说：“伏羲神力无边啊，是不是已经把你驯化了？”

众位兄弟大笑起来，午坤马说：“据伏羲说，驯化需要一个漫长的过程，这么短的时间里，咱们不可能被他驯化，你们就放心吧！”

午坤马偕同盘古兄弟走进了伏羲氏部落的营地。与午坤马刚来的时候一样，大家都被那些奇奇怪怪的“鸟窝”吸引住了目光。伏羲为十二兄弟介绍说：“这是大巢氏部落的首领鸟人发明的茅舍，专供人类居住。旁边的‘小鸟窝’，是专供驯化后的雉鸡、大雁、天鹅居住的。”伏羲一路走着一路介绍，盘古十二兄弟觉得很是稀奇。在一处茅舍前，遇见了大巢氏首领鸟人，他带着属下的族人正在规划门口的改造，解决这处茅舍冬天寒冷的问题。伏羲把鸟人唤过来，介绍他认识了盘古十二兄弟。待介绍到午坤马时，伏羲笑着对鸟人说：“这就是刚才把你吓了一跳，你也把他吓了一跳的天赐神骏午坤马。”

鸟人走到跟前，对着午坤马秉手示意。午坤马突然间又嗅到了那股奇异的臭味儿，呛得他还是不停地打着喷嚏，直往辰天龙背后躲避。午坤马悄悄问身边的兄弟们，有没有闻到鸟人身上奇怪的臭味儿，连嗅觉最为灵敏的戌雷狗都说没有嗅到，午坤马觉得很是奇怪。这个谜团一直困扰着午坤马达数千年之久，这是后话，此处暂且伏笔。

5

午坤马为伏羲一一介绍了盘古兄弟，伏羲不停地对大家秉手示意，众兄弟们觉得这个见面仪式很新奇、也很友好，于是，也学着伏羲的样子秉手示意。

伏羲引领着盘古十二兄弟，进入了他居住的“大鸟窝”。众兄弟进入茅舍后，发现这间茅舍比刚才看见的那些高大敞亮了许多，茅舍中的墙壁也是由茅草编织，茅草上面挂着一张兽皮。兽皮被打磨得非常光亮，中间画着一个大大的圆圈，圆圈的中间有一条横线分割，上半个圆圈里有无数个小点儿，下半个圆圈里则画满了山川河流的样子。盘古十二兄弟均被这张兽皮吸引了过来，他们站在兽皮前，指指画画猜测了半天。伏羲指着兽皮，笑着对盘古兄弟说："这是我花费一生精力画的一幅图，因为我们居住之地有一条来自天上的河水，我坐观天爷梁上八年，闻听八方风气，望天水心生灵感，绘制了此图，所以我管此图叫作河图。"

申金猴赞道："河图之上，有天有地，有山有水，太妙了！"

伏羲说："河图的表象之下，还有另外一些深意，你们看明白了没有？"

十二兄弟纷纷摇头。伏羲说："这个大圆圈代表的是整个天地，中间的这条横线表明天地各占一半，天上的日月星辰，地上的万物苍生，天地间的昼夜轮回，人世间的春夏秋冬，都在这一个圆圈里循环往复、变化交替。"

盘古十二兄弟觉得伏羲说的这些东西，他们全都经历过，大到年复一年的经历，小到日复一日的经历。此刻，经伏羲说出来之后，他们竟然心有同感。这些隐隐约约的东西时常浮现在他们的脑海里，只是没有像伏羲一样总结成道理，画成一张图。而有了眼前这张兽皮图之后，他们忽然觉得某种东西在心里逐渐清晰起来……这样的感觉仅仅只有一瞬间，盘古十二兄弟都像经历了一场梦境，随即醒来又恢复到了现实世界当中。

看着十二兄弟的表情，伏羲笑道："你们兄弟都不是天地间的俗物，看你们的神态我就知道了，你们的脑子里刚才是不是闪过一道亮儿，转眼间却又看不清楚了？"

众兄弟纷纷点头称是。伏羲感慨道："到底是天赐神物，你们只看了一眼，脑子里就有了这道亮光，而我却盯着这张图看了快一辈子，才冒出这道亮儿。"

"这道亮儿又能表示什么呢？"辰天龙问。

伏羲说："这道亮儿，如果一直亮下去，我们就能把天地间万物的循环变化看得清清楚楚。"

亥风猪问伏羲："那为什么只有一道亮儿呢？"

"这证明我对天地万物的认知还远远不够，这道亮儿告诉我，我已经接近它了，但是还需要机缘巧合。"伏羲望着兽皮上的圆圈，眼睛里泛着亮光，似乎是在对自己说话，浑然忘记了盘古十二兄弟的寻在。

寅乾虎有些耐不住性子了，粗声粗气地说："搞得这么神秘太费脑子了，我饿了，你们这里招待客人就是看圆圈吗？”

伏羲这才从自己的世界里醒了过来，他捋着胡须，歉意地笑道：“都怪我！都怪我！只顾自己说着高兴，怠慢了客人。”

随后，伏羲安排属下呈上食物，招待客人们吃喝。伏羲氏部落的人似乎早有准备，听到大首领的吩咐后，不过片刻工夫，便有食物源源不断地送进茅舍中来。先是大家熟悉的瓜果梨桃之类的，紧接着，一股熟悉的奇异香味儿飘进茅舍，一团团大大小小的、冒着热气儿、散发着异香味儿的东西，被一片片荷叶包裹着，递到了盘古十二兄弟面前。盘古兄弟们的反应不一，寅乾虎、子地鼠、申金猴、戌雷狗四人两眼放光，迫不及待地撕开荷叶，为了避嫌，虎、鼠、猴、狗四兄弟根本不去端详荷叶内为何物，急三火四地撕咬吞咽起来。辰天龙、午坤马、丑火牛三人则是一脸忧郁，盯着眼前的荷叶包，一副吃也不是，不吃又不甘心的样子。卯闪兔、巳水蛇、未云羊、酉鸣鸡和亥风猪却是一脸阴冷，把目光移向了别处，似乎荷叶里包裹的是他们身体的一部分，越琢磨心里越冷。

伏羲看出来众人不同的反应，指着眼前的荷叶包说：“对了！你们刚才还问我为何要掳杀兽禽，看看你们十二兄弟自己的反应就知道了，哈哈哈！”

盘古十二兄弟面面相觑，均是一脸茫然地盯着伏羲。伏羲说：“驯化野禽野兽的第一步就是去其野性灵性，没有了灵野之性的禽兽，繁衍出来的后代就是你们刚才看到的羊群，与你们所食的瓜果梨桃之类并没有区别。”

未云羊一脚踢飞了眼前的荷叶包，眼疾手快的寅乾虎一把接住了荷叶包，对未云羊说：“谢谢！”

未云羊没有理会寅乾虎，他冲着伏羲质问道：“不管怎么说，兽禽都是一条生命，怎么能与瓜果梨桃类比？”

伏羲反问未云羊：“你眼中的生命是什么样子？”

未云羊说：“有灵有性，有生有长，谓之生命。”

伏羲举起一枚蟠桃来，扫视了一圈盘古十二兄弟，说：“这是一个蟠桃，如果我们灌之以水，施之以肥，它便长得肥大，可谓有灵；如果桃树长在山之阴处，蟠桃色青味涩，如果桃树长在山之阳处，蟠桃则色赤而味甘，可谓有性；蟠桃如果不把它从桃树上摘下来，它便会不断成熟，可谓有生有长。如此看来，瓜果梨桃也是有生命的，也不能吃了。”

伏羲说得的确有道理，未云羊翻着白眼，欲辩无语。

“我伏羲氏部落自从驯化了兽禽，住进了茅舍，学会了用火，部落中的人身体越来越强健，生病者甚少，年少夭折的几乎没有，人的寿命也较其他部落延长了不少。”伏羲觉得盘古十二兄弟已经为之所动，接着说，“人，乃是天地之间的万物灵长，只有人先强大起来，才有能力更好地保护万物苍生。”

“你将这些活生生的禽兽掳杀烧烤，仅仅就是为了强大，这与混沌之初我们十二兄弟相互残杀有什么两样？”酉鸣鸡问。

伏羲说：“混沌之初，你们不问善恶，只是一味地为了生存而残杀。但是，不管你们其中一方如何强大，始终摆脱不了女娲和盘古的束缚，这就是人与万物之间的关系，是天定。”

亥风猪说：“让我们同类相食？这……这也太残忍了吧！”

“没有人会逼迫你们同类相食！”伏羲走到亥风猪跟前，对他安慰说，“其他人烧烤乳猪的时候，你可以避讳一下，但不影响你吃烤天鹅啊！”

巳水蛇说：“你的意思是，只要不烤蛇，我就可以吃别的东西了？”

“只要你愿意！”伏羲说，“只要不是存心作恶，完全不需要拘泥于形式。”

“在我看来，掳杀、烧烤、进食兽禽就是作恶！”酉鸣鸡还是有些说服不了自己。

被伏羲说动了心的辰天龙、午坤马和丑火牛刚刚拿起眼前的荷叶包，听酉鸣鸡这么一说，又悄悄地把荷叶包放回了原处。

伏羲说：“我们虽然把驯养的禽兽当作食物，但我们从来不滥杀无辜，仅仅是在我们需要的时候或者是招待远道而来的朋友的时候，才会偶尔为之。”

午坤马终于按捺不住了，他站起身来说：“我们临走的时候，燧人曾经送过我们一句话：‘造福天下苍生，要应天命，顺民意。’既然天下苍生都喜欢这些烧烤之物，我们就应当有盘古的胸怀，舍身济苍生。”

辰天龙附和道：“没错！为了救护和感化我们十二个祸害，盘古宁可舍去十二颗牙齿。”

申金猴对酉鸣鸡嬉笑道：“再说了，烧烤吃掉的又不是我们，而是被伏羲驯化后无灵无性的瓜果梨桃而已。”

酉鸣鸡长叹了一声，把眼前的荷叶包推到了寅乾虎跟前，无奈地说：“你们先吃吧！容我再适应一段时间。”

酉鸣鸡站起身来，走出了茅舍，他听到身后传来一片迫不及待地咀嚼吞咽之声。酉鸣鸡叹道：“既然民意不可违，就由它去吧！”

6

伏羲氏部落里专门搭建了供客人歇息的茅舍，盘古十二兄弟暂居其中，大家觉得很是舒适。这些茅舍的主要框架是树干，纵横交错的树干上覆盖上干爽的茅草，既能挡风又可避雨。睡在这样的茅舍中，早晨醒来的时候，身上无霜无露，浑身清爽。辰天龙觉得这个发明非常实用，应该在其他部落当中推广。午坤马摇着头说，这些茅舍是鸟人发明的，他绝不肯轻易传授技艺的。于是，午坤马将鸟人前来伏羲氏部落改造茅舍换取兽皮的事儿，讲与众位兄弟听。申金猴说鸟人做的也没有错，他发明了茅舍，用聪明才智为自己换取一点好处，也是理所应当的。午坤马不以为然，他觉得鸟人这种做法过于贪婪，属于不仁不德。

鸟人和他的属下住在盘古十二兄弟的隔壁，在给各个茅舍改造的间歇，他也经常到十二兄弟的茅舍串门。辰天龙问鸟人，可不可以把建造茅舍的技艺传授给天下苍生？鸟人答应得异常爽快，说他发明茅舍的初衷，就是想给天下苍生搭建一个属于自己的窝儿。辰天龙很是兴奋，随后便向他请教搭建茅舍的技巧。鸟人摇了摇头，说技艺不能外传，只能由他亲自带着属下到各个部落，为他们亲自搭建茅舍。辰天龙皱着眉头说，由你来亲自搭建的速度太慢了，为何不将技艺传授给众人？鸟人摇了摇头，说："我给其他部落搭建茅舍是有条件的。"

辰天龙问他是什么条件。鸟人说："条件是可以变通的，这要看这个部落有什么。例如伏羲氏的部落擅长驯化野禽野兽，所以，我给他们搭建茅舍的条件，就是换取他们的兽皮和野禽。"

鸟人只要一来串门，午坤马就赶紧捂着鼻子躲到茅舍外边。午坤马站在茅舍门口，听着辰天龙与鸟人的对话，忍不住插嘴说："茅舍还不能一次性搭建完备，等到日后改造的时候，还能再收取一次兽皮。"

鸟人在茅舍里面听着午坤马的话里有话，急匆匆地跑出来，准备与他理论，吓得午坤马一个纵越，躲出去老远。鸟人对着午坤马嚷嚷道："你不要毁坏我的声誉，我可是讲诚信的。茅舍是我近几年刚刚发明的，肯定还有很多不完备的地方，我发现之后及时为他们改造，这足以证明我为人厚道。"

午坤马隔着老远，对着鸟人喊道："你如果真的为人厚道，就不应该收取人家的兽皮。"

“我们大巢氏所有人，都在外面忙着给其他部落搭建茅舍，我们如果没有交换条件的话，全部落的男女老少都去喝西北风吗？”鸟人理直气壮地说。

午坤马与鸟人，隔着两个茅舍的距离在争吵，声音传出去老远，也惊动了大首领伏羲。

伏羲在茅舍中面壁而坐，对着河图上的天地万物发呆，同样的姿势已经整整保持了三天三夜。属下很担心伏羲的状态，水和食物怎样端进去还是怎样端出来，偶尔提醒伏羲吃饭喝水，都被他举手制止了。伏羲又看到了那一丝光亮，但还是转瞬即逝。天地乾坤、日月宇宙、斗转星移、循环往复、生生不息……每当看到这丝光亮的时候，这些抽象的画面就会涌现在脑海中。伏羲明白，不是每个人都有机会看到这丝光亮的，所以，他必须珍惜生命中有限的时日，让这丝光亮永远闪耀，让世人通明宇宙万物变化的规律。

茅舍之外，午坤马与鸟人还在争论不休。

“你们盘古十二兄弟既然以造福天下苍生为己任，就应该弄明白一个道理，经世有道，济世有方，学会经济，才能造福天下苍生！这跟人品厚道与否有什么关系？”鸟人质问午坤马。

午坤马说：“我们说服燧人和玄女，将取火、织布之术远播各个部族，我们兄弟发明了结绳织网技艺，也传授给了众人，使得苍生受益受福，无须弄明白什么道理。”

“错矣！错矣！这只是我们之间取舍的观念不同！”鸟人习惯性地摇着脑袋说，“你们造福苍生，得到了美誉口碑，你们利用这好口碑和影响力再去继续造福苍生；我鸟人为苍生造茅舍，换取物资养活我的部落，部落的其他人再去继续为天下苍生建造茅舍，咱们的目的都是一样的！”

鸟人与午坤马的一通争论，引得茅舍中的伏羲附耳倾听，中止了冥思苦想。伏羲起身走出了茅舍，笑着说：“说得好！说得好！玄女织布、燧人取火、鸟人造屋、伏羲驯兽，与盘古十二兄弟造福天下苍生，是殊途同归！”

午坤马、鸟人等循着声音望去，看到茅舍中走出来的伏羲，禁不住都大惊失色，因为伏羲已经须发皆白。伏羲看到众人都愣怔地看着自己，环顾左右，未见到有何变故。一名属下连忙取来一瓢清水，示意让伏羲自己看一下。伏羲低头看罢，仰天长笑道：“三日冥思竟然白了一头乌发，我却始终未能窥见通明之道。”

伏羲说完，长叹一声，禁不住老泪纵横，手中端着一瓢水也微微颤抖起来。卯闪兔急忙上前，接过了水瓢，低头看下去，却看到了一张英俊的面庞，不由自主地微微一笑。申金猴望着伏羲苍老的泪脸，又看到了卯闪兔自得的笑容，心中一动，似有所悟。申金猴走上前去，一把拉住了伏羲的手说："大首领先别伤悲，我给你看一样东西。"

伏羲怔怔地望着申金猴，一脸疑惑。申金猴从卯闪兔手中接过盛满清水的水瓢，走到伏羲面前："大首领再看一眼水中的自己。"

伏羲仍是一脸疑惑地接过水瓢，低头看了一眼水中须发皆白的自己，忍不住又是一声低叹。申金猴从伏羲手中接过了水瓢，递到了卯闪兔手中，说："你也看一眼自己。"

卯闪兔接过水瓢，他又看到了水中自己英俊的面庞，再一次微微一笑。申金猴接过卯闪兔手里的水瓢，又递到了酉鸣鸡手中，让他看水瓢。酉鸣鸡还在为"同类相食"的问题困扰，一脸愁容不展的样子，他无暇欣赏自己的相貌，匆匆地扫了一眼，把水瓢递给了身旁的亥风猪。亥风猪近几日大开荤戒，除了没敢碰烤乳猪之外，烤雉鸡、烤大雁、烤天鹅都吃了，直吃得油光满面。他看了一眼水中日见肥实的脸庞，脸上竟然露出了不好意思的神态。亥风猪脸色一红，忙着把水瓢递给了午坤马。午坤马刚刚跟鸟人吵了一架，看到水中自己的一张长脸，还是一副心中有气的样子，转而把水瓢递给了身边的巳水蛇……

盛满清水的水瓢在盘古十二兄弟的手中转了一圈，伏羲的眼睛也跟着水瓢转了一圈，脸上仍是疑惑的神色。水瓢最后又传到了申金猴的手中，申金猴把水瓢端到伏羲面前，手腕一转，将一瓢清水泼在了伏羲面前。伏羲低头看着脚下的清水渗进了黄土之中，紧缩的双眉渐渐舒展开了，似乎已有所悟。

申金猴对伏羲说："同样的一瓢清水，每个人看到的东西都不一样，反应也不一样，有人哭、有人笑、有人气、有人恼。可到头来，他仅仅就是一瓢清水而已，泼在地上之后，什么都没有了。"

"妙哉！妙哉！如此深奥的道理，竟然被你这般生动地演绎出来。"伏羲赞道。

"你三天三夜观摩河图，想要从中洞察天地玄机，其实，就是想在一瓢清水中看清自己和所有人的面孔，这其中的难度太大了。"申金猴看到伏羲的眉头完全舒展开来，接着说，"一幅河图能够让有缘之人见到一丝亮光，已经不易了。就像那一瓢清水一样，有人在亮光里面看到山，有人在亮光里面看到水，有人在亮光里面看到了福祸，有人在亮光里面看到了生死，就我们目前对天地宇宙的理解，这已经足够了。"

经过申金猴一番启发，伏羲在若干年之后，又在《河图》的基础上演绎出来了《洛书》,《洛书》进而又演绎成《八卦》。

《八卦》一成，伏羲顿觉天地通明。又历数代之后，申金猴协助霍去病北伐匈奴之时，曾在天水之畔的始祖庙中，再次偶遇伏羲。伏羲对申金猴感激有加，笑道：“承蒙启发，我终于在一瓢清水中看清了所有人的面孔。”

7

经过申金猴的一番劝说后，伏羲不再强求自己通明天地，而是在《河图》之上完善自己的所感所悟，反而精进不少。

鸟人的茅舍改造还在继续进行，改造茅舍换来的兽皮和野禽，积攒到一定数量之后，鸟人就会安排属下运回大巢氏部落，以供族人食用或交换。为了便于运输，鸟人正在发明制造一种运输工具，鸟人将其命名为车。车，有两个能够转动的轮子，上面铺就一块平板，可以装载很多兽皮或者别的货物。车的前端伸出两条车辕，既可以用人拖拉，又可以绑缚在动物身上。鸟人已经与伏羲达成约定，用一辆车换一匹伏羲驯化后的野马，这种新奇的搭配吸引了众多部落的目光，令大家垂涎不已。交换生存物资成了大巢氏的一大特色，周围部落的人带着多余的物资，前往大巢氏进行交换，久而久之，大巢氏成了周围最富足、最热闹的部落，整日里人来人往、络绎不绝。

午坤马与众兄弟商议，必须说服鸟人把他的搭建茅舍之术教授给其他部落，这样才便于技艺的传播，才能使天下苍生尽快住进茅舍之中，不再受寒暑之苦。子地鼠建议说：“搭建茅舍没有多难，我们可以照着一个茅舍，把样式画到兽皮之上，送给其他部落。”

巳水蛇说：“仅有样式还不行，这些木棍之间是如何交叉固定的？茅草怎么覆盖的？这些都是搭建茅舍的关键。”

寅乾虎说：“这个容易，我们拆掉一座茅舍，不就明白了吗？”

辰天龙说：“不妥！这种做法无异于偷窃，有悖于盘古六字箴言中的信和诚。”

“其实，鸟人他们对于搭建茅舍还是很有独到之处的。”酉鸣鸡说，“他们改造所谓冬暖夏凉的茅舍很有道理，我这几天观察了一下他们改造过的‘冬暖式’，就是将所有门口都改成了朝南的位置。我琢磨了一下，冬天多刮北风，门口朝南之后，北风就吹不进来了，所以冬天就会变得暖和。”

丑火牛问酉鸣鸡："那'夏凉式'呢？"

酉鸣鸡说："这个更简单，夏天多刮南风，门口朝南之后，必然有风吹来，他们便在茅舍北边的墙上开凿出两个窟窿，这样就能通风透气，夏天自然凉爽。"

未云羊说："北墙之上多了两个窟窿，冬天不就又有北风吹进来了吗？"

"他们在两个窟窿之上加了一个茅草盖子，夏天打开，冬天关闭，他们管这两个窟窿叫作窗。"酉鸣鸡说。

卯闪兔叹道："看来鸟人搭建的茅舍的确有门道，既不能偷窃他的技艺，也很难说服鸟人。"

戌雷狗建议说："发明一项技艺能够帮助鸟人养活整个部落，就说明技艺对鸟人很重要，我们倒不如跟他交换一项技艺。"

众人都觉得戌雷狗的主意不错。亥风猪说："我们掌握的技艺都已经传播出去了，结绳织网、钻木取火、饲蚕织布，鸟人早就掌握了，我们已经没有可以交换的技艺了。"

众兄弟一时间都没话可说了，一个个凝神沉思起来，似乎想要在瞬间发明一项技艺，用来与鸟人的茅舍搭建术作交换。申金猴突然冒出了一声："还有一项技艺可以交换！"

众人纷纷询问是什么技艺，申金猴说这项技艺不是我们的，也不是我们能掌握的，但肯定是鸟人需要的。寅乾虎对申金猴说，你这不是瞎起哄吗？申金猴说不是起哄，这项技艺是燧人的结绳记事，我们当初都觉得这项技艺不重要，所以，谁都没有留心，也没有向外界推广。子地鼠问申金猴，为什么鸟人需要这项技艺呢？申金猴说："鸟人的大巢氏是一个很有趣的部落，交换是他们生活的全部，鸟人管这种交换叫作易货，易货的过程看似简单，实际上比较复杂。大巢氏部落中每个人每一年都要易货数次，鸟人还要掌握整个部落的易货情况，这些都需要一项技艺来进行记录，他们到目前为止还没有掌握这样的记录技艺。所以，燧人的结绳记事肯定对他们有吸引力。"

午坤马点头称是，说："可我们不掌握这项结绳记事的技艺，如何跟鸟人进行交换？"

申金猴盯着午坤马说："这就有劳你跑一趟了。返回燧人氏部落，对大首领说明这边的情况，我觉得他们肯定会毫无保留地教授你结绳记事的方法。"

午坤马说："我化身原形之后，往返一趟也不是太费功夫。再说了，对于走过的路，我记得非常清楚。"

盘古十二兄弟商量已毕，午坤马即刻动身，化为原形上路，直奔东北方向的燧人部落而去。

一日，风清气爽，伏羲邀请盘古兄弟登山赏景。众兄弟跟随伏羲，一边畅谈一边沿着山路往上攀登。伏羲询问起午坤马的行踪，辰天龙如实相告。伏羲赞叹道："盘古所托非人却胜似人啊！你们十二兄弟为造福天下苍生，不遗余力不计得失，真是难得啊。"

辰天龙说："我等兄弟，蒙女娲塑其身，承盘古予其魂，秉承他们的意愿，也是理所当然的。"

伏羲问："除了完成盘古造福天下苍生的意愿之外，你们还有自己的愿望吗？"

听到伏羲这一问，众兄弟顿时哑然，这是一个他们从未思考过的问题。半晌之后，亥风猪说："我们的愿望就是早日返回雪莲湖。"

亥风猪说出来的愿望，曾经的确是盘古十二兄弟的共同愿望。尤其是众人乘坐盘古神舟登临陆地之初，每天的话题几乎都离不开雪莲湖，想方设法回归雪莲湖也是众兄弟的最大愿望。可是，随着盘古神舟被海潮卷走，随着他们在人世间经历的事情越来越多，回归雪莲湖的话题被提及的次数也越来越少了。尤其是他们帮流浪的燧人氏部落学会了捕鱼，帮助赤山氏部落学会了取火，协助燧人和玄女击败了强大凶悍的华胥氏部落；最终促使燧人统一了整个北方部落。盘古兄弟还说服各个部落，将自己和各部落掌握的独门技艺互相交换，远播四方，造福天下苍生。自此，盘古十二兄弟深受天下苍生的爱戴，所到之处全是景仰的眼神。荣誉感和成就感，正在将"回归雪莲湖"的愿望一点一点地销蚀。

临近午时时分，终于登上天爷梁。此处是最高峰，极目四方，无遮无挡，无云无雾，仿佛能够看透世间万物。天爷梁顶端有一块巨石，伏羲引着盘古兄弟登上巨石，说："此处就是我坐观天地八年之久的巨石。"

众兄弟登上巨石之后，看到巨石中间有一处奇特的圆形凹陷之处，圆形凹坑被中间一条微小的石脊分为两个半圆，一个半圆里长满了石苔呈黑色，另一个半圆里则是石头的原胎呈白色，浑似伏羲绘在兽皮之上的《河图》。伏羲略带羞涩地解释道："久坐之下，竟然磨出了一个屁股的痕迹，实在出乎我的意料，呵呵！"

盘古十一兄弟看着伏羲略带窘态的样子，都禁不住哈哈大笑起来。大家站在伏羲的“坐坑”后面，参照着伏羲的坐向，一字排开坐了下来。众人放眼望去，一条大河迎面而来，被脚下的大山阻隔之后，蜿蜒绕行。

盘坐片刻之后，众人顿觉气定神闲，悠悠然欲飞之。绝顶巨石之上，果然风无常形，顷刻间就感受遍了八方来风。风过处，顿觉耳聪目明，胸腹畅透，伏羲与盘古兄弟都在静静地用心感受着天地间的慷慨赐予……

不知不觉中，日已偏西，众人依旧陶醉在虚幻之间……

明月升空，浸润山川，天河之水竟然变成了耀眼的亮色。此时，端坐绝顶之处，给人的感觉是伸手可摘星辰，探手可抚天水。意象之中，自己的身形无限之大，似乎超越了盘古，超越了天地。

申金猴正好端坐在伏羲的“坐坑”之后，他抬头看了一眼远方银蛇一般的天水，又低头看了一眼伏羲的“坐坑”。忽然，申金猴脑海中灵光一闪，对伏羲说：“《河图》中天地的分界线不应该是一条直线，而应该是眼前的天水。”

“请说说其中的道理。”伏羲说。

申金猴说：“直线缺少变化，而天地万物却无时无刻不在变化之中。比如眼前的天水，白天为黑色，夜晚则变成了白色，可谓是顺应天时；天水遇阻则回，遇山则曲，可谓是顺应地理。”

“你说到点上了！许久以来，我也觉得这条直线是不合理的，但一直没能想到用更合适的东西来代替这条直线。”伏羲略有些激动，月光下，一双眼睛炯炯有神。

申金猴说：“不妨就用眼前天水的形状来均分天地吧！”

申金猴说完，在眼前伏羲的“坐坑”中间，比照着天水拐弯的形状画了一条曲线。至此，八卦图的雏形已然形成。

此刻，伏羲的神态竟然如痴如醉，他站在巨石之上手舞足蹈，近乎癫狂。此刻，伏羲脑海中再也不是一丝亮光了，而是一大片明亮的境地。明亮的境地里有远去的天水，有辽阔的草原，有纵横的丘壑。丘壑之中，还有一匹伤痕累累的骏马，被五条用兽皮搓制成的粗绳子缚住了脖颈和四肢，一群人身马面的家伙正在用藤条抽打着骏马……伏羲突然间打了一个激灵，从癫狂状态中恢复过来，他怔怔地盯着盘古十一兄弟说：“午坤马遭难了！”

8

月明星稀，古松掩映。

松林间，十一个黑影匆匆奔过，往东北方向疾驰而去。

盘古兄弟闻听午坤马遭遇劫难，心中都是一震。申金猴问伏羲，午坤马遭遇了什么劫难？现在身处何方？伏羲说是在草原的边缘处，那里有纵横的黄色沟壑，一群人形马面之人捉住了午坤马，正在严刑拷打他……申金猴再追问其他细节，伏羲只能摇头，说他能够看到的只有这些。于是，盘古十一兄弟连夜下山。

天色渐亮时，他们赶到了来时经过的那片广阔草原。戌雷狗仔细搜寻着午坤马的气味，结果却是一无所获："午坤马离开我们已经六天了，他的气味都被风带走了。"

"唉！都怪我们太大意了，大家应该陪着午坤马一起返回燧人氏部落。"申金猴自责道。

辰天龙说："谁也不会预料到有这种事情发生，我们先不要过于自责，还是抓紧时间赶路吧，免得午坤马遭遇不测。"

没有找到午坤马的气味儿，大家只好继续往东北方追赶。又狂奔了一天一夜，盘古十一兄弟只在路途之上寻觅了一处清泉，暂作体力补充。第二天的辰时时分，十一兄弟跃上一道山梁，呈现在眼前是一片无边的丘陵，中间隐约看到茂密的树林。戌雷狗说："再往前走就是燧人氏部落的领地了。"

"我记得咱们去时也没有经过黄色的沟壑地带，会不会是伏羲看错了？"未云羊疑惑道。

辰天龙说："伏羲是一个具有大智慧的单纯厚道之人，没有把握的事情，他绝不会随便说的，肯定是我们走错了方向。"

"我们折返往南边去看看吧。"申金猴说，"我们几乎走遍了燧人的北方部落，根本没有看到黄色的沟壑。所以，再往前走也没有意义。"

正在这时，忽见一队人由远处走了过来，其中一人高声喊道："前面可是盘古兄弟？"

盘古兄弟为之一愣，卯闪兔答道："我们是盘古兄弟，你们是谁？"

待到跟前，盘古兄弟认出来了，正是燧人氏部落中的一位掌事。掌事非常热情，上前与盘古十一兄弟一一拥抱。辰天龙问他，可曾见过午坤马。掌事说五天前见过，午坤马来找燧人，请教结绳记事的技艺，燧人悉心相授。掌事问道："午坤马说着急赶回伏羲氏部落，难道你们没有看到他吗？"

辰天龙便把午坤马失踪之事，简明扼要地告诉了掌事。掌事说从这里往南，的确有一片黄色的沟壑，传说是鬼魂聚集之地，根本没有人烟。掌事还自告奋勇帮忙前往寻找午坤马。盘古十一兄弟再三婉拒，便与掌事告辞而去。

于是，盘古十一兄弟掉头往南，继续追寻午坤马的踪迹。

两个时辰之后，一片黄色沟壑果然呈现在眼前。此处遍地黄土，寸草不生，更无一块平坦之所，到处都是凸起的土丘或者下陷的沟壑。放眼望去，满眼土黄色，一片凹凸地，令人触目惊心。

申金猴抬头看了看天色，此刻正是申时，天光还大亮，他对众兄弟说："伏羲看到捉住午坤马的家伙都是人身马面，掌事刚才说此处都是鬼魂聚集之地，如果真是鬼魂的话，我们白天也寻他们不到。大家还是先休息一下，等到夜间再说吧。"

大家已经一天两夜没有合眼了，也确实累了，听到申金猴的建议之后，都倒头便睡。

不知道睡了多久，盘古十一兄弟被一阵人喊马嘶之声惊醒了。

寅乾虎欲要起身，却发现自己被绑得结结实实。他抬眼望去，四周全是人身马面的家伙。他们高举着火把，围着众人山呼海啸般地呐喊着。寅乾虎看了看左右，这才发现他们身处一条深深的土沟之下，盘古十一兄弟都被捆绑在一根根木柱上。离他们不远处，则是被捆绑在五根木柱之上的午坤马：他已遍体鳞伤，鲜血不时地滴落下来，将他脚下一大块土地染成了黑色。午坤马的眼睛虽然睁得大大的，但眼中全无生气，一副失魂落魄的神情，似乎根本没有看到其他十一位兄弟。

一群人身马面的家伙正围着十一根仗天杵，喋喋不休地争论着什么。他们中走出一位稍显高大的马面，手中拎着一根藤条，走近了寅乾虎说："虎首领，你可还认得我吗？"

寅乾虎很是吃惊，因为虎首领是他未遇见盘古之前的称号，那个时候，他正带领自己的虎部落东征西杀四处抢地盘呢。而眼前的这个人形马面的家伙竟然称呼自己为虎首领，莫非他是那个时代的？寅乾虎正在纳闷，只听眼前的家伙又开口了："你肯定认不出我来了，但我说一个地名，你或许还有记忆，断魂谷！还记得吗？”

“断魂谷”三个字一出，惊得寅乾虎不由得出了一身冷汗，那是他与午坤马（当时的马首领）两个部落生死决战之地，这三个字如何忘得了呢！那一役，自己的虎部落虽然最终获胜，杀死马部落八百匹烈马，但自己也损失了三百多只猛虎。当年，盘古十二兄弟哪一个身上不是血债累累，后来承蒙盘古不弃，驯服了他们的野性，还赋予了众兄弟人形和人性。但那一段揪心的伤痛，始终笼罩在十二兄弟的心底深处，只是谁也不愿意触及而已。

想到此处，寅乾虎不由得倒吸了一口凉气，惊诧道：“你们……你们莫非、莫非就是被杀死在断魂谷的八百匹烈马？”

“哈哈哈！正是我们八百个冤魂！”高大马面仰天大笑，笑声中举起了手中的藤条，朝着寅乾虎的面颊狠狠地抽了过去。

寅乾虎被捆得结结实实，根本无法闪避抽过来的藤条，只能闭眼咬牙硬挨着。“啪”的一声脆响，寅乾虎的脸上被揭下来一层肉皮，鲜血顿时染红了白色衣衫。寅乾虎暴怒之极，一声长长的虎啸，喝问道：“当年，是我杀死了你们，你们冲我来是应该的，可你们为何还捉了自己当年的首领？还要这般严刑拷打？”

“当年，马首领不肯听从我的劝告，非要在断魂谷与你们虎部落决一死战，结果害得我们八百兄弟为之殒命。后来，我们兄弟到了阴曹地府，阎罗王念在我们忠烈耿直的份上，封我做了阴曹的首席判官。在我翻阅以往生死簿的时候，我才发现我们的马首领，还有你们十一个部落的首领都是不死之身。我觉得自己上当受骗了，你们拥有不死之身，却要让我们这些只有一次生命的肉身去为争夺地盘而拼命，这公平吗？”

马面判官一席话，说得盘古十二兄弟都低下了头。

申金猴说：“混沌之初，我们十二兄弟相互仇杀，祸害了众多无辜生灵，我们已经在盘古的感化下，立志要为天下苍生挡祸、为天下苍生造福。我们日夜奔波操劳，也正为了弥补混沌时期的罪恶。”

“你们有不死之身，所以有机会弥补过失，可是我们呢？”马面判官质问说，“凡胎肉体只有一次生命机会，我们死了，连一次醒悟的机会都没有。”

“你准备如何处置你们曾经的马首领？”辰天龙问马面判官，突然意识到马面判官似乎也不会放过寅乾虎，就接着问，“还有我们众兄弟？”

马面判官扫视了一眼盘古十二兄弟，说：“前一阵子，阴曹来了一个叫华颜的家伙，据说曾是华胥氏部落的首领。华颜到来之后整日喊冤，说他是被你们十二兄弟设计害死的。一日，阎罗王巡视阴曹，听见了华颜的喊冤之声，便亲自提审过问。华颜便把你们十二兄弟利用神器仗天杵，把他们华胥氏部落剿灭于黑石谷的事情讲出来了。阎罗王听完之后，在华颜的生死簿上朱批道：祸害人间，不轨在先。投入油锅，洗心革面。”

亥风猪呵呵笑道：“阎罗王倒是主持公道！”

“闭上你的猪嘴！”马面判官呵斥道，“阎罗王虽然主持了公道，却对你们十二兄弟的仗天杵有了兴趣，他说仗天杵是与天地共生的神物，放在阴曹地府保管也没有什么不对。他知道我跟你们十二兄弟有些渊源，所以差我来取十二根仗天杵。”

丑火牛说：“阎罗王怎么会对你这么有信心，相信你能为他拿到十二根仗天杵？”

马面判官说：“阎罗王知道我们八百冤魂的事儿，他许诺我说，只要我能为他取回十二根仗天杵，他就允许我和我的八百冤魂还阳，再生一个轮回。”

申金猴笑道：“原来如此！你们做了地下交易。”

“交易还没成功，我们只拿到了十一根仗天杵。”马面判官说，“你们谁能告诉我，马首领的仗天杵去了哪里？谁说出来，我就放谁走人。”

辰天龙说：“我来告诉你！”

9

马面判官闻听大喜，走到了辰天龙的跟前，说：“算你识时务！快告诉我，午坤马的仗天杵在何处？”

辰天龙说：“盘古赠与我们仗天杵的时候，曾经告诫我们十二兄弟说，身不离杵。其实，也是告诉世人，仗天杵离开我们十二兄弟，就是一根普通的棍棒，对你们毫无用处。所以，你回去告诉阎罗王，仗天杵在我们盘古兄弟的心里。”

“你竟敢耍弄本判官！”马面判官举起手中的藤条，狠狠地抽在辰天龙的胸前，数片白色的衣衫随着藤条飞扬起来，鲜血顿时染红了胸前的白衣。马面判官显然被激怒了，他在盘古兄弟面前来回踱着步子，突然在寅乾虎面前停了下来，指着他说：“你们既然不肯成全我轮回还阳，那我就捎带上你们一起去见阎罗王。”

马面判官说完，举起手中的藤条，雨点般地落到了寅乾虎的身上。寅乾虎疼痛难忍，只能虎啸阵阵，以示愤怒。

“你们这些不长进的东西！有本事把老子放开！”寅乾虎一旁的戌雷狗喝骂道。

马面判官停下抽打寅乾虎，转而对戌雷狗举起了藤条。马面判官身后的另一个人形马面急忙喊道：“判官不可！他是狗首领！”

马面判官放下已经高高举起的藤条，对戌雷狗说：“既然不能打你，等我一会儿把你塞进通天河，呛死你！”

马面判官骂完了戌雷狗，继续痛打寅乾虎，已经将寅乾虎的白色衣衫抽打成了碎片，依然没有停手的意思。

“住手！”一直没有吭气的午坤马，突然暴喝一声，“你们八百生灵命丧断魂谷，跟寅乾虎没有任何关系。如果那个时候我们具备了足够的实力，死在断魂谷的也许就是八百只猛虎。”午坤马盯着马面判官说，“正如你所言，我当初没有听从你的劝告，才导致八百烈马命丧断魂谷。这个责任理应由我独自来承担，与其他盘古兄弟无关。你们把人放走，我跟你去阴曹面见阎罗王，由我一命换你们八百生灵的轮回。”

马面判官说：“阎罗王对你的命没有兴趣，他有兴趣的是十二根仗天杵。如今，我只拿到了十一根仗天杵，回去之后也难以交差。”

“我们盘古十二兄弟，向来身不离杵，仗天杵就在我的心里，等见到阎罗王之后，我自然会将仗天杵交给他。”午坤马说。

辰天龙着急起来，对午坤马大声喊道：“使不得！使不得！你不能跟他去阴曹！盘古说过，我们盘古兄弟生生世世都要在一起，才能为天下苍生挡祸造福。”

“是我连累了众位兄弟，”午坤马对辰天龙他们报歉地说，“这段孽债也一直搅扰着我，如今能去阴曹偿还，也算是了却了我心中的一段积郁。能与你们十一位兄弟共生共存数千年，这已经是莫大的缘分了。”

“好吧！既然如此，我们也就不为难你的十一位兄弟了。没想到，当初的死对头，如今竟然成了情同手足的兄弟，哈哈哈！世道轮回真是奇妙！”马面判官笑着吩咐手下，“收好仗天杵，带上马首领回地府！”

“且慢！”申金猴叫道，“我有一个更简单的办法，帮你们拿到十二根仗天杵。”

马面判官回过头来，看了申金猴一眼，问：“你有什么办法，说来给我听听。”

申金猴说：“你们要的是十二根仗天杵，如今只带回去十一根，还要把寿限未到的午坤马带回去，阎罗王没准会怪罪你们节外生枝，坏了轮回规矩。没准一生气，撤了你的首席判官之职，还把你们八百冤魂打入十八层地狱也未可知。所以，你们不应该多此一举，带午坤马回地府。”

“别废话！”马面判官呵斥道，“快说说你的办法！”

申金猴说：“午坤马这次外出，走得匆忙，没有随身携带仗天杵，他把仗天杵托付给了戌雷狗，所以，仗天杵现在在戌雷狗的心里，而非午坤马的心里。”

马面判官犹豫了一下，对申金猴说：“我怎么知道你的话是真是假？”

申金猴说：“不信你可以把手伸进戌雷狗的肚子里试试，一把就能摸得到。”

“你是猴首领吧？”马面判官问申金猴。

申金猴点了点头称是。马面判官笑道：“你诡计多端的脾性一直没改啊！华颜特意嘱咐我，说他生生毁在申金猴的手里，叫我切不可听你的话，上你的当。”

“华颜毁在他自己的贪欲里，跟我不相干。”申金猴说。

马面判官说：“你真是一个狡猾的家伙！你刚才看到我的手下不让我动手打那条赖狗，你就看出蹊跷来了，还要糊弄我把手伸进他的狗嘴里，哈哈！你才是一个欠抽的家伙。”

马面判官一边说着，一边拎着藤条走到了申金猴跟前，举起了手中的藤条，说：“我先把你的嘴巴抽烂了，看你还敢不敢骗我！”

马面判官说完，“啪”的一声脆响，申金猴和盘古众兄弟们都闭上双眼，但传进耳朵里的却是马面判官的一声哀嚎。大家急忙睁开眼睛，发现一条细长的木棍插进了马面判官的肩膀，他举起的藤条落在地上，身体也摇摇晃晃地站立不稳。另一名人身马面上来扶住了马面判官，马面判官急促地喊道：“不好！是桃木箭！”

马面判官的话音刚落，紧接着又传来数声“啪啪啪”的脆响，又有几只桃木箭射中了人身马面。土崖之上，一个声音高喊道：“不光有桃木箭，还有狗血呢！”

话音未落，“哗”的一阵水声兜头浇了下来，紧接着传来了人身马面的惨叫哀嚎之声。一片哀嚎过后，人身马面瞬间没了身影，深深的土沟下面，只剩下盘古十二兄弟还被捆绑在木柱之上。申金猴抬头望去，只见沟崖两侧全是通明的火把，借着火把的亮光，他看到一侧站着伏羲，另一侧则是燧人。

10

还是那片辽阔广袤的草原，一大队人马逶迤前行。

队伍中间，有两架鸟人发明的马车，被两匹驯化好的野马拉着，马车上分别坐着午坤马和寅乾虎。戌雷狗走到申金猴的后面，拍了一把他的肩膀，说："你这家伙不舍得午坤马入阴曹，竟然把我舍出去！"

申金猴笑道："哪位兄弟我也舍不得，我是看到人身马面对你敬畏三分，就知道你有能力降妖捉鬼。"

"狗血降妖捉鬼不足信，真正将人身马面赶回阴曹地府的，还是我桃木箭的威力！"伏羲骑在一匹高头野马之上，从后面赶了上来。

申金猴笑着对伏羲说："燧人大首领背后也这么说。"

伏羲问："燧人也承认我的桃木箭才是降妖驱鬼的利器吧？"

"不是！"申金猴学着伏羲的口吻说，"燧人是这么说的，桃木箭降妖捉鬼不足信，真正将人身马面赶回阴曹地府的，还是我狗血的威力！"

伏羲听闻后，哈哈大笑起来，扬鞭策马而去，并笑道："宇宙天地间，从来都是邪不压正，真正能够降妖驱鬼的，全凭一股天罡正气……"

原来，盘古十一兄弟连夜下山，前往东北方营救午坤马后，伏羲再次推演《河图》，发现盘古兄弟有可能均遭不测，便连夜带上部落中的弓箭手，骑上刚刚驯化的马前来支援。伏羲依靠《河图》，隐约看到了人身马面的形体，便断定此次劫难是妖魔所为，遂命令弓箭手全部换上能够降妖驱魔的桃木箭。

远古时代，很多自然现象解释不了，人们只能赋予其神仙妖魔的神力，因此，每个部落也都有自己独特的降妖驱魔的办法。伏羲氏部落的驱魔利器就是桃木箭。而距离"黄色沟壑"较近的燧人氏部落，他们惯用的降妖驱魔的办法则是狗血。

盘古十一兄弟遇见的那位掌事，回到部落中，向燧人禀报了事情的原委。燧人当机立断，说："盘古兄弟有恩于我们，他们有难，我们岂能坐而视之！"

掌事随即安排杀狗取血，赶往沟壑凶地，解救盘古兄弟。临近"黄色沟壑"时，已是天黑，燧人氏部落正好遇上了前来救人的伏羲氏部落。两个部落一经商量，决定共同前往寻找、救助盘古十二兄弟。可是，这么一大片区域，究竟去哪里寻找十二兄弟，让两个部落大首领犯了愁。伏羲正准备推演《河图》，突然，从一处深沟中传来了寅乾虎的啸声，众人急忙奔着啸声寻去，终于找到了人身马面的藏匿之处。燧人与伏羲商定，两个部落分别迂回到深沟的两侧，使用各自部落的降妖驱鬼之法，解救盘古兄弟。

燧人一直将盘古十二兄弟和伏羲送至草原边缘。临别时，燧人还把玄女送与盘古兄弟的新衣衫拿了出来交给大家，辰天龙他们表示感谢，与燧人挥泪而别。

伏羲与众兄弟暂无要紧的事情，一路上走走歇歇，权当休闲出游了。午坤马和寅乾虎体格健壮，两天过后，伤口已经开始愈合，寅乾虎的心情也随之好转。午坤马经过这次变故，心情显得有些沉重，“断魂谷”和“八百冤魂”这些敏感而又带刺儿的声音，时常萦绕在他耳边。马面判官的出现，让午坤马历经数千年才抚平的心头创伤重又撕裂开来，这怎能不让他黯然神伤！盘古十二兄弟细究起来，哪一个都是血债累累。但这些年来，尤其是大洪水暴发以来，众兄弟竭尽全力造福苍生。他们为苍生做得越多，荣誉感和成就感就越像一层心灵的保护膜，将原先的肮脏与不堪遮了个严严实实。从内心深处来说，尘世间颠沛流离的日子，虽然温饱不均、寒暑无常，却比悠闲自在、衣食无忧的雪莲湖，更让盘古十二兄弟感觉踏实。

伏羲率领众人回到了古松林，十二兄弟重新住进了鸟人搭建的茅舍。鸟人前来慰问众兄弟，午坤马因为有伤在身，不便回避，只好硬生生屏住呼吸，尽量不吸入鸟人身上那股奇异的臭味儿。趁此机会，申金猴对鸟人说：“你鸟人擅长交易，今天咱俩也做一笔交易，你看如何？”

“你们也要搭建一所茅舍不成？”鸟人问申金猴。

申金猴说：“我们盘古十二兄弟四海为家，不需要什么茅舍。”

“哦？”鸟人翻着小眼睛，“那你们要跟我做什么交易？”

申金猴说：“根据你和你的部落特点，我觉得有一项技艺尤其适合你们。”

“什么技艺？”

“结绳记事。”

“是燧人的结绳记事？”

“是的。”

鸟人沉思了一会儿，说：“没错！我们部落每年做了哪些交易，哪些交易是最划算的，我一直在琢磨一种能够记录换货交易的方法，可惜天资有限，一直没能想出来。”

看到鸟人两眼放光，申金猴说：“我可以把燧人的结绳记事法教授给你们。”

“真的？”鸟人很是兴奋，“那你们需要什么？”

“需要你教授给我们搭建茅舍的技艺。”

“这个……”鸟人支支吾吾，有些为难，“你们容我回去考虑一下！”

申金猴说：“可以！我们给你足够的时间考虑，等你觉得划算的时候，再来找我们进行交换。”

数日后，鸟人再次走进了盘古兄弟的茅舍，茅舍中只有申金猴一个人在，似乎专门为了等待鸟人上门。鸟人对申金猴说：“我们已经完成了对伏羲氏部落的茅舍改造，明天就要去西边的大庭氏部落了，今天特意来跟你们道别的。”

“哦！鸟人首领真是辛苦啊！”申金猴随口应付着，他在观察鸟人的面部表情，判断他还有没有跟自己交易的可能。

“你不用盯着我的脸看了。”鸟人说完，随手递给了申金猴一张卷成圆筒的兽皮，“打开自己看吧，有什么不明白的地方赶紧问我。”

申金猴急忙展开卷着的兽皮，看到上面画满了一幅幅搭建茅舍的草图，从精细的木杆固定到如何覆盖、固定茅草，从门口框架的制作到窗户盖子的构造，标示得清清楚楚。

鸟人指着兽皮说：“这是我画的第一张关于茅舍搭建的图，以前，这些东西都装在我的脑子里面。我相信，再笨的人也能看懂如何操作了。”

“这么说，你同意跟我做交易了？”申金猴问。

鸟人点了点头。申金猴从怀里同样掏出一张兽皮来，对鸟人说：“我们都想到一处了。这是午坤马为你画的一幅图，关于如何结绳记事，这里面都有。午坤马说了，即使再笨的人也能看明白，更何况你是一个聪明的鸟人。”

鸟人默默接过兽皮，告辞后便转身离去。走到门口的时候，鸟人转过身来，对申金猴说：“我知道午坤马嫌弃我身上有味儿，才不肯当面教授我结绳记事。不过，你可以转告他，我们擅长换货交易的人，身上都有这股味儿。”

第九章

协神农，尝遍百草救苍生

1

亥风猪是盘古十二兄弟中最希望回归雪莲湖的人。在混沌时期，野猪们之所以能够形成气候，完全依靠他们顽强的繁殖能力，而繁殖能力的强弱很大程度上依靠野猪们能吃能睡的个性。当其他盘古兄弟热心于造福苍生、醉心于造福苍生带来的成就感时，亥风猪却在思索回归雪莲湖的宏大计划。

赖以漂洋过海的盘古神舟没有了，到哪里再去寻一只类似的器具呢？这个问题刚刚思考了一个开头，一阵睡意便袭了上来，亥风猪卧在古松林的小溪旁，酣然睡去。在梦中，亥风猪梦见盘古十二兄弟又登上了洁白的盘古神舟。大海之滨，一帮健硕的汉子正在往盘古神舟上搬运食物和水，除了水果、浆果、鱼干之外，还有荷叶包着的烧烤雉鸡、烧烤大雁、烧烤天鹅，等到搬运烧烤乳猪的时候，亥风猪把头扭向了一侧，装作视而不见的样子。海滨的礁石上，燧人氏部落的首领燧人、弇兹氏部落的首领玄女、伏羲氏部落的首领伏羲、大巢氏部落的首领鸟人、碧目氏部落的首领鲁夫、赤山氏部落的首领台……一起前来送别盘古十二兄弟。鹤发童颜的伏羲，握住了辰天龙的双手说："天下若有灾祸，十二位英雄可别忘记回来为天下苍生挡祸啊！"

"英雄？"亥风猪还是第一次听见这个词。嘿嘿！为天下苍生挡祸，说来容易，谁知道又要历尽何等凶险！雪莲湖与这里远隔千山万水，就算你们有了灾祸，我们也不一定知晓啊，亥风猪心里想。

"如此想法，有违六字箴言中的信与诚吧！"不知何时，盘古突然站在了亥风猪的身后，而且竟然还看穿了亥风猪的小心思。

亥风猪的后脖颈子禁不住冒出了冷汗，他一骨碌坐起身来，这才发现是自己做了一个梦。亥风猪坐在小溪边上，一边擦着脖子上的冷汗，一边望着溪水发呆。突然，溪水中的一片树叶吸引了他的目光，因为树叶之上还有一群蚂蚁。树叶的周围有几只蚂蚁泡在溪水中，它们拼命划动四肢，似乎是在推着树叶漂向小溪的对岸。亥风猪怔怔地寻思着：如果树叶是盘古神舟的话，我们不就是树叶上的小蚂蚁吗？

转眼一年过去了。伏羲氏部落里依旧是一片安逸祥和，部落中的族人还在不断地捕捉各种野禽野兽，加以驯化饲养。伏羲则继续推演《河图》，并将《河图》改名为《洛书》。盘古十二兄弟则将鸟人搭建茅舍的草图，临摹成了若干份，散播于四周没有住进茅舍的部落。一时间，西方部落大兴土木搭建茅舍，苍生的起居生活得到了大大的改善。为了感谢鸟人的慷慨交易，盘古兄弟四处散播茅舍搭建术的时候，特意叮嘱四方苍生："搭建茅舍之术是大巢氏的首领鸟人发明的。"

自此，大巢氏和鸟人的美誉传遍四方，深得苍生爱戴。

一天，鸟人又来到了伏羲氏的领地，他这一次是特意来拜访盘古十二兄弟的。鸟人与伏羲礼节性地会晤之后，急匆匆地赶到了盘古兄弟的茅舍，半路之上，正巧遇到了在小溪边发呆的亥风猪。鸟人上前热情地拉住了亥风猪的双手，问他何故一个人面对着溪水发呆。亥风猪指着溪水中的树叶和蚂蚁给鸟人看，鸟人只看了一会儿，便举起手来一巴掌拍在了亥风猪的脖颈子上，并兴奋地跳了起来，喊道："盘古兄弟真不愧是神人！不愧是神人！我一句话还没说，你们就知道了我的心思。"

鸟人将盘古十二兄弟一直拽到了天水之畔，他对众人说："西方部落的茅舍已经搭建得差不多了，我们大巢氏能够交换到的物资越来越少了。近两年，我发明的马车经过改善，已经被人普遍接受了。所以，我想到天水之南去看看，那里肯定会有很多部落需要我去搭建茅舍，当然，他们也会需要我的马车。"

辰天龙问鸟人："需要我们帮你做什么？"

"帮我横渡天水。"鸟人说。

"虽说我们是从海上来的，可我们的盘古神舟早就没了踪影，如何帮你横渡天水？"午坤马对鸟人始终没有好感，即便是对着他说话，也是躲在人群之外。

鸟人说："虽然没有了盘古神舟，但你们盘古十二兄弟聪明过人，一定能够帮我想出办法的。刚才，亥风猪就拉着我看溪水里树叶渡蚂蚁来着。"

"天底下也没有地方能找到那么大的树叶呀！"

"就算是有那么大的树叶，树叶也撑不住一个人！"

"就算是有能撑住一个人的树叶，也会被流水冲走！"

盘古兄弟们正在七嘴八舌地争论着，突然，天水上游冲下来一棵大树，大树沉沉浮浮时隐时现，流经过盘古兄弟们的脚下。

亥风猪突然眼前一亮，说："有了！有了！"

丑火牛问亥风猪："什么有了？"

"我们可以把树干当成树叶，横渡天水。"亥风猪说。

寅乾虎说："一根树干站都站不稳，谈何横渡？"

“把很多根树干连在一起，不就是一片大树叶了吗？”亥风猪对鸟人说，“把树干连接在一起，这个你在行。”

鸟人琢磨了一会儿，说：“这个没问题！”

鸟人与盘古十二兄弟开始四处采集枯死或者已经倒伏的树干，因为这样的树干轻，便于搬运，也利于浮在水面上。树干被集中到了天水之畔，鸟人带着自己的族人，负责将树干串连在一起。伏羲听说盘古兄弟与鸟人合作发明了一个能够横渡天水的工具，也忍不住前来凑热闹了。申金猴请伏羲为渡水工具起一个名字，伏羲倒也不推辞，想了一会儿，说：“既然以木为主，就称之为木舟吧。”

不过三日，木舟便已完工，停放在天水之畔，只等下水试航。临到下水时，盘古兄弟都犹豫起来，因为天水水流甚急，木舟放入水中肯定会被冲走，他们深知进入水中后不能自控的感觉。亥风猪说他可以催动风杵，使得木舟滑向对岸。丑火牛觉得不妥，因为其他人没有风杵的帮助，还是难以渡水。申金猴站在天水岸边的一棵大树下，遥望着对岸，对岸的地貌与这边相似，也是堤岸、树木、森林、山峦……申金猴仰起头寻思着什么，突然看到树上有一只蜘蛛，借着风力荡到了另一根树枝上，在两根树枝之间拉起了一条细丝。紧接着，蜘蛛沿着细丝爬了回来，开始编制自己的丝网。

“快去采集藤条！”申金猴突然冒出来一句。

鸟人问：“要藤条做什么？”

“别问了！我自有妙用。”申金猴故作神秘地说。

大家都知道申金猴总有奇思妙想，所以也不再多问，四处采集藤条去了。不到一个时辰的工夫，盘古十二兄弟、伏羲的族人和鸟人的属下，采集来的藤条堆成了一座小山。申金猴说：“差不多够用了。”

鸟人问申金猴：“怎么用？”

“把藤条搓制成胳膊粗细的绳索。”申金猴说。

鸟人仍是一头雾水：“要这么粗的绳索做什么用？”

整整用了一天的时间，众人齐心协力搓制出来一根胳膊粗细、巨长无比的绳索。绳索盘在天水岸边，足足有三间茅舍大小。所有人都猜不透申金猴的心思，悬念也吊足了所有人的好奇心。木舟准备下水这天，伏羲部落里的人倾巢而出，齐聚在天水之畔，等着看木舟渡水，也等着看那一盘巨大绳索究竟会派上什么用场。

因为木舟面积有限，仅能承载五至六人。申金猴与辰天龙和午坤马商量了一下，暂由坤马族登舟渡水。随后，申金猴走向了藤条编制的绳堆，从中牵出绳索的一头，让天龙族六个人把绳头牵拉到了岸边的一棵大树边。申金猴让子地鼠把绳索固定在树上。子地鼠把绳索绕着大树缠了三圈，麻利地打了一个结实的水手结。一切准备停当之后，众人抬起木舟放入了岸边的水中，申金猴一挥手，午坤马、寅乾虎、酉鸣鸡、卯闪兔和亥风猪，迅速跳上了木舟。申金猴牵过绳索的另一个头，用力扔给了舟上的寅乾虎，自己也随之一个纵越，跳上了水中的木舟。岸边水流缓慢，大家挥动仗天杵划水，木舟渐渐离开了岸边。岸上的众人看到木舟漂浮在水中，禁不住发出一阵热烈的欢呼声，不停地冲着舟上的坤马族挥手。

木舟离岸越来越远，水流渐渐湍急起来。申金猴让亥风猪催动风杵对着水面喷出劲风，以保证木舟不被水流冲走，让其他人帮助寅乾虎紧紧拉住绳索。天水岸边的天龙族也没闲着，帮着从巨大的绳盘上输送绳子，以免缠绕在一起。

木舟距离对岸越来越近，藤条绳索在坤马族五个人手中也越来越沉重。好在有亥风猪的风杵帮忙，其他五人只需抓紧绳索就是了。木舟终于航行到了对岸，六个人牵引着绳索登上了岸，并将木舟抬到了岸上，以防被水流冲走。申金猴抬头察看了一下，选中了距离水边最近的一棵大树，六个人喊着号子，一起拽着藤条绳索拉扯到了大树旁，好在长度足够。坤马族学着子地鼠的样子，将藤条缠绕到了树干上，再一点一点发力，将绳索尽量拉紧、拉直。最后，等到藤条绳索完全脱离了水面，荡在半空中的时候，申金猴才算满意地点了点头，说："可以了，固定在树干上就行了。"

一根巨大的藤条绳索，就这样被固定在天水两岸。返回的时候，申金猴叮嘱亥风猪不要使用风杵，让大家抓住绳子用力拉，便可使木舟行驶到对岸。坤马族众人依计行事，果然没费太多力气，就将脚下的木舟拉回了对岸。天水岸边上，所有的人再次欢呼起来，因为他们祖祖辈辈从未到达过对岸。

2

盘古十二兄弟又一次踏上了行程，这一次，与他们同行的是鸟人和他的属下。

横渡天水成功之后，鸟人自信满满地踏上了南下之路，他要把自己的茅舍搭建术和马车制造术推广至天水以南。临渡天水之前，鸟人诚心诚意邀请盘古十二兄弟同行。众兄弟商量了一下，觉得已在伏羲氏部落里生活了两年之久，不便再继续打扰，于是，就答应了鸟人的请求。伏羲苦苦加以挽留，但盘古兄弟去意已决。离开的那天，伏羲氏部落再次倾巢而出，聚集于天水之畔。

鸟人的下属和一辆马车，早早就通过木舟运至对岸。待到盘古十二兄弟与伏羲携手来到岸边时，抽泣哽咽之声已连成一片。盘古兄弟原以为是天水的呜咽之声，行至跟前才发现竟然是苍生的悲泣，一时间大为感动，禁不住纷纷落泪。好一个震撼人心的送别场面，即便是大洪水来临时的生离死别，也未曾让整个伏羲氏部落伤心落泪。伏羲一一握住盘古众兄弟的手，真诚地说："为天下苍生造福之路漫漫，为天下苍生挡祸之路凶险，如果觉得太累太辛苦的时候，就回到伏羲氏部落休养一下。记住，伏羲氏部落是你们永远的家！"

天龙族最后一拨登上木舟时，伏羲氏部落的悲伤情绪蔓延到了极致，哽咽之声已经淹没天水的流淌声。伏羲氏部落洒泪成溪，一起融入了浩浩荡荡的天水……

天水之南，大山郁郁葱葱，森林和植物明显多于伏羲的西方部落和燧人的北方部落。河川也逐渐多了起来，好在大多是可以涉水而过的河流，众人也乐得戏水而行。

已经行走了将近二十天了，盘古兄弟和鸟人他们一直没有遇见过其他部落的人。辰天龙感慨道："如此水草丰茂之地竟然没有人烟，真是太遗憾了。"

"相对于北方部落的苦寒，西方部落的萧瑟，这里真算得上是一处肥美之地啊。"鸟人说。

卯闪兔在丛林中发现了一棵长相怪异的矮树，矮树的中间最上端长出一个鲜艳的红果子。卯闪兔正觉得嗓子眼里冒火，于是便把红色果子摘下来，三口两口就吃了下去。卯闪兔吃下红色果子不到半个时辰，就开始上吐下泻。亥风猪从马车上拿来一个兽皮做的水囊，给卯闪兔灌下了半囊泉水，他才逐渐活泛起来，但他嘴里依旧不时地说着傻话。

卯闪兔对亥风猪说："你从哪里找来的水囊，里面怎么有一股猪尿的味道？"

卯闪兔对巳水蛇说："你的原形跟辰天龙差不多，为什么人们都喜欢辰天龙，却讨厌你呢？"

卯闪兔对鸟人说："午坤马说你身上的那股臭味儿很难闻，主要是你整天琢磨着占便宜造成的。"

卯闪兔对申金猴说："瞪着你的猴眼看我干什么？你是不是想打我的坏主意？"

…………

自此之后，几乎所有人都不敢接卯闪兔的眼光，只要对上了眼，就会被他贬损辱骂一通。大家都说卯闪兔得了疯痴病。

众人在闷热的森林中走了大半天，汗水湿透了衣衫、浸透了兽皮，每个人都觉得疲惫不堪。大家忍受着饥渴和酷热翻上了一道山岭，因为树林遮挡，根本无法看清前方的地貌，只能闷着头往前继续行走。四周依然没有人烟，戌雷狗已经懒得四处嗅人的气味儿了，累得他只剩下闷头走路的分儿了。下山的路倒也省事儿，不消一刻，一行人马便踏上了平地。平地处的森林中没有一丝风，闷热潮湿的空气里弥漫着树叶腐烂的难闻气味。此刻，午坤马觉得鸟人身上的味儿倒是可以接受了。

卯闪兔因为说话太多，累得有点上气不接下气，他终于安静下来，坐在一块石头上歇息。从他身边走过的人都有些心惊胆战，故意把脑袋扭向一侧，不与卯闪兔的眼光接触。子地鼠经过的时候，因为把脑袋往一侧扭得太狠，一不留神绊了一跤，正好摔在卯闪兔的脚下。卯闪兔已经歇息了一会儿，又恢复了说话的体力："仗天杵在你的手里有什么用？还有辰天龙、午坤马和寅乾虎的仗天杵，也就是四根拐棍而已，除了上山下坡的时候，你们平时是不是也觉得它是个累赘？"

子地鼠摔了一跤正有些窝火，刚要站起来与卯闪兔理论，他身后的寅乾虎先不干了，一个箭步冲了上来，抓起坐在石头上的卯闪兔说："看在你得了疯痴病的分上，你平时骂我们两句也就不跟你计较了，你如果敢再对盘古不敬的话，当心我揪下你的耳朵来！"

辰天龙急忙上前拉开了寅乾虎，连拉带劝把两个人分开。

"噗通！噗通！"盘古兄弟们刚刚消停下来，忽然听到前方传来两声动静，紧接着有人喊道："快来啊！这里有个水塘，可以舒服一会儿了。"

原来，前面的声音是鸟人的属下跳进池塘里发出来的动静。一路之上，凡是遇见池塘水域，众人都会跳下去泡一会儿，既能降温又当休息。此刻，大家已经走了大半天，汗流浃背，正是又闷又热又臭又酸的时候，遇见了水塘当然不会放过。盘古十二兄弟心中默念着"非也非也"，将仗天杵含入嘴中，跟着众人跳入了水中，享受着片刻清凉。

众人无心游水，大都泡在水中闭目养神，忽闻水中传来一声尖叫："啊！"大家急忙睁开眼睛，四处寻找，却没有发现任何异常。众人觉得肯定是有人故意恶作剧，都懒得追问，再次闭上眼睛，享受清凉。也就在大家刚刚闭上眼睛之际，忽然又传来两声惨叫："啊！啊！"

这一次，大家不敢再掉以轻心，纷纷从水中站起身来，打量着四下水域中的动静。就在此刻，一名鸟人的属下突然间惨叫一声，身体便在众目睽睽之下，没入了水中，水面上随后泛开了一团血红的水花。

"赶紧上岸！快！快！水中有东西。"辰天龙一声断喝，随手从嘴中取出仗天杵，心中默念几声"是也是也"，天杵瞬间变大。辰天龙一边用手中的仗天杵击打着水面，一面呼喝着众人上岸。可是，时间已经来不及了，就在辰天龙挥杵吆喝之际，他突然觉得腿上传来一股钻心的疼痛，紧接着身体被一股巨大的力量拉扯了过去。辰天龙越是挣扎，腿上的疼痛也就越发加剧，就在将要被拖入水中的最后一刻，他看到了其他盘古兄弟似乎也已遭遇了攻击。辰天龙忍住剧痛，顺着那股力量潜入水中，在入水的瞬间，他顺手摘掉了自己项上的盘古灵珠，幻化成了原形。水中的辰天龙回头一看，发现了一只从未见过的巨型怪物，一张长长的大嘴，尖利的牙齿白花花地暴露在嘴巴之外，怪物浑身长满了硬邦邦的甲片，一双圆睁的大眼正盯着自己。辰天龙来不及多想，伸出龙爪抓向了怪物。怪物还在发愣，刚才明明已经咬住了一条人腿，怎么瞬间变成了这样一条长长的家伙了？怪物还在琢磨着这个不可思议的变化，辰天龙的一只龙爪已经抓向了它的后背，就在龙爪与怪物后背上的甲片接触的刹那，那怪物一个翻身，张开大嘴咬向了龙爪，辰天龙急忙收回龙爪，同时伸出了另一只龙爪突袭怪物的背后。这一招果然奏效，辰天龙一把抓住了怪物长长的尾巴，并双双露出了水面。

刚刚爬上岸的人还惊魂未定，立刻又被眼前的景象吓呆了，只见一条金色的巨龙抓住了一只足有两个人体长的怪物，正在半空中缠斗撕咬。

3

怪物虽然被辰天龙抓上了半空，但丝毫没有惊慌，它翻转着身体张开了血盆大口咬向了辰天龙的颈部。辰天龙见怪物如此凶顽，心中顿时生了杀气，他龙爪一扬，继续抓着怪物的尾巴对着岸边的一块巨石摔了下去。只听到"啪嚓"一声，怪物撞到了巨石之上，顿时被摔得七窍流血，死了过去。

辰天龙不敢怠慢，再次俯冲进了池塘，他看到未云羊刚才还有半个身子露在水面，眨眼工夫就只剩下仗天杵的头。辰天龙奔着未云羊的方向扑了过去，水已经变得浑浊起来，辰天龙只能隐约地看到两团黑物纠缠在一起，他只好伸出两只龙爪，分别抓住两团黑物，再次跃上了半空。半空中的未云羊和另一只更大的怪物依旧死死地搅在了一起，辰天龙辨清敌我双方之后，左侧龙爪猛一发力，尖利的爪尖已经刺进了怪物相对柔软的腹部。怪物吃痛之后，松开了咬住未云羊的巨嘴，转而扭头扑向辰天龙的龙头。辰天龙一挥左侧龙爪，怪物的身体飞向了岸边的巨石，又是“啪”一声，怪物被摔得脑浆迸裂，身体却还在疯狂地扭动。

辰天龙落到了岸边，将未云羊轻轻放在地上。此刻的池塘岸边，午坤马、子地鼠、丑火牛、寅乾虎、巳水蛇、申金猴和酉鸣鸡均已爬上了岸，身上都有不同程度的轻伤，但戌雷狗和亥风猪伤势较重。

“卯闪兔呢？”午坤马清点了一下人数，大声喊了起来。

辰天龙扫了一眼，众兄弟中果然没有卯闪兔的踪影，随即转身一个猛子又扎进了池塘。此刻的池塘中，水面上露出了几十只怪物的脑袋，正瞪着眼睛观察着岸上的动静。看到辰天龙入水之后，怪物非但没有逃避，反而一齐奔向了辰天龙。

辰天龙潜入水底，四处搜寻着卯闪兔的踪迹，忽然看到两团黑影从水底扑向自己，他知道是这群怪物展开了攻击。辰天龙不想跟他们过多纠缠，迅速一个回转，往一侧躲了过去。刚回转到另一侧，对面又迎来了两只怪物的围堵，辰天龙只好跃出水面，避过对面的两只怪物，再次潜入水中，找寻卯闪兔。辰天龙在水中不停地回转盘旋，身前身后都有凶猛饥饿的怪兽。水底的水草中一团白色物体吸引了辰天龙的视线，正想潜过去看个究竟，突然，他感觉到了尾巴处一阵剧痛。辰天龙知道自己已经遭到了怪物的攻击，但他来不及摆脱和反击，只能猛地往前一探身子，迅速抓住水草中的那团白物，然后，一个纵身迅速跃出水面。半空中，辰天龙看清了那团白物果然是卯闪兔，心中登时放心。随后，他在空中圈起尾巴，伸出一只龙爪抓住了尾巴上挂着的怪物，猛一发力，利爪便穿透了怪物的腹部。怪物松开嘴之后，辰天龙如法炮制，将其狠狠摔在了岸边的巨石上。

辰天龙抱着卯闪兔落到岸边，从嘴中吐出盘古灵珠戴上，瞬间幻化回人形，看得鸟人和他的属下自始至终都没有发出一声动静。卯闪兔还处在昏迷之中，他的额头之上有一个青黑色的大包，显然是被其中一只怪物撞到了脑门上。突然，鸟人的属下惊叫了一声：“快看！怪物们上来了！”

大家扭头看时，池塘中的怪物已经悄悄地爬上了岸，众兄弟挥起手中的仗天杵，击打这些死命纠缠的怪物。然而，戌雷狗、亥风猪和卯闪兔伤的伤，昏迷的昏迷，这几根最具杀伤力的仗天杵全都无法迎敌。丑火牛的左臂也受了伤，好在他的身体强壮，拼命催动手中的火杵，一股股烈焰喷出之后，暂时将这些凶悍的怪物击退回了水中。

天色渐渐暗了下来，鸟人的属下也有十几人受伤，有一个小伙子甚至被怪物咬掉了一条小腿，还有两人失去了手臂，几个人哀嚎不已。眼看着无法再继续往前行走，午坤马让没受伤的人抓紧时间找些干柴，准备晚间在此露营。捡拾干柴的人没走出多远，就喊叫了起来，午坤马和申金猴急忙赶了过去，发现前面竟是一片更大的水域，水面上密密麻麻地伸出了很多黑点，仔细一看，全是怪物的脑袋。原来，众人无意之中走到了一处孤悬在水乡泽国中的小孤岛，而四周的水中全是凶悍无比的食人怪物。

这时，卯闪兔已经醒来，看到守护在他身边的戌雷狗和酉鸣鸡的身上都流着血，笑呵呵地对他俩说："再让你俩整天鸡飞狗跳的，这回老实了吧！"

气得酉鸣鸡站起身来走开了，戌雷狗因为腿受伤了无法移动，只能叹了口气，把脑袋扭到了一边。卯闪兔望着酉鸣鸡的背影，嬉笑着说："一副小肚鸡肠的样子，说一句就生气了，至于吗！"

丑火牛实在看不下去了，走到卯闪兔跟前，说："你现在已经疯痴了，就少说几句吧，免得兄弟们伤心。"

"我让你们伤心了吗？"卯闪兔瞪着一双无辜的大眼睛，问道，"反正大家闲着没事可干，索性就伤伤心玩一会儿吧。"

"我们遇到了一群食人怪兽，刚才差一点都没了命！"丑火牛有些生气了，"你摸摸自己头顶上的大包，若不是辰天龙跳进水中冒死救你出来，你早就葬身怪物的肚子里了。"

"哦，我好像有点印象了，一个怪物向我扑了过来，另一条也扑了过来，它们两个在空中撞到了一起，结果就砸到了我的头上……"卯闪兔若有所思地说。

丑火牛惊喜道："你想起来了？你的脑子好用了吧？"

卯闪兔没有回答，而是反问丑火牛："就凭我的本事，还需要辰天龙来救我吗？"

丑火牛无奈地叹了一口气，转过身去，对着池塘水面上几只探头探脑的怪物，"嘿嗨"一声大叫，挥出了手中的火杵，一股烈焰染红了多半个池塘，怪物们迅速潜入了水中。

出去捡拾干柴的人都回到了池塘边，鸟人和他的属下全都是一脸恐惧之色，辰天龙安慰道："别担心！只要有我们盘古兄弟在，就一定能把你们带到安全之地。"

“别吹牛了！哈哈！”卯闪兔哈哈大笑着说，“我们自己都受伤了，还能帮谁去？”

辰天龙抬头看了看渐渐暗下来的天色，说：“能走也得走，不能走也得走了。”

子地鼠站起身来，高高举起了手中的地杵，两眼望着辰天龙。辰天龙对子地鼠点了点头，也擎起了手中的天杵。两个人齐声喝道：“天地一杵，日月同辉！”

天杵地杵同时挥了出去，天地刹那间变得明亮起来，一群刚刚探出水面的怪物似乎受到了惊吓，赶紧潜进水中。

4

一队人马按照原路返回，行进的速度异常缓慢，一是因为酷热难当的天气，二是因为要搀扶着受伤的人。仅有的一辆马车上，拉着鸟人属下三名缺胳膊少腿的年轻人，时不时地陷进泥坑，还需要众人一起推车前行。同样腿部受伤的戌雷狗和亥风猪，只能依靠其他兄弟搀扶着赶路，其缓慢程度可想而知。

一个时辰过去了，一队人马依然没有走出这片危险的水域。辰天龙渐渐感觉到有些体力不支，他面色苍白，已经见不到血色了，只好坐在路边歇息。午坤马走到他的面前，询问道：“是不是刚才在水中搏斗的时候，消耗体力太大？”

“应该不是……这个原因，我感觉精气神都不够用了……”辰天龙喘着粗气说道。

辰天龙和午坤马正说着话，只见子地鼠踉踉跄跄地走了过来，还未走到跟前，便扑倒在地上昏死了过去。盘古众兄弟立即围拢了过来，心中都暗自担心。午坤马看到辰天龙和子地鼠的状态，心中暗叫不妙，因为他想起上一次为了摆脱华颜的围剿，自己与寅乾虎合力使用“乾坤一杵，日月同归”时，曾经也出现过类似的状况。想到此处，午坤马急忙叫来寅乾虎，说：“快点使用乾坤一杵！”

寅乾虎与午坤马双双举起乾坤二杵，口中念道：“乾坤一杵，日月同归！”

瞬间，天空中白光一闪，天地间迅速恢复成了黑夜。天地变成夜晚之后，辰天龙感觉体力渐渐有所恢复，子地鼠也从地上悠悠醒来。卯闪兔在一旁叫嚷道：“四根仗天杵加在一起，也只能白天黑夜、黑夜白天地变来变去，你们真是滑稽可笑！哈哈！”

众人知道卯闪兔讲的都是疯话，没有人去理会他。寅乾虎扶起地上的子地鼠，安慰他说："没事，休息一会儿就能缓过来。"

黑暗中，子地鼠没有说话，只是点了点头，他与辰天龙背靠背地坐了下来，嘴中不停地喘着粗气。午坤马说："把白天变成黑夜，把黑夜变成白天，是违背天道，催动如此神力的时候肯定要耗掉我们的精气神，所以，以后还是要慎用。"

辰天龙、子地鼠和寅乾虎三个人都点了点头。

卯闪兔却接过了午坤马的话，说道："那你们这四根仗天杵真的只能当拐杖用了，哈哈哈！"

"由此看来，每个人催动仗天杵发挥神力的时候，势必会消耗掉很多精气神。"辰天龙说着就要站起身来，"今天夜里，大家安排一个值班顺序吧。"

午坤马按住了辰天龙的肩膀说："你休息吧，我来安排。"

午坤马先安排没有受伤的人，就地捡一些干柴生起一堆篝火。篝火点燃之后，大家的心绪稍微稳定了一些，但是受了重伤的几个人由于流血过多，身体越发虚弱了。午坤马将自己的衣衫撕扯开来，帮助戌雷狗和亥风猪将腿上的伤口包扎起来。包扎伤口之前，午坤马举着一根火把在四周找了一圈，没有找到雪莲湖边上那种能够止血的树叶子，只好作罢。处理完戌雷狗和亥风猪的伤口之后，午坤马接着又给鸟人属下三个重伤者进行了包扎，鸟人刚要开口表示感谢，午坤马就皱着眉头急忙走开了。鸟人自言自语道："你一直嫌我身上有臭味儿，我的属下就从来没有闻到过……再说，我刚刚都在水中泡过了……"

卯闪兔在一旁笑道："你身上的这股臭味儿，除了午坤马，谁都闻不到的。"

午坤马没有按照时辰顺序来安排值班，因为理应在夜间当值的戌雷狗、亥风猪都受了重伤，子地鼠又因为催动"日月同辉"几乎虚脱。夜间的值班顺序暂由午坤马、丑火牛、寅乾虎、巳水蛇、申金猴轮换。午坤马也没有安排疯疯癫癫的卯闪兔参与轮值，卯闪兔对此还大发牢骚："歧视我是弱者吗？"

5

终于熬来了酉鸣鸡的报晓声，好在一夜无事，众人急忙起身，都想早点离开这块凶险之地。

鸟人的属下传来了一个不好的消息：被怪物咬断腿的小伙子死了。

至此，鸟人的属下已经有三个人死于吃人的怪物。因为不想让那群可恶的怪兽吃掉小伙子的尸体，大家用木棍和仗天杵掘了一个深坑，把小伙子掩埋起来。因为大巢氏部落以搭建茅舍著称，而小伙子跟随鸟人南下也是为了去搭建茅舍，鸟人特意在掩埋小伙子的地方堆起来一个茅舍的形状，大巢氏的族人心中才稍稍好过一点。后来，活着的人为了让死者有一个居住的茅舍，也为了让自己的心里好过一些，就开始用这种方式来掩埋死者。后世，把这个形似茅舍的土堆称之为坟墓，沿用至今。

小伙子死后，另外两个被怪物咬断胳膊的年轻人，心里也开始慌乱起来，其中有一个竟然哭了起来，他想起了还在大巢氏部落中的父母、兄弟、姐妹。戌雷狗和亥风猪的状况也不太好，两个人的身上都开始发热、发烫，尤其是额头部位，能把一片新鲜荷叶一会工夫就烤成一片蜷缩的枯叶。亥风猪开始说起了胡话，嘴中不时地喊叫着“盘古”的名字。卯闪兔说盘古早就死了，你总是喊他的名字，是不是也快要死掉了？亥风猪听了之后，便伤心地流下了眼泪。寅乾虎气得牙根直痒，他装作绊了一个跟头，往前扑倒的时候，一杵扫到了卯闪兔的屁股上，把卯闪兔打了一个满嘴啃泥。卯闪兔踉跄着站起身来，指着寅乾虎的鼻子气急败坏地骂道：“当年，你祸害的野马也不过八百匹，而你吃掉的兔子足有几千只，到了现在，你还不放过我，是不是想连我也一起吃掉？”

“你胆敢再对盘古胡说八道，我就成全了你！”寅乾虎咬着牙齿，一字一顿地说道。

“就凭你那根拐棍，恐怕不是我的对手吧。”卯闪兔哈哈一声怪笑，“除非你跟午坤马联手，把太阳和月亮都藏起来，让我找不到你……哈哈！”

现在，所有人都觉得卯闪兔已经不可理喻了，盘古众兄弟心中尤其难过。

申金猴走到了辰天龙跟前，悄声说：“我看戌雷狗和亥风猪的状况不太好，必须想个办法。”

“有什么好办法吗？我们只能期待奇迹发生了。”辰天龙不无忧虑地说，“如果在这里等下去，是不可能有奇迹发生的，我们还是得抓紧时间走出这片森林。”

一队伤残人马相互搀扶着，继续在森林中穿行。终于看到起伏的地势了，申金猴建议往高处走，因为只有低处才有水塘湖泊，而那些食人怪物也只能寄身于水中存活。众人虽然体力不济，但一想到水乡泽国中那些恐怖的食人怪兽，大家宁可选择爬山。

山路越来越陡峭，马车几乎无法行走，鸟人只好弃掉自己亲手制作的马车，让两名胳膊受伤的下属共骑一匹马行走。午坤马看到后，走到腿上受伤的戌雷狗和亥风猪跟前，说："你们两个也骑在我的背上吧，这样会快一些。"

午坤马说完，便从脖子上摘下盘古灵珠，瞬间幻化成了原形。亥风猪已经烧得迷迷糊糊，被寅乾虎等人搀扶上了马背。戌雷狗却不肯上马，任凭辰天龙和寅乾虎等人如何劝说，他还是要坚持自己走路。午坤马无奈，只好将两条前腿跪下来，身体伏在戌雷狗的一旁。戌雷狗心中一着急，流出了眼泪，叹道："罢了罢了！我上马就是了。"

弃掉了马车，加上午坤马驮着戌雷狗和亥风猪赶路，进程加快了不少。山势越来越高，这种地貌说什么也不可能再出现池塘湖泊了，大家悬着的心才算放了下来。性命无忧之后，众人开始担心四名重伤者的安危。亥风猪还是胡话连连，多亏了戌雷狗在后面扶着他的身体，不然早就摔到马下了。戌雷狗脸色越来越白，因为帮扶亥风猪频频用力，腿上的伤口不断地渗出血来，滴滴答答流了一路。

队伍行进到了一块平坦之处，鸟人和他的属下未等征求大家的意见，就浑身瘫软地坐了下来。辰天龙见状，只好让众人歇息。午坤马的身上也是大汗淋漓，驮着戌雷狗和亥风猪赶山路，消耗的体力绝不亚于催动"乾坤一杵"。就在众人刚刚坐定之际，突然间，四周的草丛里、石头后、大树上一下子涌出了几十个人来。这些人现身之后，没有继续前进，而是远远地观望着盘古兄弟和鸟人等。辰天龙等人被围困在中间，也纷纷站起身来，盯着眼前这帮突然冒出来的家伙。这些人的身后都背着一个竹条编的长筒形器物，手中都持有一长一短两根尖头竹竿，长竹竿至少有两个人身高之长，短竹竿则很短。双方相互僵持了一会儿，辰天龙率先朝着对方秉了秉手，朗声说道："我们是盘古十二兄弟，这位是西方大巢氏部落的首领鸟人。我们来到此地并无恶意，是想帮助南方部落搭建茅舍，请问你们是神农氏部落的人吗？"

片刻之后，对方的人群里走出来一位中年模样的人，他没有回答辰天龙的问话，而是用手中的短竹竿指着倒伏在地上的戌雷狗和亥风猪，问道："这两个人是怎么受伤的？"

"哦！他们是被水塘中一些吃人的怪物咬伤的。"辰天龙回道。

中年男人又用手中的短竹竿指着一个方向，问道："这么说，你们是从那边的山下上来的？"

"大概是吧！"辰天龙回头看了看中年男人竹竿指的方向，也不能十分确定，"我们觉得山上不会有池塘，也就不会有吃人的怪物。"

“伏羲的西方部落与我们有天水相隔，你们是怎么渡过天水的？”中年汉子继续发问。

鸟人朝着中年汉子秉了秉手，说：“是盘古兄弟发明了木舟渡水之术，我们才得以渡过天水。”

“你们真的是盘古十二兄弟？”中年男人上下打量了一下辰天龙，脸上是一副很不信任的表情，“据说，盘古十二兄弟是法力无边的神人，怎么会被水中的饿鱼咬伤呢？”

“哦！原来那些食人的怪物叫饿鱼。”鸟人对属下说。

辰天龙对着中年男人再次秉手，说：“我们的确是盘古十二兄弟，但我们不是法力无边的神人，而是盘古派来造福天下苍生的仆人。”辰天龙蹲下身来，擦拭了一下戌雷狗腿上流的血，“我们也不知道水塘之中有吃人的饿鱼，当时，我们一行人走得又热又累，看到那片池塘就跳了下去，结果遭到了饿鱼的突袭。”

“什么？你们跳到了有饿鱼的池塘里了？”中年男人吃惊不小，“不可能！进入饿鱼的池塘，是不可能活着出来的。”

“我们真的是进了饿鱼的池塘，”辰天龙说，“鸟人首领的属下已经有三人死于饿鱼的嘴下。”

中年男人往前迈了一步又停下来，他犹豫了一下，最终还是走了过来，说：“让我看看他们的伤口，我就知道是不是被饿鱼咬伤的了。”

中年男人蹲在了戌雷狗的身边，看着他腿上包扎的白色布条说：“你们会包扎伤口？”

午坤马也蹲在了中年男人的身边，说他会一点包扎伤口的技术，以前曾经用一种能够止血的树叶包扎过伤口，可在这里没有找到那种树叶。中年男人看了午坤马一眼，说你根本不懂，这里到处都能找到可以止血的草药。午坤马没有听明白他的话，问他什么是草药？中年男人从背上把竹条编制的长筒器物卸下来，从中抓出一把草叶子来，说这就是能够止血的草药。午坤马从中年男人手中接过草叶子，放在鼻子边上闻了闻，觉得有一股刺鼻的气味儿，问道：“这就是你说的草药？”

中年男人点了点头，伸手解开了戌雷狗的伤口，仔细察看起来，说：“的确是被饿鱼咬伤的。”他转头对身后的众人喊道，“快过来帮忙，配一点止血的草药，先给受伤的人敷上。”

6

这群人把长竹竿插在地上，又把短竹竿插进腰间，卸下背上的竹器，跑了过来。先是有人从长筒竹器中掏出水囊，把一块石头冲洗干净，然后取出几样不同的草、叶、花、根儿，放在石头上，然后用另一块石头将这些东西一起捣烂。捣成糊状的草药被收集到了一片干净的树叶中，递给了中年男人。中年男人接过草药，让一个手下用水囊里的水清洗戌雷狗的伤口。水囊里倒出来的是一种黄色的液体，洒在戌雷狗伤口上的时候，痛得他忍不住叫出声来。辰天龙等人立刻警觉起来，寅乾虎握着乾杵，横眉立目地指着中年男人问道："你给他倒在伤口上的是什么东西？"

中年男人蹲下来，开始给戌雷狗的伤口涂抹糊状的草药，他眼皮都没抬一下，说道："我在救他的命！"

午坤马多少有一点疗伤的经验，他伸手示意寅乾虎不要轻举妄动。见到戌雷狗的神情平稳下来，寅乾虎才把手中的仗天杵戳到了地上，缓缓地松了一口气。中年男人自顾自地涂药，包扎伤口，将戌雷狗、亥风猪和鸟人的两个属下的伤口一一处理好，仿佛众人不存在一般。料理完四个重伤者，中年男人吩咐手下用黄色的药水为其他轻伤者冲洗伤口，然后，将剩下的糊状草药给他们一一涂抹，但没有对伤口进行包扎。午坤马亲自感受了一下，黄色的药水冲洗伤口的时候，的确有一股灼烧般的剧疼，但痛感很快就会消失。待到糊状的草药涂抹上之后，伤口里反倒感觉一片清凉，很是舒爽。

辰天龙和午坤马走到中年男人面前，秉手道谢。中年男人一摆手，说："你们不用谢我，被饿鱼咬伤之后没那么容易好，他们伤得很严重，究竟能否痊愈，我心里也没有底。"

"那怎么办？"午坤马很着急。

中年男人说："你们跟着去我们部落的营地吧。"中年男人看着地上躺着的戌雷狗和亥风猪说，"他们必须每天换一次药，一直到伤口愈合。至于能不能好起来，一是要看我最近配置的药方是不是灵验，二是要看他们的运气是不是够好。"

"你们的营地……在哪儿？"辰天龙问。

"营地离这里还有三天的路程。"中年男人似乎看出辰天龙心里不踏实，接着对他说，“我们是神农氏部落的人。”

听说这群人是神农氏部落中的人，辰天龙他们顿时放了心。神农氏宅心仁厚，为了缓解苍生的病痛，亲自尝试百草配制草药，博得了人们的爱戴，最终成了南方部落的大首领。神农一心为民的美名早已远播到了西方部落，因此，辰天龙等一听眼前这群人是神农氏部落的人，便放下心来。

中年男人招呼手下过来，对他们低声吩咐着什么，众人点头称是，转而离去了。没过一会儿，离去的人怀里抱着一堆藤蔓返了回来。他们把手中的长竹竿比划来比划去，然后，从竹器中掏出一小块锋利的石片儿，在竹竿的竹节处划了几道，很利落地把长竹竿截断。折断后的长竹竿，两根长竹竿与两根短竹竿拼在一起，然后用藤蔓把四根竹竿捆绑在一起，形成一个长方形的框子。长方形的框子做好之后，这群人又开始在框子中间缠上藤蔓。过了一会儿，其中一个人抱着这个制作完成的器物走到了中年男人面前问道：“大首领，你要的担架是这个样子吗？”

辰天龙与鸟人听到中年男人被称呼为大首领，大为吃惊，鸟人赶忙上前秉手致礼，恭敬地询问道：“你就是南方部落的大首领神农吧？”

“我是神农。”中年男人坦然地回道。

神农接过担架来，用手抻了抻，说：“没问题！再照这个样子做三个，抬着他们上路吧。”

“哦！原来是用来抬受伤的人的。”鸟人恍然大悟，他对神农说，“我们部落的人擅长搭建茅舍，做这种担架没有问题，我们也来试试吧。”

神农没有听明白茅舍是什么意思，但他还是点了点头，说你们试试吧。卯闪兔对神农说：“鸟人不是想做担架，主要是告诉你他会搭建茅舍。”

“茅舍是干什么用的？”神农问。

卯闪兔说：“就是供人居住、睡觉的草棚子，住在里面倒是很舒服。”

“好啊！”神农很兴奋，“这是一个不错的主意。”

卯闪兔说：“事情没有那么简单，鸟人从来不给别人白干活，他会用搭建茅舍把你们部落最好的东西换走……”

鸟人在一旁气得直翻小白眼，但又不敢对卯闪兔发作，只好对辰天龙投去求援的目光。辰天龙走过来，对神农说：“我的这个兄弟突然得了疯痴病，整日里胡言乱语，请大首领不要见怪！”

“哦？”神农盯着卯闪兔的眼睛看了一会儿，问道，“好好的一个人，怎么会突然得了疯痴病？”

“我们也不知道，就是渡过天水之后，才发现他有这个毛病的。”辰天龙说。

辰天龙与神农说着话，鸟人唤来手下，比照着已经做好的担架，详细地说了半天，众人便按照鸟人的吩咐开工了。不一会儿工夫，一副跟先前不一样的担架做好了。这副担架两边的长竹竿更长，前后两端长出来的部分正好便于抬担架的人两手相握。神农看了之后，满意地点了点头，对鸟人说：“你做的担架更实用。”

午时过后，一队人马，四副担架上路了。有了神农等人带路，加上使用了担架，虽然有四个重伤者，但行程还是很快，三天之后就到了神农部落的营地。

距离营地还隔着一道山岭的时候，众人闻到了一股很奇怪的香味儿，神农解释说，闻到这股味儿就意味着快到神农部落的营地了，因为这是晾晒中草药的味道。果然，攀上山岭之后，远远就能望见营地里到处晾晒着颜色不同的东西，而且味道愈加浓厚。

7

亥风猪的身体依旧发烫，烫得他已经连胡话都说不连贯了。戌雷狗的身体虽然不如亥风猪那般热，但伤口红肿的像一个裂了口的熟桃子。鸟人两个属下的伤势更为严重，断腿的位置好不容易止住了血，但是整条腿肿得像是喝饱了水的羊肚皮，而且不分白天黑夜地昏睡。

根据四位伤者的不同状况，神农为他们配制了不同的草药，有糊状也有粉状，每天更换一次。除了草药之外，神农还安排属下从一个很深的溶洞里面取来冰水，每天为四个人擦洗身体。十几天过去之后，四个人身体发热发烫的症状减退了，伤口周围的红肿程度也在逐渐减弱。吃饱喝足了的卯闪兔，围着四个伤者溜达了一圈，对正在给他们换药的神农说：“我的身上划破一个伤口，从来没用过草药，顶多也就两三天就好了。你鼓捣了那么多草药，又是冰水什么的，可他们怎么越来越蔫了？你的草药到底管不管用？”

还没等神农说话，神农氏部落的一位掌事已经沉不住气了，他放下手中捣药的石臼，站起身来对卯闪兔说：“在我们部落里，凡是被饿鱼咬伤的人，十有八九都没有救活过来。你们四个人被咬伤到这种程度，如果没有我们大首领的草药，早就死掉了！”

卯闪兔嬉笑道：“没准是你们部落中吃闲饭的人太多了，大首领觉得浪费食物，干脆借着饿鱼的嘴灭掉他们，根本就没有尽心施救。另外，那些被鱼咬一口就会死的家伙，可能是平日里得罪了大首领，所以……”

“请大家不要见怪！我们这位兄弟得了疯痴病，每日里疯言疯语，请大家多担待！”午坤马打断了卯闪兔的话，急忙赶过来解围。

神农的脸上倒是看不出任何生气的神色，他不紧不慢地给亥风猪换完了草药，走到卯闪兔跟前说：“你伸出舌头来，给我瞧一瞧。”

“我的舌头凭什么给你看！”卯闪兔说。

神农说：“我看了你的舌头，就能知道你明天说什么话了。”

卯闪兔眨了眨眼睛说：“你有这个本事？敢跟我打赌吗？”

“我敢赌！”

“好！赌什么？”

“你来定！”

“嗯……”卯闪兔摸着自己的脑袋，“你如果能猜对了我明天说的话，我就把仗天杵给你。你如果猜不对的话，就把大首领的位置让给我！”

“好，一言为定！”神农扫视了一圈众人说，“既然是打赌，那我们需要一位中间人来作个证。”

卯闪兔说：“不能只找你们部落的人做中间人。”

“我本来想找你们盘古兄弟做中间人，既然你这么说了，那我就请午坤马和我的掌事做中间人吧。”神农说。

于是，神农和卯闪兔两个人伸手勾了小指，算是订立了赌局。卯闪兔这才把舌头伸出来，神农凑近仔细看了一会儿，点了点头。卯闪兔问神农：“你已经看到了我的舌头。你快说，我明天要说什么话？”

神农说：“你明天要说的话，我只能告诉两位中间人。”

卯闪兔想了想，似乎觉得也是这样的道理，便不再计较了。他心里琢磨着，我明天顶多不说话就是了，只要我一言不发，你神农就输定了。神农则把午坤马和掌事叫到一边，小声地说了几句什么，两个人均是点头会意。看着三个人的举动，卯闪兔心里一惊：万一神农猜测我明天一言不发，那我就输了。不行！还得说点什么，对！就说雪莲湖的事儿，这个跟神农不沾边，他肯定猜不到。卯闪兔主意已定，脸上禁不住露出了得意的怪笑，连午坤马走到了他的身边，都浑然不觉。午坤马拍了一下卯闪兔的肩膀说：“把你的赌注交给中间人看管。”

“赌注？”卯闪兔诧异道。

午坤马说：“是啊！你的闪杵，这是打赌的规矩。”

“这个……”卯闪兔很不情愿地把闪杵交给了午坤马，“多此一举，我赢定了。”

“你赢了，我再还给你就是了。”午坤马笑道。

盘古兄弟、鸟人和他的属下、神农部落中的人都津津有味地观看着这场有意思的赌局。

神农把做中间人的掌事叫了过来，在他的耳边叮嘱了几句，掌事点了点头，转身走开了。另一边的午坤马也把辰天龙、申金猴、寅乾虎和未云羊几个盘古兄弟叫到了一起，小声地说着什么。卯闪兔看着这般场景，哈哈大笑起来：“你们一个个装神弄鬼的有什么用，我明天要说什么话，我自己都不知道，你们糊弄鬼啊！”

没有人理睬卯闪兔的疯话，大家都在专心致志地忙着自己的事情。片刻之后，掌事手中托着一个竹子做的器物，里面盛满了黑色的液体，走到了神农面前。神农伸出食指，在黑色液体中挑了一下，然后在指尖搓了一下，似乎是在感觉液体的浓稠程度。神农捏着手指，对着一边的午坤马点了点头。午坤马则与辰天龙、寅乾虎、申金猴、未云羊等盘古兄弟，悄悄走到了卯闪兔的身旁。卯闪兔正在仰天疯笑，一低头发现几位兄弟一起走了过来，他继续笑道：“你们都过来干吗？是不是平时对我做过亏心事，今天要请求我的宽恕？”

辰天龙和午坤马等众兄弟没有答话，朝着卯闪兔一齐扑了上去，把他死死压在了身下。几个人按住了卯闪兔的四肢和身躯，辰天龙和寅乾虎则按住了他疯狂摆动的脑袋，午坤马对神农说：“大首领，你来吧！”

神农从掌事的手中接过盛满黑色浓汤的竹筒，朝着卯闪兔走了过去……

8

卯闪兔的眼中露出了惊恐的神色，一时间连叫喊的声音都变了腔调：“你们竟然不顾兄弟情义，与外族人合伙算计我！你们……你们……想拿我怎么样？你们……”

申金猴捏住了卯闪兔的两个腮帮子，迫使他张大了嘴巴发不出声音来。神农依旧不急不慌地蹲下身来，左手把一个圆弧形的竹片伸进卯闪兔的嘴中，压住了卯闪兔扑棱乱跳的舌头，右手端稳了竹筒，将黑色液汁均匀地倒入了他的嘴中。

卯闪兔的喉结不停地滑动着，一竹筒黑色药汁被全数倒入了他的肚子里。辰天龙看到卯闪兔的眼角滚出两颗硕大的泪珠，不由得心中一软，手下便松了劲儿。卯闪兔腾出一只手来，挥拳抡了出去，正好击中了寅乾虎的额头，大家纷纷松开了手臂。卯闪兔一个跟头跳了起来，眼睛却在四处搜寻着，嘴里大声叫嚷道："我的闪杵！我的闪杵！"

卯闪兔突然转过头来，怒目圆睁地盯着神农，咬着牙说道："我中了你的奸计！是你要设计害我，先把我手中的仗天杵骗走。"

卯闪兔一边说着一边朝神农走过去，但他只走到了一半，身体突然支撑不住了，双腿一软便跪了下去，两个膝盖尚未着地，嘴中的一股污物就先喷射出来。紧接着，卯闪兔双手伏地，把他肚子里所有的东西吐了个干干净净。他一边吐着，一边发出动物般怪异的吼声，大家都能感觉到卯闪兔钻心的难受。到最后，卯闪兔嘴巴里流出来的只有透明的涎水，辰天龙正欲走上前去，却被神农用手拦住了，说："再等一会儿！"

卯闪兔的喉咙中突然发出一声更为深沉的低吼，一团黑中带绿的污物被吐了出来，一口、两口、三口……这些污物不仅颜色诡异，而且还带着一股腥臭味儿，几个处在下风口的神农氏部落的人，都掩着鼻子躲开了。吐完了这几大口之后，卯闪兔再也没有力气站起来了，他就势一倒便瘫软在地上，昏了过去。

辰天龙和午坤马的眼神都看向了神农，神农沉稳地点了点头。盘古兄弟们这才一拥而上，把卯闪兔抬回了营地。卯闪兔尚未清醒过来，众兄弟一齐围在他的身边。大家正在忐忑之际，做中间人的掌事一手提着仗天杵，一手端着一个竹筒走了过来说："这是他的闪杵，这是他醒来后喝的汤药。"

午坤马接过卯闪兔的闪杵，看了一眼掌事手中的竹筒，这回里面换成了暗黄色的药汁。掌事见午坤马的神情有异，安慰说："他肯定在林子里吃了孟婆果，这种果子外表很艳丽，吃了之后就会失心乱语、疯傻癫狂，我们大首领刚才给他下了猛药，他已经把孟婆毒全都吐了出来。这些草药汤是明心清气的，药性很温和。"

辰天龙接过竹筒，对掌事再三称谢。掌事刚刚离去，卯闪兔便轻叹了一声，悠悠醒了过来，有气无力地望着大家，用沙哑的声音谨慎地问道："我……我怎么了？"

没有人回答卯闪兔的问话，大家统一的反应就是长舒了一口气，脸上露出欣慰的神情。午坤马扶起卯闪兔说："你大病了一场，身体刚刚复原。来，把这筒草药汤喝了。"

“我病了很久吗？病得很严重吗？”卯闪兔问道。

申金猴说：“你病得不轻！大家谁都不敢看你。”

众兄弟哈哈大笑起来，笑得卯闪兔一脸疑惑之色。午坤马说：“兄弟们逗你玩呢，先把药喝下。”

卯闪兔顺从地把一竹筒药汤喝了个干净。

几天以来，鸟人也没闲着，他开始为南方部落搭建第一个茅舍。神农氏部落的领地中多的是竹子，用这些竹子搭建茅舍比使用树干更为方便。所以，仅用了七天时间，一栋崭新的茅舍就搭建好了。鸟人深知第一栋茅舍起着至关重要的示范作用，因此，他使用了最新、最合理的设计样式。茅舍建好之后，果然气派非凡，几乎吸引了所有人的眼光，每天前来茅舍参观的人络绎不绝。鸟人还让一位能说会道的族人专门在茅舍中为参观的人讲解茅舍的好处，以及各个部位的功能，看得神农氏部落的人禁不住啧啧称奇。

神农也先后来茅舍看了数次，第三次来到茅舍的时候，他就决定要在部落中推广这种供人睡觉、吃饭用的茅舍。神农对鸟人好像很是了解，他开门见山地问道：“你给我们搭建茅舍，我们给你什么回报？”

“我先教你们使用茅舍，然后再教你们搭建的方法，你只要给我们草药，然后教我们使用草药，就可以了。”鸟人说。

神农说：“不行！因为很多草药的药性我还没弄明白，你们万一吃错了药、吃出人命来，我的罪过就大了。而且我了解的草药还很少，只能治疗很简单的几种疾病。”

鸟人的眼中露出失望的神色，他觉得神农是在推托，不想与自己促成这单交易。于是，鸟人的族人歇了下来，没有继续搭建茅舍。但这丝毫没有影响人们前来参观茅舍的心情，鸟人没有让讲解茅舍功能的人休息，反而又多加了几个引领参观和讲解的人。鸟人想利用民心逼迫大首领与自己做交易。然而，茅舍虽然受到了神农氏部落众人的一致好评，但神农氏仍然不为所动，每天还是早出晚归，带领族人采药、晒药、捣药，像是把鸟人和鸟人的茅舍都忘了似的。

看到双方的合作没有任何进展，盘古十二兄弟倒有些着急起来。辰天龙与申金猴得知症结在神农那里，便一起去找神农商谈。神农说：“我了解你们的用意，也觉得这是一个互利的交易，我非常赞同，我原本就打算把草药推广到其他部落，为天下苍生免去病痛之苦，你们来了正好能帮我实现这个愿望。”

“那你为何迟迟不肯与鸟人做这个交易呢？”辰天龙问神农。

神农说："到目前为止，我认知的草药实在有限，能够治疗的病痛更有限，所以，我想等掌握更多的草药药性之后，再推广给天下苍生使用，才不至于误人性命，这就是我迟迟不敢与鸟人交易的原因。"

"哦，原来如此啊。"申金猴不由得更加钦佩神农，他问道，"如何才能尽快掌握更多草药的药性呢？"

神农说："天地间有千万类草木，草木又分为根、叶、花、果、枝、皮，每种草木的每一个部位都具有不同的药性，而任何两样不同的草木搭配又会产生新的药性。如此一来，你们可以想象这是一个多么繁杂的事情了。至于如何尽快掌握这些草木的药性，只有一个笨办法，那就是以身试药。"

"如何以身试药？"申金猴问。

神农说："就是亲自尝试所有草木。"

9

卯闪兔已经恢复如初，他甚至已经不记得自己疯痴癫傻的这段经历了。既然他自己都不记得，大家也就不再提这段往事了。

戌雷狗、亥风猪和鸟人的两个属下的伤口不仅消了肿，身体也不再发烫了。没过几天，他们的伤口也开始愈合。身体强壮的戌雷狗开始下地走路，他拄着自己的雷杵在神农氏部落的营地里走走看看，到处都是忙着采药、洗药、晒药、捣药的人们，不禁对神农发明的草药深为折服。

辰天龙把神农暂不能交易的苦衷告诉了鸟人，鸟人心中暗自惭愧，从第二天开始，他便带着属下开始搭建茅舍。半年过后，鸟人已经陆陆续续为神农氏部落搭建了将近百间茅舍，人们住进去之后才发现这种茅舍的妙处，于是，众人侍弄草药之余，都来帮忙砍伐竹子、采集茅草、收集藤蔓、打打下手，搭建茅舍的速度自然提高了不少。

在此期间，盘古兄弟与神农氏长谈了一次，说明了大家准备将掌握的一些技艺传授给神农氏部落。神农闻听了这些技艺之后，大为兴奋，急忙找来部落中一些较为聪慧的年轻人，让他们跟着盘古兄弟学习诸项技艺。在接下来的日子里，盘古兄弟把燧人的钻木取火术、玄女的饲蚕织布术、伏羲的野禽野兽驯化术，以及盘古兄弟发明的结绳、结网、昼夜十二时辰计时等技艺，一一传授给了神农部落的人。

自此，篝火在神农部落的营地里夜夜不息。南方潮气太重，火对他们尤为重要。神农觉得时辰计时很有必要，他让族人以盘古十二兄弟为基准，每个时辰都由一个值守的人敲打竹筒报时，以便让人们即使在夜里也能清楚地知道时间。另外，神农对火的自由使用简直是欣喜无比，他将一些草药放在竹筒中，加上泉水置于火上煎熬，其药效竟然比捣成糊状的效果好了若干倍。一时间，盘古兄弟和鸟人在神农氏部落中的声望越来越高，被大家奉为神明，颇受族人的爱戴。

戌雷狗和亥风猪被饿鱼咬伤的伤口已经完全好了。

这一天，风和日丽，巳水蛇建议大家出游一次。其他人一致响应巳水蛇的提议，因为盘古十二兄弟已经很久没有一同并肩做些事了，哪怕是出游。申金猴招来一位神农氏部落的族人，问他附近有什么好玩的去处。族人说，此去往西大概两个时辰的路程，有一处怪石林立的奇特地貌，风光阴柔秀美，但神农氏部落的人很少有人前往。族人说地貌奇特还在其次，关键是此处长满了奇花异草，是一处理想的采药场所。未云羊问族人，既然是理想的采药场所，为何不去那里采药？族人说，不敢去的原因主要是那里时常有野人出没。未云羊问族人，何为野人？族人说，野人形体比一般的人类高大粗壮，全身长满了毛发，但不会说话，只能吼叫。卯闪兔问族人，你们部落的人不敢去，为什么还要让我们去那里？族人说："盘古十二兄弟都是神灵之人，就算野人见了你们都会躲藏起来。"

这个族人很会说话，逗得盘古兄弟们开怀大笑。于是，盘古十二兄弟便踏上了西去寻访野人的路。路途之上的风景非常优美，山峰错落有致，时而云雾缭绕，时而阳光灿烂，野花香草遍布山谷，野兽飞禽忽隐忽现，一派祥和的自然风光。

果然，经过两个时辰的路程之后，景色瞬间有了变化。周围不再是错落的山峰了，而是直上直下的山峰状的巨石，与雪莲湖畔的石林颇有几分相似。石峰之上除了石缝几乎没有土，而就在这些石缝中，虬松婆娑傲然，奇花异草争艳。一条蜿蜒的溪水从石林中迂回流出，溪水边上就形成了一条天然的弯曲小路，一直通往幽静的石峰深处。尽管盘古兄弟见多识广，但看到这般景色，还是有些惊诧，心中暗呼：天地间绝色之地！

突然间，大家眼前黑影一闪，顿时惊醒了如坠梦中的盘古十二兄弟。丑火牛扭头问身边的子地鼠："你看见什么了？"

"看见了，"子地鼠说，"一个黑影闪过。"

亥风猪说："难道是野人？"

戌雷狗往前冲去，喊道："走，看看野人长什么样子！"

众人随在戌雷狗身后，冲向了石峰深处。

山谷越来越深，石峰越来越奇，溪流也越来越细。突然，草丛中"扑啦啦"飞出两只雉鸡，一雄一雌前后飞去，寅乾虎下意识地往前扑去，却抓了一个空。就在众兄弟们哄笑寅乾虎的时候，"嗖"的一声响，只见一根木棍飞向了空中，正好击中了空中飞翔的雉鸡。那只飞在前面的雄性雉鸡，随着"嘎"的一声惨叫摔落下来，空中散开了无数鲜艳的羽毛。寅乾虎回头观望，用眼神询问众兄弟是谁用木棍击落了雉鸡？盘古兄弟们纷纷摇头。就在这个时候，一道黑影再次闪过，只见一个毛茸茸的人从地上抓起雉鸡，飞奔而去。

"是野人！"寅乾虎率先追了过去，众兄弟紧随其后。

野人见到有一群人在身后追赶，脚下加劲儿，跑得更快了。奔跑是盘古兄弟们的强项，戌雷狗、午坤马、卯闪兔、寅乾虎和辰天龙各不相让，全力追了上去。眼看着距离野人越来越近，野人似乎也意识到了，他竟然一个纵越，攀上了右侧的一座石峰，身手极为敏捷。盘古兄弟奔到石峰跟前，抬头望去，只见野人已经攀爬到了石峰半腰位置的一株松树上。野人看了看脚下的盘古兄弟，又环顾一下左右，似乎认为这是一处安全之所，便骑坐在松树上肆无忌惮地吃起了手中的雉鸡。

"喂！我们不会伤害你的，你下来吃吧。"午坤马对上面的野人喊道。

野人停下撕扯雉鸡的手，怔怔地盯着下面的十几个人看了一会儿，转而又自顾自地吃起了鸡肉。几片亮丽的羽毛随风飘落下来，似乎是在和盘古兄弟打招呼。申金猴笑着对大家说："要不要我上去把他轰下来？"

"算了吧！你的身手肯定比他利落。"辰天龙仰头看着野人说，"他好像也无意攻击人类，所以我们跟他还是和平相处吧。"

众兄弟点头称是，大家冲着石峰上面的野人挥了挥手，继续往前面的深谷中徜徉而去。

10

山谷里果然有很多盘古兄弟们从未见过的花草树木，辰天龙突然想起神农的话，他贵为南方部落的大首领，竟以一己之身尝试百草，鉴别草药的药性。因为天下草木可入药者繁多，再加上各种草药搭配产生出来不同的药性，使得神农迟迟不能把治病救人的草药推广至天下。神农时常感慨，仅凭一己之力，恐怕难以完善草药的性能。

想到此处，辰天龙对盘古众兄弟说："我们来帮神农一个忙吧！"

看到辰天龙久久凝望着一株奇草发愣，午坤马说："帮他尝试草药？"

"嗯！"辰天龙继续盯着眼前一片矮小的蓝色小花儿，"尽早完善草药的药性，就能早一天解救天下苍生于伤痛病痛之中，这也是为天下苍生造福。"

戌雷狗问："如何尝试出哪一种草可以入药，哪一种不可以入药呢？"

午坤马说："关于草药药性，我跟神农交流得比较多，这就需要大家具备一些牺牲精神，例如，划破一条伤口，试着用不同的草木擦拭伤口，你就能知道哪一种草药止血最有效。"

亥风猪说："如果一直找不到能够止血的草药，我岂不是要把全身都刮花了？"

众兄弟哈哈大笑起来，申金猴对亥风猪说："你就别找止血的草药了，神农已经找到了。"

午坤马笑着说："还要当心一些奇花异草有剧毒，比如卯闪兔曾经在森林中误食过的孟婆果，害得大家几乎被他骂死。神农尝试百草的时候，也被毒晕过去好几回，有两次差点送了性命。"

"是说我吗？"卯闪兔眨巴着大眼睛，询问大家。

申金猴对卯闪兔说："午坤马随便拎出一个人来举例子罢了。"

"哦……"卯闪兔有些疑惑，"这种得罪人的事儿，以后尽量少拿我来举例子。"

午坤马说高兴了，一不小心把卯闪兔误食孟婆果的事情也说出来了，多亏申金猴帮他打圆场，才糊弄过去。午坤马继续说："对于有些特殊的草木，我们可以一点一点地尝试，然后把大家的感觉和身体反应记下来，这样也便于神农来配制草药。"

子地鼠问道："有些草木连名字都没有，如何记得住？"

辰天龙说："那就给它起一个名字，为了便于记忆，谁尝试出来有药性的草药，就以谁的身份为其命名。"

于是，众人开始寻花探草，尝叶品根，忙得不亦乐乎。辰天龙首先品尝了被他盯了许久的那片蓝色花儿，因为蓝色花朵在山谷中很少见。辰天龙连根拔起一株兰花儿，发现草根很粗，他先从花瓣开始品尝，花瓣、草叶、草秆、草根……直到把这株蓝色的花草全部吃掉。辰天龙觉得味道虽然苦涩，但苦味绵软，直沁肺腑。他按照神农指导的经验，闭目静坐了一会儿，再睁开眼睛时，顿觉耳聪目明。于是，辰天龙将这株蓝色花草命名为"龙胆草"。

午坤马原先就是食草为主，对于草木的性情了解颇多，至少很容易分辨出来不能食用的、有毒的草木。他首先找到了一株自己以前最喜欢吃的草，这种草的草叶肥厚多汁，而且形状很像自己的牙齿。在午坤马的记忆中，这种草吃下去之后很解渴，而且还能不停地撒尿。这些特征完全符合神农对草药的要求。所以，午坤马根本不用品尝，就将这株草命名为"马齿苋"。没有花费任何气力，便为一株草药做了命名，午坤马很是兴奋，竟然咳嗽起来。这一阵突如其来的咳嗽一直咳得午坤马跪倒在地上。他偶一抬头，发现眼前有几棵细细的藤蔓，藤蔓上长满了薄薄的三角叶子，形状类似一个心形，叶片的旁边还生出一个一个圆形的果实。午坤马从未见过这么奇特的藤蔓，便摘下几个圆形果实品尝起来，吞咽下去不久，他的咳嗽竟然止住了。午坤马给它起了一个很好听的名字——"马兜铃"。

戌雷狗本是食肉为生，对于草木知之甚少。但他自打被饿鱼咬伤之后，就开始留意神农每天为他调制的那些糊状草药，糊状草药虽然有止血功能，但效果并不理想。能征善战的戌雷狗觉得厮杀拼斗难免受伤，找到更为有效的止血疗伤草药才是上选。于是，他闷着头仔细查看地上的花草树木，一心要找到最好的止血草药。一株高大的宽叶植物吸引了戌雷狗的目光，他撕下一片大叶子之后，发现有白色的液汁流出来。学着神农的样子，戌雷狗用一块锋利的石片在自己的手心里划开了一道口子，鲜血瞬间涌了出来。他把白色的液汁涂抹到伤口之上，红红的鲜血很快将白色的液汁冲掉了，毫无半点止血作用。接下来，戌雷狗又接连试了几种花草叶果，都没有止住伤口流血，弄得身后的一片鲜花嫩草血腥不堪。戌雷狗似乎有些绝望了，心里想，也许神农的止血草约是最有效的。想到这里，戌雷狗一屁股坐在了地上，随手从地上扯了一片草叶子粘在了手心的伤口上。片刻过后，戌雷狗忽然发现伤口的血竟然止住了，他拿开手心里的那片椭圆形的草叶，鲜血又流了出来。戌雷狗举起手中这片不起眼的叶子，发现叶子的形状很像他们狗类的肝脏。混沌时期，在狗族与虎族的那场大厮杀中，很多狗被老虎抓破了肚子，心肝脾肺肾常常流了一地，所以戌雷狗对自己的内脏器官很熟悉。他兴奋地跳了起来，高声喊道："找到了！我找到止血的草药了！我就叫它狗肝菜。"

11

申金猴的心思没有放在品尝草药上，他一直四处寻找野人的踪迹，低着脑袋走路似乎像是寻找奇花异草，其实是在观看地上有无野人踩踏的痕迹。申金猴觉得野人是介乎于人和猴子之间的"人"，似乎与猴子更为接近，所以，他对野人的兴趣超过了寻找草药。突然，眼前一黑，申金猴看到草丛里一个黑影跳了出来，他定睛一看，果然是野人。这个野人足足高出申金猴一个脑袋，在十几步的距离上，两个人怔怔地对望着。申金猴对野人说："我们……"

听到申金猴出声，野人迅即转身就窜了出去，奔着一座山峰攀了上去。申金猴紧随其后，一边追赶一边对着野人喊话："别跑！我们没有恶意。"

野人根本不理会申金猴的叫喊，脚下发力，愈加狂奔起来。随着山势越来越陡峭，野人依仗着熟悉地貌的优势，与申金猴的距离逐渐拉开了。追逐大概持续了半个时辰，申金猴已经攀上了一座高山的峰顶，而野人则失去了踪迹。在山顶的一片树林中，申金猴瘫坐在一棵大树下，大口喘着气，心中感慨着与野人擦肩而过的遗憾。

歇息了一会儿，申金猴准备站起身来下山，忽然，发现眼前有一株奇特的草木。这株草木叶子不多，顶端长着一簇鲜艳的、鸡眼大小的红色豆子，而且四周没有任何杂草。申金猴觉得很是奇怪，他便轻轻挖开草木下面的黑色泥土。随着坑越挖越深，这株草木竟然长有一个奇怪的草根，而且很长很大。等到申金猴将其全部挖出来之后，他才发现，这个草根浑似一个人形。学着神农的样子，申金猴细细品尝起了这株草，与众人相反的是，申金猴从草根开始品尝。不过一刻工夫，申金猴就把这个苦中略带点甜味儿的人形的草根吃掉了。就在他准备再吃草叶子的时候，忽然觉得鼻子里面有两团热乎乎的东西流了出来，申金猴低头一看，只见血迹已经染红了自己的白色衣衫。申金猴心中暗惊，以为自己吃了含有剧毒的草根。奇怪的是，申金猴没有感觉到神农描述的误服毒性草药的症状，既不疼痛也不呕吐，倒是感觉浑身燥热。过了一会儿，他的鼻血自己止住了，但浑身上下如同掉进了一个火炉，燥热难耐。申金猴脱掉了身上的白色衣衫，依旧觉得狂躁，身上有一种冒出火来的感觉。他隐约感觉到有一股难以控制的力道，正在他的身体里面左冲右突、上下乱窜。申金猴对着刚才依靠的那棵大树，左右挥拳一通狂击乱打，这棵需要两个人合抱的大树竟然摇晃了起来。申金猴吃惊地看了看自己的拳头，用足了力气对着大树猛击了一拳，大树再次猛烈摇晃了一下。申金猴觉得简直太不可思议了，自己居然增加了如此巨大的力气……难道是刚才食用了那棵人形草根的原因？

这简直是神草啊！申金猴急忙就地寻找，果然在不远处又寻到了一棵一模一样的神草。他小心翼翼地俯下身来，费了半天工夫扒开了神草下面的黑土，果然，又一棵人形的草根露了出来。申金猴如获至宝，手里捧着神草的草根飞奔下山。

下到石林谷中，申金猴老远就看见十一位兄弟，或坐或站或品或寻，还在搜寻草药。申金猴急忙招呼大家：“快来看！我找到了一棵神草！”

众人劳累半天了，正感觉发困劳累，听说申金猴找到了神草，立即围了过来。亥风猪问道：“神草是神仙吃的草吗？”

卯闪兔调侃道：“你家神仙才吃草呢。”

申金猴把手里的仙草草根展现给大家看，看得众人啧啧称奇。于是，申金猴把自己刚才的经历跟兄弟们讲述了一遍。讲完之后，他对着身边一棵胳膊粗细的松树，“呼”地击出一拳，随着“咔嚓”一声，这棵大松树竟然拦腰折断。众人吃惊地看着申金猴，又一起吃惊地望向了申金猴手中的“神草”。申金猴举起手中的神草，对兄弟们说：“这绝对是一种神奇的草药！我要以盘古为他命名，因为盘古是我们心目中最伟大的人，所以，我要管它叫作‘人参’。”

接下来，大家一一摆出了自己找到的草药。午坤马凭借着食草的本能，发掘出来的草药居首，分别命名为：马齿苋、马钱子、马兜铃、马鞭草；辰天龙也找到了四种草药：龙胆草、龙舌兰、龙齿、龙葵；同样食草的丑火牛找到的草药是：牛大力、牛蒡子、牵牛子；食草的酉鸣鸡则是：鸡血藤、鸡冠花、鸡骨草；戌雷狗只找到了一种草药：狗肝菜；未云羊：闹羊花；卯闪兔：菟丝子；巳水蛇：蛇床子；寅乾虎：老虎嘴；子地鼠：鼠曲草；申金猴虽然也只找到了一种草药，却是药力最为神奇的人参。

与申金猴一样，亥风猪也只找到了一种草药，而且他也没有以自己的身份为草药命名。亥风猪之所以能找到这种草药，主要是看着它面熟，在雪莲湖的榛子林山坳里也有一片这样的野草，总是开着紫红色的花儿，遇到花开的季节，整个山坳都变成了紫红色，给亥风猪留下了深刻的印象。在石林谷中初次看到这种花儿，瞬间勾起了亥风猪的思乡之情。其他盘古兄弟都在忙活着找寻、品尝草药，只有他对着紫红色的花儿怔怔地发呆。吃不尽的奇珍异果，无寒无暑的宜人气候，碧波荡漾的雪莲湖，巍巍高耸的大雪山……一时间，亥风猪竟然痴了。

一直到申金猴采回了人参，才把亥风猪从思乡的情绪里拽了回来。他急忙把这棵紫红色的花草连根扒了出来，竟然发现它也有一个跟人参相近似的根儿。学着申金猴的举动，亥风猪也把这株草根吃了下去，遗憾的是并未产生申金猴吃人参的效果。亥风猪觉得这株草根味道甜甜的，竟然真有些雪莲湖甜美日子的味道。虽无人参那般神奇的功效，亥风猪也觉得食用之后，神清气爽，通体舒畅。亥风猪料定这株草根肯定能够入药，便为其命名：当归！

第十章

识仓颉，千古跌宕尽入书

1

愉悦的时光总是过得很快，转瞬间，盘古兄弟和鸟人在神农的部落里已经过了三年。

三年中，鸟人和他的属下给神农的南方各部落搭建了足够的茅舍。他们给大首领神农搭建了一座很大的茅舍，这座茅舍气势宏伟，里外分为三层。第一层茅舍精巧雅致，是专门用来接待客人的；第二层茅舍宽大敞亮，专门用来接待各个部落首领议事开会；第三层茅舍舒适明快，是神农与家人居住并晾晒草药的场所。这座占地颇大的三层宅院建成之后，凡是见到它的人，无不交口称赞。望着自己亲手缔造的杰作，鸟人自言自语道："这个不能再叫茅舍了……"

于是，一个新的名词诞生了——宫殿。这个新名词的由来，是因为传说中的神仙住在天宫神殿之中。鸟人很满意自己发明的这个词儿，觉得它不仅叫起来朗朗上口，而且寓意也符合大首领的身份和地位。

在盘古十二兄弟的鼎力相助下，神农的草药谱系得到了初步完善，一些部落中常见的伤病，均已找到了对症的草药，或糊状、粉状外敷，或竹筒煎熬口服。自从神农品尝百草炼制草药以来，部落中因伤因病死亡的人大为减少。草药虽然苦不堪言，但的确有起死回生的功效，解除了很多人的病痛之苦。

三年以来，神农氏部落的人不仅住进了鸟人搭建的茅舍，还使用了燧人的钻木之火，穿上了玄女发明的蚕丝编织的衣衫，用上了盘古兄弟教授的鱼网，再加上神农大首领的草药辅助，可以说神农氏部落是这个时期最具幸福感的部落。尤其是鱼网的使用，使苍生们的物质生活提高了不少。因为南方多水域，凡是有水的地方就有鱼，鱼网的发明对于神农氏部落可谓是应运而生。饲蚕织布也在神农氏部落得到了发展，因为煎熬不同的草药会产生颜色不一的药汁，这些药汁洒在白色衣衫上很难清洗。久而久之，神农氏部落的族人干脆将整件衣服浸泡在药汁中，染成了另一个颜色。自此之后，玄女发明的丝质衣衫再也不是单一的白色，草木间不同搭配熬制出的五颜六色，也装扮出了一个多姿多彩的神农氏部落。

近一年来，南方部落安居乐业，既无饥寒，亦无战乱，盘古十二兄弟闲得几乎无事可做。也许是受了亥风猪思乡情绪的影响，最近一些日子里，盘古兄弟们对于回归雪莲湖的话题渐渐多了起来。由于思乡心切，平日里胖乎乎、圆滚滚的亥风猪竟也消瘦下来，整日里唉声叹气，时不时地躺在地上望着天空发呆。鉴于此，辰天龙召集众兄弟商议何去何从，结果除了寅乾虎、申金猴、未云羊、巳水蛇、卯闪兔之外，其余七人均同意回归雪莲湖。

送别之日，非常隆重。神农牵着辰天龙和申金猴的手一直送出了十里之外。南方部落的苍生们，夹道相送的队伍也排了足足有十里地。鸟人为盘古十二兄弟赶造了两驾马车，马车之上是南方部落的苍生赠送给十二兄弟车载斗量的礼物，大都以各种精巧的吃食为主。鸟人也选择在这一天与神农和盘古十二兄弟告别，他的两驾马车上载满了神农赠予的各种疗伤治病的草药，连同各种草药的干枯标本。鸟人与属下众人分工，每人熟记了至少二十种以上的草药配方，以便回到部落中继续采制、使用草药。背诵草药配方的时候，鸟人曾经向盘古兄弟们抱怨："燧人的结绳记事法，对于记录草药配方毫无用处！"

盘古十二兄弟被神农及其族人的热情感动得热泪盈眶，寅乾虎嘟囔道："瞧瞧！与天下苍生在一起，才算是真正的快乐。"

亥风猪反驳寅乾虎，说："你是担心雪莲湖没有烧烤的野味供你享受吧？"

"本来就是嘛！你们哪个觉得烧烤野味不好吃？回到雪莲湖，不光要吃素的，而且只有我们十二个兄弟，每天只能大眼瞪小眼。"巳水蛇说。

卯闪兔突然笑出声来，他对巳水蛇说："丑火牛望着你，就是大眼瞪小眼。"

在盘古兄弟们的抱怨嬉笑声中，神农以及神农的族人与十二兄弟挥手告别了。

这一次旅途的目的地当然是雪莲湖，可雪莲湖在哪儿呢？盘古兄弟毫无头绪，只知道自已来自海上。当初，盘古兄弟们也曾经对伏羲流露过归乡的念头，伏羲说大洪水时代，整个世界几乎都变成了海，因此，那个时候所说的海也可能是陆地。这个说法，对于盘古兄弟是一个很大的启发。所以，当神农询问雪莲湖所在之处时，盘古兄弟们则告诉他，雪莲湖的周边围绕着高耸的雪山。神农说，他年轻的时候曾经云游天下，他记得神农氏部落的西北方向尽是高耸人云的雪山，所以就建议盘古十二兄弟往西边走，看看能否找到雪莲湖。

2

西行之路还算顺畅，但一行人有两个心思，一拨想回雪莲湖，一拨不想回雪莲湖，所以，走走停停，行程也慢。回归雪莲湖，除了亥风猪较为迫切之外，其余的六位兄弟有时候也模棱两可。往往走到一处山川秀美之地，大家常常盘桓上十多天，只要不是亥风猪絮叨得太厉害，大家都愿意待下去。即便是遇到一些很小的部落，大家也会逗留很久，帮助他们搭建茅舍，教授他们各项生存、生活技能。寅乾虎最热衷的是教授人家钻木取火，如果该部落已经掌握了取火之术，寅乾虎就会接着教授烧烤野味儿，如果该部落连这个技能都已掌握了，寅乾虎就能吃上美味烧烤了，再也懒得挪动半步了。如此这般走法，一晃又是几年过去了，亥风猪也懒得絮叨了，一副听之任之的样子。

数年之后，等到盘古十二兄弟再遇到其他部落时，发现各个部落都已经掌握了他们所会的全部技能。一排排茅舍错落有致，五颜六色的衣衫色彩纷呈，美味吃食也应有尽有。甚至在一些部落的周围，开辟出来了一块块整齐的土地，其中长着一些完全不一样的“青草”。后经打听才知道，这竟然也是神农培育出来的，但它不是草药，而是专供人们食用的粮食——粟米。盘古兄弟们很是感慨，感慨伏羲驯化的野禽野兽已经随处可见，而神农培育的粟米竟然也在短短的时间里，传播到了四方。

还有一个现象，起到了消磨以亥风猪为首的“回归帮”的意志，那就是所有部落中，都在传颂着关于盘古十二兄弟的故事。这些传说大都在事实的基础上，添油加醋夸大了无数倍。有的说盘古兄弟都是人面兽身的样子，分别为人头鼠、人头牛、人头虎、人头兔、人头龙、人头蛇、人头马、人头羊、人头猴、人头鸡、人头狗和人头猪。也有人说，盘古十二兄弟无所不能，随时随地都能把石头变成吃食，想吃什么就变什么……还有一些更夸张的传说，盘古十二兄弟拥有十二根仗天杵皆为好事者杜撰。因此，盘古十二兄弟就算每人肩扛着一根仗天杵，大摇大摆走进一个陌生的部落，也不会被人以为就是传说中的盘古十二兄弟。

一日，盘古十二兄弟行至一座大山前面。远远望上去，山峰雄伟挺秀，绵延的峰峦活像一条俯卧的巨龙。大家正在感慨山色的秀丽，这时，山上走下一位老者，他背着一个竹筒，头上戴着斗笠。辰天龙迎上去秉手，询问老者：“老人家，请问这是什么山？”

“哦，这是太行山。”老者和颜悦色地回道。

辰天龙又问：“老人家这般岁数，到山上去做什么？”

老者拍了拍身后的竹筒，笑着说：“采草药哇。”

“你也懂得采制草药？”卯闪兔问。

老者说："神农氏的草药包治百病，所以流传极快极广，我们也是刚刚弄清楚了部分药理，很多草药还得靠自己摸索着来。"

巳水蛇问老者："太行山上的草药多吗？"

"多！很多！"老者忙不迭地说，"不仅有名的草药多，没名的草木也很多，而且飞禽野兽也多，低头采药的时候，冷不丁就被突然飞起来的雉鸡吓一跳。"

送别了老者，寅乾虎两眼放光，兴奋地说："我看此山雾气缭绕、仙气十足，我们不如上山待上一些日子，也能借此机会帮着人们多辨识一些草药，如何？"

"我看你是嘴馋了。"申金猴对寅乾虎说。

辰天龙看大家都有上山的意思，也就乐得做顺水人情，冲着众兄弟挥了挥手，说："上山！"

"且慢！"申金猴说，"如果上山的话，我们的两驾马车肯定不能随行了，倒不如送给刚才那位老者。"

一路之上，神农氏部落赠送的食物早就吃完了，大家有时候把两驾马车当作代步的工具，并偶尔坐上去玩耍一会儿。眼下，众兄弟们准备登山游玩，马车对他们来说实在是毫无意义了。众兄弟一齐点头，都同意申金猴的建议。申金猴急忙转身追上了老者，对老人家说明了用意。老者不敢接受这么贵重的礼物，对申金猴说："我可以替你们先保管着，等你们下山的时候再回来取。"老者指着不远处的茅舍，"喏！那就是我们的部落。"

申金猴顺着老者手指的方向，果然看到一片整齐的茅舍。申金猴对老者说："等我们下山已不知是何年何月了，你老人家就留着自己用吧！"

太行山山势陡峭，很多绝壁断崖，险峻之美妙不可言。盘古十二兄弟一路攀了上去，路途之中果然遇见了很多飞禽走兽，喜得寅乾虎都快合不拢嘴了，他嚷嚷道："我们应该捡柴生火，开始我们的烧烤大餐了！"

"此处山势陡险，应该寻一处较为平坦的地方，顺便作为晚间的宿营之地。"辰天龙说。

于是，众人继续往上攀登，终于登上了太行山的一处顶峰。极目四顾，天地悠远，清风徐徐。此刻，夕阳西沉，火红的余晖映红了西方的半边天，也映照在了盘古十二兄弟的脸上，每个人都如同镶上了一道金边。

盘古兄弟们陶醉了许久，直到火红的夕阳隐入天际，大家才忙着翻过这座顶峰，因为峰顶不适合宿营。众人一边下山，一边收拾干柴，寅乾虎、申金猴、未云羊、巳水蛇、卯闪兔等人百忙之中也没有忘记顺手捕获了一些野味，作为晚间的烧烤之物。下到一处像是山坳的地方，天色已经完全黑了下来，众人听到了一阵“哗哗”的流水声，循着声音找过去，发现一条溪水潺潺流过。这里地势平坦，有水无风，正是理想的宿营之地。大家把捡来的干柴堆在一起，由丑火牛用火杵点燃，几个嘴馋的家伙迫不及待地在小溪边清理着自己的猎物。不大会儿的工夫，一阵烧烤的奇异香味儿便飘散在山谷之中。今夜，注定又是一个温馨的饕餮之夜。

第二天清晨，酉鸣鸡的报晓声只发出了一半声音，就突然卡壳了：“盘——”

盘古兄弟被酉鸣鸡莫名其妙的报晓声惊得睡意全无，一起坐起身来，看着站立在一棵巨松之上的酉鸣鸡，发现他痴痴傻傻地望着前方，一动不动。众人顺着酉鸣鸡的目光看过去，一时间竟也惊呆了。眼前是一片碧波荡漾的湖水，湖水中央是一片翠绿的荷叶，荷叶四周，一群群水禽悠闲自在地随波嬉戏，颇有一些雪莲湖的样子。只是这个湖比雪莲湖小了许多，湖水周围全是青翠的险峰，而不是高耸的雪山。

盘古兄弟为该湖取名为翠山湖。自此，十二个兄弟在这处人间胜境中流连忘返，一住便是三百年。

3

三百年间，盘古兄弟们自己动手，在宿营地上搭建起了十二间漂亮的茅舍，各居其中过着神仙般逍遥的日子。

一日，天降大雨，大雨持续下了十二天，翠山湖漫溢的湖水淹没了十二间茅舍，盘古兄弟只好退往高处的山峰。再次登上太行山巅，雨停日出，众兄弟回首翠山湖时，发现湖水不见了，山坳间云雾缭绕，只有一道绚丽的彩虹横跨其间。盘古十二兄弟面面相觑，不知所以。辰天龙叹道：“这是冥冥之中的召唤，翠山湖催促我们该上路了。”

“没准是在催我们赶紧回雪莲湖。”亥风猪说。

于是，盘古兄弟便就此下了太行山。下山的路似乎比以前宽了不少，山下的景色亦改变了不少。申金猴费了很大的功夫，才找到了三百年前采药老者所指的茅舍，走到面前一看，茅舍早就破败不堪，仅仅遗留下人类曾经居住过的痕迹。好好的一个部落，不仅掌握了农耕火种，而且学会了使用草药，怎么会破败成如今的样子呢？就在盘古兄弟纳闷之际，远处传来了一阵马蹄的声音，只见薄雾中，一个白衣少年骑在一匹火红的高头大马之上，翩然而至。白衣少年初见盘古十二兄弟时，勒住红马犹豫了一下，随即快马加鞭奔了过来。白衣少年到了跟前，翻身下马，冲着盘古兄弟秉手问道："敢问十二位仙人，可是盘古十二兄弟？"

辰天龙点了点头称是。白衣少年兴奋地跳了起来，待他转过身来的时候，眼中已经流出了两行热泪。他走上前来一把抓住了辰天龙的手说："可把你们盼来了！我们家祖宗九代在此等候了你们三百年了。"

"你们祖上如何知道我们在太行山上？等我兄弟三百年，不知有何指教？"辰天龙很是奇怪。

白衣少年说："我家远祖自神农处学会了采集草药，便在太行山中采药制药，为部落中的苍生行医问诊。一日，远祖采药归来，路遇十二位相貌奇特之人赠予两驾马车。远祖不敢收受这么贵重的礼物，便承诺代为保管，等十二人下山之时再来取回两驾马车。结果，十多年过去了，这十二人迟迟没有露面。远祖的子嗣、也就是我的先祖和部落中人都奉劝远祖不必认真，说人家已经把两驾马车赠送与你了，就没再打算取回。远祖斥责众子嗣说：'做人须当守信，我既已承诺人家代为看管，自当归还。'在此期间，两驾马车早已腐朽，而两匹马却繁衍下了六匹小马驹。远祖规定，所有马驹均属山上的十二人所有，不许与人置换易货。又过了数年，天下战乱频起，在苍生中盛传的盘古十二兄弟能为苍生挡祸造福，但他们却迟迟没有现身。"

辰天龙问白衣少年："天下起了战祸？"

"战祸一直持续到现在。"白衣少年接着刚才的话说道："有一天，南方部落的大首领神农路过此地，因为与我家远祖相识，便在此歇息了数日。原来，南方部落遭受了南蛮之地九黎族的侵略已经数年，以至于民不聊生。神农大首领无奈，只好一路北上，前来寻访盘古十二兄弟，帮他们平定叛乱。"

申金猴问："叛乱？"

"是的，平定叛乱。"白衣少年说，"九黎族原先归属南方部落，自从神农发明了耕种稻米的技艺之后，九黎族又发明了冶炼铜器，铜器坚硬而且锋利，远胜于神农的木制耕犁。因此，九黎族很快丰衣足食、壮大起来。为了扩大自己的地盘，九黎族开始入侵和霸占了神农氏部落的大片土地。远祖在与神农闲聊之时，讲起了十几年前的那段奇遇，根据远祖的描述，神农大首领断定这十二人便是盘古十二兄弟。于是，神农与远祖先后三十三次登临太行山，寻访盘古兄弟的踪迹，均一无所获。神农氏只能作罢，失望地返回了自己的部落。”

“神农最后平定了九黎族的叛乱了吗？”亥风猪问白衣少年。

白衣少年摇了摇头：“叛乱尚未平定，神农就仙逝了，继任的部落首领撑了三代之后，还是被九黎族灭掉了。”

午坤马问：“世间已经没有神农氏部落了？”

白衣少年回道：“神农氏部落一个支脉残留了下来，归为炎帝统领，如今天下已成三分之势。”

“三分之势如何划分？”申金猴问。

白衣少年说：“北方黄河流域的黄帝与炎帝，平分东西之势，南方的蚩尤独占长江流域，此为天下三分之势。我们现在的地盘正处在黄帝和炎帝的分界线上，是一个三不管地带，所以，我们的小部落已经被战乱摧毁了百年有余。”

未云羊问：“部落被毁了一百多年了，你怎么还在这里？”

白衣少年说：“远祖仙逝之日有过遗嘱，子孙后代须在此地恭候盘古十二兄弟出山，不管是严寒酷暑，还是战乱瘟疫，都不得退却。所以，我家自远祖开始，到太祖、到烈祖、到天祖、到高祖、到曾祖、到祖父、到家父，一直到我，总共守候九代人。一是为了归还盘古兄弟们的资财，二是告知盘古兄弟天下之局势，希望他们能够为天下苍生挡祸造福。”

卯闪兔问：“我们还有资财？”

白衣少年点了点头，回头对着薄雾中的树林打了一个响亮的呼哨。少顷，众兄弟们便听到一阵轰隆作响的声音，紧接着，薄雾中扬起了阵阵黄土，一群高头大马冲出了薄雾黄尘，飞奔而来。马群周围还有几个年长的男人，长相与白衣少年有些相似。白衣少年对盘古兄弟们说：“这些马都是三百年前那两匹马的后裔，现在已经繁衍到了二百一十六匹，其中今年新下的马驹二十八匹，请十二位仙人清点！”

4

晚间的篝火旁，白衣少年为盘古兄弟们做了简单介绍，他自称叫仓颉。另外四位男人，是仓颉的父亲、两位叔叔，一位兄长。因为地处三个大部落的中间地带，战乱自然不可避免，仓颉祖辈们居住的小部落，于百年前被战火毁掉后，为了信守承诺，就成了这个惨败部落唯一的守望者。正如当年伏羲所言：马将成为战争的主导。三百年以来，战乱频仍，马已经成为三大部落争夺的重要战争物资。那仓颉家仅凭一家之力，保护下来这么多良马，付出的艰辛可想而知。

盘古十二兄弟大为感动，没想到人世间竟有如此守信之人，一个单方面的承诺被延续祖孙九代人。申金猴对白衣少年颇有好感，觉得他知识渊博，头脑清晰，是一个不可多得的人才。

辰天龙对仓颉说："三百年前的那两匹马是我们赠送给你家远祖的，所以，我们不能收回这一群马，还是留给你们吧。"

仓颉说："我们一家人守着这么一大群马，实在是力不从心。再说，如今是兵荒马乱时期，三个大部落都在争夺良马作为行军打仗的重要资源，将这么多良马留在我们身边，其实是一个莫大的祸端。"

盘古兄弟们仔细想了想，觉得仓颉说得有道理，但一时又不知该如何处理这么一大群良马，只好先行休息，待到第二天再作打算。

次日凌晨，众兄弟们纷纷醒来。申金猴看到远处的仓颉伏在地上看着什么，而且久久不肯站起来。申金猴很是好奇，因为他远远望过去，地上什么都没有。申金猴便走了过去，盘古众兄弟也跟着围拢了过来，仓颉竟然没有发现身边围了一群人，直到高大的午坤马走过来遮住了光线，仓颉才抬起头来，笑呵呵地问道："你们围着我看什么？"

申金猴反问仓颉："你趴在地上看什么？"

"我在地上看各种禽兽留下的脚印。"仓颉指着地面说。

众兄弟这回算是看清楚了，地面上果然印着很多蹄印，有雉鸡的"个"字形爪印、有马的"田"字形蹄印．也有野羚羊的"日"字形蹄印……丑火牛问仓颉，你为什么看蹄印看得这么认真？仓颉说，每个动物留下的足迹都不一样，这就等于是每个动物的独特符号。申金猴问仓颉："你怎么会有这些奇怪的想法？"

仓颉笑了笑，说："管理这么多马匹，它们的年龄、伤病、状况、生死都要一一做记录。最早，我使用燧人的结绳记事法，可能够记录的内容实在有限，我就在绳子上面添加了草棍、贝壳之类的帮助记忆。可时间一长，绳子就会腐烂，以前记录的东西就等于全毁了。所以，我就想发明一种符号，每个人、每一种东西都有一个自己独特的符号，然后把它们一一记录在岩石上，或者兽皮上，这样就能保存很久。"

申金猴大悦，拍着仓颉的肩膀说："这个创意太好了！你真是一个天才！"

早饭后，盘古十二兄弟与仓颉一家坐在一起，商量如何处理两百多匹良马。两方面推来让去，最终也没有想出更好的主意来。辰天龙说："我们盘古兄弟原以为世间太平，这才登临太行，过起了清闲隐居的日子。谁料想，再下山之时，已是满目疮痍，战祸连绵，就连这么一大群良马竟然都成了累赘之物……唉！"

申金猴沉思良久，抬起头来问仓颉："三大部落的炎帝、黄帝和蚩尤，他们各自的情形，你能否给我们讲解一下？"

仓颉说："三方各有优劣，若论打仗实力，蚩尤最强，黄帝次之，炎帝最差；若论攻伐谋略，炎帝最精，蚩尤次之，黄帝最差；若论人品和亲民，黄帝最好，炎帝次之，蚩尤最差。"

"如此看来，黄帝是一位仁君。"午坤马说。

"的确如此。"仓颉说，"黄炎二帝都有礼贤下士的风范，两位首领同处黄河流域，多年来相安无事。唯独蚩尤的九黎族凶蛮彪悍，四处烧杀掳掠。自从蚩尤发明了冶炼青铜的技术之后，不仅农耕业飞速发展，青铜铸造的枪矛刀剑，更是威力十足。近几年的数次战事争端，黄炎二帝均以败北告终。"

申金猴说："我有主意了，我们可以将这两百多匹良马赠与黄帝，以助他早日击败蚩尤，平定天下。"

大家对申金猴的提议都表示赞同。仓颉说："不瞒十二位仙人，如果再等你们不到的话，我都会动这个念头。"

盘古十二兄弟与仓颉一家，驱赶着两百一十六匹良马上路了。西行之路，见到一些较小的村落，大都已人去舍空，田园荒芜。看到此番情景，众人心头都倍感沉重。

盘古兄弟本来不想再给仓颉家人添麻烦，但是仓颉却执意要与家人一同护送马群至黄帝部落。仓颉说："我与家人已经熟悉了这些马的习性，驾驭起来相对容易。再说，此地已经无法安稳生活了，我们即使不与你们一起西行，也要另寻出路。”

盘古兄弟于心不忍，只好带上仓颉一家男女老少一十八口，驱马西行了。

5

十多天之后，一行人马已经进入黄帝部落的腹地，周围渐渐有了人气，田园茅舍、炊烟袅袅，已是随处可见。

一路之上，仓颉时刻不忘观察所见到的任何景物，每有灵感，必会在一张随身携带的羊皮之上画上奇奇怪怪的符号。而类似的、画满各种奇怪符号的羊皮，仓颉已经有几百张了。到目前为止，仓颉已经把自己所能见到、看到的事物均赋予了特定的符号，例如：山川河流，飞禽走兽等等。但是，令他困惑的是一些非具象的东西，很难确定合适的符号。

申金猴看到仓颉紧蹙的眉头已经有两天没有舒展开了，就上前询问。仓颉对申金猴道出了心中的困惑，他觉得符号仅能表现眼睛所能看到的事物，是远远不够的。申金猴看过仓颉那些羊皮上的奇怪符号，多数都是物体简化后的样子，倒是很容易让人记住并且看得明白。申金猴给仓颉讲了盘古十二兄弟在雪莲湖畔，为各自创建形象符号的故事，并着意叙述了丑火牛的“丑”字符号的来历，其灵感来源就是几根仗天杵。申金猴还把“丑”字图符用几根草棍摆了出来，他建议仓颉用一些草棍的不同摆放，来解决非具象东西的符号。仓颉听后十分兴奋，说：“我准备将这些符号统称为文字，那么，你们盘古十二兄弟才是发明文字的始祖啊！”仓颉越说越激动，他上前一步抱住申金猴的胳膊，“你太聪明了！用草棍的不同摆放，来解决非具象的文字，太棒了！太好了！”

茅塞顿开的仓颉，自此进入了茶饭不思、废寝忘食的状态，整日里摆弄着手中的一把草棍儿，不时地在羊皮上记录着新的符号。新的思路顺畅了之后，仓颉构造文字的速度提高了不少，他已经无时无刻不沉浸在自己的文山字海之中。

一行人马，白天赶路，晚上则由仓颉教大家认识文字，一路之上倒也不寂寞无聊。仓颉还把盘古十二兄弟自创的十二个符号收录到文字之中，分别读为：子、丑、寅、卯、辰、巳、午、未、申、酉、戌、亥。并且注解了两个意思，一是盘古十二兄弟各自的符号名称，二是每天十二个时辰的时间名称。

经申金猴建议，凡是遇到有村落聚居之地，仓颉便会组织村落中的孩童跟随自己学习文字。仓颉首先教会各地孩童认识的就是子、丑、寅、卯、辰、巳、午、未、申、酉、戌、亥，这十二个字。仓颉这样做的初衷，一是出于对盘古十二兄弟的尊重，二是感谢盘古兄弟对于自己构造文字的启发和帮助，三是让大家明白时间的概念。这一趟由南向北的迁徙之旅，也是这片土地上的第一次文明传播之旅。自此，这些方方正正的文字影响了中国文化长达五千年之久。

这一天，盘古兄弟与仓颉又遇见了一个村落，村头上站着几个孩子，其中一个冲着盘古兄弟们喊道："喂！想装扮成盘古兄弟招摇撞骗吧！"

申金猴问孩子们："你们见过盘古兄弟？"

这些孩子指着部落方向嬉笑道："就在村子里面呢，他们的扮相比你们的好！哈哈哈……"

盘古兄弟们互相看了看，卯闪兔嬉笑道："居然都有人冒充我们了，哈哈哈！"

申金猴唤过来三个孩子，让他们带路前去看看"盘古十二兄弟"。三个孩子很痛快地答应了。于是，仓颉的家人在村头安顿好马群，准备露营歇息。仓颉则与盘古十二兄弟跟着三个孩子一起走进了村落。

孩子们把真正的盘古兄弟和仓颉领进村落里，引得村落中的人一齐跑来围观，大家对着一行十三人指指画画，七嘴八舌议论纷纷。

"这群人长得很是奇特啊。"

"每人手里还都有一根棍棒。"

"他们该不会是盘古十二兄弟吧？"

"什么眼神！他们可是十三个人

"那个白衣少年跟他们好像不是一个路数的。"

…………

三个孩子把仓颉和盘古兄弟一直领到村落中央的一块空地上，空地中间是一座黄土夯起来的三层祭台，祭台最上层的周边立着十二根木柱，木柱之上套着白色的衣衫。孩子们带着仓颉和盘古兄弟们登上祭台，大家这才发现，十二根木柱的上端竟然雕刻成了动物的脑袋，分别是鼠、牛、虎、兔、龙、蛇、马、羊、猴、鸡、狗、猪。

原来这就是孩子们所说的"盘古十二兄弟"。仓颉指着地上燃烧后的灰烬说："这是他们村子搞的祭天仪式。"

"祭天仪式为什么把我们兄弟放到祭坛上？"巳水蛇问道。

仓颉说："自从各个村落得到了神农的粟米种子之后，他们每年都会搞祭天仪式，希望老天风调雨顺，希望盘古十二兄弟能护佑他们村落丰收粟米。"

"盘古兄弟好像没有这个本事吧，呵呵！"卯闪兔笑道。

仓颉说："可不敢这么说，当心被部落里的人听到了，会把你们赶出去的。"

亥风猪问仓颉："为什么？"

仓颉说："盘古十二兄弟在民间已经深得人心，你们为天下苍生挡祸、为天下苍生造福的善举，尽人皆知。虽然，你们隐居了三百年之久，但天下苍生一直记得你们的恩典。"

仓颉几句普普通通的解释，却深深触动了盘古十二兄弟的心，他们一边是为天下苍生的感恩之心而感动，一边是为自己隐居逍遥快活了三百年而内疚。

6

路途之上已经很少能够看到高山峻岭了，仓颉和盘古兄弟们连续数日行走在平原上，四周多是平整的天地和绿油油的粟米地，丝毫看不出战争杀伐的迹象。据仓颉所掌握的信息，到了平原地带就接近了黄帝居住的姬水了。一路探听前行，一行长途跋涉的人马终于到达了姬水。姬水之畔，一座茅草搭建的高大宫殿渐入眼帘，仓颉指着宫殿说："这应该就是黄帝的居住之所。"

午坤马感慨道："这比鸟人当年为神农建造的宫殿排场多了。"

宫殿的周围，一排排一行行搭建了许多茅舍，茅舍中间有一些或宽或窄的道路纵横交错。辰天龙等人驱赶着两百多匹良马走近时，忽然响起了吹响牛角的声音。紧接着，两队手持棍棒弓箭的人马从茅舍里奔跑出来，分列两侧。最后，十几匹高头大马冲出了一字长蛇阵，马上端坐的都是孔武有力的猛士，手中持的武器也是怪模怪样。仓颉指着那些兵器，跟盘古兄弟解释道："这些领兵猛士的武器就是青铜所造，长木柄的青铜叫作枪矛，那些短的、带有锋刃的叫作刀剑。"

"黄帝这不是也有青铜铸造的武器吗？"午坤马问仓颉。

"黄帝的军队中，只有领兵打仗的猛士才配备青铜武器，也都是数次交战时缴获过来的。"仓颉说，"而蚩尤的九黎族部队，人人都使用青铜武器。"

卯闪兔问："青铜武器到底有多大的威力？"

"就拿刀剑来说吧，"仓颉手指着身旁一棵胳膊粗细的柳树说，"砍断这样的树，如同你们用仗天杵扫倒一片青草一样容易。”

卯闪兔惊诧道：“有这么神奇？”

正说着，十几位猛士骑着高头大马奔了过来，隔着十几步远的距离，纷纷勒住了战马，其中一位黄发长脸的猛士冲着盘古兄弟们喊道：“你们是什么人？带着这么多战马到此做什么？”

辰天龙对黄发猛士高声喊道：“麻烦你向黄帝通报一声，就说仓颉与盘古十二兄弟前来拜见，并献上良马二百一十六匹！”

“仓颉？盘古十二兄弟？”黄发猛士愣了一下，随之哈哈大笑起来，“世间真有盘古十二兄弟，那我们这十五位猛士就是盘古十五兄弟了！”

辰天龙说：“我等的确是盘古十二兄弟。”

“别在此招摇撞骗了！”黄发猛士举着手中的长矛，指着辰天龙说，“赶紧把战马留下，速速退开，免得我把你们当作蚩尤的奸细处置！”

“猛士这般粗鲁，不是待人之道吧。”辰天龙心中似乎也有一些火气，呵斥道：“我们辛辛苦苦赶了几十天路程，前来为黄帝献马，你却要拿我们当奸细，这是何道理！”

“大胆奸细！竟敢如此嚣张，看我如何收拾你！”黄发猛士大概从未被人如此呵斥过，举起长矛，催动坐下战马，冲着辰天龙便踏了过来。

见到黄发猛士势不可挡地冲向辰天龙，两侧的午坤马和申金猴双双跳了出来，申金猴举起金杵对准了刺向辰天龙的长矛迎了上去，只听“嘡”的一声响，黄发猛士的长矛便飞上了半空。午坤马则对着冲到跟前的战马一挥手，战马顿时立起了前腿一声嘶鸣，将黄发猛士抛了下来。就在黄发猛士惊魂未定之际，卯闪兔冲上前去一脚踏住了黄发猛士的后背，怒喝道：“快点滚回去通报黄帝，就说仓颉和盘古十二兄弟来了！”

黄发猛士大气都不敢喘一声，只剩下频频点头的份儿，他站起身来寻找自己的战马时，才发现自己的高头大马竟然温顺地依偎在午坤马的身旁，像是压根儿就没有他这个主人似的。黄发猛士恨恨地跺了跺脚，转头跑回了自己的队伍中。黄发猛士与同伴们说了几句什么，随后骑上同伴的一匹马，奔向了茅舍后面的宫殿。

没过一会儿，几匹战马自同一条路上疾驰而来，径直奔向了盘古兄弟。其中一位就是刚才被打败的黄发猛士，他们簇拥在一位身形伟岸、身着黄色长袍、头戴冲天长冠的中年人身旁，一同奔了过来。在距离盘古兄弟二十多步远的地方，中年男人勒住战马，翻身下来，大步流星地走向了盘古兄弟。黄发猛士与其他几位随从急忙翻下战马，快步跟上前来，却被中年男人摆手制止住了。随后，中年男人独自走向了盘古兄弟和仓颉，拱手屈身说道："听说盘古兄弟十二位仙人驾临，轩辕氏有失远迎，请勿怪罪！"

"轩辕氏是干什么的？"子地鼠嘀咕道。

仓颉说："轩辕氏就是黄帝。"

辰天龙觉得黄帝的见面礼节很有风度，比秉手致意显得文雅。于是，他也学着黄帝的样子，拱手屈身，说道："在下辰天龙，不敢以仙人自居。我等兄弟十二人原以为天下太平，所以躲进太行山中隐居逍遥三百余年。幸亏大雨溢湖，逼迫我等下得山来，结识了仓颉之后，才知道天下有难，横遭战祸。所以，才将仓颉一家祖辈九代饲养的良马两百一十六匹，送与黄帝，希望黄帝早日平定蚩尤九黎之乱，令天下苍生安居乐业。"

"有盘古兄弟援手相助，天下太平指日可待！"黄帝走上前来，拉住了辰天龙的手，一脸慈祥之色，"近些日子，总听说仓颉的大名，据说他创造了文字，用来记录史实事实，无一遗漏，快引见我认识这位神人！"

辰天龙回头唤过来仓颉，引见给了黄帝。黄帝低头一看，几乎不敢相信自己的眼睛，大名鼎鼎的造字仓颉竟然是一位唇红齿白、眉清目秀的白衣少年。黄帝右手牵着辰天龙，左手一把抓住仓颉，兴奋地说："苍天助我轩辕氏，一日之内赐我这么多人才利器，天下苍生有福啊！"

7

黄帝的宫殿内灯火辉煌，远非当年鸟人给神农搭建的宫殿可比。那个时候，茅舍之中根本不敢用火，因为四处都是茅草、树干、竹竿之类的易燃之物。而黄帝的宫殿内已见不到半根茅草，四周墙壁全部是用石块做筋骨，用泥土做肌肉，最后用白色的染料做皮肤，既结实又干净，还能够防火。宽敞的宫殿之内点燃了很多松明火把，照耀得如同白昼一般。宫殿之上的人们，每人面前都摆放着一个长条案几，案几上则是盘古兄弟从未见过的容器和吃食。

仓颉也未曾见过如此场面，所以，无法回应盘古兄弟们询问的目光。宫殿上在座的还有那位黄发猛士，看到盘古兄弟们一副没见过世面的样子，禁不住开怀大笑。黄帝手下的一位白发年长的官员，叫作常先，看出了盘古兄弟的困惑，急忙走了过来向众人解释道："这些器物是用粘土烧制出来的，我们管它叫作土陶。土陶之内的食物，则是用青铜铸造的器物，下面加上柴火烹煮出来的，味道十分鲜美。"

听了常先的介绍，盘古兄弟们惊得目瞪口呆，再闻到土陶中食物的香味儿，忍不住涎水直流。仓颉则不停地摆弄着手中的草棍儿，忙着把常先介绍的新鲜事物转化成文字，记录在随身携带的羊皮上。

看到仓颉如此勤奋，黄帝心中大喜，他询问仓颉创造了多少文字，仓颉说大概已近两千字。黄帝说："仓颉一出，终于可以不再用结绳记事了，绳子结来结去，遇到脑子不够灵光的人，到最后记录的还是一笔糊涂账。"黄帝从中间的案几后站起身来，走到了仓颉面前，"你虽年幼，却是一个不可多得的人才，你来做我的史官吧！"

仓颉急忙起身，朝着黄帝跪拜下去："感谢黄帝垂青，仓颉自当潜心造字，如实记录黄帝的丰功伟业。"

至此，仓颉成了黄帝手下最年轻的重要官员。仓颉的家人因为献马有功，分别被黄帝委派管理农耕、畜牧之职。只有盘古十二兄弟不肯接受黄帝的官职，黄帝无奈，叹道："想来也是，我轩辕氏乃一凡夫俗子，岂能册封仙人。"

辰天龙对黄帝说："我等兄弟都是闲云野鹤惯了，授了官职恐怕有辱使命。文字于天下苍生的祸福息息相关，所以，我们盘古兄弟还是先帮助仓颉完善文字吧。"

于是，黄帝在宫殿后面专门辟出数间宫舍作为学馆，供仓颉和盘古兄弟们造字撰文。盘古兄弟几千年之前就有过创建符号的经历，对于造字可以说是驾轻就熟。尤其是申金猴和丑火牛，摆弄起草棍来，娴熟至极，造字能力既快又合理。仓颉在整理和注解字义之余，还负责教授黄帝手下的官员们识字解义，一年时间下来，包括黄帝在内，满朝的官员都要尊称仓颉一声"先生"。年少得志的仓颉，禁不住有些飘飘然，甚至有时对盘古兄弟也有些颐指气使。

寅乾虎自打用自己额头上的伤疤创造了一个"王"字之后，看到仓颉日渐嚣张的样子，便撒手不干了。寅乾虎每日里四处游玩，时不时溜进黄帝的厨房内，看看厨子们是如何在青铜器中煮出那些味道鲜美的食物。因为看不惯仓颉的举止行为，寅乾虎屡次大动肝火，有一次甚至想用乾杵教训一下少不更事的仓颉。多亏了申金猴苦苦相劝，才算把怒气冲冲的寅乾虎推进了黄帝的厨房。

满朝的官员大都上了年纪，记忆力不太好，仓颉失去耐心的时候，往往也是口出妄言，大加责备。弄得这些平日里颇受人们尊敬的官员们满脸愧色，每次来到学馆识字之时，都如履薄冰，生怕受到这个嘴下不留情的少年的训斥。

为了激励将士们勇猛作战，常先发明了一种器具，就是将一个树墩子中间掏空，在上面蒙上一张牛皮，等牛皮干燥后就会越绷越紧，然后用木棒子敲打牛皮，便会发出"咚咚咚"震人心魄的响声。因为该器具尚无名称，常先就请仓颉来到一间宫舍，亲自双手挥动木棒擂响了器具，以便让仓颉为其命名。仓颉抬头观察了一下四周，觉得在一间房子里用两根木棍敲打一个器具，就用手中的草棍摆出了一个"囧"字，并把这个字称之为"gu"。

第二天，正好赶上官员们来学馆习文识字。常先就对仓颉说："先生昨天看的那个器具称之为'gu'，是我发明用来行军打仗鼓舞士气的，可先生造的这个'囧'字，却像是一个打了败仗的人脸，我觉得与这个器具的用途很不贴切，还请先生给这个器具另外造一个字吧！"

"你把造字当成儿戏了吗？"仓颉丝毫没有给白发苍苍的常先面子，他训斥道，"天赋异禀于我仓颉，所以我造出来的字也是天意的一部分，岂能随便篡改！"

黄发猛士名字叫应龙。应龙久经沙场，性情暴躁，对于咬文嚼字很不习惯，刚刚学会了一个文字，吃顿饭的工夫就忘得一干二净。因此，应龙没少受到仓颉的奚落和训斥，一个孔武有力的领兵猛士，被少年仓颉训斥起来，宛如一个黄牙孺子。

时间稍久，黄帝手下众官员对年少轻狂的仓颉渐渐露出不满之意，数次在黄帝面前状告仓颉的种种劣迹。好在黄帝认识到了文字的重要性，没有过于计较，但他对仓颉的印象也有了一些改变。

8

仓颉的种种变化，盘古兄弟都看在眼里，辰天龙火急火燎地找兄弟们商量，大家一时间也束手无策。申金猴说："既然大家都没有好的办法，不如我们先去看看常先发明的器具吧，听听他的声音是如何震撼人心的。"

对于看热闹，盘古兄弟都争先恐后。待到仓颉讲完当天的字义后，辰天龙上前拉住常先说明本意，常先欣然允之。常先领着盘古十二兄弟来到了停放器具的宫舍，再次亲自演示：双手挥动木棍敲打起来，器具发出了“咚咚咚”的巨响，的确非同凡响。申金猴看到这个器具摆放在一个木头做的支架上面，他便从支架上面将其取下，发现器具底部空空如也。申金猴把这个器具放在地面上，从常先手中接过木棍试着敲打起来，结果只听到了“砰砰砰”沉闷的声音。常先解释说：“此物必须放在支架上面敲击，才能发出震撼之声。”

申金猴点了点头，对常先说：“明天是黄帝前往学馆听仓颉说文解字的日子，我们想把这个器具借去玩耍一天，可否？”

“你们拿去就是，我已经让工匠在制作更大的，因为马上就要打仗了。”常先很是和蔼地说。

盘古众兄弟便将器具、支架、木棍一起搬走了。临到门口时，辰天龙转头询问常先：“你刚才说马上要打仗了，是跟蚩尤的九黎族打仗吗？”

常先点了点头，忧心忡忡地说：“蚩尤南犯我边界已经长达十年之久，致使边界上的苍生苦不堪言。最近，他又聚集了部族八十一个分族之众，陈兵边界，时刻都有进犯的可能。”

“难怪最近看到黄帝日夜不眠……好了，我知道了。”辰天龙说罢，便与常先告辞。

第二天辰时，黄帝准时走进了学馆，虽然两眼红肿，但依旧很认真地等待仓颉前来教授文字。可是左等右等，已经日上三竿了，依旧不见仓颉的身影。应龙“啪”的一声踢翻了眼前的案几，嚷嚷道：“一个乳臭未干的孩子，竟敢如此放肆，待我去将他擒来！”

“不可造次！”黄帝睁开了闭目养神的双眼，声音虽然不高，却透着威严之气。

应龙这才愤愤地坐下，却还是不甘心地嘟囔着。

少顷，仓颉伸着懒腰走进了学馆，一副睡眼惺忪的样子。未等仓颉开口，申金猴率先站起身来对仓颉说：“先生，在下有一事请教！”

“你说吧！”仓颉打了一个哈欠。

申金猴说：“昨日，我等兄弟跟随常先去看了那个发出巨响的器具了。”

仓颉问：“什么器具？”

“就是被你命名为‘gu’的那个器具。”

“那又如何？”

“我觉得你构造的这个‘囮’字与器具很不相符。”

“你……是什么意思？”仓颉脸色开始涨红，“愿听高见！”

“你构造这个‘冏’字的用意是这样的，”申金猴一边说，一边走到仓颉说文解字的石板前，画了一个冏字，“在一间宫舍里，用两根木棍敲打一个器具，是这样吗？”

“这有什么问题吗？”仓颉问道。

申金猴没有说话，而是在石板上又画了一个文字：鸡。这才对仓颉说：“这是一个‘鸡’字，我记得这个字是在我们前来的路上，因为你看到了一只漂亮的雉鸡后，造出来的字。”

“没错！是在路上造出来的。”

申金猴说：“我记得你当时还征求过大家的意见，经过反复修改之后，才确定了这个‘鸡’字。”

仓颉点了点头称是。申金猴接着说：“这个‘鸡’字之所以造得好，是因为你当时心里很干净，满脑子只有一件事情，造字。而且，造出来的字没有框架，也没有约束，仅仅是为了一个贴切、合适、容易让人们记住的符号。可是现在，如果你在这间学馆里发现了一只雉鸡，我相信你已经造不出这样好的字来了。”申金猴在石板的鸡字上画了一个大大的方框，“因为你觉得雉鸡是在宫舍之中，所以，你就会给这个‘鸡’字加上一个宫舍。”

“哦，也许……也许是吧。”仓颉的额头上冒出了一层细汗。

“其实，雉鸡就是雉鸡，跟宫舍没有半点关系，绝不能因为周围的环境改变了，就要给一只雉鸡添加上一些跟它不相干的累赘。”申金猴顿了顿说，“我们再来说说你刚刚发明的‘gu’（冏）字，这个器具本不应该摆放在宫舍里面，而是应该出现在战场上，为将士们助威的。所以，宫舍跟这个器具没有半点关系。而恰恰跟这个器具有关系的木制支架，却被你忽略掉了。”

说到这里，申金猴冲着学馆外面摆了摆手，子地鼠和亥风猪搬着那个器具和木制支架走了进来。申金猴把器具放在支架上敲击了几遍，随后又将器具扣到地面上敲击了几遍，声音和气势竟然是天壤之别。

“因此，这个‘gu’（冏）字是不成立的！”申金猴说。

此刻，仓颉的额头上滚下了汗珠，面部的神情倒是活像一个“冏”字。

黄帝看到这里，心里已经明白了七八分，他知道这是盘古兄弟们要教训张狂的仓颉，所以，他一声不吭地坐在那里，静观其变。常先也弄明白了为什么盘古兄弟要看自己发明的器具，他禁不住为申金猴的聪明才智暗暗喝彩叫好。最为高兴的要数应龙，他看到仓颉低垂的额头上不断滚下来的汗珠，憋不住地哈哈大笑起来。直到黄帝看了他一眼，应龙才硬生生地憋住了。

申金猴刚刚坐定，丑火牛站了起来，他走到石板前对仓颉说："我也有一个字，要向先生请教！"

"你……你请讲！"

丑火牛在石板上分别写了四个字：马、驴、骡、牛。丑火牛说："马、驴、骡三个字下面都有四条腿（繁体字），为什么独独'牛'字下面是一条腿呢？"

仓颉说："是我弄混了，原来的'牛'字也有四条腿，就是'鱼'字。而'牛'字是我看到水里的鱼之后造的字……没想到我把它们两个弄颠倒了。"

丑火牛长叹一声，说："可惜的是'牛'和'鱼'已经天下尽知了，想改回来都来不及了。"

仓颉的额头上，已经滚落下来鱼目大小的汗珠。

丑火牛刚走到案几后面坐下，子地鼠又站了起来，他对仓颉说："你造的'重'字，说是有万里之遥，应当念作出远门的'出'字，而你却教文武百官念成重量的'重'字。反过头来，两座山合在一起的'出'字，本应该为重量的'重'字，你倒是教成了出远门的'出'字。"

听完子地鼠的一番话后，仓颉早已汗流浃背，白色的衣袍湿了个透。他双腿一软，"扑通"一声，对着黄帝、盘古兄弟和文武百官跪了下去。此时的仓颉，羞愧之情难以言表，深知自己的傲慢已经铸成大错。仓颉对众人说道："仓颉年幼无知，傲慢张狂，希望诸位大人有大量，不与我黄口小儿一般见识。自今日起，仓颉再也不敢持妄心，生妄意，将全力以赴造字注文！"

黄帝上前扶起了仓颉："文字造得差不多了，你该记述这段历史了！"

黄帝说完，便阔步走出了学馆，边走边说道："应龙，传令风后、力牧和鬼容区前来姬水议事，你们四位虎臣一显身手的时候到了！"

第十一章

炎黄合，围困蚩尤战涿鹿

1

鬼容区擅长练兵和兵法运用，是黄帝手下与应龙、风后、力牧齐名的猛士。鬼容区屯兵姬水南部的具茨山，在此处训练兵丁已经长达三年，是黄帝重要的作战力量之一。

风后，乃是伏羲的后裔，继承了祖上家学，在《河图》和《洛书》的基础上，推演出来适合行军打仗的《风后八阵兵法图》。风后是一个文武全才，深得黄帝器重。

力牧，原始北方畜牧氏部落的首领，能够与畜兽通话。此人力大无穷，双臂能开千钧之弓，善于骑射。每一次冲锋陷阵，他总是身先士卒、一马当先冲在最前面，是黄帝身边最为骁勇善战的猛士。

应龙手下统领的兵士主要保护黄帝及文武百官，若论行军打仗，还稍逊于鬼容区、风后和力牧三人统领的军队。

也许是议题过于沉重，黄帝的议政宫殿里，虽然端坐了将近三十人，却静得出奇，只能听到松明火把上的火苗“噗噗”的响声。

还是黄帝打破了沉闷的僵局，他站起身来说：“炎帝潜心发展部落中的农耕、放牧、鱼畜和草药，使得疆域内的苍生安居乐业，的确算得上是一位仁德之君。面对一位仁德之君，岂能杀伐相见？”

鬼容区也站起身来，对黄帝说：“虽说是仁德之君，可是前年炎帝联同榆罔讨伐我们，若不是风后使用了八阵图破敌，恐怕我们早就变成鬼魂了。”

“我年少时，曾经与炎帝来往数年，算是打小的朋友，他生性优柔寡断，但是内心仁厚有加，都是榆罔从中挑拨，才导致我和炎帝之间起了战乱。”黄帝踱着步子走到了风后跟前，按了按他的肩膀，以示对三年前战胜炎帝和榆罔的肯定。“三年前的阪泉大战，说白了还是一场地盘之争，榆罔的辖地夹在我和炎帝中间，所以他才日夜不安，一直挑唆我和炎帝之间的关系，等到起了战事之后，他的如意算盘不仅落了空，还搭上了自己的性命。我想，这三年来，炎帝肯定也会反思阪泉大战的过失，不会再做傻事了。”

常先说：“我只是担心，如果我们投入全部兵力对付蚩尤，炎帝万一乘虚而入，我们后悔都来不及。”

“趁着炎帝的元气尚未恢复，在与蚩尤决战之前，灭掉势力不济的炎帝，实为兵法上策！”风后说。

黄帝转头看了一眼力牧和应龙，问他们俩：“你们两位的意见呢？”

力牧说：“若无征战，炎帝不足为虑。一旦有了战祸，炎帝必然兴风作浪。”

“我也是这么想的。”应龙说。

黄帝长叹了一口气：“天命注定，炎黄间必有一场生死杀伐啊！”

“我觉得这是一场可以避免的战事！”辰天龙站起身来说道。

原来，盘古兄弟们也被黄帝邀请前来议政。因为众兄弟于军事和政治都不了解，所以一直没有参与。文武百官一直劝说黄帝在与蚩尤决战之前必须先灭掉炎帝，这个观点让盘古兄弟不能接受。

黄帝终于看到有人拥护自己的主张，很高兴，对辰天龙说：“快说说你的想法！”

辰天龙说：“出太行山以来，一路之上见到农民耕种粟米，使得一年四季不再为吃食发愁，这是先人神农氏为天下苍生留下的恩泽。前来为黄帝献马的路途上，我们经过了一小段炎帝的领地，发现炎帝的部落在田地里种植了很多种不同的东西。经过打听，我们才知道，炎帝觉得神农先祖培育的粟米口味单一，而且产量不高。所以，炎帝在粟米的基础上，又培育出来了五谷杂粮：稻、黍、稷、麦、菽。据说，炎帝准备在下一季五谷成熟的时候，就把五谷种子赠送给其他部落，也包括蚩尤的九黎族。”

“什么？炎帝要把五谷种子送给我们的敌人？这……这就是成心与我们为敌！”应龙首先叫嚷起来。

应龙与盘古兄弟初次见面时，就在他们面前栽了一个大跟斗，对此，他一直耿耿于怀。

鬼容区接着应龙的话说：“蚩尤的九黎族就是因为农耕技术先进，才有了侵犯我们北方的实力，如果他们再掌握了五谷种植，我们就更加危险了。”

“既然五谷种植有如此大的影响，炎帝却毫无私心，肯将五谷种子广播天下，足以证明炎帝是一个仁义之君。我们要对这样一位仁义之君进行杀伐，实在有违天道！”辰天龙义正词严地说道。

黄帝对辰天龙投来赞许的目光：“你讲得很有道理！”

午坤马站起来说：“此时，五谷尚未成熟，我们在此刻举不义之兵讨伐炎帝，就等于断了五谷粮食的根脉。”

“盘古兄弟说的虽然在理，但都是无根无据的道听途说，你怎么能保证今年五谷成熟之后，炎帝会给我们送来种子呢？”常先问午坤马，“况且，此刻大敌当前，蚩尤陈兵十万于南方边界，炎帝若念及与黄帝的友情，就应当主动前来与我们联合，共同抵抗蚩尤。”

午坤马说：“我听民间传说，炎帝性情温和，对于政治、军事方面略显迟钝，一门心思都花在培育五谷之上……”

“又是民间传言！”应龙打断了午坤马的话，“我看炎帝根本不是迟钝，而是准备坐山观虎斗，等我们与蚩尤拼到两败俱伤的时候，他就会把我们统统吃掉！”

黄帝听着文武百官与盘古兄弟的辩论，脸上的神色也是阴晴不定，两道剑眉一直紧锁。

2

这场无休止的争论一直持续了三天，依然毫无结果。因为盘古兄弟身无任何官职，所以他们观点的分量也被打了折扣。黄帝虽然也不主张在与蚩尤决战之前先去讨伐炎帝，但是，“议政”的规矩是由他亲自倡导建立起来的，自己若是一意孤行地与文武百官对立起来，等于是自食其言。议政以来，南方边界天天都有不好的消息传来，蚩尤一直在试探性进攻，打打停停，形势已经迫在眉睫。

在今天的议政会上，迫于文武百官的一致认同，黄帝也基本同意了“先灭炎帝，再抗蚩尤”的决策。除了鬼容区驻扎在南方的军队继续抵御蚩尤的进攻之外，风后、力牧以及应龙的卫戍部队准备全力攻伐炎帝，力争在最短的时间消灭炎帝部落，以便腾出时间和精力对付蚩尤。

盘古十二兄弟与仓颉回到学馆之中，一个个也是闷闷不乐，一副垂头丧气的样子。仓颉作为史官，要记录这场影响天下格局、政治、军事、农耕以及各部落命运的重要议政。议政会上，仓颉几乎无暇思虑各方的观点，更不可能参与议政，只能忙着如实记录每个人的发言。每天晚间回到学馆后，他必须重新整理议政记录，对于一些尚未创造、却又不得不使用的文字进行重新构造。仓颉一改前段日子的飘然和张狂，白天认认真真记录，晚间勤勤恳恳整理，他已经很像一个少年老成的史官了。

“我们要想一个办法，制止这场战争！”午坤马一拳头擂在了案几上，案几上的一卷羊皮卷跳了起来。

仓颉急忙把珍贵的羊皮卷收了起来，说道：“我刚才看了一眼议政记录，除了黄帝和你们之外，文武百官都主张先伐炎帝，再去抵挡蚩尤。就算加上我也同意你们的想法，我们总共也只有十四个人，势单力薄啊。”

申金猴说：“今天，常先有句话给我们提了一个醒，他说炎帝若念及与黄帝的友情，就应当主动前来与我们联合，共同迎战蚩尤。”

“我们让炎帝主动前来与黄帝求和联兵？”巳水蛇问申金猴。

“对！”申金猴说，“这是目前唯一制止这场战争的办法。”

盘古众兄弟商议了一番，决定由申金猴和午坤马两人即刻启程，前往西方部落拜见炎帝，陈述利弊。

第二天议政会的议题，完全是以如何攻伐炎帝的排兵布阵为主议内容，这是鬼容区、风后、力牧和应龙等将领们的强项，一时间讨论得热火朝天。攻伐炎帝部落，要顾忌的东西很少，因为炎黄两个部落的人口、生产力以及军事装备基本相当。有所不同的是，黄帝手下拥有众多的能臣猛士，对于军队的训练和布阵已经形成了非常成熟的体系。所以，大家对于剿灭炎帝的战争，都是非常有把握的。议政会上要争论的内容，仅仅是用什么方式，才能以最小的代价、以最快捷的方式结束这场战争。

议政讨论中，盘古兄弟们不再进言参与，自顾自地吃着自己案几上的食物和水果。仓颉依旧一言不发，认真倾听各方的发言，如实记录每个人的言行。黄帝似乎看到了盘古兄弟当中少了两人，他趁着大臣们争论的面红耳赤的间隙，走到辰天龙跟前，低声问道：“你们好像有两位兄弟没来议政？”

“哦！”辰天龙一副轻描淡写的样子，“午坤马与申金猴昨晚贪吃了李子，把肚子吃坏了，今天狂泻不止，无法前来议政了。”

“可曾用药？”黄帝关切地问。

辰天龙说：“已经用药了，现在，兄弟二人想必已经睡着了吧。”

此刻，午坤马与申金猴已经狂奔在西去的路上了。

两人昨晚星夜兼程，一刻不停歇地赶了整整一夜的路程。午坤马的脚程自不必说，申金猴相对差一些，午坤马不得不时常停下来等申金猴。半夜时分，午坤马建议两人化身原形，由他驮着申金猴赶路，速度会更快一些。申金猴略带愧色地推让了一番，午坤马说别耽误时间了，两边一旦起了战事，再去平息就更难了。于是，夜幕中的黄河畔，一只精干的猴子骑在一匹神骏之上，绝尘而去！

午时，午坤马和申金猴已经到达了炎帝的部落。午坤马累得够呛，通身流下了细密的汗珠，申金猴抱着午坤马的脑袋亲了亲，心里由衷地感激。两个人找到一个僻静之处，幻化成人形，打听清楚了炎帝的住处，便直奔一处宫殿模样的地方而去。宫殿的门口有两位值守的兵卒拦住了他们，申金猴说有急事求见炎帝，麻烦两位兵卒通报一声。兵卒说炎帝外出巡游了，不在宫中。午坤马和申金猴当时就傻了眼，申金猴询问兵卒，炎帝去了什么地方巡游？兵卒说，炎帝出去查看五谷的长势，很难说他会去什么地方。申金猴正与兵卒说着话，只见宫中走出一个身着亮色黄袍的少年来，这个孩子慈眉圆眼，鼻直口方，奇特之处是他的头上生有一对羊角。少年看到两位身形高大、手持华美杖杵的人跟两位兵卒说话，就走了过来，问道："什么事情？"

两位兵卒急忙对少年拱手屈身，说道："少主，这两位说是从黄帝部落赶来的，有紧急要事拜见炎帝。"

午坤马和申金猴一听两位兵卒称少年为"少主"，便知道这个孩子乃是炎帝之子，急忙学着当今的礼节拱手屈身，说明来意。少年也急忙还礼，说道："在下炎帝之子炎居，炎帝外出巡视五谷长势，恐怕短时间很难回来，如果你们确实有十分紧急的事情，我只能带你们四处去寻找一下试试。"

申金猴说："不是十分紧急，而是万分紧急的事情。"

小小的炎居倒是一点也不着急，回头吩咐两名兵卒："去准备三匹快马，再备上一点吃食和水，我这就与两位去寻找炎帝。"炎居回过头来，再次对午坤马和申金猴拱手屈身，"请教两位大名？"

"我们是盘古十二兄弟，"申金猴一指身边的午坤马，"他是午坤马，我是申金猴。"

炎居脸上露出了惊喜之色，一手抓住午坤马，一手抓住申金猴说："久闻盘古兄弟大名！我还以为只是一个传说呢，今日得见两位哥哥，真是幸运之极啊！"

"哥不只是一个传说！"申金猴调侃道，"我们还是抓紧时间去找你的父亲吧！"

"其实，找到我父亲也很容易。"炎居说，"关键是看什么事情。"

申金猴说："如果不能立刻找到炎帝，炎黄部落很可能要面临一场战争，而炎帝被剿灭的可能性很大。”

“哦！原来如此！那么，两位神仙哥哥是来劝降的，还是来通风报信的？”炎居深吸了一口气，其口吻绝不像一个这么大的孩子能说出的话。

午坤马终于喘匀了气，恢复了一些精气神，对炎居说：“我们前来劝说炎帝与黄帝联手，共同对付南犯之敌蚩尤。”

“盘古兄弟果然慈悲为怀！”炎居依旧是一副大人的口吻，“两位哥哥先到宫中休息，我马上召唤父亲回宫。”

“原来，你知道炎帝的去处？”申金猴脸上显出了不悦之色。

“猴哥哥休要生气！我确实不知道炎帝的去处。”炎居回道。

申金猴问：“那你为何说得这么有把握？”

“猴哥哥有所不知，”炎居伸手一指南方，“此去往南半日路程，有一座巨峰叫作华山，家父炎帝每次出行都会告诉我，部落之中若有万分紧急之事，登上华山之巅，吹响羊角号，他便会火速返回宫中。”

3

父子同相，身材高大魁伟的炎帝，头上也长有两只羊角，只是比儿子炎居的羊角大一些而已。在宫殿的议事厅中见到午坤马和申金猴之后，朴实的炎帝毫无盟主的架子，急忙迎上前来握住二人的手，不住地称谢。倒是少年老成的炎居，站在一旁颇像一个盟主一般矜持。申金猴顾不上寒暄，急忙说明此行的来意以及前因后果。

听完申金猴的介绍之后，炎帝不由得热泪盈眶：“黄帝终归还是念及我们的少年情谊，三年前的阪泉之战，我受榆罔蛊惑，与之共同起兵讨伐黄帝。兵败后，黄帝手下的常先、风后、力牧、应龙都主张杀了我，而黄帝顾及友情，容我一条生路。自此之后，我炎帝无心问政问兵，一心一意培育五谷，以果天下苍生之腹。没想到，到头来还是免不了一场战乱……”

听到炎帝此刻还在喋喋不休地唠叨与黄帝的友情，午坤马和申金猴禁不住暗暗着急。倒是炎居在一旁插话，打断了炎帝：“我们现在应该尽快取得黄帝的信任，联合抗击蚩尤！”

儿子炎居的话提醒了炎帝，他擦掉眼泪，长吁短叹地对午坤马和申金猴说：“我即刻派出使臣，前往拜见黄帝，表示我愿意与之联兵结盟，共同抵御入侵之敌！”

午坤马长舒了一口气，对炎帝说：“是啊！这才是挽救部落、保住领地的紧急要务。”

“就目前的态势来看，派出使臣联兵结盟恐怕为时已晚。”申金猴盯着宫殿外面夜色说，“就算黄帝应允了不讨伐你们，黄帝手下的文武百官，也会以不信任炎帝为由继续举兵西征。”

“这让我如何是好？唉！阪泉之战以来，我理应主动与黄帝示好，让他明白我的心迹……这都怪我平日里痴迷于培育五谷，我原本想将五谷育成之后，亲自奉送五谷种子与黄帝，可如今……唉！”炎帝唉声叹气，一脸后悔之色。

“我有一个办法！”炎居往前迈了一步，“不如由我来出任使臣，前往黄帝的领地作为联兵结盟的人质。这样，既能消除黄帝的顾虑，又能堵住文武百官的嘴。”

“好！好！好主意！”申金猴接连赞叹了三个好字，“我们现在就起程回姬水！”

“那就委屈你了，好孩子！”炎帝转头对申金猴说，“不急于这一时半会儿了，我怎么也得为黄帝准备一些礼物才好。”

申金猴说：“来不及了，时间是最宝贵的！我们三个人即刻上路。”

炎帝说：“他一个娃娃作为出使使臣本就不成体统，如果没有使官，没有仪仗，没有随从，还不带礼物，恐怕还是会遭到黄帝属下的怀疑吧？”

午坤马伏在申金猴的耳旁，小声说：“炎帝比丑火牛还能絮叨。”

“怀疑倒是不会！”炎居对父亲说，“普天之下，头上长有羊角的，除了我们父子还有谁？哈哈！”

炎帝也被儿子的豪迈情绪感染了，脸上露出了欣慰的笑容。炎居走到父亲跟前：“父亲不必为儿子的安危操心，黄帝也是一位仁德之君，他本就顾念友情，才迟迟不肯发兵西征。如果儿子作为人质，前去打消黄帝的疑虑，相信他没有理由不善待我。”

申金猴与午坤马对望了一眼，心中都为眼前这位年幼少主的远见卓识感到惊讶不已。相对于慈悲为怀的炎帝，少主炎居更具有成为一代明君的潜质。申金猴和午坤马更加喜欢这位头上长有羊角的少年才俊了。

炎居对炎帝继续说道：“当然，咱们也别失了礼数，我今夜就随两位神仙哥哥启程，你随后备下礼物，派遣使官、随从和仪仗就是了。”

“好！好！好！”父亲炎帝只剩下说好的份儿了，“第一次作为出使的使臣，说话举止一定要得体，见了黄帝的官员行官礼，见了黄帝的家人，行家礼即可。作为使臣，你代表的是整个炎帝部落，礼数上万万错不得，不要让人笑话我们炎帝部落轻薄无礼。”

申金猴急得抓耳挠腮，对炎帝说：“这些都无须你叮嘱，这个孩子说话办事非常得体，世间再难找出第二个了。”

“我也拜托两位仙人了！请替我照顾这个年幼不经事的孩子，别看他一副少年老成的样子，其实，年龄不过十五岁……”炎帝转而朝着申金猴和午坤马拱手屈身。

“我的天神呐！”申金猴对炎帝的絮叨简直到了痛心疾首的地步。他赶紧把炎帝推到了炎居身旁：“你还是跟你儿子说吧，先把最为要紧的事儿说了，时间来不及了！”

炎帝这才对炎居说：“见到黄帝后，首先代我问候，然后你再告诉他，就说我一心培育五谷，无暇带兵打仗，我们部落的所有兵卒都交由他来全权指挥。”

申金猴说：“行了！有了炎帝这一句话，你们两个部落之间的误会和战争就烟消云散了。”

炎帝点了点头，说道：“那我就不再啰嗦了，你们赶紧上路吧！”

4

蚩尤觊觎北方平原已久。

一眼望不到头的大平原上，既可耕种又可放牧，四季分明，雨水适中。相对于山川沟壑纵横交错的三苗九黎，蚩尤更加喜欢可以纵马飞奔的北方平原。心里有什么样的目标，就会拥有什么样的人生。所以，蚩尤注定是战斗的一生，是驰骋沙场的一生。

三苗九黎总共有大大小小八十一个部落，尽归蚩尤统领。这些年来，与黄帝已经交战八次，通过这八场战役，蚩尤非但没有建立起信心，反而越战越怕、越战越小心。因为蚩尤统帅的八十一个部族全部使用了青铜武器，原以为闪亮锋利的刀剑枪矛抗衡黄帝军队的木棒石块，应该是砍瓜切菜势如破竹。然而，即便是双方军队装备差距如此之大，历经八场大战，也未能伤及黄帝的元气。八场战役虽然都以蚩尤的胜利收场，但黄帝军队的排兵布阵神出鬼没，也让他心惊胆寒。屡次都以为可以全歼黄帝的主力部队，但每回都让蚩尤扑了空。兵法诡道，蚩尤逐渐悟出了一个道理：战争是一个心智、装备、人力、物力，再加上运气的全面抗衡。

蚩尤之所以胆敢北犯入侵，完全仰仗于青铜冶炼技术。蚩尤有一个兄弟叫蚩宊，与蚩尤是同父同母的兄弟。蚩宊无心问政，对于农耕倒是颇感兴趣，蚩尤便命其掌管九黎族的农耕生产。负责农耕以来，蚩宊长年累月在田间地头，因为九黎族多山少地，他便鼓励部族里的人开山造田。开山是一个艰苦的工程，大家往往吃住在现场。有一次，负责炊饮的伙夫将新开采出来的石块垒起来烧饭，蚩宊发现石块儿竟然融化成红色的“石水”，四处流淌，冷却后却坚硬无比。蚩宊便尝试着制作耕犁的模具，然后用这些融化的“石水”浇灌到模具中，制造出了第一批青铜耕犁。

自从有了青铜农具以后，九黎族的农耕水平提高了一大截，仅仅用了几年的时间，就解决了三苗九黎的温饱问题。解决温饱之后，立刻带来很多连锁变化，部落人丁兴旺，体魄增强，对外扩张的野心也与日俱增。扩张的野心主要来自三苗九黎的大统领蚩尤，蚩尤自小喜欢舞棍弄棒，体格健硕，勇猛凶悍。当他发现蚩宊用青铜代替了木制耕犁时，当锋利的青铜耕犁轻而易举地翻开坚硬的泥土时，他的第一反应就是：青铜可以制造出锋利的武器！

于是，蚩尤命令自己的部队全部进入山里找寻、开采能够融化成水的石头。然后集中部落中所有的能工巧匠，设计、打造适合搏杀的青铜武器。长距离攻击的枪和矛，短距离攻击的刀和剑，能够抵御弓箭的青铜盾牌，都在这个时期一一出世。历经三年的时间，蚩尤为自己的十万大军全部配备上了令人胆寒的锋利武器。在接下来的三年里，蚩尤与黄帝先后打了八场战役，搞得双方边界血流成河，民不聊生。

此番，蚩尤前所未有地集中了八十一个部落的兵卒，决心一举灭掉黄帝，占领辽阔的北方平原。至于西北的炎帝，蚩尤倒是心存体恤。他觉得炎帝仁慈为怀，与世无争，潜心农耕生产，颇像自己的胞弟蚩宊，是一个没有政治野心的人。但是，炎黄二帝少年结义，虽说两个部落也曾经兵戎相见，很难说在外敌面前双方就不会联兵结盟。

蚩尤之所以采取打打停停的进攻手法，就是在察看炎黄二帝有无联手的倾向。在与黄帝的前八次对决中，都以蚩尤取胜而告终，双方实力均已明晰。但如果炎黄二人联手，自己就有左右受敌之虞，所以，蚩尤没敢全力进攻。

因为看到炎帝迟迟没有调兵遣将的举动，蚩尤逐渐加大了进攻的步伐，已经深入到了黄帝领地两天的路程。期间，遇到几次黄帝军队的小规模抵抗，均不堪一击，落荒逃去。黄帝部落的武器依旧是木棒和石块，缴获蚩尤部落的青铜武器仅限于统兵的将领使用，而这些将领很少去前线近身拼杀，所以，黄帝部落相当于没有青铜武器。黄帝军队中，最厉害的武器要算是弓箭了，但是装备的数量有限。

为了对付弓箭这种远距离杀伤武器，蚩尤特地叮嘱工匠打造了很多青铜盾牌。盾牌打造出来之后，才发现根本不适合远征作战，因为青铜盾牌沉重无比，路途之上会消耗兵卒的很多体力。于是，蚩尤果断地废弃了青铜盾牌，让工匠们赶制了轻巧一些的木制盾牌。因为工具有限，制造木制盾牌费时费力，蚩尤再次中止了该计划。

一天，蚩尤前往练兵场，检阅兵卒的搏杀训练，忽然间阴云密布，天降冰雹。随行的官员，立即给蚩尤找来一个竹子编制的斗笠，戴在了头上。鸡蛋大小的冰雹砸伤了很多正在操练的兵卒，而蚩尤只听到了冰雹击打在斗笠之上噼噼啪啪的声音，却毫发无损。冰雹过后，蚩尤摘下斗笠，若有所思：如此轻薄的斗笠就能挡住冰雹，如果再厚实一点的斗笠，挡住弓箭应该不在话下。

经过反复验试之后，轻巧便捷的斗笠就成了蚩尤军队的统一装备了。这个装备采用了稍微厚实的竹片编制而成，分为上下两层，第一层利用竹片的弹性缓解了弓箭的力量，第二层的竹片就完全可以阻挡住卸了劲道的弓箭了。远征行军时，常常会遇到恶劣天气，这个宽大的斗笠既能遮雨、遮冰雹，还能挡风，可谓一举多得。

蚩尤统领着八十一个部落的精锐军队，又往黄帝的领地推进了一天的路程。虽然，炎帝那边依旧没有任何举动，但是，仍有一个不好的消息传来：传说中的盘古十二兄弟出了太行山，辅佐在黄帝身边。

5

又是一个星夜兼程。还是蜿蜒的黄河河畔。

午坤马、申金猴、炎居，三人九匹快马一路奔向东方。

为了不影响赶路的进程，炎居让人挑来了九匹体格健壮的快马，因为他咨询了有经验的老者，说是每人三匹快马不停歇地轮换，足够在预期内赶到姬水。

果然，当第三匹马渐渐力衰之时，他们已经远远地望见了姬水。姬水雄伟的宫殿仅出现了一瞬，便隐没在了黄烟尘土之中，午坤马和申金猴吃了一惊，均不知何故。三人只能催动胯下已经筋疲力尽的马儿，继续往前奔跑。没走出多远，只见前方有一队人马疾驰而来，端坐在高头大马之上的正是骁勇善战的猛士力牧。申金猴心中暗叫不妙，他知道黄帝已经下了剿灭炎帝的决心，力牧则是出征的先锋。平地上突然间涌起的黄色烟尘，正是力牧的先锋队伍踩踏起来的。

午坤马喊道："这是入侵炎帝的先头队伍，必须拦下他们！"

力牧率领一万人的先锋队伍铺天盖地般的压了过来，行军号子加上马蹄声和脚步声，声势震耳欲聋。

午坤马、申金猴和炎居三人勒住了缰绳，并排横挡在路上。申金猴看了一眼身旁的炎居，这个弱冠少年的脸上非但没有丝毫惧色，竟然是一脸的大义凛然！申金猴禁不住在心中为炎居喝起彩来：此人绝非俗辈，日后必成大器！

力牧远远地就看到了三个人横杵立马挡在道路上，心头便生出了怒气：身为黄帝的第一猛士，率领先锋军队出征的第一天，竟敢有人拦阻！力牧马不停蹄，从背上摘下弯弓，搭上羽箭，"嗖"的一声射了出去。力牧的骑射本领勇冠全部落，其臂力之强，箭法之精准，天下无双。

申金猴的眼神甚好，他看到了力牧在马上有动作，便集中了所有注意力紧盯着前方。突然间，一个黑点映入眼帘，并且直奔自己的面门而来，申金猴左手持杵，右手一抄，"嘭"的一声抓住了力牧射来的弓箭。弓箭已经被申金猴死死攥在手中，箭头和箭尾仍在颤动，可见力道十足。

箭到人也到了，力牧看到自己势大力沉的一箭竟然被对方用手抓住了，就知道来者不善。高头大马奔到三人跟前，力牧勒住了缰绳才发现，眼前三人竟有两人是盘古兄弟中的午坤马和申金猴，另外一个身着黄袍，相貌不凡，头上长有两只羊角的少年，力牧不认识。

力牧一挺手中长矛，高声喝道："原来是两位盘古兄弟拦路啊！哈哈！数日不见两位前来议政，原来是埋伏在此处，准备拦截我的先锋队啊！"

午坤马往前一提缰绳，对力牧说："我们岂敢拦截力牧猛士的先锋军队，我们盘古兄弟只是想化解一场无谓的杀戮而已。"

"哦！原来如此！"力牧轻蔑地笑了笑，"我只是一个奉命领兵打仗的头目，盘古兄弟若想化解，可以直接找黄帝去，因为我也是奉了黄帝之命，才敢出征的。"

午坤马说："现在事情出现了转机，可否请力牧猛士晚走一天呢？"

“我奉君命出征，若无君命召唤，回去就是死罪。”力牧说完，拍了拍马头，似乎是在暗示：畜生都明白这个道理。

“可是炎帝已经派出了联兵结盟的使臣，”午坤马用手一指炎居，“若黄帝还要强行西征的话，就不怕被天下人耻笑无德无仁吗？”

“哈哈哈！”力牧坐在马上大笑道，“你们算是什么东西！仗着会一点妖术，就敢来指责我家黄帝，你们还真把自己当人了，是吧？”

午坤马强压住心中怒火：“不错！我们盘古兄弟原本都是嗜血成性的禽兽，多亏盘古教化，才得了人形，也有了人性。所以，我们才日夜不敢忘记盘古的遗训，有祸，为天下苍生挡祸，无祸，为天下苍生造福。”

“别再啰嗦了！”力牧怒喝一声，“挡我行军者死罪！”

力牧说完，一挺手中的长矛，就向午坤马刺了过来。午坤马见对方动了手，无奈之下只能举杵迎战。“噹”的一声闷响，午坤马挡开了力牧的长矛，还未等他收回坤杵，力牧的第二击又到了眼前。午坤马想再用坤杵阻挡力牧的长矛，已经来不及了，只好在马上一个侧身，避过了力牧的致命一击。力牧不愧是黄帝手下的第一猛士，当午坤马刚刚回过身来的时候，他的第三击紧接着到了。这一次，力牧是拿着长矛当棍用了，举着长矛从空中砸向了午坤马的脑袋。午坤马双手一举仗天杵，又是“噹”的一声闷响，力牧的长矛再次弹了回去。

在电光石火之间，力牧连下三记杀招，招招致命。饶是午坤马都被惊出了一身冷汗，如果换作普通人，早就当场毙命了。力牧眼看着午坤马能够躲过自己的夺命三击，心中也是啧啧称奇，心中也不敢再妄自尊大。

两个人对决了三招之后，申金猴知道力牧是一个在疆场上厮杀出来的实战家，在格斗搏杀经验上远胜过午坤马。加上午坤马的坤杵又没有特别的、单独使用的法力，这样缠斗下去，午坤马势必吃亏。所以，当力牧拨转马头，准备再次攻击的时候，申金猴一提马缰冲了过来，对着力牧喝道：“午坤马连日奔波操劳，太疲惫了，力牧猛士就算打败他也不光彩，让我来替他抵挡两招吧。”

申金猴的身形不如午坤马高大，力牧更没有把他放在眼里，他把本来平端着的长矛改成了高举，对着申金猴的脑袋便砸了下来，跟刚才对付午坤马的第三招如出一辙。而申金猴更是奇怪，双手高举金杵迎了上去，跟午坤马的防守招式也是如出一辙。“噹——嗖——”连续两声怪响，只见力牧的长矛竟然飞上了半空。力牧的长矛，青铜矛头是缴获蚩尤部落的战利品，原先的矛杆则重新换成了粗壮的乌金木，既沉又韧还结实，一般人绝对扛不住如此势大力沉的一击。可是，申金猴自打吃了人参之后，力气平添了十倍有余。在太行山的翠山湖畔徜徉的三百年中，申金猴又采到了几棵人参，但都是极小的、尚未长成人形的人参。由此可见，三百年前服用的那棵人参，至少是一棵千年老参。

力牧一击之下，忽然觉得握着乌金矛杆的两只手的虎口一震、一麻、一热之后，长矛瞬间脱离了双手，飞上了半空。就在他瞠目结舌之际，申金猴金杵一挥，对着他的脑袋就砸了下去。力牧还沉浸在惊诧之中，等到他回过神来的时候，看到申金猴的金杵已经砸到了眼前，于是乎，他双眼一闭，坐在马上束手待毙。可他闭上双眼之后，久久没有等到金杵砸下来。半晌之后，力牧悄悄地睁开了一只眼睛，发现申金猴的金杵就停留在他的眼前，两只眼睛直勾勾地盯着自己。

申金猴说："我们无须使用任何法力，照样可以击败你！"

力牧长叹一声，说道："我力牧厮杀一生，罕逢对手，今天见识了盘古兄弟的神力，败在你手中，也算是我的荣幸。"

午坤马提着马缰，往前紧走两步，问力牧："现在，我们是否可以接上炎帝联兵结盟的使臣，一同回去面见黄帝了呢？"

力牧惨然一笑："我已然是你们的手下败将，何去何从，且由你们决定吧！"

6

黄帝在议事厅中接见了炎帝派来的使臣，也就是少主炎居。

宫殿议事厅内，松明火把再次点燃，照得如同白昼一般。黄帝居中，坐在一张很大的案几后面。炎居和盘古十二兄弟，分坐在黄帝的左右两侧。亥风猪坐下后不过片刻，便将自己案几之上的食物风卷残云般吃了个干干净净。辰天龙和午坤马忙着商量什么事情，几乎没有动案几上的食物，亥风猪犹豫了几次，终于鼓足勇气端起了辰天龙面前的一个盛满牛腱子肉的陶钵，然后用征询的眼神望着辰天龙。辰天龙冲他摆了摆手，亥风猪这才端到自己的案几上，狼吞虎咽地吃了起来。丑火牛实在看不下去了，对亥风猪说："吃饭看人品，你以后要学会讲究一些。吃人家的嘴短，这个道理你又不是不懂，在这方面你吃的亏还少吗？"

亥风猪自顾自地吃完了，丑火牛的话根本就没听进去，他忽然看到了丑火牛案几上的牛腱子肉一动未动，急忙伸手端了过来说："丑火牛怎么可以吃牛肉？等上了猪肉，我再送给你吃。"

丑火牛说：“猪肉早就上过了呀，你不会连猪肉都吃掉了吧？你真是越来越不像话了！我们盘古兄弟入乡随俗，可都有一条自己的底线，那就是不吃自己同类的肉，你倒好，竟然手足相残……”

“嘘！”亥风猪对丑火牛做了一个噤声的手势，“我没吃，是记混了，我刚才用猪肉换了酉鸣鸡的鸡肉了。”

丑火牛说：“那你就更不对了！为了一口吃食，竟然骗去了我的牛肉，还口口声声要拿猪肉跟我来换牛肉，而你的猪肉早就跟酉鸣鸡换了鸡肉，一肉只能换一肉，这是个信誉问题，你说对不对？”

亥风猪说：“求求你别絮叨了！你再絮叨下去我都快吐出来了。”

黄帝起身走到了午坤马和亥风猪的身边，伸手示意请他俩站起身来，然后拉着他们俩的手，对文武百官说：“能够化解这一场误会和战争，我们首先要感谢的就是盘古兄弟，午坤马和申金猴四天往返三千多里，使得多少生灵免遭涂炭。所以，我们要感谢盘古兄弟，感谢午坤马和申金猴！”

亥风猪这才明白，是黄帝认错了人，他讪讪地从黄帝手中挣脱出来，把申金猴拽起来拉到黄帝面前说：“他才是申金猴！”

黄帝脸上微微一红说：“我光顾着高兴了，没留神把你们兄弟看混了。”

亥风猪说：“没关系！我们兄弟们英俊伟岸一脉相承，被认错是很正常的。”

亥风猪说完便走到申金猴的案儿后面坐了下来，继续胡吃海塞起来。

黄帝褒奖完了盘古兄弟，这才款款走回中间的案儿，经过亥风猪的身旁时，轻轻地拍了拍他的肩头，说：“多吃一点，申金猴。”

亥风猪嚼着一大口食物，盯着黄帝的背影，只能无奈地摇了摇头。

黄帝落座，炎居行过大礼之后，黄帝起身走下台阶，扶起了炎居，亲热地拉着他的手仔细端详说：“可喜可慰啊！炎帝家族真是英才辈出啊！”

“多谢黄帝夸奖！”炎居再次一揖到地，“晚辈还有一件重要之事未做禀报……”

“哈哈！”黄帝放声大笑道，“你来了就什么问题都解决了，无需再管那些繁文缛节了。”

“这件事情并非繁文缛节，而是关乎到炎黄二帝能否顺利击退蚩尤的关键所在。”炎居说。

“哦？你说来听听。”黄帝依旧拉着炎居的手。

炎居抽回了手，对着黄帝的文武百官拱手屈身之后，站直了身板，说道：“炎帝近几年来潜心培育五谷，立志要为天下苍生充饥果腹。而今，蚩尤北上，图谋我家园。炎帝已决定将部落中的八万兵卒全部交由黄帝统一指挥。我也愿意同众位猛士一起冲锋陷阵、搏杀疆场！驱除蚩尤，保我疆土！”

炎居一段正气凛然的告白，赢得了盘古兄弟和文武百官的一片喝彩。立在一旁的黄帝，也被深深地感染，他接着对众人说道：“炎帝算是给我们打消了后顾之忧，现在，就让我们全力以赴，与蚩尤决战到底吧！”

黄帝的鼓动再次赢得了一片震耳欲聋的喝彩声。整个宫殿里只有一个人端坐在案几上奋笔疾书，将炎黄二帝联兵结盟的整个过程记录在案，他就是少年仓颉。

7

秋末时节，田地里的粟米已经收割入仓，北方平原上逐渐显得萧瑟起来。炎帝部落的八万精兵押运着刚刚收割下来的五谷新粮，浩浩荡荡地开进了黄帝的领地，为黄帝军队的后方补给增添了保障。至此，黄帝已经集结了二十万大军、两千五百匹战马、足够的粮食以及正在日夜赶造的弓箭。

黄帝将二十万大军分成了九个作战团队，他亲自统领四万人马居中策应。手下的猛士武将风后、鬼容区、力牧、应龙、风伯、雨师，以及炎居和申金猴，各统领两万人马作为参战部队。因为担心黄帝和炎居有所闪失，申金猴特意安排戌雷狗和卯闪兔分别跟随两位仁君少主，以防不测。戌雷狗和卯闪兔的雷闪双杵，是盘古兄弟中能够独立作战，而且杀伤力最强的利器。剩下的盘古九兄弟，全部随同申金猴出战。

根据蚩尤推进的速度，黄帝决定接受风后的建议，放弃姬水，把涿鹿作为双方对决的主战场。通过数次亲临现场观察地形，风后发现涿鹿的地势地貌非常适合八阵图的布阵。为了能够使黄帝以及参与作战的将士们清楚自己的职责，风后让手下找来一块很大的、平坦的木板，并用沙土在木板上复制了一个涿鹿的地貌地形。这种推演排兵布阵的方式一直沿用了将近五千年，被后世的军事家们称之为“沙盘”。

风后把沙盘上的涿鹿按照地理方位划分成为八个区域，分别是：离、艮、兑、乾、巽、震、坤、坎。风后对大家说：“既然黄帝任命我全权军事指挥，我只能尽我所能。诸位心里都很清楚，我们虽然有二十万大军，而蚩尤只有十万军队，但他们的青铜利刃以一当十，如此对比下来，我们还是处在劣势。所以，我们只能依靠八阵图，才有胜算的把握。而八阵图的成败关键，就在于九路作战团队的遥相呼应、各尽其职。若有一路人马退缩畏战，我们将全盘皆输。”

包括黄帝在内，各路领兵将领纷纷点头。风后说：“既然大家都听明白了，我就分头部署了，请上八阵旗来！”

顷刻，有九名兵卒各执一面颜色不同的旗帜，走了进来。风后对大家说：“以前的八阵旗只有颜色区分，昨天，我请仓颉先生将八阵图的各个名称书写到了旗帜之上。以便于各个团队辨认。”

九名兵卒抖开了大旗，只见黄色旗帜绣着一条腾云驾雾的飞龙，没有任何字体，另外八面旗帜上分别写着：天覆阵、地载阵、风扬阵、云垂阵、龙飞阵、虎翼阵、鸟翔阵、蛇蟠阵。风后说：“鬼容区统领地载阵，居艮位；力牧统领风扬阵，居兑位；应龙统领云垂阵，居乾位；风伯统领龙飞阵，居巽位；雨师统领虎翼阵，居震位；炎居统领鸟翔阵，居坤位；申金猴统领蛇蟠阵，居坎位；我统领天覆阵，居离位。”

八路将领各自领到了自己的阵旗，执旗而立，煞是威风。风后指着沙盘上的一处高地，对黄帝说：“涿鹿北侧有一座山，名叫盘山，登上此山可以坐观全阵，黄帝届时执黄龙旗坐镇指挥，看到哪个阵势危急，便挥黄龙旗驰援。”

黄帝恭恭敬敬地从兵卒手中接过黄龙旗，说道：“风后的八阵兵法图诡异精巧，绝非凡人能够破解，蚩尤这一次在劫难逃了！”

风后说：“八阵兵法图全赖祖上伏羲的《河图》和《洛书》的启发，后辈不敢居功。”

站在申金猴背后的丑火牛，突然站出来对风后说：“在这里唯一敢居功的是申金猴，没有他的帮助，你家祖上的《河图》还停留在最原始的阶段。”丑火牛转而对黄帝说，“所以，你要感谢的人还应该包括申金猴。”

申金猴对丑火牛低声说道：“都是陈年往事了，你不要多此一举！”

“我从祖上继承了《河图》《洛书》的时候，可从未听说过申金猴啊。”风后收起摊开的八阵兵法图，“我倒要向盘古兄弟请教，你们当初是如何帮我家祖上演成此图的。”

丑火牛说：“你家祖上没说就不等于申金猴没有帮忙，申金猴如果没有帮忙，就算是你家祖上说了，我们盘古兄弟也不会领这个人情。说不说是一回事儿，做不做是另一回事儿。说了没做是一回事儿，做了没说是另一回事儿……”

风后强压住怒火，对丑火牛说：“你在这儿叽叽歪歪啰嗦什么！吵得我头昏脑胀，你能否把事情说得简单明了一点！”

“好吧！”丑火牛一本正经地对风后说，“没有申金猴就没有你今天的八阵兵法图！”

“你们连《河图》《洛书》是什么样子都没见过，就敢在这里胡说八道！”风后简直已经怒不可遏了，他一伸手，“哗啦”一声拔出了悬在腰下的青铜剑，对着丑火牛说，“狂妄自大的畜生！你竟敢辱没我家祖上先人，看我如何收拾你！”

黄帝和申金猴几乎同时喊了一声：“住手！”

黄帝与申金猴对望了一眼，黄帝用眼神示意让申金猴先说。申金猴也没谦让，往前迈了一步，对风后说：“我们盘古兄弟一直对伏羲敬重有加，当年，伏羲带我们登上天爷梁，感受绝顶之上的八方来风，沐浴天地精气的场景，现在想起来还历历在目。”申金猴走到沙盘的一角，在一块空闲处画了一个圆圈，又在圆圈的中间画下一条横线，“我们不仅见过伏羲的《河图》和《洛书》，而且还见过最初的《河图》，就是这个样子。这一条非白即黑的直线，让伏羲脑海中的光亮总是稍纵即逝，很多道理都无法融通，使得伏羲一夜之间黑发变白发。”

申金猴伸开手掌，把刚才画在沙盘上的圆圈抚平，说道：“就是那次登上天爷梁，坐在巨石之上夜观天水，突发灵感，我对伏羲说‘直线缺乏变化，而天地万物却无时无刻不在变化之中，比如，眼前的天水，白天为黑色，夜晚则变成了白色，可谓是顺应天时；天水遇阻则回，遇山则曲，可谓是顺应地理。’”

申金猴又在沙盘上画下了一个圆圈，并在圆圈里面自上而下画了一条曲线，将圆圈平均分割为二，说：“于是，我按照天水的样子，划下了这样一条曲线。”

申金猴说完这番话，画完这张图，再看风后的时候，只见他双眼圆睁，直勾勾地望着沙盘上的圆圈，手中的青铜剑“咣当”一声掉落在地上。风后抬头望了一眼申金猴，“扑通”一声跪倒在地，说：“祖上传下来的《河图》《洛书》，风后从未敢示人，今日，申金猴能够画出此图，你们的话必然不假，晚辈赔罪了！”

8

蚩尤一路北上，偶尔遇到小股的黄帝军队，均是不堪一击、四散溃逃。于是，蚩尤命令军队加快推进速度，直捣姬水。

蚩尤之所以改变了打打停停的进攻策略，一是因为黄帝的棍棒军队难敌自己的青铜利器，二是要赶在收获粟米之前占领黄帝的地盘。这一招可谓是一箭双雕：第一，趁着粟米收割之前断了黄帝军队的军粮补给；第二，自己的军队获得新粮补给，就不用从苗疆长途跋涉运送粮食了。

临近姬水时，蚩尤做好了充足的准备，满以为会有一场恶战。不料，黄帝早已闻风而逃。守卫国都姬水的只有两万棍棒军，领兵的还是一个头上长角的少年。蚩尤指挥军队只用了一次冲锋，对方的两万人便溃不成军，逃往了西北方向。占领了黄帝的国都姬水城，就象征着黄帝的领地已经易主，宽广的北方平原已成了九黎族的领土。走进了繁华的姬水城，蚩尤严令不得骚扰和伤害平民，每户按照人口征用新收的粟米充作军粮，多征粮者斩。

走进黄帝宫殿的议事厅之后，蚩尤感慨它的排场，远胜过自己在苗疆的居所。当天夜里，蚩尤便在黄帝的议事厅内大宴文臣武将，一直狂欢到深夜。

第二天一早，蚩尤就开始部署军队，追击北逃的姬水守军。蚩尤的感觉没错，那个头上长角的少年将领逃跑的方向肯定就是黄帝所在的位置。蚩尤刚刚布置完毕，忽然传来了一个消息，说是炎帝调动了八万军队直奔涿鹿。

听到这个消息后，蚩尤沉思了许久，未发一言。蚩尤手下的一名谋臣叫括郎，提醒道：“自从进入北方平原以来，我们一直没有遇到强力阻击，黄帝手下的四大猛士鬼容区、力牧、风后和应龙，我们一个都没有看到，而守卫国都姬水的竟然是一个头上长角的少年。据我所知，天下头上长着羊角之人，只有炎帝，而这个少年很可能就是炎帝的儿子。如果这个少年真是炎帝之子，那就说明炎黄二帝早已联兵结盟了。所以，我们必须谨慎行事啊。”

“我们连黄帝的国都都占领了，还惧怕一介农夫炎帝吗？”蚩尤一挺胸脯，朗声说道，“就算是炎黄二帝联兵结盟，也顶多加上了八万条棍棒，怎么敌得过我十万青铜利刃！”

议事厅内，一帮三苗九黎的武将们，拔出亮闪闪的青铜剑，举剑高呼：“立志北上，剿灭炎黄！立志北上，剿灭炎黄！”

等到武将们的情绪稍稍平静下来，括郎再次提醒蚩尤，说：“我们的青铜利器虽然所向披靡，但是黄帝的军队一味地退让，还是令人心生疑虑啊。尤其是派了一个少年把守姬水，这会不会是诱敌深入呢？”

蚩尤说：“历经八次交锋，黄帝身边的四大猛士早就吓破了胆，所以才会把镇守国都的军队交给一个小孩子。再说了，黄帝都北逃了，姬水守与不守也就无关紧要了。先前有消息说，炎帝因为担心黄帝西征，就把自己的儿子炎居送给黄帝做了人质。如果，这个把守姬水的小孩子真的是炎居，恰好证明黄帝已经闻风丧胆，才会把炎帝的儿子放在最前线上。”

括郎说：“炎黄如果联兵结盟集结于涿鹿，兵力当不低于二十万，我们还是应该……”

“不必再说了！”蚩尤打断了括郎的劝谏，“炎帝举全国之兵，到涿鹿救援黄帝，正好免去了我西征之苦，那我就在涿鹿将其一并歼灭！”

休整了一日之后，蚩尤亲自统领三苗九黎八十一个部落的将士，浩浩荡荡开往了涿鹿。路途之上，随处可以看到炎居统领的两万军队丢弃的棍棒、口粮、衣衫，足见他们逃离之仓促。

五天之后，蚩尤的十万大军逼近涿鹿。前方探子传来消息，说是黄帝率领大军驻扎在涿鹿的盘山之上，摆出了决一死战的架势。蚩尤听闻哈哈大笑，说：“黄帝已经无路可逃了，决战只是垂死挣扎罢了！给我安营扎寨在盘山脚下，我要看看黄帝还有什么花招。”

括郎说：“使不得！使不得！我刚才到前方查看了，盘山之下地势平坦宽阔、无遮无挡，万一遭到围攻，恐怕难寻退路。”

“地势平坦宽阔，你担心会遭遇围攻。如果地势险要，你又担心会遭遇埋伏。总之，不管什么状态，你都能找出一个担心的理由。我知道，谋臣们都是这么干的，以便在我真的遭遇伏击之后，你们就可以推脱责任了。”蚩尤一脸不屑之色。

蚩尤的一席话，说得括郎无言以对，只能长叹一声退了下去。蚩尤倒也不是被胜利全然冲昏了头脑，他将十万大军按照四、三、三的比例，呈三角形驻扎在盘山之前。营地扎好，蚩尤刚刚在帐篷里落座，括郎又急匆匆地赶了进来，对蚩尤说：“我派出的一路探子回来禀报，说是黄帝驻扎在盘山之上的军队只有四五万人，其余的十五六万人马不知去向。”

这个情报倒是让蚩尤略显紧张，他把舒展的眉头瞬间拧出了几道褶皱，问道："难道盘山之上的不是黄帝，而是故意摆出与我决战的姿态，掩护黄帝逃跑的？"

"这个……这个，还很难说清楚。"括郎对于蚩尤的傲慢很担心，"万一其他十五六万人马迂回到了后方，对我们形成合围之势，情况对我们可就十分不利了。"

蚩尤说："我的青铜利器对付棍棒，足可以以一当十，如果他们有一百万军队的话，或许我会……"

蚩尤的话音未落，突然"嗖"的一声，一支弓箭穿透了帐篷，扎进了蚩尤身边的泥土中。

9

涿鹿的大平原上，乌云压境，天气阴沉。在这个本该多风的深秋季节，这一天，却感觉不到丝毫风吹草动，只是天空中密布的铅云越积越厚、越压越低。

鬼容区统领的地载阵，力牧统领的风扬阵，应龙统领的云垂阵，风伯统领的龙飞阵，雨师统领的虎翼阵，炎居统领的鸟翔阵，申金猴统领的蛇蟠阵，风后统领的天覆阵，分别从艮、兑、乾、巽、震、坤、坎、离的方位，对蚩尤的三角营地形成了合围之势。按照事先约定，黄帝在盘山之上看到八个阵势形成合围之后，便高举三次黄龙旗，八个阵势便万箭齐发，先以弓箭挫敌锐气。

一阵箭雨自天而降，形成的杀伤力却微不足道，因为蚩尤的大军中人人都佩戴着双层加厚的竹斗笠。只有一些懒散的、没有戴竹斗笠的家伙或死或伤，但是寥寥无几。

端坐在盘山之上的黄帝，眼见万箭齐发，蚩尤的三个营地倒下了一大片人马，禁不住心头大喜。按照约定，弓箭对蚩尤的大军形成第一波攻击后，黄帝向左侧连续挥动了三次黄龙旗。见到黄帝发出的信号后，风后统领的天覆阵，力牧统领的风扬阵，风伯统领的龙飞阵，炎居统领的鸟翔阵，分别从离位、兑位、巽位、坤位，杀向了蚩尤的营地。顷刻间，人喊马嘶，杀声四起。

四个阵势杀进蚩尤的营地之后，远在盘山之上的黄帝，瞬间变了脸色。因为，他看到先前被弓箭"射倒"的人马，纷纷起身迎战，等于第一轮的弓箭攻击，根本没有形成有效的杀伤。

蚩尤的营地之中，九黎族的将士们摘下头上的竹斗笠，挽在手臂上当做盾牌，另一只手擎着青铜兵器，与黄帝的大军厮杀开来。黄帝军队的棍棒击打下来时，蚩尤军队举起斗笠相迎，紧接着反手刺出青铜利刃。双方交手片刻后，优劣立判，黄帝的军队死伤无数。而蚩尤骁勇善战的九黎族将士，几乎毫发无伤。蚩尤骑在一匹高大骏马上观战，忽然间狂笑起来："左斗笠，右青铜，任你兵法诡计万千重！"

云层越来越厚，越压越低，天空中已经飘起了零星雨点，一场大雨眼看就要来临。

黄帝眼见四个阵势在九黎族的青铜利器下无力支撑，急忙向右侧连续挥动了三次黄龙旗。盘山之下的鬼容区、应龙、雨师和申金猴，率领地载阵、云垂阵、虎翼阵、蛇蟠阵，分别从艮位、乾位、震位和坎位上杀入蚩尤的营地。在僵持阶段的缠斗中，这种密集的分批次冲击十分有效，因为生力军带来的不仅仅是人数上的优势，还有声势和心理上的震慑。蚩尤的军队略作退缩后，紧接着又反扑上来，黄帝军队的伤亡还在继续。

炎居虽说年少，但作战勇猛，他骑在一匹黄骠马上，手持一柄黄帝送给他的青铜剑左冲右突，杀敌不少。卯闪兔紧随其左右，为他遮挡了不少背后的突袭。炎居刚刚将一名九黎族的兵卒砍翻在地，另一名九黎族的大汉手持一柄长矛，奔着他的后背便急刺过去，卯闪兔挥起闪杵，将大汉的长矛震飞，随即飞起一脚把大汉踢晕在地。

兵士伤亡最少的要算是申金猴率领的蛇蟠阵，因为盘古十兄弟一马当先冲在最前沿，九黎族的斗笠盾牌在势大力沉的仗天杵面前不堪一击。好在盘古兄弟约定：只伤不杀。这才使得九黎族众多将士免遭涂炭。

雨，已经大了起来。

黄帝眼见蛇蟠阵独木难撑，便下了决心，将手中的黄龙旗上下挥了三次。每个阵势中，都设有专门的"观旗兵"，观旗兵看到黄帝的旗语之后，迅速通报给统兵的将领。八个阵势的八位将领得到黄帝信号后，迅速下令撤兵。兵败如山倒，黄帝的大军在蚩尤的营地里，抛下三万多具尸体，溃败而归。

一场大雨铺天盖地地泼了下来。

蚩尤的九黎族将士们，把手中的斗笠戴到了头上，望着黄帝溃逃的军队，振臂欢呼。

10

黄帝的军队一直退到十箭地的距离，各阵势在原来的方位上扎住了阵脚。

连夜，黄帝与众人在盘山之上商讨应敌之策。

大帐之内，人声鼎沸，一度盖过了雨点打在帐篷上的声音。大家最后都把失利的矛头指向了蚩尤军队最新装备的竹斗笠。这个既能防箭又能挡雨的便携斗笠，的确是黄帝军队始料未及的。原以为第一轮的箭雨攻击之后，足可令敌军死伤三分之一；趁着他们惊慌失措之时，四个阵势冲杀进去，作为第二波攻击；缠斗进行到僵局之时，另外四个阵势再次冲击，形成第三个攻击波。如此三轮攻击下来，蚩尤军队必败无疑。可是一个小小的斗笠，竟然玩笑般地化解了黄帝军队杀伤力最强的第一轮攻击。既然第一轮攻击没有奏效，剩下的两轮冲击，也就无足轻重了。

申金猴撤退的时候，趁机从一个蚩尤兵卒手中抢夺过来一顶斗笠。此刻，申金猴拿着斗笠走到大帐中的松明火把跟前，把斗笠翻来覆去地看了一遍，发现斗笠的上面一层有两处箭眼，但是第二层却毫发无损。丑火牛走上前来，接过来斗笠瞧了瞧，也没看出什么名堂，顺手就把斗笠戴在了自己头上。

炎居说："这个斗笠看似其貌不扬，实则有很大的用处，远距离防御弓箭，近距离可以抵挡棍棒，所以，我们还得想办法破解这个斗笠。"

炎居的话刚刚说完，忽然觉得眼前一片亮光，抬头看时，发现丑火牛戴的斗笠着起了火。原来，丑火牛个子太高，戴上斗笠之后，斗笠的边缘就被身旁的火把点着了。丑火牛急忙摘下斗笠扔在地上，"扑通，扑通"两脚把着火的斗笠踩灭了。他弯腰捡起地上烧了一半的斗笠，突然眼前一亮，说："我有办法了！我有办法破解蚩尤的斗笠了。"

众人一起转过头来，都用疑惑的目光盯着丑火牛，生怕他唠叨起来没完没了。丑火牛把烧了一半的斗笠举在半空中说："你们看看，这个斗笠怕火烧，是不是？既然怕火烧，我们就可以用火攻啊，我们多点几把火，就能够破掉蚩尤的斗笠了。"

黄帝对丑火牛说："很有道理！你说说如何用火攻？"

"我的火杵可以喷火，就凭着火杵，就能把他们烧个一溜够。"丑火牛说。

风后撇了撇嘴，说："蚩尤十万大军排在那里，就等着你拿着一根火棍去烧吗？"

"丑火牛说的没错！"申金猴说，"火攻的思路很好！"

黄帝知道申金猴足智多谋，便伸手制止住大家的吵嚷，说道："我们听听申金猴的想法。"

"是丑火牛给了我火攻的启发。"申金猴把丑火牛手中的斗笠接了过来，指着上面的两个箭眼说，"你们看到了吗，这是我们射到斗笠上面的两支弓箭留下的，大家想一想，如果我们射出去的都是火箭呢？"

"火箭？"

"什么火箭？"

"带火的箭？"

"箭如何带火？"

申金猴没有理会大家的问题，他走到一位兵卒身边，要过他身上佩带的弓箭。然后从自己的衣袍上面撕下一块儿布条，走到松明火把跟前，将布条放在松油里面蘸了蘸，再把布条系在一支箭的箭头上。申金猴弯弓搭箭，对大家说道："我给大家演示一遍！"

申金猴搭上弓箭之后，走到一根火把跟前，点燃了布条，然后拉开弯弓，"嗖"的一声射向了大帐的门口。箭像一条火龙一般飞出了大帐，任凭外面大雨如注，也未能将其浇灭。

11

大雨下了三天，整个北方平原被灌了一个水饱，四处泥泞不堪。

连续几日，黄帝的大军悄悄潜入山林，采集松油。松油不怕雨水，所以，三天大雨倒是给了黄帝充足的准备时间。布条就在兵卒们各自的衣衫上撕扯，等到把所有箭上都绑上布条，弓箭手们几乎变成了全裸。

第四天，雨停了。黄帝问申金猴可否攻击？申金猴说不着急，等到太阳出来晒干了斗笠，火着得就更旺了。辰天龙问申金猴，这一招火攻是不是过于阴损了？申金猴说这场战争拖得越久，死伤的人就会越多，而火攻顶多让对方丧失战斗能力，不会直接毙命。丑火牛找到申金猴说："我为自己的创意想了一个顺口溜，你听听是不是具备传播的价值：欲破苗兵，需用火攻；丑牛带火，需借弯弓；奇思妙想，绝顶聪明；十二兄弟，拔得头功……”

秋风飒爽，仅用了两天时间，便让北方平原恢复了原貌。干爽的空气，干爽的野草，干爽的斗笠……

盘山的大帐中，黄帝恭恭敬敬地请申金猴部署这场生死攸关的大战，申金猴推脱道：“还是由风后来主持战局吧，我们盘古十二兄弟全力以赴配合就是了。”

风后惨然一笑：“首战失利，我已没有脸面再鼓吹风后八阵兵法图了，还是请申金猴主持战局吧！”

眼看谦让不过，申金猴便登上了大帐中的令台：“承蒙黄帝以及风后等文武百官抬举，申金猴自当尽职尽责！只是我想把进攻时辰改在今夜子时。”

大帐之内静得出奇，众人被申金猴的一句话惊得瞠目结舌，因为自古以来，大决战都是白天进行的，夜间如何作战?

申金猴说：“风后的八阵兵法周密严谨，所以，我们今晚的排兵布阵跟上次的阵法完全一样。”

“夜间作战，如何看得清黄帝的令旗？”风后问申金猴。

“白日观旗，夜晚观火！黄帝在盘山之上准备三堆柴火，进攻口令以火为号。”申金猴说。

黄帝也不甚理解，问申金猴：“这样一场留名千古的大战，为何要在夜间子时进行呢？再说了，火箭在夜间非常明显，蚩尤的兵卒就会提前严加防范了。”

申金猴说：“据我了解，三苗九黎之人都惧怕鬼神，而子时又是鬼神出没的时间，蚩尤的兵卒在这个时刻必定会神情紧张、疑神疑鬼。届时，黄帝点燃第一堆柴火，这个时候会出现阴阳颠倒，天地间亮如白昼，蚩尤的军队会更加慌乱。见到天亮，各个阵势立刻放火箭，这样，敌军就不会提前看到火光了。第一轮火箭攻击过后，天色就会变回黑夜，此刻，黄帝点燃第二堆柴火。见到第二堆火光后，四个阵势发动第二波攻击，盘山之上的兵卒使劲擂响战鼓，以助声威。此时，蚩尤的营地中必然火光冲天，黄帝完全可以看清楚战局了。至于何时点燃第三堆柴火，那就由黄帝亲自定夺了。”

申金猴布置完毕，大帐中依然鸦雀无声，文武百官对这个战局布置，无不心存疑虑：子时天会亮如白昼？第一轮火箭攻击后，天色变回子夜？这怎么可能呢?

黄帝满腹疑惑地问申金猴：“如果子时天色不能变为白昼，怎么办呢？”

申金猴笑道："你们既然让我来主持战局，就要信任我。今夜子时，天若不能变成白昼，我申金猴明天早晨就把脑袋摘下来谢罪！"

12

四周漆黑一片，几乎是伸手不见五指。

黄帝的军队在黑暗中的涿鹿平原上往前推进，在距离蚩尤营地不足一箭地的地方，悄悄地潜伏下来，静静地等待子时的天光大亮。第一次在夜间发动一场攻击战，加上听说今夜子时会天光大亮，黄帝军队中兵卒们竟然没有了以往与蚩尤决战时的恐惧，一个个心中充满了莫名其妙的兴奋。

子时，盘山之上，黄帝举着火把亲自点燃了第一堆柴火。

涿鹿平原上，地处坎位的蛇蟠阵中，申金猴对着辰天龙和子地鼠点了点头。辰天龙和子地鼠举起天地双杵，口中念道："天地一杵，日月同辉！"

刹那间，天际划过一道闪电，天地亮如白昼，亮光刺得众人睁不开眼睛。随着一声"放箭"的口令传来，一条条"火龙"奔向了蚩尤的三角营地。一阵箭雨过后，几乎箭箭都不落空，射中斗笠，点燃斗笠；射中帐篷，点燃帐篷；射中草地，点燃野草。三角营地里，传来了一片震天动地的哭喊声，蚩尤的军队完全被吓懵了，子夜变成了白昼，紧接着是无数从天而降的火龙……九黎族的兵卒们，扔掉了着火的斗笠，扔掉了青铜利器，有的甚至脱掉了已经着火的衣衫，四散溃逃。

申金猴觉得时机已经成熟，便对身边的寅乾虎和午坤马点头示意。寅乾虎和午坤马两人举杵念诀："乾坤一杵，日月同归！"

刹那间，天地重归子夜，但是眼前的火海照亮了涿鹿平原。

盘山之上，黄帝亲自点燃了第二堆柴火，并命令兵卒擂响了战鼓。

见到火号之后，天覆阵、风扬阵、龙飞阵、鸟翔阵作为第二波攻击，杀入了蚩尤的三角营地。九黎族的将士们，现在只有逃窜保命一个念头，因为他们生平第一次面对这样的大火，烧死的、烧残的、烧伤的……不计其数。

盘山之上，黄帝最终没有点燃第三堆柴火。

涿鹿大战，最终以黄帝取得全面胜利而宣告结束。

蚩尤骑上快马逃离了涿鹿，却被随后追赶而来的应龙和力牧杀死。黄帝看到蚩尤的尸体后，对应龙和力牧大加斥责。随后，黄帝厚葬了蚩尤，封其为兵主，并把蚩尤的头像绣在自己军队的军旗之上。

三苗九黎的十万大军，在涿鹿之战中损失近半，剩下的五万多人，黄帝为其分发粮食，安抚南归。自此之后，长江流域的苗疆也尽归黄帝统辖，称之为“黎民”。

黄帝一一表彰了涿鹿之战的有功之臣，文武百官加官进爵，苍生平民赐之姓氏，统称为“百姓”。自此，便有了“黎民百姓”之称呼。

等到黄帝准备封赏涿鹿之战最大的功臣——盘古十二兄弟之时，却发现盘古兄弟们已经不辞而别了。黄帝四处询问其下落，始终未得到半点音讯。炎居对黄帝说：“自从涿鹿之战以来，盘古十二兄弟的情绪很是落寞。我听丑火牛跟我唠叨过几句，盘古兄弟们觉得涿鹿之战死伤的兵卒太多，尤其是因为盘古兄弟谋划的火攻之计，导致九黎族伤亡了将近五万生灵，他们于心不忍，所以，才不肯接受黄帝的封赏。”

又过了一些时日，仓颉把涿鹿之战的记录送与黄帝观看。黄帝看完之后，没说话，传阅给了文武百官。常先看完之后，对黄帝说：“盘古十二兄弟天赋异禀，如果不是亲眼所见，后世子孙很难相信他们的存在。如此说来，由盘古兄弟主导涿鹿之战，恐怕有损黄帝的圣名，这样著史不妥吧？”

经常先这么一说，一些官员纷纷附和。

黄帝一字未说，转身离开了议事厅。

第十二章

尧舜禹，礼贤禅让万民福

1

若干年后，盘古十二兄弟的故事依然在黎民百姓之间流传，只是谁都没有再见过他们。渐渐地，人们觉得盘古兄弟只是一个传说而已。

万里之遥的西域高原，巍巍雪山挺拔耸立，皑皑白雪亘古不化。雪线附近有一片怒放的雪莲花，微微泛着淡绿的娇嫩花瓣，在一阵疾风拂过之后，依旧恬静平和。远处一道雪梁之上，一行十二个黑点缓缓走了下来，他们正是在人世间久未露面的盘古十二兄弟。

五百年后，盘古兄弟们的相貌依旧是风华正茂，只是眉眼之间多了一丝风霜之色。除了脸上的憔悴之外，变化最大的要数他们的衣着了。忆往昔，盘古十二兄弟都是一袭白丝袍，全然一副超凡脱俗的玉树临风之态。而今，历经五百年之久，华美结实的丝质白袍早已变成了破衣烂衫，惨不忍睹。

“看！雪莲湖！是雪莲花！”亥风猪首先喊了起来。

丑火牛懒懒地说：“我们已经翻越了数不清的雪山，看到了数不清的雪莲花，遇到了数不清的雪山湖泊，可哪里都找不到雪莲湖，这一次还是老样子，不信就等着看吧，又是白激动一场。”

未云羊说：“丑火牛，你就不能看在亥风猪这股热情的份上，让他多激动一会儿？干吗总是给他泼冷水？”

“我是想让大家清醒一些！”丑火牛说，“我们找了五百年，转来转去都是差不多的样子，雪山下面是雪线，雪线附近开满了雪莲花，雪莲花下面是草地，草地下面是森林，森林包围着一个湖，但都不是我们的雪莲湖。这样找下去，就算是再过一千年还是这个结果，又有什么意义呢？”

“不仅没有意义，还浪费了我们的大好时光，连一口肉都吃不上。”寅乾虎也跟着发起了牢骚。

丑火牛和寅乾虎说完之后，大家谁都不再作声，因为他们俩道出了大家的心里话。

自从离开涿鹿以来，盘古兄弟们历尽千辛万苦，远涉西域寻找雪莲湖，已经五百年之久。这是一个寻找归途的五百年，也是一个沉闷抑郁的五百年，因为这五百年间，一贯喜欢说笑的申金猴始终保持着沉默。他时常在梦中惊醒，额头上渗出豆大的汗珠，因为他又梦见被熊熊大火烧灼的九黎族士兵，他们翻滚着，惨叫着，直到躺在地上抽搐，连身上的火苗都跟着一起微微跳动……

辰天龙与申金猴是同样的心情，盘古让十二兄弟用仗天杵为天下苍生挡祸造福，而他们却用仗天杵杀生，五万生灵惨遭涂炭，这如何能够让他们的心灵平静！夜深人静的时候，大家时常能听到辰天龙的长吁短叹，也经常听到申金猴在睡梦中惊呼叫喊。

团队中两位领袖级人物，整天沉浸在抑郁的情绪中，午坤马不得不操心十二个兄弟的未来之路。

“大家在这里休息一会儿吧，今天的午饭还是雪莲大餐！”午坤马招呼着大家。

酉鸣鸡遥望着雪山脚下的一池湖水说：“果然又是一个湖，四周光秃秃的，还不是我们的雪莲湖。”

“你看看，我的脸是不是都吃绿了？”寅乾虎捧着一朵雪莲问戌雷狗。

戌雷狗说：“你的脸皮很厚，吃千百年的雪莲花也不会受影响。”

“再敢讥笑我，当心我打断你的狗腿！”寅乾虎抄起仗天杵吓唬戌雷狗。

午坤马说：“你们别闹了！我们商量商量下一步的计划吧。”

“这还有什么可商量的！”寅乾虎说，“回到有人烟的地方，至少还能混个肚子饱。”

“你们大家是什么想法？”午坤马问。

除了辰天龙、申金猴和亥风猪之外，其他人都点头表示同意寅乾虎的意见。巳水蛇对亥风猪说：“你知道你为什么一心只想着回雪莲湖吗？”

“为什么？”

“因为你不想承担责任！”巳水蛇气愤地说，“你只想回到雪莲湖享受安逸无忧的生活，而盘古让我们来到人世间，是要为天下苍生挡祸造福，我们回到雪莲湖，几千年都遇不到一个人，你还为谁挡祸？为谁造福？”

“巳水蛇说得对！说得好！”卯闪兔说。

午坤马点了点头，转身对辰天龙和申金猴说：“其实，这也是我的想法。那场大洪水把我们送到这片土地上，如果是一个天意的话，也许，天意还要我们盘古十二兄弟在人世间，再造一个雪莲湖。”

亥风猪说：“我们曾经在太行山的翠山湖试过了，可最后还是被淹没了。”

卯闪兔说：“雪莲湖不是也曾经被大洪水淹没过吗！都是一样的。”

“你们没有听明白我的意思。”午坤马说，“我是说把整个人世间，都变成雪莲湖那样的祥和家园。”

“可是，人世间没有那么多湖，也没有那么多树啊！”亥风猪说。

卯闪兔说：“午坤马的意思是让人世间变成一个美丽的、祥和的家园，每个地方都像雪莲湖一样。那样的话，不管我们在哪里，都像是在自己的家园中一样。”

丑火牛说：“如果真能那样的话，谁还会想回雪莲湖？看不见人，吃不到肉，没有篝火烧烤，也没有陶钵炖汤，每天唯一能听到的动静就是酉鸣鸡的打鸣。”

“唉！”辰天龙叹了一口气，“午坤马说得对！把整个人世间都变成雪莲湖，这或许才是盘古给我们留下仗天杵的真正目的。”

2

东进之路，漫长而且艰苦，盘古十二兄弟还是毅然地踏上了征程。他们来时经过的一片湖海，返回时，却发现湖海变成了沙海。湖海岸边高大挺拔的白杨树曾经一望无际，延绵千里，巳水蛇还说过走完树海又走湖海之类的话。而今，沙海里几乎看不到一滴水，岸边的大叶子白杨也变成了矮小佝偻的小叶子杨树，而且零星稀疏。巳水蛇望着眼前这片地貌的巨变，心中不禁戚戚然，他将这些佝偻着的小叶子杨树命名为“湖杨”，以纪念消失的湖海。结果，传至后世，世人将其误称为“胡杨”。若干年之后，巳水蛇听说人们管这种杨树叫作胡杨，觉得后世之人糊涂，心中大为不满，欲将树名更改回“湖杨”。辰天龙劝阻道，世人改得没错，有水之杨，乃为湖杨，无水之杨，是为胡杨。巳水蛇听后，只得作罢。

穿梭在矮小稀疏的湖杨林中，盘古兄弟继续一路往东行去。数日之后，大家看到眼前又有一片浓郁的绿色，一直延绵至远方。巳水蛇兴奋地喊道：“白杨！白杨树！”

“好像着火了，你们看看那边有烟。”未云羊指着白杨树林中升起来的一股浓烟说。

巳水蛇一溜烟地奔向了树林，边跑边喊：“赶快去救火！我们得保住这片白杨树！”

盘古兄弟涌进树林之后发现，竟然是一群人在砍树烧树干，浓烟就是从一处石头和土坯垒砌的灶一样的东西里冒出来的。盘古十二兄弟已经五百年没有见到人烟了，突然间发现白杨林中冒出一群人，觉得很新鲜。巳水蛇看到杨树林没有着火，顿时放下心来。他走到冒着浓烟的灶前，问一位正在往里面添加柴火的汉子："你们这是在做什么？"

汉子抬起黢黑的脸庞，发现眼前站着一群青年人，心中也甚是纳闷。黑脸汉子用犹疑不定的眼神，看着眼前的十二个衣衫褴褛的年轻人说："我们在伐木烧炭，你们从哪里来？"

"我们从遥远的西方来。"巳水蛇眼睛盯着燃烧的灶火，"你们烧炭做什么用？"

黑脸汉子说："冬天寒冷，人们可以烧炭取暖，这样就不会冻死人了。"

"如何烧炭取暖？"巳水蛇很是关切地问道，因为在十二个兄弟当中，他是最怕冷的一个。

黑脸汉子指着地上的一堆木柴说："木头被点燃之后，有两种东西出来，一是烟，二是火，烟火全部烧尽之后，就只剩下一点灰烬。我们垒砌的这个窑炉，把木头烧到一半的时候，只让其冒烟，不让其出火。"黑脸汉子指着另外一堆黑乎乎的东西说，"烟冒完了之后，剩下的就是木炭了。"

"这就是木炭？"巳水蛇问，"这个就能取暖了？"

"烟冒尽了，当然就只剩下火了，冬天点燃之后，就可以在屋子里享受无烟之火了。"黑脸汉子觉得眼前这十二个家伙形同乞丐，一点见识都没有，脸上渐渐露出不耐烦的神色，"当然，这玩意儿只有富人才用得起，你们这些要饭的，也就想想罢了！"

午坤马指了指树林外面的沙海，问黑脸汉子："我记得那片沙海曾经都是杨树林子，是你们伐木烧炭把树林变成沙海的吗？"

"你记得？嘿嘿嘿！"黑脸汉子笑了起来，露出了两排大白牙，"你们才多大年纪，那片沙海上面长着林子的时候，还是我爷爷的爷爷在这里烧炭的年代，你们记得什么！"

东进之路渐渐热闹起来，因为路上往返运送木炭的牛车队、马车队、骡子车队、驴子车队络绎不绝。盘古十二兄弟跟着运送木炭的各色车队，继续往东方行去。能够回归尘世，盘古兄弟都很兴奋。亥风猪虽有些不甚情愿，但是自从被卯闪兔训斥之后，想法也开始发生了改变。与黎民百姓一路相处下来，辰天龙开始关心世间动态，从政治到战争，再到此时谁在执政，问个没完。骡马车队的赶车人，正苦于路途寂寞，所以倒也知无不言，言无不尽。团队中，只有申金猴仍旧是一言不发，一副昏昏沉沉、面无表情的样子。

辰天龙和午坤马心中暗暗着急起来，一入尘世就避免不了凶险争斗，而申金猴屡屡都能在危急时刻化险为夷。十二生灵本来先天资质就各有不同，几千年以来，凡是遇见大事，都由辰天龙、午坤马和申金猴出面张罗。所以看见申金猴这样的状态，重返尘世的盘古兄弟们心中忐忑不安。

辰天龙在与车夫的聊天过程中，得知自黄帝剿灭蚩尤，统一华夏以来，四方安定，已经五百余年未发生过战争。如今称帝的人叫舜，乃是黄帝的第八世后人尧“禅让”给他的帝位。尧帝也是一代明君，他“立法度，兴教化，建城邑，倡农耕，行仁政，存孤寡，赈荒灾”，深得黎民百姓的拥护和爱戴。为了听取民众的意见和呼声，尧帝首创了“谏鼓”和“谤书”，让老百姓可以击鼓发言、鸣鼓喊冤，或者直接写成“谤书”交给官府，上达天听。这些举措使得“百姓昭明，协和万邦”，成就了华夏历史上第一个太平盛世。

尧帝退位后，没有将自己的帝位传给儿子丹朱，而是禅让给了以“公正、无私、忠信、孝悌、智慧”五德著称的舜。舜帝的品行和能力丝毫不逊于尧帝，他励精图治、勇于改革，不仅重新修订了历法，还倡导以德治天下。所以，后人颂其为：天下明德，皆自虞舜始。

舜帝执政已经三十八年，现定都于蒲坂。而盘古兄弟跟随的马车队正是运送木炭前往帝都蒲坂的。

3

翻越六盘山之后，一场突如其来的大雨，把盘古兄弟和马车队浇了一个透湿。车夫对盘古兄弟说，东土近年来多雨，四处水患扰民，是老百姓最大的不幸。辰天龙问车夫，舜帝有没有采取什么措施？车夫说：“尧帝在位的时候就派鲧治水，鲧用‘堵’办法治理水患，逢河筑堤，见水修坝，忙碌了九年，结果越堵水患越严重，全国上下怨声载道。尧帝一怒之下，将鲧赐死于羽山。现在，舜帝又起用了罪臣鲧的儿子禹为水正（全国治理洪水的最高长官），虽然遭到了众臣们的反对，但大家觉得禹治水治得还不错。”

一行人刚刚走到六盘山下，便在一条山谷中看见一队扛着锹、镐等工具的人马，浩浩荡荡地经过。卯闪兔以为是行军打仗的军队，急忙拦下一汉子问道：“你们这是跟谁打仗？”

汉子笑道：“我们是跟水魔打仗。”

卯闪兔正兀自琢磨，车夫走过来告诉他说，这就是禹的治水大军。车夫还给盘古兄弟讲述了一个关于禹治水三过家门而不入的故事，听得众兄弟啧啧称奇。有了这么一帮没有见识的听众，车夫越讲越起劲儿。忽然间，前方传来一阵人喊马嘶的声音，只见治水大军蜂拥而退，乱糟糟的局面几乎失控。就在这个时候，一匹快马从前面的山谷飞奔而来，马上端坐着一位面颊消瘦的中年汉子。这个消瘦的汉子突然间勒住了缰绳，让座下的快马站稳，然后，他双腿一抬，竟然站立到了马背之上，对着奔逃的人们喊道：“大家不能退！我们先上六盘山，沿着山势往前走，必须疏通前面的河道，才不至于淹没蒲坂。”

听到这个中年人的建议后，禹的治水大军这才止住了脚步，急忙往盘古兄弟和马车队所在的六盘山方向奔了过来。尚未等治水大军全部上山，就听到前方传来一阵轰鸣声，午坤马抬头看时，发现一股大水翻卷着白色浪花，沿着山谷奔涌而来。未来得及逃上山的人们，瞬间被这股大水冲到谷底，只剩下惊呼救命的份了。辰天龙急忙挥手，带着盘古兄弟们冲下了山谷，直奔汹涌湍急的洪水扑去。车夫和消瘦的中年汉子欲伸手拦阻，却发现这些人身形极快，眨眼工夫就奔到了山谷中的洪水边，只剩下一个木讷的申金猴留在原地。

辰天龙举起手中的仗天杵，高声喊道：“用仗天杵，把水里面的人捞上来！”

盘古兄弟纷纷举起仗天杵，心中默念着“是也！是也！”，仗天杵瞬间增大了几十倍，十一根仗天杵几乎架到了山谷的对面，在洪水中形成了一道“杵网”。水中的人们都抱住了仗天杵，并沿着仗天杵从水中爬了上来，坐在地上喘着粗气。直到将洪水中的人们全部救出来，盘古十一兄弟才默念“非也非也！”，收回了仗天杵。

消瘦的中年汉子看到这个情景，不由得心头一震：他们莫非就是传说中的盘古十二兄弟？他急忙走上前去，对着盘古兄弟们深施一礼说：“在下是舜帝的水正禹，专门负责治理洪水，多谢诸位神人救我属下！请问，你们可是传说中的盘古十二兄弟？”

“一路之上就听说了禹治水的丰功伟绩，久仰！久仰！我们正是盘古兄弟。”辰天龙对着禹还了一礼。

听说眼前这十二个衣衫褴褛、形同乞丐的家伙真的是盘古十二兄弟，禹便跪了下去，说："禹恳请盘古十二兄弟救我蒲坂五万百姓！"

听到禹的"救我蒲坂五万百姓"的话语，申金猴浑身打了一个激灵，他转过头来，认真地上下打量了一下跪在地上的禹。两万治水大军看到禹跪下了，忙跟在后面"呼啦啦"跪下了一大片。辰天龙急忙上前，搀扶起了禹，询问详情。禹说："我吸取了父亲的经验教训，改堵为疏，收效不错，将大多水患引入黄河，排进了东海。然而，眼前这股洪水势同猛兽，悬在国都蒲坂之上，我们与之周旋三年之久，还未将其制服。近日，上苍连降大雨，使得这股洪水更加凶顽，我们好不容易将其导入这条峡谷，可惜被前面的一堵山壁挡住。撞到山壁之上，这股洪水返回来的力量更大，如果任凭其奔流，势必会毁掉国都蒲坂。蒲坂城中现有五万百姓，他们已是命悬一线了。"

"如何才能保住蒲坂城中五万百姓的性命？"五百年以来，很少开口说话的申金猴突然问了一句。

禹对申金猴的印象不是太好，因为刚才盘古众兄弟于山洪中救人时，唯独他没有出手。但是出于对盘古兄弟的尊重，禹还是恭敬地回道："只有打通前面的山墙石壁，才能将这股洪水导入黄河，保住蒲坂的五万百姓。"

盘古兄弟听到申金猴张嘴询问，倍感欣慰：这家伙终于开了金口！

午坤马对身旁的辰天龙小声说道："救下蒲坂城中的五万百姓，才能抵消他心中烧死涿鹿五万黎民的孽债。"

辰天龙点了点头说："我们要全力以赴，为了蒲坂的五万百姓，也为了申金猴！"

禹身后突然走出来一个官吏模样的人，对禹施了一礼说道："打通这道山墙石壁的后果，还请水正三思而行！"

禹回头看了看这位叫姜的官吏，转而将目光盯着谷口前方的石壁，眼睛里竟然含满了泪水，他斩钉截铁地说道："牺牲一个不足百人的族落，换来国都和五万百姓的平安，何足道哉！"

姜也义正词严地说："弑宗族、灭至亲，可是大逆不道的死罪啊，你的半世英名也将随同眼前的洪水，付之东流！"

"舜帝让我治理洪水，是为了保全天下黎民百姓的生命，而不是为了让我赢得薄名。"禹伸手擦掉了脸上的两行热泪。

申金猴走到姜面前，问道："你们争执是为哪般？"

姜说："前面山谷尽头那道石壁后面有一个村落，其中居民虽不足百人，却是禹的宗族和全家妻儿老小……"

4

"盘古啊！为何总是让我来做这样的抉择！"申金猴感慨道。

辰天龙走过来，把手放在申金猴的肩膀上说："你和午坤马带领兄弟们打通山墙石壁，我带亥风猪和子地鼠去救禹的家人。"

"不！"申金猴说，"我只留下戌雷狗和卯闪兔帮忙，让其他兄弟跟你一起去救人！"

盘古兄弟们分工完毕，辰天龙带着盘古兄弟们先行离去。申金猴唤来禹和姜说："走吧！我们去打通石壁。"

禹和姜对望了一眼，眼中露出了几分迷惘的神色。盘古兄弟们刚才施展手段，用仗天杵在洪水中救人的那一幕，的确让众人长了见识。但是，现在他们只留下三个人就声称要去打通石壁，还是让禹等人心生疑虑。苦于眼前已经无计可施，也抱着死马当作活马医的心态，禹带领众人上路了。

上路之前，禹特意叮嘱姜赶回蒲坂汇报水情，并建议舜帝和蒲坂的五万百姓做好撤离的准备。安排停当之后，禹引领着申金猴、戌雷狗、卯闪兔三兄弟和他的两万治水大军，沿着六盘山的余脉走到了那道保护他家人的石壁之上。洪水遭遇到石壁的阻挡之后，在石壁前形成了一个令人眩晕的巨大漩涡，声势浩大，摄人心魄。

退回到山谷一侧，盘古三兄弟对于如此之厚的石壁能否打通，实在是心中没底。戌雷狗说："不试一试，永远不知道能否打通，我们开始吧！"

申金猴示意禹等人退后，戌雷狗和卯闪兔双双举起了手中的仗天杵，"噫嗨"一声，对着千仞石壁的底部挥击过去。一时间，电闪雷鸣，石壁之上的一块巨石被击落下来，跌入了漩涡之中。禹等人惊诧万分，谁都没有想到，看似两根普通的棍棒在戌雷狗和卯闪兔手中竟然能发挥出如此巨大的威力。两个人继续催动仗天杵，威力虽大，但相对于千仞石壁，却显得势单力薄。

"停！先停下来。"申金猴示意二人住手。他知道，如此用意念连续催动仗天杵，势必耗费戌雷狗和卯闪兔的精气神，时间稍久，肯定会导致二人虚脱。

戌雷狗问申金猴："为什么停下来？"

"这般轰击下去，迟早能够打通这堵石壁，可是耗费的时间和精力，却是我们承受不起的。"申金猴说。

卯闪兔问："那怎么办？"

申金猴指着山墙石壁的另外一侧，说："你们两个人分别从两侧，一同轰击石壁相同的部位，效果应该更快一些。"

"这个主意倒是不错！"卯闪兔说，"可我们俩被这堵石壁挡住了，如何确保在同一时间挥击石壁呢？"

盘古三兄弟正在商量对策的时候，石壁前洪水的漩涡越来越大，旋转的速度也越来越快。三个人不约而同地看了一眼禹，禹高声喊道："这说明进入峡谷的洪水越来越大。"

申金猴回过头来对戌雷狗和卯闪兔说："这样吧！我站到石壁的中间位置，用我的金杵轰击脚下的石壁。你们在两边看到我挥动金杵的时候，也在同一时间跟着我一起催动仗天杵。我们三股力量合一，应该能够摧毁这堵石壁。"

戌雷狗说："不行！一旦摧毁了石壁，你的处境就危险了。"

"别管那么多了！"申金猴说，"蒲坂城里还有五万百姓等着我们去拯救呢。"

禹对申金猴说："能否找到一个万全之策？"

卯闪兔说："是啊！再想想办法，不能因为要去拯救五万百姓，搭上你的性命。"

"禹为了拯救国都和五万人的性命，不惜舍弃自己的宗族和家人，我还能怜惜自己的一条小命吗？"申金猴淡然一笑，"你们心里都清楚，这五百年，我活得太累了！所以，如果能够以一己之身救下蒲坂城里的五万百姓，我愿意！"

申金猴说完，拉上卯闪兔的手便向石壁走去。等他们两人走到石壁的中间位置，申金猴松开了卯闪兔的手，催促他快点走。卯闪兔站在原地没有动，申金猴竟然抡起了手中的金杵，声嘶力竭地喊道："快过去！"

卯闪兔无奈，含泪走到了石壁的另外一侧。申金猴左右看了看戌雷狗和卯闪兔的位置，举起了手中的金杵。此刻，天地间的雨水如同瓢泼一般，越下越大。狂风骤雨中，申金猴屹立在千仞绝壁之上，似乎已经与石壁融为了一体。

石壁两侧的戌雷狗和卯闪兔，两个人眼里含着热泪，跟着申金猴举起了仗天杵。申金猴高呼一声："嘘嗨！"

三根仗天杵一同发力，击了出去。禹和他的两万治水大军都站在戌雷狗的一侧，这次轰击，漩涡的石壁上虽然只掉下了一块很小的石块，但所有人都感觉到了来自脚下的震动。申金猴的感觉更是强烈，他知道成功就在眼前，于是，他再次举起了手中的金杵……

当盘古三兄弟第九次催动仗天杵的时候，随着一声地动山摇的巨响之后，申金猴跟着千仞石壁，一齐坍塌下去。

5

蒲坂城中繁华异常，市井百态尽显安详。城中的黎民百姓几乎倾巢而出，迎接禹和他的治水大军。

舜帝带领文武百官一直迎出了帝宫，这是自黄帝以来，对待有功之臣的最高接待礼遇。帝宫之外，锣鼓喧天，禹率领盘古兄弟、宗族家人、妻儿老小和参与治水的属下走来。众人行至舜帝跟前，除了盘古兄弟之外，所有人都匍匐在地，行跪拜之礼。舜帝看到禹身后有十几位衣衫褴褛、神情悲戚的汉子立而不跪，心中很是纳闷。还未等到舜帝询问，他身边一位叫作共工的大臣，对盘古兄弟大声斥责道："大胆刁民！竟敢以治水之功自傲，见了舜帝还不跪拜，难道是要谋反吗？来人呐！捆绑下去，投入大牢。"

舜帝身后的一排卫士刚要上前抓人，便被舜帝制止了。舜帝对禹说："快请起身说话！你身边的这几位壮士衣衫破烂，足见治水之辛苦。这场大雨，能够保住国都和蒲坂城中的五万百姓，我们都要感谢你！"

禹对舜帝说："保住国都和蒲坂五万百姓的功臣，不是臣，而是我身后的盘古十二兄弟。"

共工对禹斥责道："盘古十二兄弟只是一个民间传说罢了，你拿老百姓茶余饭后的戏谈来愚弄舜帝，该当何罪！"

舜帝没有理会共工的话，眼睛盯着盘古兄弟，对禹问道："如果真是盘古兄弟，应该是十二人，怎么这里只有十一个人呢？"

禹便把盘古兄弟帮助自己治水、救人、击穿山墙石壁的事，告诉了舜帝和文武百官。人家将信将疑。

舜帝问禹："那么，申金猴至今尚无下落吗？"

"没有！"禹悲痛地说，"盘古兄弟们一直寻到黄河口，我也派人沿着河流两岸下去寻找了，都没有发现申金猴的踪迹。”

共工用轻蔑的眼神看着盘古兄弟，对舜帝说：“这纯粹是一个蛊惑人心的谎言，如果世间真的有盘古兄弟，那只猴子怎么会这么轻易死掉呢？”

共工的话刚说完，忽见眼前闪过一道刺眼的亮光，他头上的束冠被亮光击为两半，随后一大绺头发散落在脚下。半晌，共工的魂魄才飞回身体，他下意识地抬手摸了摸自己的脑袋，一头乱发耷拉在脸上，相貌甚是狼狈。

卯闪兔走到了共工面前，把手中的闪杵往地上一戳，说：“你敢再对申金猴吐半个不敬之词，我就砸烂你的脑袋！”

“反了！反了！”共工散乱着头发，对着舜帝嚎啕大哭起来，“当着舜帝的面，你们就敢行凶，这不是谋反吗？禹，你从哪儿网罗来的妖魔术士，你到底是何居心？”

禹急忙跪倒在地上对舜帝说：“他们的确是盘古十二兄弟。他们秉承了盘古的遗训：手中的仗天杵只用来为天下苍生挡祸造福，请舜帝明察！”

舜帝点了点头，脸上似有不悦之色，但还是和蔼地对禹说：“你治水有功，我自有封赏，就先赐你一座宅院。现在，你先回去歇息吧，其他事明天上朝再议。”

“多谢舜帝体恤！”禹跪地称谢，追问了一句“请问舜帝，如何安置盘古兄弟呢？”

舜帝笑道：“你的新宅院宽敞得很，先带他们回你的府上安歇吧。”

禹说：“我只是担心有人背后说三道四，说我网罗妖魔术士图谋不轨之类的闲言。”

“既然是闲言，就不必在意，快点回府歇息去吧。”舜帝安慰道，“对了！别忘了给盘古兄弟换一套新衣袍。”

这一夜，对于蒲坂城来说注定是一个不眠之夜。

白天，舜帝和禹的一番对话，使得国都百姓们兴奋不已：大家终于见到了传说中的盘古十二兄弟。加上禹的声望又高，所以老百姓对他的话深信不疑。

帝宫的东南侧，仅有两条街相隔的地方，就是共工的府宅。这一夜，共工与他的谋士们也是彻夜未眠。

本来，共工觉得一切都在自己的掌控之中，因为他的眼线已经布置到了禹的左右。禹如果疏通不了六盘山脚下的石壁，洪水必定倒灌回蒲坂淹掉国都，禹的治水之功也就付之东流。禹如果疏通了石壁，洪流肯定冲毁他的宗族村落，淹死他的一家妻儿老小。一个背负欺宗灭祖、水淹骨肉至亲骂名的人，怎么堪当一国之君呢？

所以，无论是怎样的结果，共工觉得都是胜券在握，自己会顺理成章地坐上舜帝禅让的国君帝位。没想到，半路上竟然冒出了盘古十二兄弟；他们不仅帮助禹打通了石壁，而且还救出了禹的族人。这让共工如何不恼！

这些年来，舜帝一直在物色帝位禅让的人选，而有实力和有能力继承帝位的无非就是两个人：共工和禹。随着禹的治水成功，他的声望已经远远高于以稳健保守著称的共工，这让共工寝食难安。

共工盯着案几上的一盏油灯，长叹道："唉！难道这是天意不成？盘古兄弟毁了我的帝王之梦！"

一位独目神汉站起身来对共工说："其实，盘古兄弟也不难对付，我倒是有一招，可以将他们一网打尽！"

6

连日来，盘古兄弟都沉浸在失去申金猴的悲痛中，水不饮、饭不思，整日里长吁短叹。亥风猪嘟囔道："我们如果还在西方寻找雪莲湖的话，申金猴就不会离开我们了。"

"你太不懂申金猴了！"酉鸣鸡对亥风猪说，"我们寻找雪莲湖的这五百年中，申金猴说的所有的话加起来没有五百句，就是因为他心头上一直压着涿鹿之战被大火烧死的五万生灵。现在，有这样一个挽救五万苍生的机会，申金猴怎么可能放弃呢？"

午坤马说："是啊！申金猴不仅挽救了蒲坂的五万苍生，同时，他也是在救赎自己煎熬了五百年的灵魂。"

盘古兄弟们正在伤怀感叹，禹手下的官吏姜走了进来对大家说："因为好几股洪水都被禹引进了黄河，所以黄河下游吃紧，舜帝命令禹前去加固堤坝了。禹临走的时候，特意嘱托我来跟你们盘古兄弟告知一声。"

"哦！"辰天龙说，"我们在这里闲着无事，应该跟随禹前去治理水患才是。"

姜说："禹本来是想带你们一起去的，可是有一个高兴事儿，把这个计划打乱了。"

"什么高兴事儿？"卯闪兔问。

姜故意卖了一个关子，扫视了一眼大家，才说道："申金猴找到了！"

这个消息不啻是一记春雷，盘古十一兄弟顿时龙腾虎跃，兴奋地拥抱成一团。辰天龙最先冷静了下来，他问姜："申金猴现在哪里？"

"他在距离此地两天路程的一户人家里休养，送消息的人说，申金猴随后一天就能上路赶往国都。也就是说，明天这个时候，你们可以见到申金猴了。"姜接着对大家说，"你们这几天一直没有好好地吃饭，我请大家出去吃一顿好的吧。"

盘古十一兄弟听到申金猴安然无恙，心情顿时放松下来，同时也都感觉到已经饿得前胸贴后背了。众兄弟跟随姜走出了禹的府宅，街上的黎民百姓很快就认出了这帮衣着光鲜的人就是盘古兄弟，纷纷围拢上来嘘长问短，敬爱之情无以言表。姜似乎有些紧张，他催促着盘古兄弟们摆脱了人们的"围堵"，轻车熟路地走进一家酒馆。酒馆的大堂上供奉着商业鼻祖——鸟人的土陶塑像，盘古兄弟们只是觉得这家伙有些眼熟，但没有想到是他们曾经的老熟人。丑火牛问姜："酒是什么东西？"

姜说："一会儿，你们就知道了。"

酒馆的一个伙计，把姜和盘古兄弟们带进一个宽敞的包间中。不过片刻工夫，伙计就在桌子上摆满了各种吃食，饭菜香味沁人肺腑。姜举着一把土陶壶，给每人倒了一杯散发着奇异香味儿的水说："诸位神人，这就是酒。"

说完，姜举起了杯子，把酒一饮而尽，还不停地吧嗒着嘴，品尝着酒水的余味儿。盘古兄弟们学着姜的样子，纷纷举起酒杯一饮而尽，只有戌雷狗闻了闻酒水说："我觉得有一股异味儿……"

姜又给自己倒了一杯水酒，端到戌雷狗跟前，对他说："这就是酒水的味道，它的妙处，只有在你喝到肚子里之后才能体会得到。"

寅乾虎说："没错！没错！一股热乎乎地劲儿，从嗓子眼一直流到了肚子里。"

姜举着酒杯，对戌雷狗说："来！我陪你干一杯"

戌雷狗看到众兄弟全都喝下了水酒，一个个竟然笑逐颜开，他犹豫了一下，也就与姜一同喝下了水酒。姜劝说大家先吃一些桌子上的食物，填饱了肚子之后再喝酒。一边说着话，姜一边又给众兄弟倒满了水酒。寅乾虎见酒就喝，已经喝了数杯。姜笑着说："酒不能多饮，贪杯容易醉倒。"

姜的话刚刚说完，寅乾虎便一头栽倒在桌子上，呼呼大睡起来。姜对大家说："看到了没有，这就是贪杯醉酒的结果，呵呵！"

随着姜的一阵怪笑，盘古兄弟陆陆续续倒伏在桌子上，只有戌雷狗还挺直着身子坐在那里。待他看到兄弟们的状态后，心知不妙，急忙抄起了身后的仗天杵。

戌雷狗的雷杵刚刚举起了一半，就听到“咣当”一声，雷杵跌落在地上，他也不省人事了。

7

当申金猴睁开眼睛的时候，发现眼前竟然有五只漂亮的金毛猴子。这些猴子显然是自己的近亲，它们通体金毛，只有脸上长了一圈细嫩的白毛，看上去既干净又漂亮。申金猴以为自己已经死了，因为他从未见到、也从未听说世间有这么好看的猴子。他抬起手来，想摸摸距离自己最近的那只猴子，那只猴子十分灵敏地避开了申金猴的手，往后跳了出去。申金猴失望地垂下了手臂，那只漂亮猴子似乎发现申金猴并无恶意，又悄悄地靠到他的身边，还主动地摸了摸申金猴的手。申金猴努力挣扎了一下，感觉全身上下酸疼无比。一只年长的猴子走了过来，他抓起了申金猴的一条手臂，放在嘴边舔舐起来。申金猴这才发现自己已经幻化成了猴子的原形，而且手臂上有一条长长的伤口，年长的猴子正在给自己舔舐伤口。

原来，在石壁坍塌的一刹那，申金猴一个纵身想跳到峡谷的一侧，但石壁坍塌的速度实在太快了。随着巨石跌落到水中的一刹那，申金猴一边摘下盘古灵珠，一边心中默念“非也非也”，瞬间将两样最重要的东西塞进了嘴里。因为，申金猴知道自己的原形要比现在的人形灵巧得多，身形小一些，或许就会有更多活命的机会。跌落水中后，申金猴迅速往上游去，想先浮到水面上去，可就在这时，有一块巨石落了下来，照着申金猴砸了下来……

恢复了记忆之后，申金猴看了看周围的环境，不远处就是一条河流，岸边的芦苇被踩出来一个豁口，拖拉的痕迹一直延伸到了自己躺着的地方。显然，是这几只猴子发现了自己，才从河里把自己拖到了岸上。申金猴冲着几只漂亮的猴子连声称谢，而漂亮猴子的口音很重，申金猴听得不是太明白，勉强知道了他们的族类叫金丝猴。年长的金丝猴突然回头，冲着岸边的树林打了一个很悠长的呼哨，不一会儿，一大群大大小小的金丝猴蹦蹦跳跳地奔了过来。到了跟前，申金猴才发现，这群猴子手里捧着各色水果……

在金丝猴们的呵护下，躺在岸边休息了三天的申金猴，终于恢复了体力，他已经能够行走自如了。这天，金丝猴们刚为申金猴送来了水果，忽然，听到年长金丝猴报警的呼哨声。一只健壮的金丝猴，急忙拽着申金猴飞奔进了树林。

河岸边走来一队人马，大概有十几个人，为首的是一胖一瘦两个官吏模样的人。这群人驻足在河岸的芦苇荡边上，胖子官吏用手一指芦苇荡说："就这儿吧！"

胖子说完，十几个家丁模样的人开始挥动锹镐，在河岸边上挖了起来。瘦子官吏坐在马上，望着眼前的河水，感慨道："他治理了半辈子水患，最终能够死在水边，也算是天意。"

水边的土质松软，一顿饭的工夫，十几个家丁便挖好了一个一人多深的土坑。胖子官吏抬头看了一眼天色，问瘦子官吏："他们怎么还不到？"

"别着急！这毕竟是见不得人的事儿，他们要避开两万治水大军的耳目，肯定要费一些周折。"瘦子官吏回答道。

瘦子官吏的话刚刚说完，十几匹快马簇拥着一辆马车疾驰而来。马上的十几个人都是一袭黑衣的武士装扮，脸上也蒙着黑布，只露出一双眼睛，样子很是神秘。十几个黑衣人见到胖瘦两名官吏后，只是冲其抱拳秉手，并不开口说话。两位官吏点了点头，领头的黑衣人冲着后面一挥手，几名武士便飞身下马，从马车里面拖出一个人来。这个人一身官袍，被反绑着双手，头上戴着黑色的头套。几名武士拽着身着官袍之人，走到两名官吏面前站住了，似乎是在等候指令。胖瘦两名官吏对望了一眼，脸上的神情似乎都有些紧张。胖官吏冲着黑衣武士们点了点头，其中一名黑衣武士伸手摘下了身着官袍之人的头套。

躲在树林中的申金猴差点喊出了声，这个被反绑着双手的人，正是舜帝手下的治水功臣、深受黎民百姓拥戴的禹。申金猴心中甚是纳闷，自己冒死打通了石壁疏通了洪水，拯救了国都蒲坂和五万百姓，身为水正的禹应该领功封赏才是，怎么会被捆绑到了河边？

胖子官吏走到了禹的身边，伸手拽掉了塞在他口中的布条说："禹，希望你不要记恨我等，我们是奉命听差之人，别无选择！"

瘦子官吏也走上前来，对禹说："你还有什么遗言吗？如果不是特别为难的事情，我们一定尽力帮你完成。"

"你们都是共工的手下吧？"禹扫视了众人一眼。

瘦子官吏对禹点点头："冤有头，债有主，让你知道我们是谁下的手也好，免得你日后找我们索命。"

胖子官吏瞪了瘦子官吏一眼，瘦子似乎有些慌乱，急忙对禹说："你如果没有遗言，我们可就动手了。"

"且慢！"禹大声呵斥道，"希望你们念在我家父子两代为天下人治水的份上，请你们高抬贵手，放过我的族人和妻儿老小。还有，盘古兄弟是一群一心为天下苍生挡祸造福的热心之人，也希望共工能够放过他们。”

瘦子官吏对禹说：“这么大的事儿，恐怕我们无能为力。再说了，盘古兄弟已经被共工拿下，没准现在已经处死了！”

“别废话了！赶紧埋人吧！”胖子官吏催促道。

“等一下！”领头的黑衣人走到坑边，对家丁们说，“这个坑不够大，继续再挖！”

一家丁说：“这么大的坑，埋五个人六个人也……”

领头的黑衣武士二话没说，只见他右手一挥，寒光一闪，那名家丁便身首异处跌进了土坑。不知何时，领头的黑衣武士手里竟多了一柄滴血的青铜剑，他对十几个目瞪口呆的家丁说道：“赶紧下去，继续挖坑！”

十几名家丁不敢怠慢，急忙跳入坑中，将同伴的尸首移开，奋力刨土挖坑。受到惊吓的家丁们很卖力，不大会儿工夫，土坑便扩大了一倍。领头的黑衣武士瞅了一眼土坑，似乎很是满意，他把手放在嘴里，发出一声长啸。后边的黑衣武士们拔出青铜剑冲了上来，顷刻间，便将十几名家丁砍翻在地，推入了土坑之中。此番情景，把一胖一瘦两位官吏看得心惊肉跳。领头的黑衣武士提着仍在滴血的青铜剑，走到了两位官吏面前说：“能够给禹陪葬，你们也算不枉此生。”

话音刚落，两位官吏便瘫坐在地上。几位黑衣武士走上前来，抬起了两位官吏，扔进了土坑之中。领头的黑衣武士走到禹面前说：“我敬重你是一位德高望重之人，所以不想对你动粗，你自己跳下去吧。”

禹长叹了一声，跳入了土坑。

8

十几名黑衣武士操起锹镐，开始往坑中填土，一胖一瘦两名官吏龟缩在禹的脚下，哀嚎不止。禹对领头的黑衣武士说："你们针对的是我，他们家中还有妻儿老小，你们就放他俩一马吧。"

领头的黑衣武士说："很遗憾！共工有令在先，必须灭口！"

"我看还是留下个活口，日后当作人证的好！"一个陌生的声音，突然在黑衣武士们的背后响起。

黑衣武士们一回头，发现一个衣衫褴褛的年轻人，手里拖着一根华丽的棍杵，站在他们身后。黑衣武士们知道来者不善，纷纷扔掉手中的锹镐，拔出青铜刀剑。领头的黑衣武士喝问道："你是什么人？"

"盘古十二兄弟之申金猴是也！"

一干黑衣武士听说此人是申金猴，顿时紧张起来。有两个不信邪的家伙，挥动着长剑冲了上去，对着申金猴挥剑便砍。只听到"噹、噹"两声脆响，两柄长剑飞上了半空。申金猴一挥金杵，一片耀眼的金光闪过之后，两名黑衣武士便飞过众人的头顶，跌入河中。其他黑衣武士被惊得瞠目结舌。申金猴再次挥动金杵，一干黑衣武士竟然撒腿便跑。领头的黑衣武士眼看自己独木难支，也想溜走，却被申金猴伸出金杵拦住了去路。申金猴说："你不能走！你得跟我一起去蒲坂。"

领头的黑衣武士一声冷笑，在电光石火之间对着申金猴刺出了一剑，土坑里面的三个人禁不住发出一声"啊！"申金猴一个侧身避过一剑，伸手便擒住了他的手腕，稍一用力，领头的黑衣武士便发出一声惨叫，青铜剑跌落在地。申金猴伸出腿将他踢翻在地，另一只脚踏上了黑衣武士的后背，对着土坑中的两位官吏说："快给禹松绑！上来把这个人捆起来。"

禹激动得热泪盈眶。他爬出土坑，抓住申金猴的胳膊说："我还以为你……唉！吉人自有天相，神人自有天助，太好了！太好了！"

申金猴押着领头的黑衣武士和两位官吏，先是随同禹回到了治水大军驻扎的营地。安排好诸般事务之后，禹才点了一队人马，偕同申金猴押送着三人赶往国都蒲坂。

在路上，申金猴向瘦子官吏询问盘古兄弟的下落。瘦子官吏说，共工买通了禹的手下姜，让姜在酒水中下了迷魂药，引诱盘古兄弟喝下之后，将他们的仗天杵藏匿起来，然后把盘古兄弟五花大绑捆走，关进了共工府宅的地牢中。

申金猴告别了禹和大队人马，骑快马奔向了蒲坂。禹知道盘古兄弟之间情义深厚，申金猴担心夜长梦多，急于赶到蒲坂营救盘古兄弟们。禹为申金猴备下了两匹快马，指示他沿着官道一直往前，骑快马大概有半天脚程，便可见到最大的一座城池，就是国都蒲坂。

申金猴马不停蹄，终于在天黑前抵达蒲坂。申金猴收起了金杵，在城中转了一会儿，便打听清楚了共工府宅的位置，于是他就在共宅门口不远的隐蔽之处，坐等天黑。

申金猴刚开始闭目养神，忽听到一阵急促的马蹄声。他睁眼一瞧，发现一名黑衣武士纵马奔来，直冲向共工府宅的门口。申金猴知道，这肯定是那群被自己打跑的武士中的一名。他没有任何犹豫，纵身一跃便跳上了驰骋的马背。黑衣武士感觉背后突然有人抱住了自己，等他回头看清背后之人时，当即被吓得一头栽到了马下。申金猴勒住战马，将黑衣武士拖入僻静处，三下五除二扒下了黑衣穿在自己身上。然后，申金猴把那名武士捆了一个结实，再把他的嘴堵上，这才跨上马直奔共工府宅。

申金猴登上台阶，伸手在厚重的木门上敲击了三下。不一会儿，木门上开了一个小口，一位看门人上下瞅了瞅一袭黑衣的申金猴，二话没说便将木门打开了。申金猴进门之后，压低了声音问看门人："地牢在哪里？"

看门人再次打量了一下黑衣人，心中似乎有些迟疑。申金猴一把抓住看门人的衣领，喝骂道："天黑了，老子眼神不太好，你看什么看！"

看门人被申金猴勒得喘不过气来，用手指着一处黑乎乎的房舍说道："过了……过了那道门，往下面有台阶。"

申金猴一个巴掌扇了过去，登时把看门人打晕在地。申金猴将他塞进了门房，径直往那处黑乎乎的房舍走过去，果然发现门后边有一处通往地下的台阶。沿着台阶摸索着走了下去，他突然看到前面有亮光，还有一阵嘈杂的声音传来。申金猴定睛一看，原来是一群蒙面黑衣人押着辰天龙走了过来，后面依次是其他兄弟，一个都不少。

申金猴刚想躲起来，突然背后有人拍了他肩膀一把，喝道："看什么看，赶紧过去帮忙！马上干掉这十一个家伙！"

9

申金猴回头一看，只见一位身材魁梧的黑衣蒙面人，身后还跟着两个一袭黑衣的武士。申金猴料定这个身材魁梧的家伙肯定是黑衣武士的头儿，所以他不敢耽搁，赶紧跑到了辰天龙的身旁，用凶狠的口吻说："这个是盘古兄弟的头儿，把他交给我来处理吧！"

押解辰天龙的黑衣武士，很痛快地把人交给了申金猴，回头又去接手其他盘古兄弟了。申金猴接过辰天龙之后，开始悄悄地解他胳膊上的绳索。辰天龙似乎感觉到有些异样，他侧过头来看了一眼申金猴，发现这是一双既熟悉又亲切的眼睛。申金猴对着辰天龙点了点头，用眼神示意他不要声张。申金猴手上加紧，终于解开了辰天龙手上的绳索，并将绳索头交到他手中攥住，装作仍然被捆绑的样子。申金猴转身又去接手辰天龙背后的子地鼠，就在他刚刚解开子地鼠胳膊上的绳索时，忽然听到有人在地牢上面的入口处喊道："不好！有刺客混进来了！大家赶紧上来抓刺客！"

魁梧的黑衣武士冲着申金猴他们喊道："快！先把他们关进牢里，上去抓刺客！"

申金猴急忙随着其他黑衣武士，将辰天龙、子地鼠等盘古兄弟推进牢门。就在这个时候，从地牢台阶上面跑进来一名黑衣武士，对身材魁梧的黑衣武士说："我们一位兄弟在外面被打晕了，他的衣服被人扒走了，刺客没准现在就混在我们中间。"

魁梧的黑衣武士从地牢的墙壁上拿过一支火把，站在地牢的出口处，指着地牢中的黑衣武士说："你们一个一个走过来，走到我跟前的时候，把脸上的面巾摘掉。"

黑衣武士纷纷走了过去，凡是被验过正身的，都上了地牢。地牢中的黑衣武士越来越少了，包括申金猴在内，只剩下三人。其他两名黑衣武士也验明了身份，爬上了地牢。申金猴最后迟疑了一下，刚要迈步便被身材魁梧的汉子喝住了："够了！你不必过来了。我们二十八星宿武士，派出十三人公干，还剩下十五人，可现在已经出来了十五人。你！就是那个刺客！"

"不错！我就是刺客！"申金猴一把扯掉了面罩，举着青铜剑向地牢的出口冲了上去。

身材魁梧的武士似乎早有防备，举起手中的火把砸向申金猴，并迅即退出了地牢的通道，大声喊道："快！毁掉通道！把他们全都闷死在里面！"

随着"轰隆隆"一阵沉闷的响声，地牢通道坍塌了下来，就是申金猴躲避得再快，倾斜下来的泥土也几乎把他大半个身子埋掉。尘土飞扬之中，申金猴灰头土脸地钻了出来，引得大牢中的盘古十一兄弟一阵欢呼。寅乾虎说："我就说嘛，这只猴子命大，死不了的。哈哈！"

申金猴从口中取出金杵，将大牢的牢门砸开，辰天龙和子地鼠为众兄弟解开了绳索。申金猴问道："知道你们的仗天杵在哪里吗？"

大家都说不知道。申金猴自言自语道："那就麻烦了。"

午坤马问道："有什么麻烦？"

"他们封死了出口，我们出不去了。"申金猴说。

盘古兄弟们举着火把，绕着地牢转了一圈，发现根本没有其他出口。大家依着墙根坐了下来，谁都没有说话。突然，子地鼠站起来说："做人做得太久了，我竟然忘记了自己的老本行。"

"对啊！"午坤马一巴掌拍在子地鼠的肩膀上，"你是天生就会打地洞的主儿，怎么把你给忘了呢。"

子地鼠揉着肩膀说："你们歇着，我先去看看哪处地层最薄。"

说完，子地鼠摘下盘古灵珠含进嘴里，瞬间幻化成了原形，消失在众人面前。

三天三夜过去了，就在盘古兄弟们几乎绝望的时候，子地鼠跌跌撞撞地回来了。大家急忙迎了上去，子地鼠双腿一软，便扑倒在午坤马身上。大家借着仅剩下的一支火把的光亮，发现子地鼠的十个手指鲜血淋淋，手指甲几乎全部脱落了。过了一会儿，子地鼠醒了过来，气若游丝地说："我……我把地道打……打通了……"

一百多年之后，东海之滨，一个被世人称作"天尽头"的地方，又出现了盘古十二兄弟的身影。十二兄弟依旧是玉树临风，肩上扛着华丽的仗天杵。

当年，盘古十二兄弟从共工的地牢里爬出来的时候，正赶上舜帝把帝位禅让给禹的庆祝大典。在此之前，共工谋害禹的阴谋败露，被舜帝发配去了幽州，但他直到最后也没说出仗天杵的下落。盘古兄弟没顾得上参加禅让庆典，而是在蒲坂城里到处找寻自己的仗天杵。禹帝不胜其扰，只好迁都去了安邑。剩下的一城曾经得救于盘古兄弟的老百姓，更加不遗余力帮忙寻找仗天杵。最后，大家还是在共工府宅的一口枯井里发现了十一根仗天杵。

再次来到大海之滨，盘古十二兄弟的心情很复杂，因为他们不知道自己是不是真的想回到雪莲湖。亥风猪甚至会在心里问自己："天地间，真的曾经有过一个叫雪莲湖的地方吗？"

对于现在的盘古兄弟来说，雪莲湖似乎更像一个梦，虽然遥不可及，却时常萦绕在脑海之中……